羅光全書

冊廿七

教廷與中國使節史

陸徵祥傳

臺灣學生書局印行

冊廿七 總目錄

廿七之一 教廷與中國使節史

多羅宗主教出使中國（上）……八一

嘉樂宗主教出使中國

中國駐教廷使館簡史

廿七之二　陸徵祥傳

羅光全書

冊廿七之一

教廷與中國使節史

臺灣學生書局印行

教廷與中國使節史

目　錄

多羅宗主教出使中國（上）……八一

教廷駐外使節（緒論）

一、教廷派使和接使的權利

在國際法上，現在沒有學者否認教廷有派使和接使的權利。但是在政治方面，以往反對教廷使節的學說，於今還有人利用。當歐洲國家主義盛行時，國王的權威最高，便有人唱王權高於一切㈠，在國王的權下，不能忍受國外的另一主權在國內行使威權。羅馬教宗是國外的主權人，國王不能讓他管理國內的教民，更不能和他交換使節。後來自由主義盛行了，王權衰落，自由主義的政客，卻又說天主教乃一教會團體，在國法上和國民所結的他種合法社團一樣，受有憲法的保障，天主教不能有國際法人地位，羅馬教廷便沒有派使和接使之權㈡。這些學說現在在集權的共產黨裏，成爲反對教廷的流行主張。共產黨一方面以公教會（天主教會）爲一種人民社團，完全受政府的統治；另一方面又詆毀羅馬教宗爲國外的主權人，國內教民不能聽教宗的指揮。因此，目前由共產黨執政的國家，都和教廷不發生外交關係，原先本來和教廷有外交關係的國家，共黨政府也和教廷絕交。

教廷有派使節之權，於今已成國際法上的定論。教廷的使節權來自天主教會的本性。天主教是一個國際社團，本身具有立法行政司法的主權。國家的主權，為本身自有的主權，不是由另一社團所賦予。天主教的主權，也為本身自有的主權，不是由國家所賦予的。因此天主教在主權上是自立的社團，和國家平等，是一個國際法人。

天主教的組織，為教宗一主制。天主教的主權操於教宗，教宗代表天主教，因此天主教的國際法人地位，即是教宗的地位。教宗於是有派使接使之權。教宗為行使統治教會的權力，組織教廷。教廷便是教宗行使職權的機關。教宗派使接使，由教廷機關，直接行使。

各國政府在主權上，雖和天主教同為自主的社團，但是在主權的目的上，兩者各不相同。國家政府主權之目的，在謀求國民現世的福利；天主教主權的目的在謀求教民永生的福利。現世的福利，為社會裏所有的事物；永生的福利，為超性界的精神事體。因此國家政府和公教會兩者的主權，可以有同一人為屬下，可是兩者的主權所行使的範圍，在同一屬下的身上各不相同。這樣，兩者的主權並不互相衝突。政府便也不能排擠教宗的主權，認為一個國外的主權，來干涉自己的內政。國民的身份不妨礙教民的身份；一個人可以是一國的國民，又可以是教會的教民，自身並不覺得有衝突。同樣，天主教會的主權，不妨礙國家政府的主權，國家政府的主權，也不妨礙教會的主權，兩者不相衝突。事實上，在有些國家裏，政教互起衝突，那是政府侵奪教會的主權，干涉教會的行政。教會從來不敢侵奪政府的主權，而且實際上教會也沒有侵奪政府主權的力量。至於說歐洲中古時代，教宗和歐洲各國帝王的衝突，那時的衝突，不是政教的衝突，乃是政治的衝突；因爲當時教宗在歐洲擁有一國的土地，爲一國之君。

於今有些人還以爲羅馬教宗所以有派使接使之權，就是因爲他是一國之君，不是因爲他是一教之主。當一八七〇年，教宗的京都，被義大利軍隊佔領，教宗失去了國土，美國就因此撤去了駐教廷的使節，直到於今，仍舊有許多美國人主張不與教廷通使；雖說從拉特朗條約以後，教宗又成立了梵諦岡國之主。但是教廷不是梵諦岡國的政府，教宗派使接使也不是以梵諦岡國君的資格，而是以天主教會之主的身份。在教宗失了羅馬，一直到拉特朗條約成立，中間有半世紀之久，那時教宗沒有寸土，但教廷和歐洲及南美各國，繼續通使訂約。教宗不必有了國土纔成爲國際法所承認的獨立主權的元首。天主教會自身既有獨立的主權，本身便有派使接使之權。

世界上的宗教雖多，唯獨天主教會具有獨立的主權，爲法學上所稱的完全社團。「天主教的宗向，在於給人超性的生命。這個宗向，不屬於人世任何別一個社團，因爲乃是天主耶穌所定的。耶穌既定了教會的宗向，又指定了並供給一切的方法。在這些方法中，最重要的是指導和統治權。所以教會的權力，直接來自耶穌。那麼天主教會有自己的信徒，有自己最高的統治權，有自己高於人世的宗向，有爲達到宗向的一切方法：天主教會便是一個完全的社團了，因此也就是獨立的社團。」㈢天主教會的元首，就是獨立的元首。獨立的元首，可以遣派使節，也可以接受使節。接受使節之權，爲獨立元首之主權之一。教宗行使這種權利，在國際上已經成爲國際慣例。

二、教廷派使和接使略史

當天主教傳入羅馬時，羅馬帝國由極盛而轉入衰頹。那時的羅馬皇帝，除二三明主外，都是暴虐的昏君。他們用嚴刑峻法，禁止人民信奉天主教。教宗，主教，神父和信友等，在兩百多年裏，繼續遭殘殺；但是前仆後繼，信奉天主教的人越殺越多，君士坦丁大帝自己也領受了洗禮，開放禁令。後來他又遷都東方，建立君士坦丁堡，讓教宗建都羅馬。教宗爲和羅馬皇帝商洽教務，乃派使駐君士坦丁堡，這就是教宗派使的開端。

當時派駐君士坦丁堡的教宗使節，拉丁文稱爲Apocrisiarius。當時君士坦丁大帝在位時，或者已有這種使節駐在京都，然史已不可考。史乘上可以考證的，是降生後四五三年，教宗聖良第一世，派尤理主教(Julianus Bp. of Cos)駐君士坦丁堡。教宗聖額我略第一世在被選以前，也曾任教宗駐君士坦丁堡欽使多年。這種使節雖偶爾間斷，但一直到降生後七四三年，教宗常派使駐於東羅馬朝廷。東羅馬既亡，法王加祿大帝興起，有神聖羅馬皇帝之號，教宗乃派使駐於神聖羅馬皇帝朝廷。第八世紀和第九世紀時，這種使節繼續不斷。

同時，近東的教會，因東羅馬宗主教與羅馬教宗爭權，終至於與羅馬分離，造成後來所稱的「東方基督正教」。西方的教會，因著神聖羅馬皇帝以及各國的君主諸侯，擅自任免主教和修院院長。於是以往在東西各國，從第五世紀或第六世紀以後，教宗所設立的「宗座代牧」(Vicar Apostolic)，都不能發生效力，教宗乃遣派臨時的特使，分往各國辦理教務上的嚴重問題。以往的宗座代牧，爲各國重要教區的主教，領有宗座代牧銜，代表教宗監督一方的教務，如近東德颯洛尼教區的總主教，法國里昂教區總主教(Abp. of Lyon)，亞爾肋教區總主教(Abp. of Arles)；西班牙達拉高納教區總主教(Abp. of Tarragona)，多肋道總主教(Abp. of Toledo)；德國撒里斯布教區總主教(Abp. of Salisburg)，特里爾教區總主教(Abp. of Trier)。當時的宗座代牧享有教廷特使之權，這種教廷使節，法律史上稱爲「職務欽使」(Legati nati)，因爲凡被任爲該教區主教者，同時便是教廷欽使。教廷欽使的身份，和該教區主教的身份，聯合不分。

當教宗抗拒羅馬皇帝以及各國君主諸侯，擅自任命主教時，乃派臨時特使，分往各國。各國「職任欽使」之權無形中消滅，連「宗座代牧」的名稱也被取消。後來傳信部再取用這個名稱時，意義已完全不同了。

教廷遣派辦理教務的特使，在教宗額我略第七世時，幾遍全歐，擅自任命主教的問題(Quaestio de Investitura)終得解決。

歐洲文藝復興運動既起，各國政府的勢力漸強，神聖羅馬皇帝的權力已不能統制全歐，羅馬教宗的威信已大爲低落，歐洲各國君主在政臺上，競爭日盛，教宗因掌有一國的土地，便不能不在政治方面和君主們週旋。那時歐洲各國的使節，絡繹於途，羅馬教宗也就常遣使接使，合縱連橫。當時歐洲各國的主教和修會院長，多有封邑，按法應每年向教廷輸送什一之稅，教廷遂派使赴各國采收稅金。這種收稅使節，原先沒有干涉教務的權力，但因常川駐在一地，又和羅馬常有往來，漸漸便兼爲教廷和駐在地主教，傳達消息之人。教廷的命令，由他們傳達主教，主教的請求書或報告書，由他們呈遞教廷。馬丁路德叛教時，攻擊這種收稅制度很激烈。脫利騰公議會釐定改革教會風紀方案後，收稅制度隨即廢除。其實歐洲各國君主，已開互派常川駐使之例，教廷與各國君主，便漸漸互派駐使。

教廷遣派駐外的大使(Nuncio)，起於第十五世紀。駐何國的教廷大使爲最早，至今史家沒有定論。有的說教宗尼各老第五世派駐西班牙的大使戴渥奈里(Antonio Giacomo de Veneris)爲最早；有的則稱教廷駐威尼斯侯國大使肋奧尼尼(A. Leonini)爲最早。路德既叛教，教宗為整理各國的教務，遂特別加強駐外的使節。因此教廷近代駐外使節的制度，可以說是起於路德叛教時的教宗良第十世。

在開始時，教廷派出的大使，多為高級教卿（蒙席），然也有教友。在一些重要的京都裏，有時特派樞機為大使。但是後來教廷漸漸改變遣派樞機和教友任大使的先例，規定以高級教卿為大使。因為樞機的身份太高，不便與駐在國的外交部辦交涉；教友大使，則因不能握有教會的神權，不便指導駐在國外的教務。教廷公使的名稱Internuncio Apostolic當時即指教廷代辦。

各國派駐教廷的使節也起於第十五世紀。在第十六世紀時，派使駐教廷已成為歐洲外交慣例。那時歐洲大國的君主，因政治問題複雜，派駐教廷的大使，多為有名的政客；但是一些蕞爾小國的君主，例如義大利境內諸侯稱王的國家，他們所派駐教廷的大使，多為本國的一位樞機。後來教廷改變作風，不願接受教士充當一國駐教廷的使節；教士最多只能任駐教廷使館的顧問。㈣

三、教廷的外交

1. 教廷對於通使的原則

教廷對於通使一事，素不採自動方式，向某國要求通使。但是當一國政府表示願與教廷通使時，只要這個國家在國際上爲合法的政府，教廷素不拒絕，且必欣然接受。中國政府在滿清和民國時代，幾次向教廷要求通使，從來沒有被教廷婉拒。當時雖因著法國的干涉，通使不能成功，過錯不在教廷。最後，當我國政府抗日作戰，已遷都重慶，大半國土，爲日本人所佔時，我國政府向教廷要求通使，教廷立刻答應。中國第一任駐教廷大使，便是在第二次世界大戰的戰火中，赴教廷上任。

教廷與一國通使時，不拘守互換的條件，使節可以一方有，一方無；可以一方爲大使，一方爲公使。例如於今英國派公使駐教廷，教廷沒有使節駐英國。又如教廷派大使駐瑞士，瑞士則沒有使節駐教廷。又如南美各國在第二次大戰前，所有駐教廷的使節多爲公使。教廷駐南美各國則爲大使。又如中國、日本、荷蘭等國駐教廷的使節爲大使，教廷駐中國、日本、荷蘭在數年以前則爲公使。

教廷在通使時所要求的，是一國若接受教廷大使，教廷大使應爲駐該國外交團的首席大使。這項慣例，是一八一五年維也納會議所承認的。有些非天主教的國家政府，以爲這項慣例只可行於信奉天主教的國家，他們不願接受。教廷於是向這些國家派公使。當教廷派黎培里公使來華時，教廷本願派大使。我國外交部就因這種問題向教廷婉辭，只請派公使。那時我們駐教廷使節尚是公使，後來我國的使節升格爲大使，教廷也願將自己駐華的使節升格，難題則又是這種問題。第二次大戰後在維也納召開的第二次維也納會議，討論了這個問題，各國代表承認教廷大使的首度大使特權。但議案條文也說，如一國不願承認這項特權，教廷則派代理大使(Pro-Nuncio)。

若遇一國政府和教廷發生衝突，撤退駐教廷使節，教廷照例不自動撤退駐在該國的使節。如該國政府下令驅逐教廷使節出境，教廷纔下令撤退。第二次大戰後東歐各共產政府和教廷絕交。教廷駐那些國家的使節，都是被共產黨驅逐出境的。因爲教廷使節，也是駐在所在國的教會中，與該國主教同分甘苦。

若有一國的合法政府，不幸被外國武力所傾覆，這一國政府駐教廷的使節，若不自動辭職，教廷常承認爲原有政府的代表。目前教廷尚保留並承認立陶宛未被蘇維埃吞併時所派的駐教廷使節，同樣波蘭在第二次大戰時，所派駐教廷的使節，於今還被教廷保留。

教廷通使的原則，看來是很保守的。但是在這種保守的態度裏，包含有幾點法理。雙方互通使節，有如雙方互訂條約，爲雙方同意的法律事項，不能由一方單獨廢除。一國的合法政府，握有法理的根據，不能由非法的武力去顛覆。但一國政府在沒有取得合法的法理根據以前，不能立刻被承認爲合法政府。第二次世界大戰時，波蘭、荷蘭和比利時等國的政府，流亡在英國，教廷乃撤退駐這些國家的使節。法國當時的政府，和德國合作，教廷的大使，便常駐在法國。後來戴高樂將軍凱旋入巴黎，向教廷表示不樂意這位大使，教廷雖改派了大使，但不以原先的大使有了過錯。有時教廷也不拘守成規，當福朗哥將軍起義，尚未成立政府以前，他要求教廷派使，教廷即派一宗座視察員，以外交特派員的身份，往駐福朗哥革命軍的領域內。

2. 教廷的使節

教廷現在駐外的使節分爲兩種，一種爲外交使節，一種爲教務使節。外交使節爲教廷大使或公使；教廷使節爲宗座代表。

教廷遣派的外交使節，照例爲大使，只在不承認教廷大使爲首席大使的國家，教廷纔派代理大使或公使。在教廷外交使節的職權方面說，教廷大使和教廷公使沒有分別。兩者都是代表教宗。但是他們和別的國家的大使公使，在職權上則有不同。教廷大使公使，一方面代表教廷，和駐在國的政府辦理外交關係，一方面和駐在國的主教，發生教務關係。這種教務關係，在於傳達教廷的命令，監察駐在國的教務，向教廷報告駐在國的教務狀況。

宗座代表則爲沒有外交身份的教廷使節。在沒有和教廷通使的國家裏，教廷常派宗座代表。宗座代表是代表教宗和駐在國的主教發生關係。這種關係爲教務方面的關係，即是傳達和執行教廷的命令，監察駐在國的教務，並向教廷作報告。

教廷使節在駐在國內，按照法律，位在全國主教之上；然如有樞機，則位居樞機以後。

教廷使節人員的遴選，照例，教廷大使公使，常由出身教廷外交學院，在教廷外交界服務之人員中依次升選。間而有兩三例外，未在外交界服務之人，一躍而爲大使。例如第二次大戰方停，在西德、羅馬尼亞和南斯拉夫三國，因著環境的要求，教廷遣派三位未曾服務外交界的美國教區主教爲大使；這種現象乃是非常的狀態。宗座代表的人選，以往在傳教區，由外交界以外的人充任，且由傳信部推薦。目前也改由教廷外交界人員中選任。所謂教廷外交人員，當然都是聖職人員，因爲教廷外交界人員，除教廷國務院內有二三教友外，其餘的都是神父和主教。

3. 教廷國務院

教廷處理外交事務的機關，爲教廷國務院(Secretariate of State)。國務院的首長爲國務卿樞機。

教廷國務院的歷史，可以上溯到第十五世紀初期。當時教宗馬爾定第五世，創設一「秘書院」(Camera Secreta)。秘書院設秘書數人，專司各方的外交文件，接待外國的使節。充任秘書的人，都是文藝復興時的文人學士。秘書院的秘書人數，開始時沒有定額，後來教宗加理斯篤第三世定爲六人，教宗依諾增爵第八世定爲二十四人。教宗又於秘書院的秘書中選擇一人，充任宮廷秘書(Secretary Domestic)。「宮廷秘書」住在教宗宮內，秉承教宗的意旨，處理一切秘密文件和重大案件；因此他是教宗最親信的人。到了文藝復興的時代，教宗習於在姪兒或外甥間，選擇一兩人，策封爲樞機，用姪兒樞機或外甥樞機掌理機要，於是「宮廷秘書」一職名存實亡。教廷內外的機要事件，都由姪兒樞機或外甥樞機處理。後來在脫利騰公議會後，整頓教會風氣的呼聲遍行教會。教宗依諾增爵第十二世乃廢除姪兒樞機和外甥樞機制。時在一六九二年六月二十二日。「秘書院」的制度，在一六七八年，已經被教宗依諾增爵第十一世改組了。因此在姪兒樞機廢除後，教廷乃有現在所有的國務院，院內首長，名國務卿樞機。在教宗沒有失國以前，國務卿除處理外交外，兼理教宗國內內政，形同國務總理。教宗既失國，國務卿乃如美國國務卿，處理教廷外交，目前對於梵諦岡國內政，也不兼理。但是教廷所謂外交，和別的國家的外交，意義不完全相同。別國的外交，是國與國之交；教廷的外交，包括教會和政治有關的事務。因此教會和各國政府的關係，以及教會和各國社會的關係，都由國務院處理。還有各方的主教、神父、教友奏呈教宗的書函，和教宗的覆文，也由國務院處理。此外，關於教廷中央及駐外各機關的職員，也由國務院任命。因此國務院爲教廷最忙的機關。

教廷國務院的組織，曾分非常教務部，通常教務部和文書處，統屬於國務卿樞機。國務卿下設副國務卿兩人，分治非常和通常教務兩部。前者稱非常教務部次長，因爲部長爲國務卿樞機；後者稱代理國務卿，實則只理通常教務。一九六七年教廷組織法修改後，非常教務部改爲政務委員會，凡教會與政治有關的各項重要問題，都先由委員會議決後，再呈報教宗。但最後決定之權，則操於教宗之手。

4. 教廷外交之方式

教廷的外交，是一種沒有武力的外交。在中古時代，教宗雖有國家，武力甚微；但是那時歐洲的君主都信服教宗的神權，教宗當時乃能執歐洲政壇的牛耳。到了近代，歐美各國的政府，都主張政教分離，甚或與教會衝突，加以迫害；亞非兩洲的國家，則並不是信仰天主教的國家。在這種的境遇下，教廷和各國政府辦外交，困難重重。

教廷於今所有的唯一力量，可以作爲外交後盾的，是在道義上的精神力量；因爲教宗所主張和所要求的，都是合於道義，合於法理的。天主教的教友，遍佈全球，人人都該信服教宗。他們對於教宗的主張和要求，在各方面予以支持。而且道義感，凡是正直的人，不論信仰天主教或不信仰，大家都有。這種道義感便是教宗的精神力量，也就是教廷外交的後盾。

教廷的外交，第一，主張道義，非義的事，一定不要求。否則既違反教義，又能失去支持外交的精神力量。有時，教廷向一國政府的要求，在政府看來似乎越權，實際則是政府不願承認教會的權利。凡是和倫理道德有關的事，尤其對於信友的婚姻和教育有關的事，教會是有權過問的。一些集權獨裁的政府則不肯讓教會干涉這些事件。這時教廷出而交涉，獨裁政府便以爲干涉內政；教廷在事實上乃是辦理教務有關的事務。

第二，教廷的外交，最主慎重。教廷統治教會，已有兩千年不斷的經歷。教廷國務院的外交，也有五百年的歷史。歷史悠久和經歷豐富的機關，處理事務，決不憑一時的衝動，有冒失的行爲；也不會遇事慌張，手足失措。教廷的外交，常是慎重考慮，不慌不忙。有時故意延緩，使問題在事過境遷以後，自然失去重要性，或自然而然得到解決。教廷的情報本來很多。但是在一樁問題沒有明瞭以前，或在時機沒有成熟之時，教廷不願採取解決辦法。

第三，教廷的外交，重在秘密。教廷中央各機關的職員，關於職務有關的事，都宣誓保守秘密。教廷國務院和各國政府的交涉，都不採公開的形式，教廷既沒有正式的發言人，國務院負責人也不招待記者。教廷和各國政府往來的文書，除賀唁電信外，普通概不公佈，教廷各院部的檔案處，在一百年以內的文件，不許外人閱讀。這種保密的外交，有時雖可引起許多謠傳和編造的新聞。但是在交涉的進行上，常有許多的便利，既可避免第三者的干涉，又可不受外面輿論的騷擾。

第四，教廷的外交，重在和解。沒有武力的政府，假使不是夜郎自大，決不向別的政府挑釁。教廷在外交方面，常以求和解爲主，凡是可以讓步的地方，一定讓步。別的政府有所要求，教廷盡力使能滿足；但是教廷的讓步，決不是示弱，乃是願意求和平。

第五，教廷的外交，重在原則。教廷雖事事願意讓人，然而並不是處處都退讓。凡有違害教會的教義，和倫理以及教廷外交的傳統的事，教廷決不讓步。因此，在細節上，教廷很能通融；在原則上，卻很堅決。若別國政府決定要實行所要求的事，教廷則寧肯在事實上受委曲，在法理上決不予以承認。歷代集權政府強佔教會的產業，剝奪教會的自由，教廷常用決不承認的態度予以對付。

第六，教廷的外交，以直接外交和間接外交互相配合。直接的外交，是教廷直接和一政府談判交涉；間接外交，是一國的教會當局和本國政府或和社會各方發生關係。教廷和一國政府有所交涉，通常都是為著這一國的教會利益。若是能夠不由教廷出面而能由當地教會負責人出面交涉，教廷便不直接交涉。但是若事體關係一國教會全體的利益，教廷則直接出面迎樽折俎，不授權於該國的教會當局；因為關於全國教會的事務，在原則上只有教廷可以處理，國內的主教只可以執行教廷的決議。然而在事實上，教廷常可藉當地主教和教會人士的力量，以加強和政府直接交涉時說話的價值。

教廷的真正力量，就是這種間接外交力量，即是各國天主教會在社會上的勢力。然而教廷絕對不發動一國的教會，起來反對政府，以加強自己的外交力量。除非是在集權專制的政府用暴政迫害教會時，教宗纔訓令這一國的教會人士，堅守各自的崗位，誓不屈於暴力。普通一國政府和教廷辦交涉，較比和本國教會當局辦交涉常更覺容易。一國的教會和政府，利害關係都是切身的關係；教廷的地位則更高更遠，更容易由大處遠處著眼，談判時乃能多有轉圜的餘地。

教廷和各國的交涉，既不求軍事勝利，也不求商業利益，更沒有土地的野心，教廷所求的，只是宗教自由。宗教自由，乃是文明國家所共同承認的人權。教廷爲保障天主教自由權，當然不必用陰謀，也不必用威嚇，更用不著搖尾乞憐；是站在正義的立場，據理去辦外交。

在教廷的外交史上，以往當教宗享有廣大的國土時，外交的問題，多爲政治問題，外交的方式，也免不了當時國際政治上交涉的方式。在近百年以來，教廷擺脫了自己的政治地位，純以宗教立場在國際上活動，教廷的外交於是更簡單化了，更是一貫的君子式外交了。

註：

(一) Marsilius Patavinus,（歿於一三四三年）Defensor Pacis;Febronius, De Statu Ecclesiae, 1763.一書。

(二) Liberatore, Chiesa e Stato, Napoli, 1872; Cadorna, Del primo ed unico diritto pubblico clericale, Roma, 1888.

(三) 羅光　公教教義　香港　一九五五年　第一六九頁。

㈣ Dino Staffa, Le Delegazioni Apostoliche, Roma, 1959; A. Gioffio, Diplomazia ecclesiastica, Roma, 1899; A. Wynen, Die. Papstliche Diplomatie, Freiburg in Br. 1922.

教廷和元朝的往返使節

教廷和蒙古朝廷使節往返，東西史家多有所記述，西方史家對這些史事特別加以研究者，有伯希和(Paul Pelliot)㈠和溫格爾(Anastasius van den Wyngaert)㈡。中文書敘述這段歷史的，有方豪神父的「中西交通史」㈢，和德里賢神父的「中國天主教傳教史」㈣。

一、蒙古人西征歐洲

1. 成吉思汗西征

成吉思汗名鐵（帖）木真，爲蒙古部落酋長合不勒的曾孫，合不勒於宋紹興十七年（一一四七年）逼金人議和割地，自稱爲汗。他的孫兒也速該，併吞附近的部落，勢力更加強盛。但是他被另一酋長所殺，他的兒子帖木真年纔十三歲，繼為酋長。經過許多的困難，終於平定了其他的部落，統一大漠南北，於宋寧宗開禧二年（一二〇六年），自稱成吉思汗。

「元年，丙寅，帝大會部眾於斡難河之源，建九斿白纛，即皇帝位，群臣共上尊號，日成吉思合罕。」(五)

「二年，丁卯，帝親征西夏。……五年，庚午秋帝再伐西夏。西夏主李安全遣其世子遵頊拒戰，敗之。……西夏主納女請和。師還，遂議伐金。」(六)

成吉思汗元史稱為太祖，他西征花剌子模，為蒙古人的第一次西征。「宋嘉定十二年（一二一九年）秋，成吉思汗率朮赤，察哈台，窩闊台，拖雷四子，親統大軍，分四路西征。……宋嘉定十三年，成吉思汗與拖雷親率之第四路軍攻陷不花剌（布哈拉），又四路攻東南撒馬爾干城，五日城破。」(七)

後三年，成吉思汗的將軍哲別，和速不台由裏海西岸，踰過高加索的太和嶺，在喀爾喀河（Kalka R.）大破俄羅斯聯軍，直抵裏海北岸。

宋寶慶元年（一二二五年）成吉思汗在和林行宮（Karakorum）分封四子。「二十年，乙酉，春，帝至和林行宮，分封諸子；以和林之地與拖雷，以葉密爾河邊之地與窩闊台，以錫爾河東之地（哈剌契丹，畏兀兒故地）與察合台，以鹹海西貨勒自彌之地（康里，欽察，花剌子模故地）與朮赤。」(八)

2. 拔都西征

成吉思汗於宋寶慶三年（一二二七年陽曆八月十八日）崩於靈州，年七十三歲。第四子拖雷，因封地為蒙古本部地，駐守和林，乃行監國。又二年，第三子窩闊台即大汗位，元史稱為太宗。「秋八月，己未，諸王百官會於怯綠連河，闊迭額阿剌勒請帝遵太祖遺詔即位。共上尊號，日木亦堅合罕。皇兄察合台持帝右手，皇叔斡赤斤持帝左手，皇弟拖雷以金杯進酒贊，帝東向拜日，察合台率皇族及群臣拜於帳下。」(九)

太宗即位的第六年，滅金。第七年，正式建都和林。「七年，乙未，春，城和林，作萬安宮。初太祖居怯綠連河，又徙於盧朐河，至是始建都於和林。國語日喀剌科魯木。」(十)

「帝以欽察、斡羅斯部未定，命諸王拔都、大將速不台討之。皇子貴由、合丹，皇弟闊列堅，及諸王鄂爾達、昔班、唐古忒（朮赤之三子）、貝達爾（察合台子）、不里（察合台孫）、蒙哥（拖雷子）、撥綽，皆從行。」

(十)

宋嘉熙元年（一二三七年）蒙哥在裏海濱擒欽察酋八赤蠻。速不台入據俄羅斯伏爾加河（Volga R.）一帶，再侵俄羅斯東北部，佔莫斯科。次年，拔都進兵俄羅斯西南部，破俄羅斯各諸侯軍。於宋嘉熙四年（一二四〇年）攻下基輔城（Kiev）。基輔既陷，拔都軍入波蘭，波蘭王波肋斯老（Boleslaus）出逃。德意志諸侯聯軍拒蒙古軍於里格尼士（Liegnitz），大敗，統帥亨利公爵（Henry the Pious）被擒，梟首示眾。時在宋淳裕元年（一二四一年）。匈牙利王白拉第四（Bela IV）不願投降，率騎兵禦敵，全軍覆沒，王僅以身免。拔都驅軍渡多瑙河，入奧大利，抵義大利威尼斯境；又縱軍大掠塞爾維亞（Serbia）和保加利亞兩國城域。全歐大爲震動。幸而因蒙古太宗駕崩，拔都班師東歸，歐洲人心稍安。

3. 旭烈兀西征

太宗駕崩，皇后乃馬真氏（Turakina）稱制。「皇后與諸王大臣會，議立帝（貴由）爲嗣，皇后臨朝稱制，俟帝返然後歸政。明年壬寅，爲皇后稱制之元年，春，三月，太宗凶問至軍中，全軍東返，拔都至浮而嘎河，散遣諸軍。帝（貴由）先歸奔喪……帝至和林，皇后屢召拔都。拔都與帝有隙，又以帝之立，出皇后意，非太宗遺命，託足疾，遷延不至。……乙巳（一二四五年）皇后以拔都不至，乃召諸王諾延會於答蘭答八思之地，定議，以帝嗣位。」(十一)

貴由即位於汪吉宿滅秃里（Ormektua）。在位僅三年。拔都雖不叛變，然擁兵不奉命。定宗崩，「皇后斡兀立海迷失（Ogul Gaimish）不發喪，先赴於拔都，乃拖雷妃客烈亦氏，請依乃馬真皇后故事，臨朝稱制，以俟立君。拔都許之，與諸王大臣，會於阿勒塔克山。……拔都欲立憲宗，使者還報，皇后與二子忽察、腦忽皆不悅。庚戌，諸王大將，再會於闊帖兀阿蘭之地，定議立憲宗。」(十二)

憲宗名蒙哥，爲拖雷的長子，即位於宋諄祐十一年（一二五一年）。憲宗三年，遣皇弟旭烈兀（拖雷第六子）西征木剌夷部，以大將沙馬那顏和郭侃爲佐。又命皇弟忽必烈（拖雷第四子）統治漢南諸路軍。

宋寶祐四年（一二五六年），旭烈兀率大兵攻木剌夷（Muahida）。木剌夷為回教的一宗，據有波斯大半部土地。一年以內，全境城域，盡被蒙古軍夷為平地，人民不分老少，全部遭殺戮。旭烈兀驅軍西進，攻小亞細亞諸國。寶祐五年（一二五七年），圍攻報達（Bagdad）。次年二月十日，回教主哈利發率三子出降。蒙古軍焚城四十日，殺戮人民八十萬。

由報達往天房（阿剌伯），郭侃攻下一百八十五城，乃平定天房。轉軍攻敘利亞都城達馬斯各（Damascus）不下，折向北，破巴爾幹諸國聯軍。又命郭侃入地中海，平塞浦路斯島（Cyprus）富浪國。再回兵攻波斯，破兀林及起爾曼。當時埃及的勢力頗大，佔領小亞細亞；旭烈兀乃議率兵攻埃及。適憲宗蒙哥駕崩的消息傳到軍中，旭烈兀遂班師。

憲宗既崩，皇弟忽必烈即位，號元世祖。滅宋，遷都上都北平。元世祖治理中國，採取儒道，對於西方所征服的領土，建立三大藩國：欽察汗國，察合台汗國，伊兒汗國。欽察汗國為拔都的封邑，首都在伏爾加下游薩萊（Sarai）；以金頂帳為殿，故又稱金帳汗國，領有裏海、黑海附近的土地和俄羅斯及高加索等處。察合台汗國為察合台封邑，領有花剌子模的舊地。伊兒汗國為旭烈兀的封邑，領有波斯及小亞細亞之地。

二、教廷遣柏郎嘉賓出使蒙古

1. 教廷遣使的目的

當蒙古西征的時候，歐洲和小亞細亞正在一種變亂的時期。在天主教會以內，教宗遷都不定，以致釀成假教宗爭立，使教會分裂。同時教宗和日爾曼的神聖羅馬皇帝互爭主權。歐洲的君主，乃不能合力抵禦外侮，而且又因屢次組織十字軍，失敗無功，各國君主不再聽信組織聯盟義勇軍的號召。在東歐和小亞細亞，回教勢力日盛，東羅馬帝國因此瓦解，東歐於是出現了許多小國：如波蘭、匈牙利、羅馬尼亞、波希彌亞、保加利亞、塞爾維亞等國。小國既多，力量很弱，蒙古兵到，勢如破竹。後來回教人佔領這些國家，建立土耳其大帝國。在小亞細亞，十字軍以前所建立的幾個拉丁王國，都漸次被回教人所滅。可是回教人尚未到全盛之期，常和西方最後幾次的十字軍相爭，西方君主乃有聯合蒙古攻打回教人的計劃。

蒙古人西征歐洲時常屠城，所得降兵，也斬殺無餘。歐洲人聽到，大爲恐懼。都想仿效十字軍東征的先例，組織十字軍，抵抗蒙古。匈牙利王白拉第四曾遣方濟會士和道明會士，深入蒙古軍中，然都被擒殺。波希彌亞王文車斯勞（Wenceslaus）曾在里格尼士大戰之前，呼籲各國聯合軍隊，共同作戰。奧國王弗里特里克第二，也曾號召組織聯軍。日爾曼神聖羅馬皇帝弗里特克第二世，因著各方的呼籲，乃出名組織同盟軍，分函各國國王和諸侯。但是他當時正和教宗爭權，他想利用抵抗蒙古的同盟，也攻擊教宗，同盟軍乃不能成。

當歐洲君主號召組織聯軍抵抗蒙古時，由波蘭及匈牙利各國逃亡的方濟會士，和道明會士在中歐各國宣講蒙古軍隊的殘暴，呼籲各國戮力同心，挽救危亡。教宗額我略第九世，又勸諭日爾曼的各修會會長，運動組織抗蒙十字軍，凡應召參加抗蒙十字軍的人，享有昔日頒賜東征回人十字軍的恩赦。各國主教應聲而起，以十字佩帶賜予從軍軍人，但是這種十字軍，因著各國君主意見不和，未克實現。(十四)

教宗額我略第九世於一二四一年駕崩。柴助提諾第四世嗣位，在位十七日崩。過了一年，教宗依諾增爵第四世繼位。因神聖羅馬皇帝弗里特里克第二世危害羅馬，乃駐蹕法國里昂。一二四五年夏，召集里昂大公議會。會中，教宗決定遣使蒙古，敦勸蒙古大汗停止殺戮。他也想藉著遣派的使者，窺探蒙古內部的實情，以作抗禦之策。

2. 柏郎嘉賓

教宗依諾增爵第四世所遣派的使臣，名柏郎嘉賓（Giovanni da Pian del Carpine）。柏氏爲方濟會士，生於亞細細附近之嘉賓小鎮，籍屬貝魯濟亞省（Perugia）。當聖方濟第二次遣派會士往德意志時，柏郎被遣赴德。一二二一年被選爲撒克遜方濟會會長。在任三年去職。赴德意志北部，留住四年，又被選爲德烏多尼區方濟會區長。一二三〇年回義大利亞細細城參加方濟會全體大會，卸德烏多尼區長職，改任西班牙區方濟會區長，在職三年，復轉任德烏多尼區區長，到一二三九年任滿。以後，史籍再沒有柏氏的消息。一二四五年，里昂大公議會時，忽被任爲出任蒙古朝廷的特使。被選的理由必是因爲柏郎嘉賓曾任德意志方濟會區長，兼治波蘭、匈牙利、波希彌亞等國的方濟會，明瞭東歐情形㈤。

3. 動身赴蒙廷

柏氏受任爲特使，攜波希彌亞的方濟會士名斯德望者（Stephen of Bohemia）爲伴。攜奉教宗致蒙古大汗的文書，四月十六日（一二四五年）復活節，由里昂動身。柏郎嘉賓身體肥胖，不宜於步行，乃以驢代步。方濟會初興時的會規規定：會士出門，無論短途或長途，都該走路，不宜乘馬坐車；在不能走路時，纔能騎驢。柏氏胖胖的身軀騎驢跋涉，沿途引人注意。但是後來到了蒙古人的轄地以內，隨驛換馬。

由里昂動身，柏氏到了德意志，遇教廷駐德意志特使雨果樞機（Hugo of St. Cher），樞機派自己的僕從，護送柏氏入波蘭，抵波蘭布肋斯勞城（Breslau），另召一波蘭方濟會士名本篤者（Benedict the Pole）同行，兼充翻譯㈥。

時蒙古大軍駐紮在基輔城。柏氏爲進基輔，先赴里格尼士城見波肋斯拉公爵（Boleslaus），轉赴克拉哥味亞城（Cracow）謁龔拉公爵（Conrad of Lenczyc），遇俄羅斯一公爵，名瓦西里各（Vasilico of Vladimir）。瓦公爵有兄弟在蒙古軍中，乃攜柏氏及從人赴俄羅斯，遣人引他們進基輔。蒙古駐軍長官問明柏氏前來的原由，知道是遣赴大汗的使臣，遂遣軍人隨著驛站，送往拔都營中。一二四六年二月四日抵加彌厄夫（Kaniev，即Dnieper河畔），斯德望修士，不堪跋涉，臥病不起。柏氏命他留下，獨帶本篤修士前行。拔都當時駐在伏爾加河畔。四月四日，柏氏奔到拔都營中。

「當我們將被引進他的帳中時，帳下人吩咐我們該當從兩行火燄中走過，我們不願意。他們給我們講明：『吩咐你們從兩行火燄中過去，因為你們若對我們的主帥懷有不良之心或是帶有毒藥，火便可以清除。』我們乃答應從火中過去，免得他們起疑心。……」

「聽見我們說了對於禮物和來見的理由，遂引我們入帳，又先警告我們不要踐踏門限。進了帳營，我們跪下說明來見情由，又呈上書信，請派人翻譯。耶穌受難日（四月六日）翻譯官來譯信，我們和翻譯官愼重地把信譯成斯拉夫文，回文和蒙古文。拔都見了譯文仔細閱讀後，命我們回驛站，但是一天不給我們食物，只送來一碗小米飯。」

「拔都的儀仗很盛，有似國王君主。他常偕一夫人高踞一臺上，有似皇上的寶座。他的兄弟兒女和大將等，都坐在下面的凳上。其餘扈從人等則席地而坐，男子居右，女子居左。營帳用布麻製成，寬敞美麗，不亞於匈牙利王的營帳。拔都家人可出入帳中；其他大將小官非奉召，不能入帳。我們謁見時，跪說來見理由後，坐於左方。因為凡是往見大汗的使者，在拔都

帳中都坐於左，見了大汗回來的使臣，則坐於右。」(七)

拔都問明柏氏是西方教皇遣往謁拜大汗的使臣，遂遣發他們往汪吉宿滅禿里，拜見貴由大汗。

4. 謁見貴由大汗

復活節日，四月八日，柏氏偕本篤起程。柏氏當時身體疲勞，不堪騎馬，又不知道此去是凶是吉，起程時和本篤相對而泣。走了八天，渡牙益河（Jaic-Jarach）往哈剌契丹（Karakhitai），見拔都長兄鄂爾達；再前行，七月三日，入蒙古境。七月二十二日，抵汪吉宿滅禿里。時貴由尚未登大汗位，母后乃馬真氏稱制，柏氏以拔都譯官所作的譯本，呈於皇后。皇后命等候大汗登位，柏氏便留住了四個月，得見大汗登位大典。

「當我們到時，已經搭有一座極大的營帳，帳為白紅色，可容兩千人。營帳四週，設有木牌，牌上繪有人像。過了兩三日，我們同招待我們的蒙古人往看營帳。那時蒙軍的大將們都會集在此地，他們的人馬在周圍的上坡和平原上，馳騁往來。」

「第一天，大將們著白紅色衣服，第二天穿綠紅色衣服，第三天披黃紅色衣服。第四天各擁黃蓋。貴由於第二天進帳。帳有兩門，一門為大汗出入之門，門無守卒。一門為他將出入之門，門上守卒持弓矢刀劍。如有人敢入帳前禁區者，拿下加鞭策；逃則用箭射……大將等在帳中討論選立大汗。百姓們遠遠立在帳外……。」

「外面有俄羅斯的大公牙羅思老（Yaroslaf of Suzdal），有契丹（中國）的將軍多人，有古兒只王的兩個公子，有報達回教主的特使，又有回教各地小王十人，各方來賀的使臣約四千人。有來進貢者，有來投降者，還有所屬各地的官長……若是我記得清楚，我們在那裏大約住了四個星期，我們相信大汗的選舉已經定了，只是沒有宣佈。我們也相信一定是貴由，因為當貴由出帳時，大家都歌頌，持有紅頂花棒的人，把棒都向他朝下致敬……」

「當我們離開那裡時，我們騎馬跑了三四里路，共會於一平原中，平原靠山臨水，風景秀麗。平原中搭一帳，蒙古人呼為『金帳』。耶穌升天節日，本應在帳內行大汗登位典禮。但是因下了冰雹，於是延期。帳由柱支撐，柱包金葉，釘為金釘，釘於木上。寶座上部和背部，也蓋以金片，寶座前面，則蓋以緞。我們在那裏等到聖巴爾多祿茂節（八月二十四日）。這一天，大家雲集帳前。面向南，每行相距拋石之地，徐徐前行，口中誦經，時時向南屈膝。我們不明白他們向誰屈膝，是向天主呢？或是唸咒？我們因此便不屈膝。這樣做了多久，大家轉回大帳，奉貴由登大汗寶座，大將跪拜，大家也都跪拜在地。我們既不是他的屬民，便不伏地跪拜。以後，他們就按他們的習慣飲酪漿，一直飲到晚。然後捧來火烤的肉，每四人或五人，分吃一腿，又分一種鹹湯，澆在火烤的肉上。這是他們設宴時的風俗。」

「在這裏，我們被大汗召見。一個大臣鎮海（Chingay）寫上了我們來朝賀使臣的名字，高聲在大汗和將帥前面喝叫，每叫一名，被叫人屈左膝四次。……」

「在那裏，陳列著各國使臣獻的禮物，絲綢，紅緞，羅蓋，金絲，貴重皮貨等，琳瑯滿目，令人驚奇不置。……從那裏出來，我們另到一處，設有猩紅的營帳，說是契丹（中國）所獻，我們被引入帳內。入帳，蒙古人奉

飲酪漿，又獻烤肉，帳中設大汗寶座，座用象牙刻成，鏤鑲金絲寶石。……」㈥

貴由大汗登位後，命柏氏等往朝太后。太后係聶思脫里派教徒，太后乃馬真氏，元史也作爲脫烈哥那（Turakina），信教熱心，好言慰問柏氏。大汗後又召見，詢問柏氏以西方教皇處有否懂得俄文、回文和蒙文的人。柏氏對答在教皇處沒有這種人。但是大汗若書寫蒙文，柏氏本人和譯者將譯成拉丁文。回去時，把原文和譯文都帶呈教皇。聖瑪爾定節日（十一月十一日），大汗的大臣合答（Cadac），鎮海（Chingay），八剌（Bala）三人來見柏氏，共譯大汗覆教宗書。後兩日，大汗把覆書和譯文交給柏氏，命再往朝皇太后。太后賜他們每人皮衣一領。朝畢，動身回歐。大汗的譯官，曾告柏氏請大汗派員隨行，赴歐答拜教皇。柏氏害怕蒙古官員同行，將增多困難，又怕蒙古官員偵探西歐的情形，便不敢向大汗請答拜的使臣。

一二四七年五月九日，回見拔都。六月九日抵基輔。俄羅斯的瓦西里各公爵兄弟，盛禮接待，且表示脫離東方正教，歸順教皇。

柏氏由俄羅斯入波蘭，經過波西彌亞進德意志，由比國回法國，於一二四七年十一月，回到里昂，覲見教宗依諾增爵第四世，呈上貴由大汗覆書㈦。

5. 貴由（定宗）覆教宗書

元定宗貴由大汗，接見教皇的使臣，沒有予以特別的注意。當時各方來朝的人很多，有進貢的，有求和的，有請降的。柏郎嘉賓便被視為其中的一個，雖因皇太后和左右大臣信仰聶思脫里派基督教（景教），對於教皇的使臣特加照拂；但是蒙古大汗征服歐洲之心，不因教皇的一封書信，就馬上改變了。貴由回答教皇的信，語氣就很傲慢。

「上天之神威，眾生之君王，朕致書大教皇，此書誠信而真也。爾教皇及信從基督之人，遣使來朝，聞來使所言，閱所攜之書，知悉爾等願與朕結好修睦。如爾等誠願與朕修好，爾教皇及皇公巨卿，宜速來見朕，勿稍稽延，以聽朕之吩咐。」

「爾來書云：朕宜領洗信從基督。朕可告爾，朕不知為何而應領洗。爾來書又以殺人之多而驚異，尤以信從基督之波蘭人，匈牙利，奧拉維人被殺而不安。朕亦不明爾驚異之由，然朕不欲默而不言者。茲以之告爾，彼輩不聞上天與成吉思汗之命，且殺戮所遣使臣，上天乃欲滅殺之，以彼輩遺於吾輩之手。因如上天不欲為此，人何能為此耶？爾輩西方人，自以為獨奉基督而鄙視他人。然爾知上天究欲加恩於何人乎？朕等亦信上天，賴上天之力，將自西徂東，征服全世界也。如此非上天之力，人又有何力耶？如爾等願以爾等之武力降於朕，與朕修好，爾教皇及王公臣卿，宜速來見朕言和，切勿稽延，如此朕知爾等眞願修好矣。如爾等不聽上天及朕之言，不來見朕，則朕知爾等實願戰爭矣。後事如何，朕不能知，惟上天知之也。第一任大汗，成吉思汗。第二任大汗，窩闊台汗。第三任大汗，貴由汗。」(二十)

璽文爲「眞主在天，貴由在地。上天神威，眾生之君印。」

柏郎嘉賓既回里昂，寫了一本出使蒙古的報告書，名「蒙古史」（Historia Mongolorum）㈡。本篤修士出使後，回德意志科倫城（Cologne）城內，一學者問他出使經過，本篤修士向他簡略口述出使事跡。學者筆之於書，成爲本篤修士的出使報告文㈢。

柏郎嘉賓在出使蒙古後，又奉教皇命，往謁法國國王聖路易第九。當時路易正在組織十字軍東征，教皇遣使勸他停止組織，因爲將徒勞無功。教皇後又任命柏郎嘉賓爲安提瓦里城（Antivari）總主教。一二四八年，柏郎嘉賓赴主教任所。在任四年，於一二五二年八月一日去世㈢。

6. 蒙古史

羅馬方濟會總院所編《中國方濟會誌》（Sinica Franciscana），第一冊首編爲柏郎嘉賓的《蒙古史》。

《蒙古史》分九章，書首有緒論。緒論爲柏郎嘉賓致全球教友的公函，略述出使的理由，而書中的記述，爲他本人所見所聞，閱者可以相信。

《蒙古史》第一章，論蒙古的地域，即是一篇蒙古地理。先說蒙古土地所在，後說蒙古土地性質，最後說蒙古土地氣候。「蒙古的地域，處在東方。東與契丹（中國）、蘇郎哥（滿洲、高麗）爲界，南與回人（中國和俄國的土耳其斯坦）爲界，西南與匈人（匈牙利）爲界，西與乃蠻人（Naiman）爲界，北與大洋爲界。」㈣

第二章，論蒙古人和蒙古衣食住的風俗。「蒙古人的像貌和別的人很不相同。在兩眼和兩頰之間，較比別人寬。兩頰也較兩腮更爲突出，鼻樑平而闊；眼小，眼皮上衝睫毛。腰身除少數人外，大都細弱，身材也一律中等。大家幾乎都不生鬍鬚。有少數人在上唇長有短毛如髭，從不剃刮，頭頂上如聖職員剃一髮圈。從一耳到一耳，剃去一行頭髮，寬約三指。這一行剃髮光路和頭頂的剃髮光圈相連。額前又剃髮一行，寬約兩指。在光圈和額前剃髮光路間的頭髮，長至覆到眼睫，前額兩邊，較前額中央剃髮更多，但留有髮。其他頭部的頭髮，長如婦人髮，結爲兩辮，束於耳後。蒙古人的脚都小，不及中等。」(二五)

第三章，論蒙古人的宗教信仰。「他們信一尊神，信爲有形和無形萬物的創造主，又信爲世上福樂和苦痛的主宰。但是他們不用祈禱讚頌和典禮去敬神。他們又有泥塑如人的神像，置於帳門的兩側。神像下置一泥塑的乳房。他們信這神爲畜牧之神，賜羊生乳。」(二六)蒙古人的倫理，不以侵人疆土爲惡，殘殺他國人民，以及奸淫擄掠也不以爲罪。

第四章，論蒙古人的風俗。章分四段：善良風俗，惡風俗，遺傳習慣，食品。蒙古人善於服從，彼此不相欺相鬥。婦女也有貞操。然而對待外國人，則很暴躁，又不信實。開始時，看似很善良，過後則像毒螫。

第五章，論蒙古人的酋長大汗。這一章也分四段：先述蒙古人的起源，次述蒙古人的酋長，後述蒙古大汗，最後述蒙古封邑大將。這一章所述，柏郎嘉賓得自聽聞，有些寫的都很空洞，有些寫的頗詳細。章中記蒙古人伐契丹（中國）云：「蒙古人預備征伐契丹，契丹皇帝知道了，先率軍來戰。激戰後，蒙古軍大敗，軍中貴酋都被殺戮，僅有七人幸得逃免。……成吉思汗和所有殘部逃歸本國，稍事休養，即整軍伐回紇，回紇人奉聶思脫里派基督教。蒙古人克服了他們，從回紇人學習文字。蒙古人以前沒有文字。今有字，即稱蒙古字。……戰後回國休養，集軍攻打契丹，苦鬥很久，征服契丹國大部國土，且圍契丹皇帝於一大城中（按指速不台圍開封），困守很久，軍中乏食。成吉思汗於十人中，命殺一人供食，城中守兵防禦很勇敢，機砲飛石，強弩利箭，拋射敵軍。飛石既盡，熔銀飛擲，因城中本多富人。圍攻既久，蒙古軍不能克，乃掘地道入城，由地道出與守卒戰，圍城兵復自城外攻打，內外夾攻，城門乃破。蒙古軍殺契丹皇帝，又殺戮城民，強掠金銀財寶，設官治理，便班師回國。契丹皇帝既被殺，成吉思汗乃自立為大汗……。」㈦在這一章，柏朗嘉賓記述蒙古人西征的歷史，記有蒙古軍隊駐在俄羅斯、波蘭、匈牙利等國大將的名字。

第六章，論蒙古人的兵法。成吉思汗分軍隊十人為組，組置十夫長，十組成百人，置百夫長，十百為千，置千夫長，十千為萬，置萬夫長。全軍置大帥兩人或三人，大帥復屬於主帥。戰時，臨陣逃兵，捉到即殺。蒙古軍隊的軍械，弓箭和盔甲，書中描寫很細緻。

「當蒙古人進攻時，各軍齊備作戰，大將則遠立。面向敵人，身旁有妻妾兒子，俱騎馬。有時以紙人，置在許多馬上，欺騙敵人以為兵多。正面攻擊敵人的前軍，常為俘擄和降兵，軍中夾有蒙古兵。蒙古勇兵則分為左右翼，繞著遠路以攻敵軍，不為敵軍所見，等到把敵軍圍在核心時，於是四面齊攻。有時圍兵較比被圍的敵軍少，但是因見許多紙人騎在馬上，和大將同列，敵軍疑爲蒙古兵多，心生畏怯，軍心就亂。若遇被圍敵軍，勇敢作戰，蒙古軍就開路讓他們退走。等到敗兵退出後，開始逃生，前後不相顧，蒙古軍鼓氣追上，大殺逃軍。殺亡之兵，遠過於困鬥時殺戮者。」㈥蒙古人攻城之術，或用水淹，或掘地道，或地道入城後，兼用火攻。破城時，除工藝人外，城中人都被洗殺。

第七章，論蒙古統治征服地的殘暴。首先論蒙古講和之道，次論蒙古所征的國土，再次論蒙古統治征服地的殘暴，最後論蒙古人怎樣對付死戰不降的敵軍。蒙古大汗不和任何國家講和，除非是他國先投降臣服。但是在他國投降時所訂的條款，蒙古人後來一概不遵守。柏氏列舉蒙古人的殘暴事蹟，又列舉征服地的國名。

第八章，論抵禦蒙古人的戰術。柏氏謂蒙古人的志向，在征服全世界，西方各國若不按貴由大汗所說，由教皇率領，向他投降，必遭攻伐。但是西方各國決不能向他投降，否則將變成奴隸。抵禦蒙古人之道，首應互相聯合，不然必一城一城遭屠殺；抗禦蒙古人的兵器，重要的是強弓、硬弩、利刃、毒矢、鎗宜用鉤連鎗，便於鉤他們下馬。軍隊的組織，也應仿效蒙古軍，一十，一百，一千，次第編隊，臨陣逃亡者，應加重刑；又多派偵探，觀察蒙古軍左右兩翼的行動，防被包圍。蒙古軍退時，當防他們假敗，不宜急追。夜間，也該嚴加戒備，謹防蒙古軍偷營。預備堅守一城時，宜擇地勢，城中多蓄水積糧，城週宜掘寬壕，不容蒙古攻城的機械近城，蒙古兵有落馬者，急以箭射，受傷者即生擒。擒獲的蒙古兵，宜好好看守，不使逃走。一則可以和蒙古人講交換俘擄的條件，再則可以誘投降蒙古而受逼作戰的他國兵士，投降西方軍隊。

第九章，論出使所經過的國家和蒙古大汗。在這一章裏，柏氏述說出使的經過。在前我們已經引用了這一章的材料。

《蒙古史》以拉丁文寫成，柏氏作史的用意，在於滿全出使的第二項目的，細述蒙古的內情，使西人知道防禦之策。當時西方君主，沒有注意他這本報告書，也幸而蒙古人再沒有繼續西征，西歐乃得安全。但是這本報告書，使今日對於研究蒙古史的人，確實是一本可貴的史料。

三、元朝與教廷的使節

1. 三位道明會士出使蒙廷

當柏郎嘉賓出使蒙古朝廷時，教宗又派一特使團往近東的蒙古軍營裏，訪問蒙古近東軍隊的大將。當時法王聖路易正在組織第七次十字東征軍。教宗派使往訪蒙古的近東軍大將，希望能夠因蒙古軍中信聶斯脫利派的基督教徒的影響，可以引起蒙古軍注意聖地問題，共同合力驅逐佔據聖地的回教徒。

派往近東的特使團爲三位道明會士，爲首者名亞傑利（Ascelino或稱 Anselmo di Lombardia），其他兩人，一名龍汝模（Andre de Longjumeau），一名貴加（Guichard da Cremona）。亞氏由里昂動身，在迪埔里（Tiplis）和龍、貴兩人相遇，一同前行。於一二四七年夏抵蒙古近東軍統帥拜住（Baidju，或寫巴一朱）營中。亞傑利晉見拜住，不願行叩頭禮，又不獻禮物，拜住大怒，下令推出斬首。幸得拜住妃中一信景教者（聶斯脫利派）力救得免。拜住覆書教皇，詞意倨傲：「本帥承大汗意旨，各方愼聽將令：爾教皇遣使來訪，呈上手書，來使言詞怪誕，不知係傳爾教皇之言，或係彼等自造之詞。來書亦有不恰之語，如云爾等殘殺如許人民，然吾等乃上天真主之號令，威及全世。凡聞此號令者，各就所在之地，以各自之勢力，獻於統治全世之大汗之手。」㈩亞傑利攜書回歸覆命。

2. 法王聖路易和蒙廷的使節

蒙古人對於宗教常採取寬大的態度，每到一地，即採用當地的宗教。因此當時在蒙古可汗和大汗的朝廷裏，有一些信奉聶斯脫利派的基督教徒。而且後來佔領了歐洲的天主教國家，蒙古人俘虜了或擢用少數天主教人。在他們這些人看來，爲變化蒙古人的野蠻性質，最好是向他們宣傳基督的教義。同時歐洲人也聽到傳說，說蒙古人中有許多信奉天主教的長官和大將，歐洲人於是很想藉宗教的感化力去抑制蒙古人的殘暴。

一二四八年九月二十一日法王聖路易第九，統率第七次十字軍，駐紮地中海的塞浦路斯島（Cyprus）。十二月十四日，接見蒙古大將宴只吉帶（Iltchigatai）遣來的兩個使者。伊治加台受定宗貴由的命，繼巴一朱的位，統治土耳其和高加索一帶地區。伊治加台所遣的使者爲兩個聶斯脫利派的基督徒，一名大維（Moriffat David），一名馬爾谷（Marcus）。

兩使奉伊治加台的文書，晉謁聖路易。晉見時，由曾出使蒙古的龍汝模任翻譯。伊治加台致法王的信，文詞語氣和普通蒙古將帥可汗致西方國王和教皇的信，語氣不同。信中既稱讚法王，又讚揚基督的教義，凡信奉基督的能在蒙古大國內，享有自由平等。這種語氣的信，可能是伊治加台帳下的聶斯脫利派教徒或希臘正教徒所代寫，或者是兩個使者掩藏了伊治加台的原信，另外自出心裁所僞造。聖路易信以爲真，乃覆書伊治加台，遣龍汝模偕兩道明會士充報聘使臣。

龍汝模和兩道明會士若望及威廉，陪大維和馬爾谷，於一二四九年正月二十七日，離塞浦路斯，往伊治加台營中。伊治加台遣法王使臣往見大汗。時定宗貴由已去世，皇后斡兀立海迷失臨朝稱制。龍汝模拜謁皇后，呈上禮物。皇后覆書聖路易，令他年年進貢。龍汝模於一二五一年回阿克爾（Acre）覆命。

3. 首次遣傳教士赴蒙古

柏郎嘉賓和龍汝模出使蒙廷，都被蒙古朝廷視爲進貢的使臣，攜回的覆書，詞氣傲慢。教宗和法國不擬再派使節。但是當時傳說蒙古朝廷和營中有許多信奉天主教的人士，教宗和聖路易想設法遣派傳教士去照顧這些教友。恰好那時有兩位方濟會士動身往近東去傳教，聖路易便遣他們帶書往謁蒙古大汗。

這兩位方濟會士，一名羅伯魯（William of Rubruck），一名巴祿茂（Bartolomeo da Cremona）。羅伯魯當時隨聖路易的十字軍赴近東，欲赴蒙古人征服的近東各國佈道。一二五三年由君士坦丁堡出發，抵撒里各（Sartach）營中。請准在管領區中傳教，撒里各爲拔都的兒子，打發羅伯魯去見父親。拔都見到羅伯魯，又遣他們去見大汗蒙哥（憲宗），十二月二十七日抵和林。次年（一二五四年）正月三日覲見憲宗。留居和林數月，天氣和飲食都不適於身體。七月初，離和林。次年（一二五五年）六月十六日，回塞浦路斯島，撰《出使始末》（Itinearium）(三十)。

4. 蒙古派使往教廷

世祖忽必烈即位，義大利人尼克拉波羅（Nicolo Polo）和馬飛奧波羅（Maffeo Polo）兄弟來北京，蒙世祖優待。他們兩兄弟都諳蒙古語，多次蒙世祖召進宮中，述說歐洲的風俗人情，世祖便派他兩人回歐洲，充作他的使臣，攜帶璽書，覲見教宗，要求遣派一百名有學識的人往中國佈教。

波羅兄弟兩人，同加介亞男爵（Baron Gacaya）由北京動身赴歐，一二六九年抵小亞細亞的克里城，他們接到消息，教宗格肋孟第四世已在上年崩駕。兄弟兩人聽從教廷駐小亞細亞的欽使德阿巴爾杜（Thcobald後來升教宗，名額我略第十世）的指示，登舟赴威尼斯，等候新教宗登基。波羅兄弟抵故鄉，尼克拉的妻子已經去世了，兒子馬哥波羅年已十五歲。在威尼斯等了些時，新教宗的選舉尚不聞有結果，波羅兄弟攜小馬哥波羅起程回中國。由威尼斯乘船往小亞細亞，再謁教廷欽使德阿巴爾杜，又繼續前行。當波羅一家三人抵亞美尼亞時，德阿巴爾杜得訊被選爲教宗，即差人召回波羅兄弟，命帶致世祖的覆書和兩位道明會士尼古老（Nicholas of Nicosia）及威廉（William of Tripoli）同行往北京。既抵亞美尼亞地，遇有埃及回教王的軍隊，兩道明會士不敢前行，遂停止不進。波羅一家三人續往中國。於一二七一年經亞美尼亞，越四年，始抵上都，覲見世祖，留住中國國內㈢。

至元十三年（一二七六年），蒙古的波斯汗國可汗阿八哈（Abaga）遣瓦沙里兄弟（Vassalli）赴羅馬見教宗。教宗尼古老第三世接見來使，遣方濟會士五人，爲報聘使，攜覆書往見蒙古的波斯可汗。五人見了波斯可汗後，再動身往上都，攜教宗書，往謁元世祖。五人名字於今尚留在史冊，但他們出使的事蹟，史冊一點也沒有記述，一定是他們並沒有動身往中國去㈢。

5. 孟高維諾派來我國

至元二十六年（一二八九年），孟高維諾奉教宗尼克老第四世之命，以教宗欽使銜，來我國上都，請求元朝皇帝准許在中國傳教。

孟高維諾（Giovanni da Montecorvino）名若望，孟高維諾爲他出生的地名。地爲義大利南部薩萊諾（Salerno）城附近的一個小村莊。孟氏生於一二四七年，壯年入方濟會。一二八〇年左右，第一次被派赴小亞細亞傳教。一二八九年任亞美尼王之欽使，赴歐洲晉謁教宗。教宗尼古老第四世轉命他充教廷欽使，攜書來我國元朝京都，又順道攜教宗書遍訪亞美尼亞、波斯、土耳其斯坦等地的國君。孟高維諾於至元二十六年由義大利起程，乘船赴小亞細亞。經亞美尼亞，抵波斯。在波斯京都停留數月，至元二十八年動身由海道來中國。當時同行者有一道明會士，名尼古老（Nicola da Pistoia），又有一商人，名伯鐸祿（Pietro da Lucalongo），船抵印度，孟高維諾訪聖多默宗徒的遺跡。同伴道明會士尼古老以病卒，葬於聖多默遺跡之傍。由印度乘船來我國，在中國南部一海口，可能是泉州登陸，於成宗元貞元年（一二九四年）抵上都，覲見成宗。成宗爲世祖孫，以禮接待孟氏，准他在上都居住㊂。

孟氏抵上都後，遭受聶斯脫利派基督教徒的攻擊：「聶斯脫利派人負基督信友之名，實則遠違基督教義之實。彼等在此聲氣囂張，不容彼派以外之基督信徒建立一小堂宇，亦不容有彼派以外之教義。蓋宗徒輩及宗徒之弟子輩，無一人曾至此土者。聶斯脫利派人遂群起攻我，又收買他人攻我。造謠余非教宗所遣使者，乃一奸巫，一商賈。稍間，又引人誣予謀殺教宗所遣之使臣於印度，奪去貴重禮品，自充使臣來此。予遭此毒計凡五年，每被招至官廳，重被侮辱。幸而上主恩佑，終因數人供認實情，皇上得明余之清白與彼等之毒計，乃處罰彼等及其家人，充軍遠域。」㈣

孟總主教在上都享壽至八十一歲，開創了天主教在中國的傳教事業，逝世於元文宗天曆元年（一三二八年）。

6. 元順帝與教廷互遣使節

孟高維諾既去世，繼任的總主教尼各拉是否到任，史無明文。上都信教的阿蘭官員，乃請元順帝遣使教廷，以通往來。阿蘭官員也上書教宗，請求委派主教和傳教士來中國。

阿蘭，史書說是滿洲人的一種，爲匈奴所征服，隨匈奴人遠征歐洲。匈奴既敗，阿蘭人退據高加索。蒙古窩闊台西征，阿蘭人投降，窩闊台選一千阿蘭人隨軍應命，阿蘭人乃在元朝得任官職。

元順帝所遣使臣共十六人，以安德肋弗蘭克爲正使（Andrew the Frank），副使有威廉（William of Nassio），朵該（Thogay）等。使團於至元二年（一三三六年）出發，攜有順帝致教宗書及阿蘭官員上教宗書。至元四年，使團抵亞味農城，覲見教宗本篤第十二世，呈上書函和禮物。元順帝致教宗書，辭意卑順，且求教宗祝福，不合元朝皇帝文書的格式，史家多疑書係僞出，且疑安德肋史團一事，也係誤傳。但是伯希和氏考證安德肋所攜阿蘭官員上教宗書上簽名的人名，在元史裏可以查得，證明這封信可以信爲真[32]。至於元順帝致教宗書的譯文，想係譯者爲就合教廷的習慣，自行改作，與原文不合。元朝皇帝致外國君主的信，辭氣常很倨傲，明清兩朝皇帝致外國君主，也常是「齎詔往諭」，譯者常不願按照原文直譯。

順帝使臣覲見教宗時，教宗盛禮相接，閱了來書，就備書作答。安德肋等於至元四年即起程歸國，順路拜謁威尼斯國諸侯，匈牙利及西西里王。

元帝使臣既離亞味農，教宗本篤第十二世，任命一報聘元帝的使團。報聘使共四人，都是方濟會士：Nicolas Bonet, Nicolas da Molano, Giovanni da Firenze, Gregory of

Hungary。四人攜教宗書（一三三八年十月三十日），於一三三八年底離法，次年，由義大利拿玻里（Napoli）乘船往小亞細亞。

使團中的四個使臣，是否都到了中國，史書沒有記載。我們所知道的，只知道第三人（Giovanni da Firenze）一定到了北平，因爲他留下了出使的歷史。這人姓馬黎諾里（Margnolli），名若望，時人也稱他爲「聖老楞佐的若望」（Giovanni da St. Lorenzo）。這是按照方濟會的習慣，以地名或修院名以稱呼會士。若望馬黎諾里出生於義大利名城翡冷翠，生時約當第十三世紀末。幼入翡冷翠城聖老楞佐修院，棄世修道，爲方濟會士。一三三八年奉教宗召，赴亞味農城，啣命出使中國。

馬黎諾里於次年離拿玻里，乘船抵君士坦丁堡，再經黑海赴中央亞細亞，繞過沙漠，陸行三年，於至正二年（一三四二年），始抵上都。元順帝盛禮延見，接受馬黎諾里所獻馬匹。元史記載說：「二年七月是月拂郎國貢異馬，長一丈一尺三寸，高六尺四寸，身純黑，後二蹄皆白。」[36]「獻馬地點在慈仁殿。二十一日敕周朗繪圖，二十三日以圖進……馬黎諾里之獻馬，時人嘆爲盛事，揭傒斯作天馬贊，歐陽玄有天馬頌，天馬賦，周伯琦有天馬行，陸仁有天馬歌，秦約有天馬歌。」[37]

馬黎諾里自己記述覲見元順帝說：

「我隆重地穿著祭服，前面有人持一美麗十字為前導，十字側有燭火和香爐，一路我們歌唱『信經』，步入壯麗的皇宮，直到皇帝御座前。歌畢，皇帝恭敬地領受我的祝福。然後我們被引到宮內為我們預備的房間，有官員兩位派充我們的侍者。舉凡衣食，以及廁所紙張，都由宮廷供給。事事常豐足有餘，這樣約住了四年之久，受了無限的尊榮，穿著貴重的衣服，連我們的侍役，也是豐衣足食。總計為招待我們，所費約四千馬克。因我們當時，共三十二人。」㈢

馬黎諾里見那時天下大亂，元朝的皇位不可保，乃請求順帝放他回國，假說是心中思念家鄉。至正六年（一三四六年）離上都，經杭州、寧波，由泉州上船西返。至正十三年（一三五三年）回到亞味農復命。次年升主教（Bisiniani主教），返回故鄉翡冷翠城行祝聖主教禮。那時，日爾曼帝兼署波希米亞王查理四世到羅馬行加冕禮，聽說馬黎諾里出使遠東，乃召他為皇宮服務神長，兼皇宮史官，又命撰寫波希米亞史。馬黎諾里遵命撰史，史中略述自己出使中國的經過。他去世的年月不詳，約在第十四世紀中葉㈣。

元朝亡後，中西的交通遭回人所斷絕，明朝又嚴禁外人入國，教廷和中國朝廷再不通往來，元朝時代曾一度興盛的天主教，也終歸消滅。《明史》〈拂森傳〉云：「元末，其國人捏古倫入市中國。元亡，不能歸。太祖聞之，以洪武四年八月召見，命齎詔書，還諭其王，曰：自有宋失馭，天絕其祀。元興沙漠，入主中國，百有餘年，天厭其昏淫，亦用隕絕其命……朕爲臣民擁戴，即皇帝位，定有天下，號曰大明，建元洪武，於今四年矣。凡四夷諸邦，皆遣官告諭，惟爾拂森，隔越四海，未及報知，今遣爾國之民捏古倫，齎詔往諭。……」(四十)明洪武所說的捏古倫，有些學者推測或者是孟高味諾的繼任總主教尼古老。中國第一期天主教的湮滅，當在洪武年間了。

註：

(一) P. Pelliot, Les Mongols et les Papes aux XIIIe et XIVe sie'cles, Paris, 1922. Les Mongols et la Papaute', ROC, 1923.

(二) A. Wyngaert, Sinica Franciscana. vol.I, Roma.

(三) 方豪　中西交通史第三冊　國民基本知識叢書　臺北　一九五五年。

(四) 德里賢　中國天主教傳教史　上海商務　一九三四年。

(五) 新元史　卷三　頁一。

(六) 新元史 卷三 頁一。

(七) 方豪 中西交通史第三冊 頁五。

(八) 新元史 卷三 頁十五—十六。

(九) 新元史 卷四 頁一。

(十) 同上頁 八。

(十一) 同上頁 八—九。

(十二) 新元史 卷五 頁一—二。

(十三) 新元史 卷五 頁四—五。

(十四) Sinica Franciscana, vol. I，緒論。

(十五) 同上頁三—四。

(十六) 本篤修士的生卒年不詳 只留一簡單的出使報告。

(十七) Sinica Franciscana, vol. I, p. 109-110.

(十八) 同上，p. 116-120.

(十九) Benedictus, Relationes, Sinica Franciscana, vol. I, pp. 135-141; Henri Cordier, Histoire generale de la Chine, Paris, 1920, vol. II, p. 389-392.

(廿) Sinica Franciscana, vol. I, p. 142-143.

(十一) 同上，p. 27-130.

(十二) 同上，p. 135-143.

(十三) 同上，p. 6 方豪 中西交通史第三冊 頁七〇 云「次年柏氏逝世」。

(十四) Sinica Franciscana, vol. I, p. 29.

(十五) 同上，p. 32.

(十六) 同上，p. 36.

(十七) 同上，p. 55-56.

(十八) 同上，p. 81-82.

(十九) Recueil de Bergeron, Col. 79-80, cfr. Cordier, O.C. p. 392-393.

(廿) Sinica Franciscana, vol. I, pp. 147-149, 164-332.

(廿一) 方豪 中西交通史第三冊 頁七四—八〇 同上 緒論 頁六七—六八。

(廿二) Sinica Franciscana, vol. I, 緒論 頁六十八。

(廿三) 同上 頁三三五—三三七 方豪 中西交通史 頁八〇—八四。

(廿四) Giovanni da Montecorvino. Epistola II Franciscana, vol. I, pp. 346-347.

(廿五) 通報 一九一四年 十二月號 頁六四一。

(廿六) 元史 卷四十 頁十四。

(廿七) 方豪 中西交通史第三冊 頁八七。

(三八) Sinica Franciscana, vol. I, p. 529.

(三九) Sinica Franciscana, vol. I, p. 516.

(四十) 明史 卷三百二十六 拂森傳。

卜彌格充明使出使教廷

一、明末遣使赴教廷

明崇禎十七年（一六四四年）李自成破北京，崇禎帝「自去冠冕，以髮覆面」㈠自縊死於煤山。南中諸臣史可法等奉福王朱由崧稱帝於南京，改元「弘光」。次年五月，清兵下南京，弘光帝遇害，唐王朱聿鍵稱帝於福建，改元「隆武」。隆武二年，福建失守，隆武帝殉難，瞿式耜等奉桂王朱由榔，稱帝於肇慶，改元「永曆」。

當弘光帝稱帝於南京時，詔遣畢方濟（Francesco Sambiasi）神父出使澳門，商議借兵購械。畢方濟和弘光帝在河南藩邸，舊屬相識。畢方濟抵澳門，南京失守，借兵未成。永曆帝即位，又遣畢方濟和太監龐天壽往澳門，續議借兵購械事。

龐天壽爲崇禎帝宮監，受洗於湯若望（Johann Adam Schall von Bell），聖名亞基婁。崇禎帝殉國後，天壽由北京逃到南京，由南京而福建，由福建而澳門，由澳門而肇慶，永曆帝用爲司禮太監。

奉永曆稱帝的大臣瞿式耜，江蘇常熟人，受洗於艾儒略（Giulio Aleni）之手，聖名多默。崇禎元年，擢戶科給事中，上疏直言政事，推薦忠正人士，指劾奸臣權豪，爲溫體仁、周延儒所害，幾乎喪命。福王立於南京，起用式耜爲應天府尹，擢右僉都御史，巡撫廣西。永曆帝即位，進式耜吏部右侍郎，東閣大學士兼掌吏部事。次年正月，清兵破肇慶，取梧州，逼桂林。式耜留守，進文淵閣大學士兼兵部尚書，賜劍便宜行事。

式耜麾下參將焦璉助守桂林三月，《明史》稱：「及是戰，守三月，璉功最多。」㈡璉曾一次救永曆帝出難，很爲帝所親信。「初，永明王爲賊執，璉率眾攀城上，破械出之。王病不能行，璉負王以行；王以此德璉，用破靖江王功，命爲參將。」㈢璉也是受洗信友，聖名路加，南京人。

永曆的朝廷和宮中，既有幾位很孚眾望的信友，因此那時在桂林的瞿紗微神父（Andrew Xavier Koffler）乃能出入宮禁，向宮中后妃講道，永曆帝又給神父銀兩，建造一聖堂。

永曆帝的嫡母爲王太后，生母爲馬太后，帝后爲王皇后。三后都因龐天壽太監的勸，曾聽講天主教義。永曆二年（順治五年）三月，清兵襲桂林，式耜督率何騰蛟與焦璉苦戰，桂林得全。「時，王駐南寧，式耜遣使慰三宮起居，王始知式耜無恙，爲泣下。閏三月，廣東李成棟，江西金聲桓皆叛大清，據地歸式耜。……十一月，永州，寶慶，衡州並復，式耜以機會可乘，請王還桂林，圖出楚之計，不納。」㈣永曆帝駐肇慶，那時，永曆的版圖據有兩廣，兩湖，江西，雲南等六省。

「當此國運昌盛時，而永曆太子適生，百祥畢集，萬姓騰歡，皇太后皇后等，由是大長信德，深感天主大恩，向瞿神父切求領洗。瞿神父鑒其誠，在宮中小堂行授洗禮，奉教官員咸與禮焉。永曆嫡母王太后，聖名赫肋納。生母馬太后，聖名瑪利亞。王后聖名亞納。新生太子慈炬，永曆初不許領洗。未幾太子病危，永曆懼其死也，亦准受死，聖名公斯當定。」㈤

永曆帝既駐肇慶，承太后旨意，遣使往澳門耶穌會聖堂，獻銀香爐，銀花瓶，銀燭臺，請行謝恩彌撒。明使於是年十月十七日（一六四八年）抵澳門。澳門耶穌會副省長曾德昭（P. Alvaro de Semedo），於十月三十一日舉行彌撒大典。葡萄牙總督設宴款待來使㈥。

在澳門的耶穌會士，身與這次盛典，感到從利瑪竇（Matteo Ricci）進中國以後，這是第一次最有意義的中國宗教儀禮。這次盛典可以象徵中國歸奉天主。明朝皇太后，皇后，皇太子都已受洗，皇上且求彌撒。皇太后和皇太子的聖名，採取羅馬第一位奉教皇太后和皇帝之名。永曆太子將來率領中國人民，一如羅馬皇公斯當定帝率領羅馬帝國人民信奉真主。

但是爲實現這項理想，最重要的條件，是永曆帝能保全自己的版圖，將來可以逐漸恢復明朝的江山。耶穌會士乃替明廷籌劃，遣使赴歐，朝見教宗，轉往歐洲各國，向各國求援。

明朝皇太后皇后皇太子，都已受洗；這事本應呈報教宗。同時，應使歐洲各國知道明朝皇室，已是天主教皇室，宜有歐洲天主教各國的同情。出使教廷的明使，便應是代表皇太后向教宗致敬的特使。

以往，在遠東的傳教士，屢次計劃，求教宗派使往中國，致候中國皇帝，請允傳教自由。羅明堅（Michele Ruggieri）回歐，使命就是爲向教宗和耶穌會長建議遣使中國。金尼閣（Nicolas Trigault）赴歐，也有乘機建議遣使來華的使命。

這次，耶穌會的計劃，則是中國遣使往教廷。因爲明朝傳教自由已不成問題，問題則在保存明朝。

明廷皇宮當然贊成這計劃。龐天壽且願自充使臣。太后憐他年老，不允。耶穌會副省長乃決定派卜彌格（Michael Boym）充明朝出使教廷的特使。

史書對於明廷派使教廷的計劃，出自何人，頗有異議。有人說出自瞿紗微神父，有的說出自澳門耶穌會士，有的說出自龐天壽。西方史書又都稱龐天壽爲閣老㈦。但按理推測，派使的計劃一定出自澳門耶穌會士，因爲他們是中國教務的指導人。派使計劃的決策者，則是龐天壽；瞿式耜當時身在桂林，雖一手總握朝政，但因派使事由皇太后主動，爲宮中事務，故不正式參預，由太監龐天壽在肇慶決策。因此卜彌格所攜的信件中，有龐天壽的信而沒有瞿式耜的信，歐人便相信龐天壽爲閣老。

二、卜彌格充明廷特使

卜彌格（Michael Boym），耶穌會士，波蘭人。出身貴族，原籍爲匈牙利人。家居肋阿玻城（Leopol Levow），一六〇九年家中建一聖堂，以彫刻繪畫著名城中。卜彌格的生年，歷史考據學者不能決定，大約生於一六一四年（明萬曆四十二年）。中學畢業後，於一六三一年入耶穌會，就讀於克拉各委亞城（Cracow）。神學畢業後，在雅洛斯老城（Jaroslav）受耶穌會第三試，上書耶穌會總長Muzio Vitelleschi請派赴中國傳教。卜彌格長於數學與生物學，耶穌會總長認爲可派往北京，相幫欽天監中的同會會士。一六四二年（明崇禎十五年）由里斯本（Lisbon）乘船動身赴澳門。船近中國時，清兵已入關，明朝江山大半已入清順治帝之手。卜彌格乃赴安南東京，時在一六四五年（順治二年）。次年往海南島，傳教定安縣（瓊崖道）。在定安住了五年㈧。被耶穌會遠東視察員Sebastiao d'Amaya遣赴肇慶，充任明永曆皇太后使臣，往羅馬朝見教皇。

畢方濟神父在崇禎皇帝時，已經和陸若漢（Joao Rodriguez）奉旨往澳門取西銃西兵㈨。永曆時，又偕龐天壽往澳門借兵購械，他很適合出使教廷，替明廷往歐洲求救。但是他在順治六年（一六四九年）死於廣州。他在肇慶的職務，由卜彌格接任，於是出使教廷一事，也由卜彌格擔任了。

卜彌格出使的名義，為代表永曆皇太后向教皇致敬，攜有太后上教皇書，龐天壽上教皇書。又攜有皇太后和龐天壽致耶穌會總長書。此外尚有龐天壽拜候威尼斯共和國元首名片。當皇太后和龐太監上教皇書，蓋了硃璽裝在綢盒以後，龐太監捧著書盒，進入聖堂，對著祭壇，跪伏頂禮，將書盒捧送卜彌格，然後起身問侍衛中誰願隨同卜神父赴歐。侍衛中有兩名願往。卜神父乃帶兩名隨員，動身赴澳門。時在永曆四年（順治七年，一六五〇年）十一月。

卜彌格抵澳門，澳門主教Joao Marques於十一月二十三日檢閱皇太后上教皇書，命錄事簽證太后書為正式文書。耶穌會副省長於十二月二十八日也寫公函數封，證明卜彌格的身份，又附密函一件，致耶穌會總長，說明卜彌格奉使的理由。

澳門葡萄牙的官員們，眼見清兵已佔據中國大部份河山，明朝永曆的天下，搖搖不安，他們不樂意卜彌格出使的事。澳門葡萄牙據軍統帥General de Souza 乃致書耶穌會副省長，說明在政治上，葡萄牙反對卜彌格出使；然於次年正月放卜彌格動身。

卜彌格由澳門乘船赴臥亞，三月中旬，抵印度墨里亞玻（Meliapor）。墨城當時爲聖多默宗徒歸化教友的總主教區，總主教名賈爾科（Francisco Garcia），爲葡萄牙籍的耶穌會士。三月二十九日，墨城總主教寫一信交給卜彌格，向教皇介紹他奉使的使命。是年五月抵臥亞。留住半年餘。臥亞的葡萄牙官員群起反對，卜彌格不勝其煩，乃棄船改由陸路赴歐。經波斯入亞爾美尼，赴小亞細亞。一五六二年九月抵斯米爾尼城（Smyrne），等候一月然後搭船赴威尼斯。十一月底或十二月初，在威尼斯上岸。

三、卜彌格在威尼斯的交流

威尼斯當時爲一獨立的共和國，海軍勢力頗強，它的商船遍航地中海沿岸商埠。但當時和耶穌會交惡，禁止會士進入國境。

卜彌格在威尼斯登陸，便想開始他出使歐洲的使命。歐洲和遠東有關係的國家，威尼斯算是一個最重要的。因爲威尼斯的商人跟亞洲的商人經常往來。

威尼斯政府既然禁止耶穌會士入境，卜彌格能夠在此登陸，而且在城內小住，已經很受威尼斯政府的優待。若是想以明朝欽使的身份，拜謁威尼斯政府的元首，事情就很不容易了。卜彌格乃先往拜會法國駐威尼斯的欽使，請他介紹往見威尼斯政府要人。

那時法國駐威尼斯的欽使爲阿讓松伯爵（Rene d' Argenson）和威尼斯元首很友好。是年十二月七日，他便向威尼斯政府建議，接見明使卜彌格。十二月十四日，他又向威尼斯元首代卜彌格請求接見。過了兩天，十二月十六日，威尼斯元首便接見卜彌格和同來的一個中國隨員。接見的禮儀很隆重，威尼斯元首毛林（Francesco de Molin）率全體閣員接見，法國欽使陪坐。卜彌格操義大利語，作短篇致詞，說明代表明朝皇帝問候威尼斯共和國元首，請求准許中國隨員參觀威尼斯城。致詞畢，由中國隨員（譯音爲延安德Andrew Hien）手，取出龐天壽名帖，翻譯名帖所寫的拜候詞句，然後把名帖交給中國隨員，由中國隨員跪拜後，呈上威尼斯元首。

威尼斯元首和全體閣員表示很喜歡明使的禮貌和措詞，在卜彌格和隨員送出後，當即決定委派元首的水手，駕艇陪著中國隨員參觀威尼斯，又決定撥發一百元寶，購備威尼斯參政員服裝兩套，送與卜彌格和中國隨員。

法國欽使介紹卜彌格時，說他是明廷籌備正式派使的籌備員。卜彌格來訪教廷和歐洲各國朝廷，接洽中國皇帝正式遣派訪問使節的各項事宜，中國隨員延安德則考察歐洲各國朝廷的禮儀和習慣。威尼斯共和國政府雖在禮貌上對卜彌格很爲周到，但對於他出使的原因和目的，絲毫不願予以注意㈩。

當卜彌格在威尼斯第一番嘗試欽使身份的待遇時，耶穌會總長尼格爾（P. Goswin Nickel）來信嚴責卜彌格，未奉上命，擅自行動，命他馬上離開威尼斯，往勞萊多城（Loreto）等候訓示。

一六五三年二月二十一日，卜彌格從勞萊多城上書總會長，解釋他來歐的經過，聲明自己一切都服從總會長的處置。

卜彌格原想盛儀進羅馬，要求教廷以欽使禮相迎。耶穌會總長命他以傳教士身份，無聲無色地來羅馬城㈩。

卜彌格從澳門動身時，帶有耶穌會遠東視察員上總會長的信，說明他出使的緣由。經過臥亞時，留住臥亞的埃第阿比（Ethiopia）宗主教孟德斯（Alonso Mendez）係耶穌會士，也替他上書總會長。但是這些都等他到了羅馬以後，纔面呈總長。可是他於今在威尼斯已經以明廷欽使的身份，出入威尼斯共和國的都城，而又要求以欽使禮進羅馬，總會長因而大怒，責他違背會規。卜彌格這次出使的失敗，就在於失去了本會總長的支持。既然他的本會總長對他不信任，教廷因此對他出使的名義和所帶的明太后函件，也起了疑慮。卜彌格到了羅馬，便大受打擊。

四、傳信部的決議

卜彌格於一六五三年春抵羅馬時，教宗依諾增爵第十世在位。教宗命以這項出使事件，交由傳信部審查，等到傳信部查明了經過，並建議教宗接見卜彌格時，教宗纔決定接見。

一六五三年，傳信部四月一日、七月二十二日、九月十六日，三次召集樞機委員會會議，討論卜彌格出使事件。第一次出席樞機僅四位（Pallotta, Cesi, Trivulce, Orsini）議決由傳信部次長審查所謂明使的函件，然後向樞機委員會報告。

第二次會議時，出席樞機十位，第三次出席樞機十二位（Antonio Barberini, Francesco Barberini, Ginetti, Pallotta, Cesi, Ludovisi, Caraffa, Pamfili, Chigi, Orsini, Trivulce, Maidalchini），兩次會議時，樞機們的意見大致相同。卜彌格可由教宗接見，但不以欽使禮相接，接見的儀式，當傳信部在教宗前舉行御前會議時，卜彌格以傳教士身份，由教宗在大會中接見；或由耶穌會總長向教宗請求允許卜彌格以私人名義覲見，但覲見時，教宗傍有兩位樞機陪見；或謂卜彌格覲見事宜，先應呈詢教宗的指示，然後再行討論。

樞機們對於卜彌格出使的名義，多不加懷疑，不以他是冒充。對他於所攜帶明太后的書信，也信以爲真。但是按照國際慣例，不當國的太后，不能遣派正式國使，因此卜彌格沒有皇帝欽使名義和身份。而且那時候滿清入主中原，明帝偏安西陲的消息，已經傳到羅馬，教廷和耶穌會不能不考慮這種事實。

傳信部樞機委員中智奇樞機（Card. Fabio Chigi）後來繼依諾增爵第十世爲教宗，號稱亞立山第七世。當傳信部開會討論卜彌格事件時，開始他很支持卜彌格，主張傳信部樞機委員會開會時，宣召卜彌格到會，聽取他的報告；後來因怕這事使教廷發生困難，乃改變主張，主張在沒有教宗的訓示時，傳信部也不宜接見卜彌格。

樞機中有特里烏斯樞機（Card. Trivulce）頗不信卜彌格出使事，主張傳信部遣員往中國調查這事的真相，在未查明以前，既不應接見卜彌格，並不應許他離開羅馬。阿爾西尼樞機則主張，一面在傳信部舉行御前大會時，召見卜彌格，一面回答明太后來函；但在卜彌格回中國時，傳信部派員隨行，抵中國查明出使事屬真，始以教宗覆書交卜彌格呈送明太后。

在這些不同的主張中，傳信部不能有所決議，乃在第三次會議時，訓令卜彌格寫一詳細報告書，向傳信部報告出使事的經過詳情。卜彌格遵命呈寫報告。

過了一年後，一六五四年八月二十四日，傳信部再舉行樞機委員會會議，討論這事，出席樞機共十五位，上次出席之十二位樞機中有三位未出席，新出席者有六位樞機（Alessandro Bichi, Cesare Facchinetti, Renato d' Este, Vincenzo Castaguti, Francesco Albizzi, Decio Assolini.）

亞素里尼樞機（Assolini）代卜彌格提出呈文，請求傳信部，查核明太后的書信是否屬實，並聽取攜帶書信者的口頭報告。樞機會議決組織審查委員會，把卜彌格的事交委員會審查。審查畢，委員會向全體樞機委員提出意見書。審查委員會於九月六日成立，委員爲五位樞機（Pallotta, Bichi, Albizzi, Chigi, Assolini.）

次年（一六五五年）正月七日，依諾增爵第十世駕崩。智奇樞機當選爲繼任教宗，號稱亞立山第七世。傳信部審查委員於當年九月二十四日開會。

審查委員會開會的結果，議定向教宗建議，接見卜彌格。因卜彌格充使事，或真或假，教宗予以接見，回書祝福明太后，爲教廷無所損失，然如不予接見，而卜彌格充使事屬實，則有失禮，開罪明廷的危險㈦。

審查委員會的意見有利於卜彌格。傳信部檔案中藏有攻擊和辯護卜彌格的文件。此種文件必爲當時傳信部在審查案件時，所徵集各方面的意見書。卜彌格本人在羅馬留住三年之久，沉靜忍耐，品格不凡；又由有關各方索請保證書件，波蘭國王也致函教廷，替他說情。因此傳信部審查委員會的意見纔有利於他。

教宗亞立山第七世聽取傳信部的意見，決定接見卜彌格。又於當年十二月十八日答覆明太后和龐天壽的書信。

五、明太后及太監上教宗書及教宗覆文

1. 永曆皇太后致羅馬教皇書

大明寧聖慈肅皇太后烈納（赫肋納）致諭於依諾增爵。代天主耶穌在世總師，公教皇王，聖父座前。竊念烈納本中國女子，忝處皇宮，惟知閫中之禮，未諳域外之教。賴有耶穌會士瞿紗微，在我皇朝，敷揚聖教。傳聞自外，予始知之。遂堅信心，敬領聖洗。並使

皇太后瑪利亞，

中宮皇后亞納及
皇太子當定（公斯當定），並請入教領聖洗，三年於茲矣。雖知瀝血投誠，未獲涓埃答
報。
每思恭詣
聖父座前，親領聖誨。茲遠國難臻，仰風徒切。伏乞　聖父在
天主前，憐我等罪人。去世時特賜罪罰全赦。原望
聖父與聖而公一教之會，代求
天主。保佑我國中興太平。俾我
大明第十八代帝
太祖第十二世孫
主臣等悉知敬
真主耶穌，更冀
聖父多遺
耶穌會士來，廣傳
聖教。如斯諸事，俱維憐念。種種眷慕，非口所宜。

今有耶穌會士卜彌格，知我中國事情。即令回國，致言於我
聖父前，彼能詳述鄙意也。俟太平之時，即遣史官來到聖伯多祿，聖保祿臺前，致儀行
禮。

伏望

聖慈，鑒茲愚悃，特諭。

永曆四年十月十一日（此處有朱印，印文係寧聖慈肅皇太后寶。）

2. 明龐天壽上羅馬教皇書

大明欽命總督粵閩恢剿聯絡水陸軍務，提調漢士官兵，兼理財催餉，便宜行事。仍總督
勇衛營，兼掌御馬，監印司禮監，掌印太監龐亞基樓，契利斯當，膝伏，依諾增爵代天主耶
穌在世總師，公教真主。

聖父座前。竊念亞基樓，職列禁廷，謬司兵戎。寡昧失學，罪過多端。昔在北都，幸遇
耶穌會士，開導愚懵，勸勉入教，恭領聖水。始知

聖教之學，蘊妙洪深，夙夜潛修，信心崇奉，二十餘年，罔敢稍怠。獲蒙

天主庇佑，報答無繇。每思躬詣
聖座，瞻拜聖容
詎意邦家多故，王事靡盬，弗克遂所願，深用悚仄。但罪人一念之誠，爲國難未
靖，特煩
耶穌會士卜彌格，歸航泰西，代告
教皇聖父，在於
聖伯多祿，聖保祿座前，兼於普天下聖教公會，仰求
天主仁慈，炤我大明，保佑國家，立躋昇平。俾我　聖天子，乃
大明第拾捌代帝，
太祖第拾貳世孫。　主臣欽崇
天主耶穌，即我中華之福也。當今
寧聖慈肅皇太后，聖名烈納，
昭聖皇太后，聖名瑪利亞，
中宮皇后，聖名亞納，
皇太子，聖名當定，虔心信奉

聖教，並有諭言致
聖座前，不以宣之矣。今愚罪人，懇祈
聖父念我去世之時，賜罪罰全赦。多令耶穌會士來我
中國，教化一切世人悔悟，敬奉
聖教，不致虛度塵劫，仰徼
大造，實無窮矣。肅此，稍布愚悃，伏惟慈鑒不宣。
永曆肆年歲次庚寅陽月弦日書。　慎餘

3. 教宗覆明太后書

教宗覆明太后和龐太監的信，原文爲拉丁文。茲譯成漢文如下(十三)：

「教宗亞立山第七世覆書信仰耶穌基督之信女，大明皇太后烈納。

可愛信女，謹候安好，錫予宗座遐福。

展讀來書，詞美情切，具悉天主之慈善，無量無限，出太后於暗昧之幽谷，登之於真理光明之坦途，教之以聖道之真諦，俾識至理之真原。此至理之真原，乃造物之天主。雖因人

罪而震義怒，然慈心常存，施恩不匱，以成真理之美果。太后昔在天主前，本為微小之罪女，天主惠然眷顧；蓋天主寧欲人敬其為仁慈之主，而不樂人懼之為軍旅之帥，判罪之王也。夫一偌大之邦，昔不為人所知，邪魔曾據而有之，今則臣服耶穌基督，則天主神能廣大深遠，誰又能測之乎？昔每逢人談此偌大之邦，余自信如聞稗史小說之語；蓋大邦距此既遠，又因信從邪神之教，乃使人少知是邦之事矣。然誰能相信真理之道，終能進入此絕域之邦矣。此絕遠之域，與吾人遠隔重洋，波濤洶湧，高山重重，沙漠無垠；旅路既遙，危險何堪勝計？天光晨辰，恍若別一天地。此天地於重洋廣漠之盡頭，復高樹禁門，嚴禁外人，走入國境。使看重靈魂之救贖，貴於印度玉寶金銀之人，亦不能進城佈道。然今日天主已庇佑若干自動獻身之人，離鄉棄家，無名利之思，無艱難之懼，遠來此邦，宣傳真理，使汝等識真理之途，是誠天主大恩，允宜衷心欽謝，永誌不忘。且宜詔誡子孫，使常憶主恩，常守主誡，以增彼等信主依主之情。太子公斯當定，暨宮中多人，追隨太后芳表，信仰真主，聞之不勝欣喜。又念來日信主之人日增月盛，皇帝可使全國棄邪神之教，余心之樂，更增萬倍。茲以慈父之情，祝福太后及皇太子。且如太后所請，代禱天主，賜太后之國土，重歸一統，永享和平，皈依信仰，能與余一心一德焉。

發自羅馬聖伯多祿殿側。一六五五年十二月十八日，登基第一年。」

4. 教宗覆龐太監書

「教宗亞立山第七世覆書可愛信子龐天壽，永曆太監，大明欽命總督粵閩恢剿……

可愛信子，茲候平安，錫賜宗座遐福。

天主之仁慈，自東迄西，自南至北，無所不包，無所不容。在一未識耶穌真道之國，學者以聖道爲嗤。忽燭照王室一太監，權高財富，使認識真主，恭領聖洗，身爲天主之義子，名列天國之王庭，余心之喜，汝難憶料。汝既以天主賜汝之恩，衷心喜悅，宜朝乾夕惕，深明主恩之意。然汝如仰慕降生成人，以身作則之救主，追隨聖表，則汝感謝主恩之責，則易爲矣。望汝誓志忠誠，使在汝國始興之聖業，能奏全功，則汝等之光榮，書於聖經矣。聖道之光明，遠路不能阻，海濤弗能攔，地雖僻遠，人雖蠻化，聖道亦可照之。且聖道真光，夾有仁愛之風。仁風吹草，所過必偃。余深知汝信教虔誠，艱難困苦，不能屈汝信心。故余以慈父之情，接汝於懷中，欣然賜汝宗座之遐福。祝此遐福，常與汝偕焉。

發於羅馬聖伯多祿殿側。一六五五年十二月十六日，登基第一年。」

耶穌會總長沒有覆龐天壽的信，威尼斯共和國元首也沒有回片，其他歐洲各國，卜彌格未曾得有機會去訪問游說。他既領到了教宗的覆書，便起程回中國，於次年（一六五六年）

三月三十日，由葡萄牙里斯本搭船動身。

當卜彌格停留羅馬時，中國公教會的敬祖問題已經爭論得很激烈；卜彌格便被耶穌會上峰派爲耶穌會在羅馬討論這個問題的代表。但是在傳信部的檔案裏，不見有他寫的討論文件。

六、逝世於安南

永曆二年（順治五年），國勢一度興盛；不久，內部不睦，清兵日逼國境，於是節節敗退，終至敗亡。三年春（順治六年），清兵下湘潭，何騰蛟死。四年正月清兵破南雄，永曆帝走梧州。是年十二月，清兵入桂林，瞿式耜被殺。當清兵入桂林「城中無一兵，式耜端坐府中，家人亦散。部將戚良勛請式耜上馬速走，式耜堅不聽，叱退之。俄總督張同敞至，誓偕死，乃相對飲酒，一老兵侍。召軍中徐高付以敕印，屬馳交王。是夕，兩人秉燭危坐。黎明，數騎至。式耜曰：吾兩人待死久矣，遂與偕行。至則踞坐於地，諭之降，不聽。幽於民舍，兩人日賦詩唱和。得百餘首。至閏十一月十有七日，將就刑，天大雷電，空中震擊者三，遠近稱異，遂與同敞俱死。……贊曰：何騰蛟瞿式耜崎嶇危難之中，介然以艱貞自守，雖其設施經畫，未能一覩厥效，乃亦時勢使然。其於鞠躬盡瘁之操，無少虧損。固未可以是爲訾議也。夫節義必窮而後見，如二人之竭力致死，靡有二心，所謂百折不回者。明代二百七十餘年養士之報，其在斯乎！其在斯乎！」㈣

永曆帝聞報，自梧州奔南寧。順治九年（永曆六年）孫可望迎永曆入安龍。後兩年，李定國奉永曆入滇。順治十五年，清兵出遵義由水西取烏撒，永曆帝走永昌。明年正月三日，清兵入雲南，永曆帝走騰越。定國退於潞江，永曆帝又走南甸。二十六日抵囊木河，入緬甸，至赫硜，居草屋中。順治十八年，緬甸人以永曆帝父子送於清軍。明年（一六六二年）四月永曆父子在雲南被害㈤。

當永曆帝奔南寧時，皇太后在南寧疾崩，但又有說太后崩於雲南㈥。龐天壽死於永曆十二年（順治十五年，西曆一六五八年）㈦。

永曆生母馬太后與皇后亞納，由雲南送至北京，幽禁別宮，以至于死。㈧

明廷遣派卜彌格出使的主動人都相繼敗亡。卜彌格於一六五八年（順治十五年）抵暹羅，想去澳門。澳門耶穌會士勸止，卜彌格遂乘船由暹羅赴安南。是年七月，由紅河至河內。十一月二十日，卜彌格由安南京，上書義大利翡冷翠侯國元首，言已至中國與安南邊境，希望由那裏可以進中國，朝見永曆皇帝。㈨但是永曆帝的敗亡，那時已經鑄定了，卜彌格沒有路可以進入廣西雲南。一六五九年（順治十六年），在安南和廣西的交界處，他已心力交瘁，內外多憂，因此遂害了重病，八月二十二日逝世。㈩

卜彌格留下來幾種著作，向西方介紹中國的學術，可以稱為中西文化溝通史的有功人物。他的著作已經出版者，有下列幾種：㈢

（1）《明朝皇帝信仰天主的簡核報告》

Breve relazione della China et della memorabile Conversione di persone regali di quella Corte alla religione cristiana, Roma, 1652.

這篇報告有拉丁文、德文、法文、波蘭文等譯本。

（2）《中國花草集》此書為一小冊，共七十九頁

Flora Sinensis fructus floresque humillime porrigens...... emissa in publicum a R.P. Michaele Boym, Viennae, Austriae. MDCLII.

（3）《中國圖》

Tabula Sinensis 見於"Geographia et Hydrographia reformata," R.P. Riccioli, Bologna, 1661, 1. VII, c. XXVII.

（4）《中國醫藥概說》

Specimen Medicinae sinicae, 著者署名Cleyer，出版於Frankfort- on-the-Main, 1682. 藏於法國巴黎國立圖書館。

（5）《中國診脈秘法》

Clavis medica ad Chinarum doctrinam de pulsibus, 著者署名Cleyer, 出版於Frankfort-on-the-Main, 1686. 藏於大英博物館。

（6）《中國天主教要理》（天主聖教約言）

Catechismus sinicus, 出版於China Illustrata, P. Kircher.

（7）《中國文字略說》

Liber de formandarum litterarum ratione, 出版於China Illustrata, P. Kircher.

（8）《中國字典》

Lexicum sinicum. 由Ch, Mentzel在一六八五年於Nimberg出版。

（9）卜彌格的手寫本，包括他出使文件的譯文，以及向傳信部及耶穌會總長辯護的各種文件。現藏於耶穌會總會檔案處，置於Jap. Sin. 77.

卜彌格充明廷使節，出使教廷；這是當時傳教士的心理所促成的。明永曆帝未曾正式決定這樁事情，瞿式耜也沒有參預這種決議。完全由於永曆皇太后和耶穌會神父們所議定。當時傳教士的心理，總以爲只要遠東各國的皇帝國王，能夠和教皇使節往返，各國傳教士便可以享受皇帝和國王的優待，允許自由傳教。至於聯絡歐洲奉教的君王，以援助明室，在於今人看來，似乎是等於兒戲，但是在歐洲中古時期，這種援助奉教君主的思想，頗為盛行。到了第十六世紀，路德等叛教以後，這種思想已經不存在了。因此卜彌格到了羅馬，所有的遭遇，出乎他意料之外。在我們於今看來，這是怪他太過於天真。沒有看清楚當時中國的情形，也不懂得當時歐洲政治的大勢。但是這對研究中國天主教史和中國外交史的人，倒是一樁很有趣味的史實。

註：

㈠ 明史　卷二十四，莊烈帝本紀，頁十一。

㈡ 明史　卷二百八十，何騰蛟、瞿式耜列傳，頁十三。

㈢ 同上。

㈣ 同上，頁十四。

㈤ 蕭若瑟　天主教傳行中國考。獻縣，民十二年，上卷，頁二三八。

㈥ 同上，頁二三九。又見：Robert Chabrie, Michael Boym, Paris, 1933, pp. 81-86.

㈦ 同上，見Robert Chabrie, Michael Boym傳pp. 61.

㈧ Enciclopedia cattolica, vol.II. voce: Boym; Robert Chabrie, Michael Boym, pp. 70

-75.

(九) 方豪　中西交通史　國民基本知識叢書　第四冊　臺北　民四四年　頁九。

(十) Girard de Rialle, Une mission chinoise a Venise au XVIIe siecle. 通報 Toung-pao, 1890 aout' tom. 1 pp.99-117.

(十一) R. Chabrie, Michael Boym, pp.131-135.

(十二) 卜彌格事件，見於傳信檔案：

1)Atti, anni 1653, '654, '655.

2)Lettere antiche, vol. 193.

3)Scritture riferite nei Congressi(Indie orientali e Cina), vol. 19.

關於一六五三年三次會議記錄，見Atti, 1653, fol. 48. N.25.-fol. 88, N.6.-fol. 105, N.3.

關於一六五四年八月二十四日會議紀錄，見Atti, 1654. fol. 90. N.28.

關於一六五五年九月二十四日審查委員會議紀錄，見Lettere antiche, vol. 193, fol. 40（正面），43（正面和反面），48（正面和反面），83-84（正面和反面），93（正面和反面），348（正面和反面）。

(十三) 教宗覆書原文拉丁文，見於梵蒂岡密件檔案處：Epist. 1. 282.

明永曆太后和龐天壽上教宗書，原文存於梵蒂岡密件檔案處：A.A. 1790.

(十四) 明史卷二百八十，何騰蛟、瞿式耜列傳，頁十五—十六。

(十五) 明史卷一百二十，頁十一—十三。

(十六) R. Chabrie, Michael Boym, p.195.
蕭若瑟　天主教傳行中國考，上卷，頁二五〇。

(十七) R. Chabrie, Michael Boym, p.196.

(十八) 蕭若瑟　天主教傳行中國考，上卷，頁二五三。

(十九) 此信公佈於Giovanni Tozzetti, Notizie degli aggrandimenti delle scienze flsiche in Toscana, Firenze, 1780, Tomo 1, p.244.
又Sebastiano Ciampi, Bibliographia critica, Firenze,1834-1842.

(二十) R. Chabrie, Michael Boym, p.209-210.

(二十一) 研究卜彌格著作者有：Boleslaw Szczesniak, The Writings of Michael Boym.見於Monumenta serica華裔學誌，1949-1955, pp.481-538.

多羅宗主教出使中國（上）

清康熙年間，教廷兩次遣使來我國：第一次爲多羅（Carlo Tommaso Maillard de Tournon）宗主教，第二次爲嘉樂（Carlo Ambrogio Mezzabarba）宗主教。兩位使臣，不是來中國傳教的傳教士順便充任，而是由羅馬特別遣派來的大員。他們出使的使命，本來爲解決教會內部的一個重要問題，但是因爲康熙皇帝自己要管教內的事，教廷特使便不得不直接和他週旋，造成教廷和中國朝廷的外交關係。康熙年間的中國教會問題，爲敬祖的禮儀問題；因著這種敬禮，和教會的信仰，有相合或相衝突的疑問，傳教士中的耶穌會士主張可以相合，別的修會會士（方濟會、道明會、巴黎外方傳教會）主張是和教義相衝突，雙方爭執不下。這種爭執，不僅是學理上的爭執，而是教中信友日常生活上的切身問題，因此便應該有明瞭的解決方案。教廷爲平息傳教士的爭執，實行全國一律的解決方案，乃遣使來華。但是因著各種環境的關係，兩次遣使都歸失敗。

同時，在中國傳教士裏還有另一個爭執的問題，即是教士的從屬問題。教宗遣多羅宗主教來中國時，也願藉以解決這個問題。

一、出使的事由

在開始述說兩個問題以前，請大家注意以下幾點，免得發生誤會。第一，所說的只是史事，不加評判，因爲一加評判，立刻可以引起爭論，對於這個問題的爭論，則是教廷所禁止的。第二，我們應明瞭當時傳教士及各方有關係的人的心理，我們便可以諒解他們爭執而且固執的態度。耶穌會當時爲新興的修會，會士有學識有紀律，又有進取的精神。因此他們的傳教方法趨於維新，以求合於時宜。方濟會和道明會爲舊的大修會，具有傳統的佈道方法，趨於保守，頗不喜後起修會自炫新奇。巴黎外方傳教會，本是新創的傳教團體，可以沒有修會的習氣，但是當時法國是路易極盛的時代，法人都有趾高氣揚的氣概。同時法國盛行羊森主義（Jansenism），主張一切從嚴，因此巴黎外方傳教會士，最不喜歡耶穌會士的寬大態度。上面三種態度，特別影響三會會士，對於敬孔、敬祖、禮儀問題的心理。另一方面，教廷特使和康熙皇帝交涉時，教廷特使以禮儀問題爲教會內部問題，應由教廷全權處理，康熙皇帝則認爲敬孔敬祖爲中國人的問題，應聽中國皇帝的指使。葡萄牙皇帝和傳教士及澳門官吏，一心保守以往的保教權，不容教廷隨便處置。因著以上的種種關係，康熙年間教廷兩次使節，乃不能奏收實效。

1. 傳教士從屬問題

在康熙年間，中國的傳教事務，尙在葡萄牙王保護之下，然而羅馬聖座已經開始消除這種保教權，直接任命宗座代牧或主教。正式教區主教的任命，按照保教權的方式，應由葡萄王保薦；宗座代牧則直接由聖座任命，不經過葡萄牙王的舉薦或介紹。中國的第一任宗座代牧，任命於一六五九年。首任代牧中的巴錄（Bp. Pallu）主教於一六八四年始進福建，正式成立宗座代牧制。在成立代牧制以前，教廷傳信部已擺脫葡萄牙王的節制，自派傳教士入中國，首先被派者，爲道明會士與方濟會士，後來巴黎外方傳教會士也被派來中國。教宗保祿第五世在一六〇八年時，已經聲明：「乞食化緣修會」（方濟會，道明會）的會士往遠東傳教，不必經過里斯本。教宗吳爾巴諾第八世於一六三三年又聲明：「一切修會的傳教士，往遠東時，都不必遵守葡萄牙王的要求由里斯本上船。」㈠

但是當時的修會，另外是乞食化緣的修會，擁有教宗所給的特權，會士因著這種特權，不受教區首長的管理，而直接受本會會長的管理。明末淸初在華的耶穌會士都直接受本會視察員以及中國區長管轄。後來來到中國的方濟會士和道明會士也都是直接從屬本會會長。這樣一來，羅馬所派治理傳教事務的宗座代牧，對於傳教士有沒有管理權呢？

傳信部採納了巴錄主教的建議，於一六八〇年正月二十九日頒發部令，命在宗座代牧區內的傳教士，一律宣誓服從宗座代牧。㈡這封部令頒佈以後，中國傳教士中掀起一場風波。巴錄主教於一六八四年入福建，立時遣卜于善神父（Philippe Le Blanc）赴廣州，宣佈傳信部的部令，當年二月十一日卜于善神父在廣州宣佈了傳信部的部令，要求廣州的傳教士宣誓服從宗座代牧。耶穌會士Carlo Turcotti在相當的條件下宣了誓。廣州方面的方濟會士，道明會士和聖衣會士拒絕宣誓，因爲他們都是西班牙人，西班牙在馬尼拉的會長，已來信告訴廣州的西班牙籍傳教士，應拒絕宣誓，否則西班牙官方將斷絕每年的津貼。㈢按照傳信部的部令，不宣誓的傳教士，不能舉行聖事，西班牙籍的傳教士便決定離開中國。伊大仁主教（Bernardino della Chiesa）乃上書傳信部請求一種變通的辦法，因罪是在各修會會長，彼等禁止本會修士宣誓服從宗座代牧㈣，伊主教同時使用傳信部以前在一六五九年給宗座代牧所發之訓令，對傳教士宣誓服從一節。暫時便宜行事；因爲傳信部的上項訓令，勸告宗座代牧等，每當實行傳信部令，能引起重大的傳教困難時，則不宜強迫傳教士執行該項部令。㈤時巴錄主教已去世（一六八四年十月二十九日），他所任命代理人顏璫主教（Charles Maigrot）則堅持強迫宣誓。福建的道明會士乃宣了誓，馬尼拉的道明會長卻聲明本會會士的誓言無效。㈥一六八七年七月二十三日，法國耶穌會士洪若（Jean de Fontaney）率本國會士四人抵寧波。南懷仁（Ferdinand Verbiest）神父向康熙皇帝進言，請召法籍耶穌會士來京。洪若等既入京，對於宣誓服從宗座代牧一事，表示不能遵行。

當巴錄主教建議傳信部命令傳教士宣誓服從宗座代牧，傳信部於一六八〇年頒佈部令時，巴黎總主教De Harlay以這項誓約有損法國傳教士的自由；於是由路易第十四世下令禁止法國傳教士宣誓。幸而耶穌會總長Gian Paolo Oliva神父，勸告路易第十四世的聽告解神師la Chaise進諫路易王。路易第十四世纔收回禁令，但是仍舊命令法國傳教士在宣誓時應該聲明先已得法國王的准許。洪若等五人是路易派往中國的，曾囑咐他們不宣誓服從非法國人的宗座代牧。

傳信部體念傳教士的困難，於一六八八年重新頒佈部令，取消傳教士宣誓的成命，只命令他們服從宗座代牧。(七)（後來傳信部為避免一切的困難，採取代牧區交一修會托管的制度。代牧主教由該修會會士中人充任。）

多羅宗主教出使中國時，又重新提出這種問題。

2. 中國禮儀問題

中國傳教史上的禮儀問題，包括三點：一是天主的名稱，二是敬孔，三是敬祖。問題的中心，在於敬孔敬祖是不是宗教典禮，是不是雜有迷信？問題的來由，是許多傳教士反對利瑪竇的主張和方策。

利瑪竇來我國，一心研究中國書籍，日與士大夫遊。他按著自己的經驗和心得，知道在中國傳教，不宜廢除一切的中國古禮，否則要引起中國的反感和忌視。中國古禮中的敬孔敬祖並不是宗教儀禮，稍加刪削，可以不違背天主教教義，奉教者可以舉行。中國經書中的天和上帝，指唯一的尊神，和天主教所敬的尊神意義相同，中國天主教人便可以用天或上帝稱呼造物主。

利子的這種主張和傳教方策，在他生時沒有人反對，而且對於傳教也收到很多的效果。但是當他一去世，問題就來了。

甲、耶穌會士反對「天」和「上帝」的稱呼

利子去世於一六一〇年。次年，利子的繼任管理中國教務人龍華民（Nicolo

Longobardi），便發起反對利子所用「天」和「上帝」兩稱呼的運動。發起這種運動的理由，說是當時耶穌會遠東視察員巴範濟（Francesco Pasio）得到日本耶穌會士的報告，利子所著的「天主實義」，因日本人用理學家朱熹的思想去解釋，「天」和「上帝」不能代表創造萬物的尊神。龍華民命在中國的耶穌會士，對這個問題加以研究，並且徵求奉教的中國學者對這個問題的意見。徐光啓和李之藻都贊成利子的主張，龍華民便不能向巴範濟有具體的建議。巴範濟於一六一二年去世，繼任視察員爲衛方濟（譯音）（Francisco Vieira）。龍華民這時聯合熊三拔（Sabbatino de Ursis）向耶穌會中國日本區區長Valentim Carvalho上書，請禁止使用「天」和「上帝」兩個名詞。視察員衛方濟於一六一四年命龐迪我（Diego Pantoja）和高一志（Alfonso Vagnoni）對於「天」「上帝」「靈魂」等名詞表示意見。熊三拔見到他們的反對意見乃書寫長文一篇，題名Tractatus de verbo Xam-ti（論上帝一名），作爲對辯。熊氏之文由澳門轉到羅馬，由教會中心的神學家予以研究。著名神學家Lessio, Lorino, Gabriel Vasquez等，都贊成利瑪竇所用的名詞。日本的耶穌會士Juan Rodriguez反對天與上帝。龍華民一六一七年寄所寫的Res memorabiles pro dirigenda re Christiana與視察員，熊三拔在龍華民的文後加有註釋。衛方濟乃命熊三拔等再詳細研究。熊氏於一六一八年印刻De vera cognitione Dei apud litteratos sinenses。龍華民更進而主張根本廢除「天」、「上帝」、「天主」、「靈魂」等名詞，一律採用拉丁文譯音。耶穌會視察員與耶穌會總長不接受龍華民的主張。於一六二一年耶穌會視察員Jeronimo Ruiz在澳門召開會議，會議結果贊成利子主張的一派得勝，視察員出令批准。龍華民不服，於一六二三年寫一覆書Responsio brevis super controversias de Xam-ti。耶穌會視察員命李瑪諾（Manoel Diaz, senior）函復龍華民，予以申斥。同時羅雅谷（Giacomo Rho）也寫一書，書名（Tractatus in civitate Kiamcheu anno. 1623 conscriptus ad comprobandam partem oppositam P. Ricci partem et totam Societatis in sinis praxim confirmandam）。次年，龍華民又把利子的「天主實義」，詳加批評寫成（Annotationes super librum Xe-y P. Ricci, anno 1624 Pekini conscriptae.）。

駱入祿（Jeronimo Rodriguez）繼任視察員一年（1625-1626），高一志上書視察員，反對龍華民的主張。費樂德（Rodrigo de Figueredo）於一六二七年，爲文攻擊日本耶穌會士Juan Rodriguez的意見，辯護利瑪竇所譯的名稱，費氏的文章名Duplex responsio anno 1627 data super Tractatum Joa. Rodriguez 。但是同年史惟貞（Petrus Van Spire）則又出書攻擊利子：Tractatus contra usum sinensium vocabulorum in rebus sacris apud christianos, Nankini conscriptus, Anno 1627。視察員Andreas Palmleiro乃於一六二八年在嘉定召集會議，討論一種解決的辦法。來嘉定開會的耶穌會士共有九人或十人；

會中討論的問題，共三十八項，大半關於中國敬孔敬祖以及譯名問題。討論的結果，對於敬孔敬祖等問題，沿用利瑪竇的方案，不以這種敬禮爲宗教上的迷信；對於譯名，則採用龍華民一派人的意見。視察員爲謹慎起見，自己把嘉定的議案攜往北京，向在欽天監任職的會士詢問意見，湯若望遂寫Responsio ad casus controversos, 8 Novembris 1628。另一會士鄧玉涵（Johann Schreck）於次年寫一小冊Tractatus super undecim punctis a decem Patribus S.J. Decisis circa usum vocabulorum sinensium in rebus sacris Pekini decisis 1629。於是視察員Palmeiro在一六二九年出命：以後耶穌會士不許用「天」和「上帝」。

然而兩方的爭執並沒有完結，龍華民認爲禁止「天」和「上帝」尚不滿意，一心要連「天主」的名稱也加以禁止，完全採用拉丁譯音。李瑪諾則認爲「天」和「上帝」不宜禁止，他於一六三〇年上書耶穌會長總長Vitelleschi。龍華民於一六三一年寫Annotationes-contra usum nominis Xam-ti, Pekini 1631。費奇規（Gaspar Ferreira）起而與之對辯，寫Refutatio argumentorum P. Longobardi。一六三三年，耶穌會士再行集會，決議保守以往的習慣和名字。李瑪諾繼任視察員，遂許自由採用「天」與「上帝」。

耶穌會士對於譯名之爭，到此告一結束。耶穌會中國區區長且下令焚燬龍華民所寫的辯論文字，以絕禍根。(八)

乙、中國禮儀的爭論

耶穌會士的譯名爭論剛告結束，中國禮儀爭論忽又燃起。這種禮儀爭論，開始時是一星之火，後來竟成了燎原之焰。

一六三二年，道明會士Angelo Cocchi來中國，入福安，在「頂頭」開教。次年道明會士黎玉範（Juan Bautista Morales）和方濟會士利安當（Antonio Caballero或Antonio de Santa Maria）兩人來福安增援。這兩人到後，從此便天下不寧了。

方濟會和道明會乃歐洲的老修會，會士在歐洲、非洲、南美洲已經有了傳教的祖傳方策。他們的方策，是到處持著十字架，宣講耶穌受難救世的大事，指責外教人的愚昧無知，要他們趕快信耶穌。他們一進福安，檢討耶穌會士艾儒略（Giulio Aleni）在福建的傳教方針，評為缺乏傳教心火，過於繞彎費時間，他們要直接向中國宣講福音，宣講救世主受難贖世。又加以這兩修會，在歐洲素為向平民宣道的修會，更歧視利瑪竇向士大夫宣教的方策。利安當等在學習中國話時，一次偶然問教書的先生「祭」字有什麼意思。教書的先生為使利安當容易懂得，便說祭字在中國古代就如天主教的彌撒。不說猶可，一說祭字就如彌撒一樣，利安當聽了，馬上便想到中國祭孔祭祖都是宗教祭典，天主教人絕對不能舉行。這時是一六三四年。利安當又到一個家庭裏去參觀一次祭祖，他更信祭祖是迷信，於是他和道明會士便禁止教友祭祖；教友裏面乃起爭論。利安當往南昌見耶穌會中國區區長陽瑪諾（Manuel Diaz Junior）商議傳教事務；轉往南京，南京教友竟把他軟禁六個星期，後來又派人押回福安，沿路加以監察。利安當相信這次事件，出於耶穌會士的佈置，心中更不服氣，更決計反對祭祖祭孔。道明會乃在一六三五年十一月二十二日在福州和耶穌會中國區區長傅汎際（Francisco Furtado）開會討論祭祖問題，不得結果。十二月二十二日，道明會會士在頂頭自己排設了法庭，招來十一個教友，審問關於祭祖的迷信。次年正月二十一日，二月十日，繼續審問，最後命他們在口供上畫了押，把口供由利安當帶呈馬尼剌總主教，由馬尼剌總主教轉呈羅馬聖座。可是利安當在海裏被荷蘭人所擒，直到一六三七年纔抵馬尼剌。馬尼剌總主教很不以耶穌會士的傳教方策爲然，立刻上書聖座，請加以指斥。耶穌會遠東視察員李瑪諾取到了馬尼剌總主教寫給聖座的信的副本，立刻致書馬尼剌總主教，把道明會士等的批評，逐條予以駁辯。馬尼剌總主教乃再上書聖座，聲明前函所言不實，係誤聽纔言。

福州的道明會士和方濟會士，等候羅馬聖座消息，久不見到。道明會遠東區長派黎玉範親自往羅馬遊說，利安當也願同行。但是到了澳門，利安當被阻，僅只黎玉範搭船赴歐。一六四三年二月抵羅馬，上書傳信部，詢問十七項問題：「守齋」，「女人領洗和終傳」，「放債重利」，「損資修廟」，「敬城隍」，「敬孔子」，「敬祖先」，「事死如事生」，「祖宗」，「牌位」，「向望教者應解釋中國儀禮爲迷信」，「聖字的稱呼」，「敬禮皇帝」，「參加外教親戚喪禮」，「宣講耶穌受難」。

耶穌會士探知道明會派人赴羅馬，他們未加注意。耶穌會士曾德昭（Alvaro de Semedo）在一六四三年且在羅馬出版一冊《中國風俗和宗教大觀》，書中描寫各種祭祀和廟宇。道明會會士很高興地運用了這冊書中的材料，用來說明祭祖祭孔爲宗教典禮。

一六四五年，教宗依諾增爵第十世批准了傳信部對於道明會士十七問題的答案，並於九月十二日公布。傳信部的答案，就合道明會士的主張：凡是敬城隍，敬孔子，敬祖先的祭祀，都加禁止，除非聖座以後另有規定。

耶穌會士得訊，派衛匡國（Martino Martini）赴羅馬，和充明使的卜彌格，一同向聖座解釋敬孔敬祖的意義，請求收回成命。衛匡國於一六五四年始抵聖京。到後，向聖職部（教義部）呈上四項問題，問在中國可否敬孔和敬祖？在附加的說明書中，衛匡國解釋這項禮儀爲社會禮儀，不是宗教迷信。一六五六年三月二十三日，聖職部公佈部令，答覆衛匡國的問題，聲明如敬孔和敬祖的儀禮，真是像衛匡國所說，屬於社會禮儀，聖座准許中國信友可以舉行。這項部令，曾有教宗亞立山第七世的批准。

道明會士群起反對，大家責備衛匡國向聖座所說的不是實情。同時聖職部的部令並沒有聲明上次傳信部的部令作廢。道明會士包朗高（Juan Polanco）乃向聖座請問在兩項相反的部令中，後者是不是取消了前者。聖職部於一六六九年十一月二十日頒佈部令，答覆道明會士的疑問，聲明上述兩項部令同時有效，後者並不廢除前者。按照實地情形看，事件和那項部令中所說的相合，即執行該項部令。這種說法在法理上是沒有語病，可是在事實上更增加了兩方的辯論，使傳教士在實際上不知適從。

當羅馬聖座還沒有答覆包朗高的疑問時，中國各省的傳教士因著康熙初年楊光先發動教難，多被執禁，押赴廣州。一六六七年被押在廣州的傳教士二十三人，於十二月十八日舉行討論會，討論在中國傳教的方針，也討論中國禮儀問題。討論會舉行四十日，最後全體通過一種結論。結論第四十一款，規定為敬孔敬祖應遵守教宗亞立山第七世所批准的聖職部部令。一六六八年正月二十六日，全體議定選擇聖若瑟為中國大主保。同時，全體在結論書上簽名。方濟會士利安當拒絕簽名，道明會士Domingo Navarrete也不願簽署。利安當在是年五月去世。Navarrete和耶穌會士殷鐸譯（Prospero Intorcetta），潘國光（Francesco Brancati），畢嘉（Giovanni Gabiani）等反覆辯難，終歸於表示理屈，在這一年的九月二十九日，他致書耶穌會中國區長何大化（Antonio de Gouvea）聲明接受二十三人的結論。但是他卻怕結論書由耶穌會士呈到羅馬，能有不利於道明會的影響，被釋放後，於一六六九年十二月十九日潛離澳門，乘船赴歐，於一六七三年抵羅馬，到處演講反對廣州二十三人的結論書。一六七六年，他在馬德里出版他的《中國歷史及宗教風俗概觀》上冊，後三年，又出版該書的下冊。㈨這本書一出版，全歐騷然，天下從此多事了。

這位道明會士，粗識中國學術，拾取鄉間的風俗，大事渲染。以敬祖敬孔盡屬迷信。那時耶穌會在歐洲有兩大敵人，一爲誓反教，一爲「羊森主義」。因爲耶穌會攻擊誓反教和羊森主義不遺餘力，這兩派人便視之爲死敵，凡可以傷害耶穌會者，盡量運用。道明會士的書一出版，即譯爲法文，誓反教人和「羊森派」人引用書中所言，攻擊耶穌會士在華率領教友敬拜鬼神；以前傳教士的一個家中爭論的問題，驟然變成了歐洲社會上的爭論問題。許多不通神學又完全不識中國文化歷史的人，都參加辯論，問題便越來越複雜了。

一六七四年Navarrete又上書聖座聖職部，陳述敬孔敬祖不合教義，詢問應怎樣處理。聖職部命令部內兩顧問研究這個道明會士的文章，擬定答覆。但是聖職部不願頒佈新部令。

巴黎外方傳教會士顏璫，這時已任福建宗座代牧，一六九三年三月二十六日，忽下令福建代牧區，嚴格禁止敬孔敬祖的禮儀；次年又派兩教士（de Quemener and Nicolas Charmot）赴羅馬，上書教宗。教宗把一切來文批到聖職部，令審查見報；聖職部起初不甚注意，乃至一六九七年顏璫陞爲福建代牧「主教」，聖職部指定樞機四位，組織審查委員會。

中國的耶穌會士，不知道顏璫主教派人在羅馬上書，後來消息傳到了中國，那時已是一六九八年，耶穌會士乃請求康熙皇帝聲明敬孔敬祖的意義。康熙皇帝於一七〇〇年十一月三十日批示，云敬孔敬祖純爲表示愛敬先人和先師，不是宗教迷信。耶穌會士把康熙的批示，由四條不同的路線，分途趕緊寄往羅馬。(十)

顏璫主教所派的Charmot在羅馬四處奔走，希望及早把這問題解決。他爲加增自己的勢力，乃於一六九六年十二月一日，上書巴黎總主教Louis-Antoine de Noailles求助。巴黎總主教於次年五月八日覆他一信，並附有巴黎大學幾位教授的意見書，表示反對耶穌會的主張。但是這些教授都沒有署名，意見書不能發生效力。他於是運動巴黎大學神學院的教授公開表決耶穌會士的錯誤。巴黎大學神學院選擇兩位耶穌會士李明（Le Comte），Le Gobien當時在巴黎出版關於中國宗教思想的著作(十一)加以審查，開會三十次，於一七〇一年十月十八日判決兩書內所說耶穌會士的主張，有背於神學原則。

羅馬聖座不承認巴黎大學的判決，但也不能不早日把這項爭論予以了結。教宗依諾增爵第十二世於一七〇〇年九月駕崩。新教宗於十一月二十三日當選，取號格肋孟第十一世。新教宗立即下令聖部繼續審查這椿案件。

丙、教宗的決議

聖職部的四樞機委員會，會員爲Casanata, Noris, Ferrari, Marescotti四位樞機，負

責審查中國禮儀問題。四樞機本心都沒有反對耶穌會的成見，教宗又命他們在審查時應當分辨文據的真僞。但是聖職部對這問題所任命的三個顧問，他們所發表的意見，反對敬孔敬祖。三個顧問：一個爲奧斯定會總長Nicolao Serrano，一個是聖衣會前任總長Filippo di S. Niola，一個爲方濟會士Carlo Francesco Varese。奧斯定會總長完全贊成顏瑺的主張，聖衣會前任總長反對敬孔敬祖，對於「天」，「上帝」兩個名稱則可通融。方濟會士顧問卻贊成耶穌會士的看法，以敬孔敬祖爲社會典禮，不必禁止。法國「羊森派」的黨徒這時在歐洲四散謠言，說中國敬孔敬祖等禮儀已遭羅馬禁絕，耶穌會負責人被判處徒刑七年。

教宗格肋孟心中很注意中國禮儀問題，想採取強毅的手段，決定一個辦法，飭令傳教士一律遵行。因此對於這個問題的審查，很慎重其事，親自主持聖職部的樞機委員會。一七〇一年五月六日，樞機委員會在教宗御前舉行會議數次。耶穌會那時從中國所寄的文據，沒有及時趕到，教宗乃提前令樞機委員會舉行暑期休假，乃到十一月纔繼續開會。開會時康熙皇帝的「批示」已經寄到羅馬。十二月五日，教宗舉行御前大會，在大會中聲明將派特使出使中國。

教宗派特使的目的，當時未曾說明，然而大家都明瞭是爲執行對於中國禮儀所有的決議，可是決議的日期則是在三年以後。

一七〇二年三月三十日，聖職部樞機委員會對於中國禮儀問題，在教宗御前舉行最後一次討論會議。五月七日聖職部（教義部）又舉行會議，議決以部令發表議決案。

教宗格肋孟曾勸耶穌會士由中國選派兩代表來羅馬。兩代表衞方濟（Francois Noei）及（Kaspar Kastmer）於一七〇二年十二月三十日抵聖京，次年正月十二日即蒙教宗接見。教宗命他們呈寫意見書。他們因不明聖座公文款式，乃請一律師共同書寫。三月二十七日，呈上意見書，教宗許以親自閱讀。巴黎外方傳教會這時也由中國請來一代表，代表爲四川代牧主教梁弘仁（Artus de Lyonne），於當年三月九日抵羅馬。聖職部又舉行樞機會議，審查耶穌會兩代表的意見書；但是問題已早議決，聖職部的樞機不願意重新翻案。一七〇四年正月十七日，聖職部樞機會議，議定再舉行中國禮儀討論會，然而討論的問題，是預備部令的草案和部令公佈的方式。部令的大綱，則爲十五年前已經擬定的初稿。教宗格肋孟第十一世不贊成這個辦法，下令聖職部樞機委員細心研究耶穌會兩代表的意見書。又令爲預備部令應根據一七〇二年的草案起草。巴黎外方傳教會代表事先散佈謠言說，聖座禁止他們答覆耶穌會代表的意見書。可是後來聖職部命令他們答覆。六月十八日，他們送上辯駁書兩篇，一篇用顏璫主教的名字，一篇用他的代表的名字，耶穌會代表乃請求會期延至九月，以便答覆顏璫的辯駁書。在那幾個月內，耶穌會代表又從北京接到許多文據，閔明我（Filippo Grimaldi）邀請了欽天監的十七名官員寫證明書，證明敬孔敬祖的意義。又命四十九個教友宣誓證明這些敬禮不是迷信，並且證明如敬孔敬祖被禁止，天主教在中國將受極重大的打擊，將來能否存在，都成問題。閔明我所寄的文據裏還有湖廣教友的聲明書，聲明敬孔敬祖不是宗教典禮；在這聲明書上有四十一個教外人士簽署贊成。可是這種文據，在旁人眼中看來，很有故意造作的氣味；內中實情若何，羅馬沒法可以知道；因此大家都不予以重視。教宗則命耶穌會代表在九月十一日重新舉行會議以前，呈上一摘要的說明書，耶穌會代表於九月九日呈上說明書。九月十一日開會，教宗命聖職部審查耶穌會兩天前所呈的說明書。十月中，教宗且每天親自審查中國禮儀問題的各種文件，希望這一次在最謹愼最嚴密的研究以後，採取一最後的決議，結束這種問題。

聖職部的職責，在保全教義，凡是損害教義的學說和行動，聖職部必予以禁止，在禁止時，寧可失之過嚴，不能失之過鬆。在中國反對敬孔敬祖的傳教士，有的認爲敬孔敬祖都是宗教典禮，信奉天主教的人絕對不能舉行；有的認爲這些敬禮中雜有許多迷信，普通一般信友不能分別是非；因此敬孔敬祖常有損害教義的危險。

一七〇四年十一月十三日，聖職部舉行會議，九位樞機投票表決。十一月二十日，聖職部舉行最後一次會議，另有三位樞機投票。聖職部的議案，遂成定案，教宗當天加以批准。議案各款在歐洲不許公佈，全文交教宗所派赴中國的特使，由特使在中國和主教等商議執行

辦法。㈩

這次的議決案，爲敬孔敬祖的議決案，較比顏璫的主張都更嚴厲。後來多羅使臣到中國爲執行這種議案，和康熙皇帝大起衝突。但是多羅在中國並沒有公佈這次議案的全文，僅只通知已有這種議案，後來嘉樂出使中國，譯出教宗格肋孟第十一世的「自登基之日」上諭（Ex illa die）時，纔譯出聖職部議案的重要條文如下：

「一，西洋稱呼天地萬物之主，用斗斯二字，此二字在中國用不成語，所以在中國之西洋人，並入天主教之人，方用天主二字，已經日久；從今以後，總不許用天字，並不許用上帝字眼，只稱呼天地萬物之主。如敬天二字之匾，若未懸掛，則不必懸掛，若已曾懸掛在天主堂內，即當取下，不許懸掛。

二，春秋二季祭孔子並祭祖宗之大禮，凡入教之人，不許作主祭助祭之事；連入教之人，亦不許在此處站立，因爲此與異端相同。

三，凡入天主教之官員或進士、舉人、生員等，於每月初一日十五日不許入孔子廟行禮。或有新上任之官，並新得進士、新得舉人生員者，亦俱不許入孔子廟行禮。

四，凡入天主教之人，不許入祠堂行一切之禮。

五，凡入天主教之人，或在家中或在墳上，或逢弔喪之事，俱不許行禮。或本教人與別教之人，若相會時，亦不許行此禮，因爲都是異端之事。再者，入天主教之人，或說我並不曾行異端之事，我不過要報本的意思，我不求神，亦不求免禍，雖有如此說話者亦不可。

六，凡遇他教之人行此禮之時，入天主教之人，若要講究，恐生是非，只好在旁邊站立尚可使得。

七，凡入天主教之人，不許依中國規矩，留牌位在家，因有靈位神主等字眼，文指牌位之上有靈魂。要立牌位，只許寫亡人名字。再者，牌位作法，若無異端之事，如此留在家中可也。但牌位旁邊，應寫天主教孝敬父母之道。」㈦

二、多羅宗主教出使中國

籌備出使中國

甲、多羅宗主教的履歷

一七〇一年十二月五日，教宗格肋孟第十一世在御前大會中宣佈派使往中國，派使的宗旨在使中國傳教士團結一致，並解決傳教事務上所有的各種困難，同時向聖座報告中國的傳教情形。但是實在派使的主要目的，教宗沒有明白說出。派使的主要目的，即是執行聖座對於中國禮儀問題的議決案。㈣教宗同時宣佈出使中國之特使，已選定多羅蒙席（Msgr. Carlo Tommaso Maillard de Tournon），特使加安第約基宗主教銜（Patriarch of Antioch）。

多羅宗主教，義大利杜林（Torino）人，生於一六六八年十二月二十一日。父名亞默德（Vittorio Amedeo），爲多羅侯爵，因此爲姓，曾任尼斯省（Nice）總督。母名瑪利亞，姓忒魯基（Cecilia Maria Turchi）。時義大利尙未統一，杜林爲撒瓦亞王國（Savoy）京都。他的外祖父曾任王國議會第一任議長。

多羅幼時在耶穌會士所主辦的學校讀書，智力過人。後入大學，考得教律和民律兩科博士。晉陞司鐸後來羅馬，在教廷各級法院實習。羅馬素爲歐洲文化的中心，學社林立，多羅神父常在各學社聽演講，參加討論會。又和同志數人創立阿加第亞學社（Accademia Arcadia）。時教宗宮宮長錢啓（Baldasarre Cenci）新被策封爲樞機，招多羅神父作自己的養士，代爲研究各聖部所委託的問題。錢啓樞機曾任教廷管治亞味農（Avignon）副欽使。法國路易十四兩度佔據亞味農城，錢啓樞機退居尼斯城，備受尼斯總督的殷勤款待。

當格肋孟第十一世在未被選教宗以前，參加教宗選舉會，多羅神父時充錢啓樞機的隨員，也在教宗選舉會中，因此兩人相識，格肋孟很賞識多羅的才德。被選教宗以後立時封他爲額外「中常侍」，加蒙席銜。

在宣佈多羅爲特使以前，教宗曾召見，告以選任爲出使中國特使事，多羅蒙席向教宗堅辭，因爲自己身體虛弱，不能承擔長途跋涉，又因爲自己對於遠東傳教問題毫無所知。但是教宗不許推辭。在接受宣佈任命的當天，多羅蒙席寫信報告父親，說自己想到該有兩年的航海纔能到中國，心中很是恐懼不安。

十二月二十一日，聖多默宗徒節，教宗親自在聖伯多祿大殿主持祝聖典禮，祝聖多羅爲主教。(十五)

乙、和葡萄牙的衝突

葡萄牙王素擁有教宗所授的保教權。凡是往遠東傳教的，都是由里斯本上船；凡是受教宗委託往遠東治理傳教事務的人員，先應該把委任狀送到葡萄牙政府。

但是十七世紀時，聖座創設了傳信部，直接管理一切傳教事務；傳信部因此與葡萄牙王常起衝突。多羅宗主教既被任爲出使中國的特使，傳信部不願意教廷特使受葡萄牙王的指揮，教宗格肋孟第十一世也贊成這種主張。於是多羅宗主教決定不由里斯本動身，也不乘葡萄牙船。

教宗爲慎重計，致函葡萄牙王伯多祿第二，西班牙王斐里伯第五，法王路易第十四，及康熙皇帝，告以遣派多羅宗主教出使中國事，請與以方便。多羅宗主教於一七〇二年正月六日上書葡王，告以被任爲出使中國的特使。葡王伯多祿第二，於當年三月二十三日覆書教宗，也答覆多羅宗主教，葡王向教宗抱怨在任命特使以前，沒有和他商議，特使的人選，也沒有先徵求他的同意。但是他對於多羅特使本人，並不反對。他在回多羅宗主教的信中，告以已下令遠東的葡萄牙官員，命他們按禮迎接特使。

既不坐葡萄牙船，便不能乘西班牙船；葡班兩國，那時是互爭航權和殖民地的仇敵。多羅宗主教便只有乘法國船來遠東。教廷駐法國大使瓜爾第里阿主教（Bp. Gualtierio）和路易第十四接洽，路易第十四答覆派船兩艘，供特使航程的使用。

教宗格肋孟第十一世於一七〇二年七月二日，頒上諭（Speculatores Domus Israel）聲明多羅宗主教爲教廷出使中國印度及附近各國的巡閱使，加上等特使銜（Legatus a latere），具有指揮教務和解決教務問題的全權。

丙、預備起程

多羅宗主教出使的資格，既爲教廷上等特使；特使團組織頗形龐大，團員的人數也多。團員中有S. Giorgio, Candela, Mariani, de Mai, Maleotti, Mercado, Borghese, Sidotti, Nicolas de S. Jose, Sigotti, Marchini Luigi, Angelita等。

一七〇二年七月四日，特使團由羅馬起程往Civitavecchia港口乘教廷船赴熱內亞（Genova）。

在動身以前，多羅宗主教，在傳信部和聖職部翻閱中國禮儀問題的檔案，又和耶穌會以及巴黎外方傳教會的代表會談多次。聖職部的議案，當時尚未議決，但是大綱已經擬定。多羅宗主教在離開羅馬以前已經知道大綱的內容，議案後來在一七〇四年十一月二十日決定，那時他已抵馬尼剌了。

一七〇二年七月五日，由Civitavecchia乘教廷船動身，七月十日抵熱內亞，換乘義大利人商船往馬賽，繞直布洛陀海峽出地中海達西班牙的西尾里亞海港（Siviglia）。留住數月，等候法王路易所派的船。一七〇三年正月二十日接教廷駐法國大使來函，告以法王路易已派定大船兩艘。二月三日，遂由西尾里亞起程。繞非洲，二月十七日抵Canarias群島的Tenerife島，在島上住了三個月，法王路易所派的船纔到。五月一日動身赴印度。十一月六日抵印度的Pondichery城。㈥

丁、印度禮儀問題

印度傳教士中，當時也有一種禮儀問題，史書稱為「馬拉巴禮儀問題」（Quaestio rituum Malabarensium）。印度的天主教傳教事業，從聖方濟沙勿略（San Francisco

Xavier）發動以後，只在葡萄牙殖民地臥亞城能夠發展，在印度內地無法進行。印度是階級最嚴的民族，下層階級不能和上層階級有接觸，上層階級的人又最輕視下層階級的人。這一點對傳教是一很大的困難。

一六〇五年，耶穌會士Roberto de Nobili抵臥亞，進入內地傳教，和一西班牙籍耶穌會士共同工作。過了幾年，覺得傳教工作沒有一點成績，應該改換方法。他便獨自一人，改裝婆羅門隱士。婆羅門爲印度最上層階級，服裝與眾不同，社會禮儀也特別。Nobili有如利瑪竇衣儒服和中國士大夫相接，盡量接受婆羅門的習慣和儀禮，他的這種傳教方法頗生效力。

但是別的傳教士則起而反對，臥亞的主教Bp. Pimenta也不贊成，問題便送到聖座，等候議決。教宗額我略第十五世於一六二三年正月三十一日下諭，命傳教士在聖座沒有定最後議決案時，可以通融；對於婆羅門儀禮，不明明反對天主教教義者，予以接受，餘則拒絕。教宗上諭既沒有議決最後的答覆，傳教士就爭執愈烈，教宗乃派多羅宗主教順道巡閱印度教務，對各種問題予以解決。

多羅宗主教抵Pondichery後，身體生病，臥床不起，不能親出巡視或接見各處的傳教士，僅能和主要的教會人士相見。但是他和隨從的團員細心研究，在一七〇四年六月二十三日，簽署了一封公函，七月八日公佈。公函中列舉對於印度禮儀問題的各點，按照聖座的指示，與以答覆。公函答覆各問題的原則，是禁止遷就婆羅門的習慣和禮儀，又訓令傳教士服從傳教區的首長。這封公函一出，印度傳教士都譁然不安，事件又弄到羅馬聖座，再候解決。㈦

戊、由馬尼剌赴廣東

一七〇四年七月十一日，發表公函後第三天，多羅特使由印度動身赴馬尼剌。九月二十日，抵達該城。馬尼剌當時爲西班牙屬地，教務由班王保護，往中國福建、廣東傳教的西班牙傳教士（道明會、奧斯定會、方濟會），屬於馬尼剌的西班牙籍會長管理，不願直屬在中國的宗座代牧。多羅宗主教赴馬尼剌，有意和該處的各修會會長商議一種合理的辦法；況且爲避免受葡萄牙人的脅持，他只有不直航澳門，先赴菲律賓，等候機會進中國。但是當他在印度時，臥亞總督Caetano de Mello e Castro承奉葡王的旨意，優禮予以接待。臥亞總督且函告澳門總督，如禮接待教廷特使。

馬尼剌的傳教事務，也包括在多羅特使的巡閱範圍以內，當時那方面的一個重要問題，是傳教修會經商營利。馬尼剌當時的東西商業頗形發達，傳教修會爲謀傳教經費，便有經商營利一事，致引起各方的非議。多羅宗主教也費盡心思，謀一妥善的辦法。

一七〇四年十二月二十九日，第一批團員動身往中國，半途遇大風。次年，春季，不是颶風時節，第二批再起程往澳門。多羅宗主教率團員神父七位和四位由中國來馬尼剌的傳教士，為第二批，於一七〇五年三月十三日動身，四月二日抵澳門。但是沒有進城，逕往一小島Ilha Verde，寓於耶穌會會院中。澳門總督和澳門主教Bp. Joao do Casal往見，敬為教廷特使。

多羅宗主教沒有離羅馬以前，曾函告耶穌會在華的區長閔明我（Grimaldi），言本人被任為中國教務巡閱使，即將起程來華，請他將進中國時應注意之點寫明，著人送到海口，以供參考。閔明我隨即覆書，著人分途送往澳門和福州。

抵澳門外小島之次日，立刻動身赴廣州。特使身著中國衣，乘坐肩輿，門上掛輕紗。隨身只帶團員一人，四月五日抵廣州。其他團員，隨後陸續進城。㈥

己、在廣州的處置

多羅宗主教抵廣州，寓於奧斯定會會院中，團員分寓廣州其他各會院。當時廣州有耶穌會，奧斯定會，方濟會，巴黎外方傳教會的會院。廣州的奧斯定會會士和方濟會士，都是西班牙人，他們堅持不屬中國的宗座代牧和主教管理。六月十二日（一七〇五年），多羅宗主教發表公函，函告在華傳教的各修會會長，訓令各會傳教士，遵照傳信部一六八八年的部令，應直接屬傳教區的主教和宗座代牧管理，西班牙籍的方濟會士群起抗議。在馬尼剌的方濟會區長下令在華的班籍方濟會士，寧可離開中國，決不能直屬傳教區首長。北京伊大仁主教爲義大利方濟會士，寫信勸馬尼剌方濟會區長，㈨也不生效。西班牙方濟會士後來都退出中國，十五年之內，再不來中國傳教。

那時在中國的傳教士，除耶穌會士和西班牙籍的道明會、方濟會、奧斯定會士以外，其餘是傳信部直接派到中國傳教的。傳信部直接派的傳教士，所需經費由傳信部發給。那時從羅馬寄錢來中國，所費的時間既然很長，而且也不穩妥。加之，傳信部直接寄錢給每個傳教士，或者是分配不均，或者是在海口沒有人領收，以致有些傳教士兩三年領不到經費。多羅宗主教到了廣州以後，決定在廣州設立一傳信部在華辦事處，委派辦事處主任（Procurator S. Congregationis de Porpaganda Fide）一人。辦事處主任，經管分發傳信部的津貼，同時代表傳信部向該部所派的傳教士轉達命令。傳信部所派的傳教士由辦事處主任分發到各省，沒有辦事處主任的同意，也不能離開傳教區。辦事處主任便形同傳信部直派在華的傳教士們的首長。但是各傳教士在傳教區內，則屬傳教區主教或代牧管理。

多羅宗主教在赴北京以前，任命了第一任辦事處主任，姓名爲Ignazio Giampe。第一任辦事處主任，義大利人，生於一六五八年，本爲特使團員。然多羅特使命他同另一團員Hilarios Sala先期動身來華，預備特使在中國的工作。他便在一七〇三年抵廣州，北上往北京，然後留寓杭州。多羅特使抵廣州後，召他到廣州城，委以新任。

註：

(一) Pastor, Storia dei Papi, vol. XV, p.310.

(二) Sinica Franciscana, vol. V, p.55, n.6, Roma, 1954.

(三) 同上。

(四) 同上。

(五) 同上 p.56.

(六) 同上 p.156.

(七) Pastor, Storia dei Papi, vol. XIV, parte 11, p.338.

(八) Antonio Sisto Rosso, Apostolic Legations to China, South Pasadena, 1948; Pastor, Storia dei Papi, vol. XV, cap. VII.

(九) Tractados historicos, politicos, eticos y religiosos de la monarquia de China, Madrid, 1676-1679.

(十) Pastor, Storia dei Papi, vol. XV, cap. XII; Dictionnaire de la Theologie Catholique, Rites chinois, Jos. Brucke.

(十一) Le Comte, Nouveaux memoires sur l'etat present de la Chine, Paris, 1696-1700.

Le Gobien, Histoire de l'edit de l'empereur de la Chine en faveur de la religion chretienne, Paris, 1698.

(十二) Pastor見前Dictionnaire de la Theol. Cath.見前。

(十三) 陳垣 康熙與羅馬使節關係文書影印本—（禁約）。

(十四) Fattinelli G. Giacomo, Istoria della spedizione del Card. Thomas Maillard de marchesi, di Tournon, visitatore e commissario generale……手抄本（Bibl. Casanatese vol. I. part. II.）

(十五) Fattinelli 同上 vol. I., part II.

(十六) Dictionnaire de la Theologie Cath. —Rites Malabares, —E. Amann.

(十七) Fattinelli同上。

(十八) Sinica Franciscana, vol. V, pp. 506-511.

(十九) De Munter S, De S. Congregationis de Prop. Fide Procurae cantonensis primordiis, -Roma, 1957. p. 36.

多羅宗主教出使中國（下）

三、多羅宗主教和康熙皇帝的衝突

1. 起程赴京

在京供職的耶穌會士曾函勸多羅宗主教，暫時勿以教宗特使的身份奏明康熙皇帝，僅說是羅馬委任治理中國教務的首長。耶穌會士相信，若說明是教宗的欽使，康熙一定詢問欽使來華的使命，便不能不答是爲處理中國禮儀問題而來；那時必定要使多羅欽使和康熙發生衝突，後患將不可思議。

多羅宗主教初抵廣州，決定按照耶穌會士的建議，不加聲張，等處置了教會內部的問題，然後才奏明康熙皇帝代表教宗請安。可是在京的耶穌會士有葡萄牙人，也有法國人，法國耶穌會士從南懷仁引他們入京供職以後，他們常想自立一會院，不受葡萄牙會士的管理，他們便認爲多羅宗主教，若以教宗欽使的身份覲見皇帝，請求准許他們購地建堂，必定可以得到准許；張誠（Jean-Francois Gerbillon）從京師上書欽使，請奏明皇帝，晉京覲見。北京主教伊大仁這時又函多羅欽使，告以皇帝久願中國傳教事務有一主管首長，現聞皇帝想派耶穌會士徐日昇（Thomas Pereira）爲主管人。多羅欽使得訊，集合團員開會，議定以本人來華的欽使身份，奏明康熙。並命在京的葡萄牙耶穌會院院長安多（Antoine Thomas）代奏，請求覲見日期。從此以後，多羅宗主教再不向耶穌會士詢問意見。而且選定一個遣使會士畢天祥（Luigi Antonio Appiani）充任翻譯秘書，諸事言聽計從。

康熙那時已經往熱河行宮，耶穌會士閔明我，徐日昇，張誠，聯名上奏。連奏兩次，不得批示。七月十七日（一七〇五年）又再上書；七月二十日，康熙批示准多羅入京覲見，又命沿途官員，如禮迎送。㈠

九月九日（一七〇五年）多羅宗主教由廣州動身坐船北上；動身前忽中風濕，半身不遂。

船抵南昌，聞浙江宗座代牧去世，「即選派何納篤（Donato Mezzafalce）繼任」。抵臨清下船，與伊大仁主教長談。

康熙皇帝數月不見教皇欽使進京，頗爲惦念，怕船行過慢，旅途太辛苦，遣親王到臨清迎候，諭令換由陸路入京。十二月四日多羅欽使入京師，寓於北堂。北堂中，那時住有法國耶穌會士。

2. 第一次覲見

甲、隨行醫生去世

特使團隨員Sigotti，為外科醫生，進京後，忽患病，十二月十二日去世。在京耶穌會士請葬在耶穌會塋地中，多羅宗主教不允。康熙皇帝聞特使團隨員去世，欽賜葬地。十二月十二日，畢天祥和使團另一醫生高廷玉（Borghese）往看賜地，地頗寬廣，可葬七人。多羅宗主教知欽賜葬地為康熙優恤團員的特恩，深以為喜，預測將來向皇帝奏請各事，必蒙允許。他不知道康熙皇帝正要乘機派人觀察特使團員的殯禮，是否耶穌會士所習慣行的禮儀。據報，殯禮不合中國葬禮，與耶穌會士所習行者不同。皇帝乃起疑心，耶穌會士曾請葬醫生在原有塋地裏，本想避免葬事傳到皇上耳中。(二)

乙、耶穌會士的建議

在京的耶穌會士，那時都知道多羅特使來華的使命，在處理禮儀問題。但是他們不明瞭這個問題羅馬聖座已經有了議決案，他們想特使來華，是爲在當地商議一種解決辦法。他們便在特使抵京師時，向特使上書，建議相爭的兩造，各選深明中國事理的傳教士兩三人，組成委員會。委員訪問中國各省，招集中國教友中的讀書人，查問敬孔敬祖的意義。多羅特使得書，面告耶穌會士，說明羅馬已有決議，耶穌會總長已經接受了。

耶穌會士薄賢士（Antoine de Beauvollier）乃建議相爭兩造，將相爭的理由條陳出來，供特使參考。顏璫反對這種建議，聲明本人已經將相爭的理由，條陳於羅馬聖座。

耶穌會士中有一人名劉應（Claude de Visdelou）者自信深通中國書籍，私呈多羅特使，謂按中國經典和風俗敬孔敬祖實在是宗教迷信。多羅特使命他條述各項理由，又命他以這些高見，告知薄賢士。他的同會會士乃起而爭辯，劉應不能答。

多羅特使在一七〇六年三月中，由馬尼剌接到羅馬的消息，知道禮儀問題，確實在上年十一月二十日已經議決。他的態度乃更堅決，絲毫不容商議。

丙、康熙帝追問出使原因

康熙皇帝對於多羅宗主教出使中國的原因，有些懷疑。耶穌會士奏明教宗特使抵中國時，說爲向皇帝問安。康熙心疑，爲問安何必派來一位特使，況且據說特使的身份很高。他便懷疑其書有隱蔽事由。十二月二十五日，康熙差張常住和另一王姓的滿員往看多羅宗主教。張、王兩員到北堂，由耶穌會士陪同向多羅特使問安。問安畢，兩員謂皇上不久將出關狩獵，在出關以前，願意知道特使來華的用意。多羅特使說明來華代表教化皇向皇上請安，因歐洲遍傳中國皇上的威武，皇上對教士又特別加恩優待，教化皇因此派人遠路來謝恩。張王兩員答說，須以實陳回奏，如特使不願當面口說，請以奏摺陳明來意。兩員遂退出，在外廳等候。多羅宗主教當時擁病，兩員退後，遂登床，招法國耶穌會士張誠任翻譯。張誠怕徐日昇，辭謝不敢任。多羅遂命畢天祥引張、王兩員入臥室，耶穌會士無一在者。特使告張、王兩員，已擬就奏摺，大意言特使來華，專誠代表教化皇向皇上問安，請准在華任命一傳教總管人，以便使皇上和教化皇能常通消息。張、王兩員叩謝後，辭出。次日，兩員又來，告以皇上滿意昨日所言，目前即准特使巡閱各省教務，但不宜巡閱在京的耶穌會會院。張、王兩員又催特使馬上書寫奏摺，好當天奏呈。當天二月二十六日，多羅特使遂具一奏本，交兩員帶進宮內。二月二十七日，張、王兩員又來復命。言皇上雖尚沒有閱奏本譯文，已經知道特使來意，甚謝教化王（康熙不樂意以皇字稱教皇）的盛意，決定派使往羅馬向教化王送禮致謝，又諭令特使馬上作書報告教化王。多羅宗主教和團員都眉開眼笑，高興皇上的好心。二十七日當天，徐日昇和張誠等被召進宮，翻譯多羅特使奏本。二十八日，張、王兩員忽又來北堂，拜見特使，告不必作書報教化王，因特使身體抱病，恐不勝這種勞苦。又說皇上耳聞有些傳教士在中國住了兩三年回到歐洲，到處講中國的壞話。特使答以上教化皇書已寫好了。從中國回到歐洲的教士，沒有人不稱讚中國和中國皇上的。張、王兩員不悅，遂退出。但是二十九日，兩員再來見特使，請特使另上奏本。

二十九日的奏本具寫了，畢天祥和徐日昇一同送奏本入宮。太監出收奏本，問明奏本大意。又一太監出問畢天祥曾在四川被地方官驅逐，是否屬實。因為皇上對畢天祥，已經懷疑。(八)

三十日，在京的耶穌會士，全體拜見多羅特使，呈上一聲明書，聲明耶穌會士沒有貪想被任為中國傳教士的總管理人。

三十一日，康熙皇帝接見多羅特使，親自問羅馬對於中國皇上關於敬孔敬祖的批示，是否已經接到。張常住在第一次向多羅請安時，已經問到這事。多羅不敢明白答覆。

康熙第一次接見多羅特使，在一七〇五年十二月三十一日（康熙四十四年十一月十六日）。多羅特使時抱病臥床，由皇上差官到北堂用肩輿迎入宮，隨員均乘馬扈從。肩輿抬入暢春園，在覲見的殿前下肩輿。多羅特使由兩隨員扶近御座行禮。康熙見多羅病態，命免跪拜，並賜座。皇帝謝教化王派使問安的盛意，命特使指定一員，攜帶朝廷的禮物，往羅馬答聘。㈣

多羅特使請准任命一中國教務總管。皇帝答覆總管人應是在中國傳教多年，爲朝廷效了勞的人，皇上心目中，如任命總管人，理應是在朝的耶穌會士。多羅宗主教則決定不要耶穌會士。任命總管一事，便沒有下文。

多羅特使又請准在京城建堂，皇上不答。康熙乃問本人關於敬孔敬祖的批示，命多羅上書奏明。

在接見時，康熙很和藹，款待很周到。耶穌會士紀理安（Bernard Kilian Stumpf）曾說，康熙接見教宗特使的盛儀和歡洽，是中國歷史上，君主接見外國使節時所未曾有的。㈤後四日，康熙招多羅特使同往御園狩獵。多羅因病，遂派團員一人代行。中國新年時，皇上遣官賜多羅禮物，太監列隊而來。元宵時（大約在陽曆二月二十六日），皇上招多羅往城外御園觀燈。觀燈以前皇上遣太監賜宴。宴畢入園看燈火，皇上屢遣宮監賜食。觀燈火畢，多羅和隨員宿於御定旅舍，第二天回城。㈥

3. 衝突漸起

甲、向教宗送禮問題

康熙既決定要向教宗送禮報聘，命多羅宗主教選一團員充報聘使。覲見的次日，張常住和王姓滿員來北堂看特使，問對皇上敬孔敬祖的批示，是否寫定奏本。多羅宗主教想把禮儀問題擱延，乃答不敢表示意見；但爲報聘的人選，則已選定特使團顧問沙國安（Mariani），敬求皇上批選。康熙批准以沙國安爲報聘使，又派趙昌陪送到廣州。次日趙昌奏說報聘使不通中文，不能向教化王解釋禮物的意義，宜加派一通華語的教士。康熙遂令白晉（Bouvet）爲報聘正使，多羅宗主教選派的沙國安爲副使。皇上所送教宗禮物，交白晉攜帶。

多羅特使本想藉報聘的機會，由本團團員赴羅馬報告。在京的耶穌會士，懷疑特使團團員赴羅馬，有不利於他們的報告，乃運動以耶穌會士白晉充報聘使；多羅聞悉，心中很是氣憤。而且，特使團顧問身份等於多羅的副使，於今康熙命他充白晉的副使。按教廷習慣爲他是種侮辱。遂命沙國安不以禮物交歸白晉。康熙希望報聘使乘英國船Emuis赴歐，英國船起錠在即。白晉和沙國安由趙昌陪同動身，於正月四日，由北京乘驛馬趕程赴廣州。抵廣州時，英船已起錠。

六月一日（一七〇六年）紀理安同一官員拜見多羅特使。多羅叱退紀理安，面告來見的官員，有要事向皇上奏明。康熙回諭命往覲見，多羅擁病又不能行。六月二十日，皇上遣官聽取多羅願奏的事，多羅宗主教盛怒，大聲喊說白晉不能充報聘使；葡萄牙耶穌會士阻止他國傳教士爲皇上效勞，葡萄牙國王命傳教士從里斯本動身，阻礙皇上和教皇的往來使節。特使團員聞言都大驚失色，耶穌會士也不敢翻譯。多羅特使逼迫畢天祥逐句譯明。來官拒絕轉奏，要求多羅書寫奏本。耶穌會士乃請北京伊大仁主教勸阻特使具奏，特使團員也勸多羅息怒。多羅特使堅持保全聖座特使的地位，不得不言，迫令使團秘書長Candela書寫奏本蓋章。康熙於六月二十二日御批說：「覽多羅奏，朕知道了，無用再諭。但白晉已與沙國安不和，叫回白晉如何？還有不盡之諭，等多羅好了，陛見之際再諭。傳與多羅寬心養病，不必爲愁。」㈦

御批送到特使寓所時，特使聽了譯文，心很安定。送御批的官忽問是否應叫回白晉和沙國安；多羅臉變蒼白，眼淚奪眶而出。說如叫回報聘使節，教化皇將加罪於他本人。康熙聞報，乃不叫回白晉。但是後來因顏璫和中國禮儀問題，康熙激怒，下令多羅退出京師，報聘教宗的禮物收回皇庫。㈧

乙、畢天祥打擊耶穌會士

畢天祥（Appiani）爲遣使會士，於一六九七年二月十日，由羅馬動身來中國，受傳信部的委託，在中國創立培植本籍聖職員的修院。由地中海赴小亞細亞，經波斯、印度，於一六九九年八月十四日抵廣州。中國當時的環境，不宜於隨即設立修院，畢天祥遂赴四川傳教。多羅特使抵廣州，畢天祥適由四川來見。多羅遂任他爲隨身翻譯員，倚爲左右手。特使入京，每事和耶穌會士衝突，衝突愈多愈厲害；其中的緣因很多，畢天祥也是緣因中之一。

中國新年時，教友照例向主教神父賀年。一七〇六年新正後，北京教友來向多羅特使致敬。特使因病不便起床，教友便分批往見。見時，由畢天祥任翻譯。多羅特使訓話，勉勵教友行善，告誡他們在禮儀上勿參加迷信。一次問他們家中供有祖宗牌位否，教友不敢回答，假說不供牌位。僅有一老年教友，答應供有牌位在家。多羅心以爲喜，愈信耶穌會士說中國教友習慣敬祖，加以禁止，引起極大的反感，都是他們編造的虛話。他便告誡老年教友，撤去牌位。教友回家，四處傳說特使禁止敬祖，北京三堂教友，群情洶洶。耶穌會士問計於伊大仁主教。伊主教答以羅馬未有明命；但是教友因畢天祥的禮物和威脅，說話不出實心，事情必愈弄愈糟。

三月七日，教友往見畢天祥申述敬祖的理由，要向特使請願。畢天祥和他的同伴

Frossoloni，責罵教友不聽長命，奪去他們的請願書，當面扯碎。從此，多羅宗主教不再接見北京教友。三月二十一日，有京外遠道來拜的教友請見，約一百餘人，多羅宗主教入廳，教友跪地，五人高舉請願書。前次的老年教友，大聲控告畢天祥命他撤去祖宗牌位。多羅宗主教信為耶穌會士佈置的局面，收了請願書，立刻用手撕裂。但兩手病弱無力，信紙撕不破。張誠那時在傍力勸特使勿當面撕請願書，免傷中國禮貌。特使遂把請願書擲在地上。畢天祥大罵教友，禁止再進特使寓所。

北京教友中，有曾在耶穌會士送往羅馬的敬孔敬祖聲明書上，宣誓簽名者。畢天祥訓責教友，謂那次宣誓，是以假為真，宣誓人都犯偽誓的大罪。宣誓的教友大懼，群往辦告解，其中一人往畢天祥處告罪。畢天祥命他把偽誓事寫下來，說明自己後悔了。畢天祥把這一紙書呈與多羅特使，證明上次耶穌會呈送的宣誓聲明書，乃係欺騙教友勒詐而成的。耶穌會士一聽，怒從心起。宣誓的教友也不直言畢天祥所為，於是又重新寫宣誓證明書，由被畢天祥勒寫悔改書的教友，送到多羅特使寓所。但特使拒絕接見，那個教友偷偷地走到特使房中，把證明書以及請願書放在桌子上，立即溜跑。

丙、第二次覲見

六月二十二日御批，康熙曾有召回白晉之意。後因多羅宗主教心驚落淚，六月二十三日，遣官告訴特使，送禮事照原定程序辦理。其餘各節，俟皇上出關休息，回京後再召見面諭。特使回信，或不及等到皇上回京，便應南下，預備回歐。康熙便於六月二十四日下一御批。御批云：「前日曾有上諭，多羅好了陛見之際再諭。今聞多羅言，我未必等到皇上回來的話，朕甚憐憫，所以將欲下之旨曉諭。朕所欲言者，近日自西洋所來者甚雜，亦有行道者，亦有白人借名爲行道，難以分辨是非。如今爾來之際，若不定一規矩，惟恐後來惹出是非，也覺教化王處有關係。只得將定例，先明白曉諭，命後來之人謹守法度，不能稍違方好。以後凡自西洋來者，再不回去的人，許他內地居住。若今年來明年去的人，不可叫他居住，此等人譬如立於大門之前，論人屋內之事，眾人何以服之，況且多事。更有做生意，做買賣，此等人益不可留住。凡各國各會皆以敬天主者，何得論彼此，一概同居同住，則永無競爭矣。爲此曉諭。」(九)

六月二十九日，康熙皇帝第二次接見多羅特使，儀禮固然不像第一次覲見時的隆重，態度也遠不如上次的和藹。康熙屢次問多羅東來的使命，多羅答以爲問安皇上。康熙便告訴多羅呈報教化王，中國人不能改變祖傳的禮儀，況且這些禮儀並不反對天主教教理。多羅乃請准回歐洲，向教化皇呈報各節。康熙邀多羅特使次日往遊暢春園。

遊暢春園時，康熙面諭多羅奏聞教化王，中國兩千年來，奉行孔學之道。西洋人來中國者，自利瑪竇以後，常受皇帝的保護，彼等也奉公守法。將來若是有人主張反對敬孔敬祖，西洋人就很難再留在中國。多羅不敢直接答覆，只說有一通曉中國問題的顏璫，今天抵京。

丁、顏璫被斥責

顏璫入京，是奉多羅之召而來的。一七〇六年正月十五日，耶穌會士紀理安上書特使，請審查康熙皇帝在一七〇〇年十一月三十日關於敬孔敬祖所下的批示，又同時審查其他教友關於中國禮儀問題的九十件文件。多羅特使答以該有顏璫主教在京，兩造共同審查，纔算合理。二月三日特使函顏璫主教，召他來京師，他卻不來。五月十五日，紀理安又上書(十)。特使仍以顏璫未到爲詞。六月三十日，顏璫始到。他這一來，把多羅特使的事，愈弄愈壞，終於完全失敗。

康熙在接見多羅以後，不久即起駕往熱河行宮。七月二十二日，皇帝差官到京師，傳諭顏璫往行宮，面見天子。顏璫大怒，面責張誠，以這事爲閔明我，紀理安等勾通內廷太監所佈置。但是皇上既有命，多羅特使便命顏璫赴熱河。行前吩咐在皇上前，只講儒家和天主教不同之點，不講敬孔敬祖。顏璫起程赴熱河，隨行者有畢天祥，特使團團員Angelita，耶穌會士安多（Antoine Thomas），巴多明（Dominique Parrenin），薄賢士（Antoine de Beauvollier）。

顏璫於八月初，在行宮覲見。開口便奏明自己所讀中國書不多，以前寫書討論中國禮儀，常用兩個中國先生，翻譯中國經書。康熙因他講福建土話，派巴多明充翻譯。隨即問御座後面貼有四個字，他認不認識？顏璫只能認識一個字。康熙先已諭知多羅，顏璫覲見時，皇帝不問中國禮儀何者可行，何者不可行？這些事歸於教化王定斷。皇帝只願知道顏璫怎樣解釋中國經書上的文句。覲見時，顏璫竟不識字。康熙便問他隨身帶來的兩個中國教書先生，兩個先生跪奏，顏璫解釋經書時，不聽他們兩個的話，是聽另一個西洋人的話。康熙又問顏璫，七月初所寫儒家和天主教義不同之點，意義究竟何在？顏璫不能對，康熙怫然不悅。

八月二日，康熙下御批，斥責顏璫：「愚不識字，擅敢妄論中國之道。」八月三日，又下御批，諭示多羅：「顏璫既不識字，又不善中國語言，對話須用翻譯。這等人敢談中國經書之道，像站在門外，從未進屋的人，討論屋中之事，說話沒有一點根據。」㈩

八月十日畢天祥回北京，報告多羅宗主教，顏璫在行宮覲見的經過，今後將凶多吉少。八月十一日，康熙又以上事，諭示多羅。

4. 互相衝突

甲、南京通函

多羅特使既決定離京，由畢天祥向皇帝請求准許。康熙以前對多羅特使優禮相待，又因多羅久病不起，接他往御用的溫泉養病。顏璫覲見以後，康熙對多羅乃生厭惡。多羅請准離京，康熙立即應允。

八月二十日，多羅特使率隨員由北京動身南下。出京時乘肩輿。次日改乘轎船往天津。九月十九日抵天津，十月四日抵臨清。臨清爲北京主教伊大仁的常川駐在地。伊大仁主教由京陪特使來任所。十二月初多羅入太湖，十二月十七日抵南京，進城暫住。

康熙於多羅抵南京時，下諭驅逐顏璫主教，何納篤代牧（Mezzafalce浙江代牧）和顏璫的秘書Guetti出境。畢天祥遣發四川就地拘禁。

康熙又令在中國的傳教士，均應向朝廷領取發票，聲明遵守利瑪竇成規。不領票者，一概不准留居國內。

十二月十八日，在京的耶穌會士「齊趨內殿。上面諭云：『朕念你等，欲給你等敕文，爾等有憑據，地方官曉得你們來歷，百姓自然喜歡進教。遂諭內務府，凡不回去的西洋人等，寫發票用內務府印給。票上寫明西洋某國人，年若干，在某會，來中國若干年，永不復回西洋，已經來京朝諭陛見。爲此給票兼滿字，將千字文編成號數，挨次存記。將票書成款式進呈。欽此。』」(十一)十二月十八日，耶穌會士函告在中國的各會傳教士，勸大家領票。

一七〇七年正月二十五日，多羅特使在南京，向在中國的傳教士發表公函，宣佈羅馬聖座已經禁止敬孔敬祖。公函於二月七日公佈。

多羅宗主教公函，訓令中國傳教士，關於禮儀問題，怎樣答覆皇帝的盤問，公函說：「若是盤問天主教對於中國風俗和倫理，是否尊重，不加批評，傳教士應該答覆：凡是合於天主教義的倫理和風俗，都加以尊重。若是盤問何者是和天主教教義不合，則可以隨便舉出不相合之點以答。例如：算卜，祭天地，祭鬼神等。假使問到祭孔和祭祖，傳教士都該答覆天主教人不能祭孔祭天，也不能在家供祖宗靈牌，也不能以天或上帝稱呼天主。若是盤問爲什麼天主教人不許行這些禮節呢？應該答覆，這些禮節和恭敬唯一的天主的教禮不相合，羅馬聖座因此加以禁止。若是問什麼時候禁止的？答應是一七〇四年十一月二十日禁止的。若是又問你們怎樣知道這事是真的呢？答應是多羅特使聲明的。」

「中國的傳教士，都應該按照上面的指示去答覆：敢有自作主張，不按指示去答覆的，馬上受『棄絕』的重罰，『棄絕』重罰的赦免權，由聖座和特使加以保留（Excommunicatio latae sententiae S. Sedi et Nobis reservata）。」(十三)

乙、康熙驅逐教士

多羅宗主教發表了以上的公函，立即要求耶穌會中國區區長穆德我（Jose Monteiro）通令耶穌會士遵守。又向穆德我抱怨在京的耶穌會士，沒有得到他的許可，擅自向皇上領了永居中國的票。穆德我乃向特使，請准耶穌會士能夠永居中國，特使於二月六日，給以書面的許可。耶穌會士乃以特使的公函通知本會會士。

康熙皇帝那時已南下，作最後一次的南巡。駕抵淮安，不見傳教士來覲見領票，頗以為驚，傳巴多明回話，巴多明答以不知。康熙乃遣直郡王往鎮江探聽消息。三月三十日，駕抵揚州。次日巴多明稟直郡王鎮江有五個傳教士請求面聖，康熙即命前來。

四月一日，穆德我偕安懷仁（Antonio Ferreira），李若瑟（Jose Pereira），瞿良士（Manoel de Mata），索節諾（Manoel de Sousa），來見直郡王。王爺質問五人是否願意領票，又是否願意遵守利瑪竇的成規。五人答以多羅特使有命，禁止隨從中國禮節。四月三日，直郡王再追問，五人的答覆不變。康熙乃下令：「此五人俱著廣東天主堂居住修道，俟龍安國（Antonio de Barros）、薄賢士來時，一併同來給票，不給票之處，那時定奪，伊等道不必傳。」(十四)龍安國、薄賢士（Antoine de Beauvollier）曾受康熙命出使羅馬，時康熙聽到羅馬教化王懷疑一七○○年關於中國禮節的御批，或係偽作，乃於一七○六年十月一日遣這兩位神父往羅馬作證。但他們兩人在一七○八年，因船遇暴風，死於海中。康熙又於一七○七年十月二十七日遣兩耶穌會士艾若瑟（Giuseppe Antonio Provana）和陸若瑟（Raimundo Jose de Arxo）赴羅馬，兩人也都死於歐洲。(十五)

四月八日，康熙南巡抵南京，多羅特使時已離南京赴廣州。南京宗座代牧林安言（康（Antonio de Silva S.J.）和十一個傳教士，請求給票。巴黎外方傳教會士赫宣（Pierre Herve）和多羅特使團的施體仁（Francesco San Giorgio di Biandrate）兩人拒絕領票。康熙大怒，下令兩人：「交與江寧總督巡撫，五日內，起程往澳門去，同多羅回去。伊等若過限期，即上鎖，解廣東澳門。」(十六)

四月十三日，駕往蘇州時，皇帝路過大主堂門首，堂中耶穌會會士跪伏接駕，康熙心喜，許在轉回揚州時，賜給他們永居票。四月十七日，巡幸蘇州，康熙命閔明我會長，通知多羅特使，早日離開中國。四月十九日，耶穌會士孟由義（Moanoel Mendes）率八個同會會士來蘇州覲見，由直郡王查問中國禮節問題。當天皇上命：「諭眾西洋人，自今以後，若不遵從利瑪竇的規矩，斷不准在中國住，必逐回去。若教化王因此不准爾等傳教，爾等既是出家人，就在中國住著修道。教化王若再怪你們遵利瑪竇，不依教化王的話，教你們回西洋去，朕不教你們回去。倘教化王聽了多羅的話，說你們不聽教化王的話，得罪天主，必定教你們回去，那時朕自然有話說。說你們在中國年久，服朕水土，就如中國人一樣，必不肯打發回去。教化王若說你們有罪，必定教你們回去，朕帶信與他說，徐日昇等在中國服朕水土，出力年久，你必定教他們回去，朕斷不肯將他們活打發回去，將西洋人頭割回去。朕如此帶信去，爾教化王萬一再說，爾等得罪天主，殺了罷。朕就將中國所有西洋人等都查出來，盡行將頭帶回去西洋。設是如此，你們的教化王也就成個教化王了。你們領過票的就如中國人一樣，爾等放心，不要害怕。領票，俟朕回鑾時，在寶塔灣同江寧府方西滿等十一人同賜票。欽此。」㈦四月十七日，十一人都領到了票。

五月三日，康熙駕幸杭州，浙江福建傳教士十一人，在杭州候駕。十一人為浙江代理代牧孟尼（Francois de Montigny），福建代理代牧董默覺（Francois le Breton），道明會士巴祿茂（Bartolomeu Carvalho），萬多默（Tomas Croguer），方濟國（Francisco Cantero），賴鳴遠（Antonio Diaz），羅森鐸（Francisco Gonzales de San Pedro），山蘭若（Juan Caballero y Esquivel ），艾毓翰（Juan Astudillo），山谷（Francisco

Caballero），郭多祿（Pedro Munoz）。

直郡王接見十一教士，盤問遵守利瑪竇成規否。答以不能遵守。又問是否願留住中國修道，不行傳教。答以不願。康熙聽了直郡王的奏稟，諭令再加審明白。次日，直郡王又向十一教士盤問各節，所得的答詞，和昨日一樣。直郡王奏明皇上，康熙大怒，下諭：「此十人驅逐前往澳門去。意西巴尼亞國人郭多祿在廣東天主堂住居。」㈥

康熙在離杭州以前，差派兩官赴廣州，命多羅特使以出使來華之國書見示，否則押他往澳門。多羅宗主教拒不出示教宗任命狀，遂被押解澳門。九月二十九日，康熙下令叫回白晉和沙國安，贈送教化王的禮品，一併收歸國庫。

康熙和多羅便完全決裂了。

南巡回鑾，六月二十日，駕過臨清，伊大仁主教和六個方濟會士領得永居票。勞弘恩（Antonio Pacheco）因和多羅關係密切，驅往澳門。

四、多羅升樞機病卒澳門

1. 多羅特使由南京抵廣州

一七〇七年三月十九日，多羅特使離開南京，南下廣州。在南京時，將教宗格肋孟致康熙的國書，譯成了中文，交與施體仁，俟康熙駕臨南京時，奏呈皇帝。施體仁在南京被逐，未能代呈國書譯文。他趕上多羅宗主教的船，把譯文交回。多羅宗主教遣新任隨身秘書，一方濟會士Bonaventura di Roma回臨清，攜帶國書譯文，由伊大仁主教俟康熙回鑾時，乘機代呈。

多羅特使由南京乘船入江西，舟抵南安，五月十八日江西代牧白萬樂主教（Alvaro de Benavente）來謁。白萬樂主教爲奧斯定會士。面告多羅特使不願接受南京公函，決定上訴教宗。多羅特使多方勸阻，白主教堅持上訴。

由南安赴南雄，抵韶州，多羅特使不願棄舟登陸，繼續航行，五月二十四日抵廣州。留住廣州約一月。康熙所差的兩個官員抵城，傳皇上命，諭令多羅特使離城往澳門。

2. 赴澳門

康熙的差官傳令後，准多羅特使仍留廣州數日，準備起程。準備既畢，差官派官船兩艘，供特使和隨員之用。船離廣州，差官登船，沿途照料。抵香山，捨船登陸，差官爲特使備肩輿，又派兵五十名護送。六月廿九日深夜抵澳門。

被逐出境之赫宣和施體仁，先期抵澳門，代特使尋覓寓所，不能得。往詢方濟會會長，請寓特使於院內，方濟會會長怕澳門官員報復，不敢應允。

多羅宗主教既抵城，澳門官員允寓居方濟會院。道明會與奧斯定會的會長，在方濟會院迎接。澳門總督當晚派兵二十名，看守特使寓所。特使請撤守衛兵卒，總督不允。特使後乃遷居，兵卒隨往新寓。抵澳門次日，耶穌會中國日本區區長Francisco Pinto來見特使，央請設法挽救中國教會的危局。後數日，復來見，以臥亞總督於一七〇六年五月十二日所出佈告見示。臥亞總督佈告，禁止澳門官民承認多羅爲教宗特使。

3. 在澳門的衝突

澳門總督派三代表，代表教會、軍隊和政府，來見多羅宗主教，以一通牒出示，要求多羅在臥亞未有新的命令以前，在澳門不能行使任何職權。通牒上簽名者，有澳門主教和澳門的方濟會士和耶穌會士。多羅宗主教於七月十日函復，拒絕通牒的要求。

澳門總督收得復函，決定派兵拘禁特使。多羅聞訊，集合全體隨員，同入聖堂，堂中顯供聖體，多羅宗主教衣主教大禮服，跪唱聖人禱文。葡萄牙兵不敢入堂，乃圍寓所，禁止出入。

澳門總督當時爲de Pinho Texeira，奉葡萄牙新王若望五世和臥亞總督的訓令，以多羅宗主教爲國事犯，予以拘禁；因他沒有葡萄牙王的同意，擅自在葡國屬地行使職權。澳門總督又明令禁止教士服從多羅特使，凡服從者，必受拘捕，解往臥亞。道明會士，奧斯定會士和多羅特使的隨員多人，因之被拘捕或驅逐出境。

澳門主教遵守臥亞宗主教的告示，以多羅特使的出使一事，情屬可疑，要求他按照葡國定例，將任命狀，送交葡國王的文書大臣，檢查並證明。多羅特使拒絕不理，澳門主教乃聲明多羅宗主教所罰的「棄絕」重罰完全無效。

耶穌會，道明會，方濟會和奧斯定會，在澳門的會長，都聲明接受澳門主教的訓令，然道明會士和方濟會士則有多人服從多羅特使。多羅特使屹然不為葡萄牙武力所動。他以教宗特使的身份，不接受葡萄牙王的干涉。他只要向澳門總督稍示退讓，本可買得自由，但是毅然不屈，寧願被幽禁至死。(九)

4. 在澳門處理中國教務

一七〇七年十一月二十五日，多羅宗主教由澳門上書傳信部樞機，報告在中國當時只剩有伊大仁和白萬樂兩位主教，他因此任命劉應（de Visdelou）為貴州代牧主教，兼理湖廣教務。又擬任命Ventallot為福建代牧主教，Laghi為陝西、山西、四川代理主教。(十)

一七〇八年七月三日，多羅宗主教從澳門發佈訓令：「沒有他的許可，傳教士不能進中國傳教，也不能離開中國。各會會長，在接任以前，也應有他的同意。」

由中國逐出的傳教士，路過澳門，大半都往見多羅特使。然因葡萄牙兵卒看守寓所，多羅不能自由接見。傳教士立於窗外道路上，招手致意。

十二月三日，白萬樂主教因年老，退居澳門。澳門奧斯定會士不歡迎他在會院居住，乃往依耶穌會。多羅宗主教命他收回反抗南京公函的上訴書，白萬樂不允。次年（一七〇九年）三月二十日，白萬樂在澳門病逝，葬於耶穌會墳地。㈡

5. 多羅陞樞機

多羅出使失敗的消息漸漸傳到了羅馬。先是福建和浙江代理代牧被逐的消息傳到教廷，教宗格肋孟第十一世致書葡萄牙王，請代向康熙皇帝說情。復於一七〇九年三月二日致書康熙皇帝，婉言請康熙保持以往愛護天主教的好心，准許天主教信友自由遵守教規。㈢

後來，多羅被禁的消息傳到教廷，教宗乃向葡萄牙王抗議。葡王不理。教宗格肋孟第十一世於一七〇七年八月一日，策封多羅宗主教爲樞機，派傳信部的六位傳教士咨送樞機小紅帽往澳門。六傳教士搭乘西班牙船往馬尼剌。一七一〇年正月六日，德理格（Teodorico Pedrini），引馬國賢（Matteo Ripa），山遙瞻（景雲）（Guillaume Fabre-Bonjour），龐克修（Joseph Ceru），任掌晨（Gennaro Amodei），潘如（Domenico Perroni）五傳教士於深夜來見。山遙瞻跪呈樞機小紅帽，及策封詔書。正月十七日，多羅特使在寓所舉行正式接受樞機紅帽禮。新到傳教士六人及澳門最親信之傳教士數人集於寓所。新樞機照例宣誓，然後合唱謝恩聖詠。多羅樞機時已抱病，葡萄牙人謠傳他設計搭西班牙船逃出澳門，違反康熙的訓令：康熙曾命多羅在遣赴羅馬的耶穌會士沒有回中國以前，不許離開澳門。葡萄牙人於是加緊守衛，並催促中國廣東官吏加兵助守，連飲食的菜蔬也不令放入。

6. 多羅樞機病逝

一七一〇年（康熙四十九年）二月一日多羅樞機任命沙國安（Mariani）為副使，沙國安被阻時，由Cordero，朱國鼎（Langasco），伯多祿（Munoz），依次遞補，同時又任沙國安為駐廣州傳信部辦事處主任，沙國安出缺時，由Cordero和龐克修等補替。

三月四日多羅樞機上章康熙皇帝，奏以受封為樞機，又奏新來傳教士六人，願往宮內服務。廣東巡撫，接到奏本，因奏本用五爪龍紙，奏本內教化皇又特別抬頭，責以有違皇宮慣例，不願遞呈，經傳教士多方解釋，纔允遞送進京。康熙接到奏本，也怒有違慣例，五月四日御批道：「趙昌等傳旨與眾西洋人，多羅樞機所寫奏本，抬頭錯處，字眼越分，奏摺用五爪龍，著地方官查問。再新來之人，若叫他們來，他們不會中國話，仍著爾等做通事，他心裏也不服。朕意且教他在澳門學中國話，以待龍安國信來，再作定奪，爾等意思如何？欽

此。」㈢

四月二十五日，多羅樞機病勢加重，臥床不起。內有使命失敗的隱痛，外有幽禁失去自由的苦楚，內外煎熬，醫藥又缺，延至六月八日而棄世。當天是聖神降臨主日。清晨四點鐘，多羅樞機起床，坐於一安樂椅上，面對堂中祭臺。使團書記Candela開始行彌撒。彌撒中，樞機領臨終聖體，登床靜臥。早晨八點，腦忽充血，隨侍司鐸急爲樞機付終傅。樞機隨即去世。特使團團員，澳門親信的傳教士和新到的傳教士共十二人，在幽禁的寓所中送終。㈣

多羅樞機去世時，年僅四十一歲半，他的遺體，暫葬於澳門，後十三年遷回羅馬，安葬於傳信部內小堂中。

史家論多羅樞機所處的境遇，非常困難，爲實行聖座關於中國禮儀問題的議決案一定要引起風波，然而他本人的才力和經驗都不足應付那種環境；尤其是他的性格，頗剛愎自用。但是他在澳門被幽禁時，絕不屈於強權，保持聖座的威嚴，寧被幽禁以死，不向澳門葡人乞憐，精神至可佩服。㈤

五、多羅樞機出使反響

1. 康熙堅持保守利瑪竇的成規

康熙對於禮儀問題，堅持保守利瑪竇成規，凡遵守利子成規的傳教士，發給永居票，准在中國傳教；不願保守成規，而願服從多羅特使訓令者，一概驅逐出境。多羅宗主教所保薦的新傳教士山遙瞻，馬國賢和德理格三人也都領了票，然後纔能晉京錄用。

德理格入京，頗受寵用。德，馬，山三人爲非耶穌會士供職朝廷的第一批傳教士。德理格爲遣使會士，彼信康熙對於敬孔敬祖問題，乃受耶穌會士的影響，他便想設法減少這種影響。

一七一四年十一月四日，康熙由滿洲回京，詢問德理格有沒有歐洲的消息，因爲皇帝遣去的傳教士都不見回來。德理格乘機說明教化皇在一七〇四年已出上諭，禁止敬孔敬祖。康熙乃命德理格上書教化王。德理格和馬國賢預備一信稿，康熙命和紀理安（耶穌會士）審查信稿，紀理安見中文稿和義大利文稿，有不合者。康熙乃起疑心，疑德理格所說的上諭係捏造，乃命他翻譯教化王上諭的要點。十二月九日康熙批准中文信稿，命譯成拉丁文，由莫斯科路送往羅馬。上教皇書由德理格和馬國賢署名，先報告「西洋人在中國，皇上聖德，俱一體同仁，並不分何國何會，咸恩養榮耀。」後述康熙的聖明與人不同。「中國古書極多，無一不背誦。西洋來書雖廣，無一不精明，反為西洋人之師。」續求教皇「選極有學問，天文、律呂、算法、畫工、內科幾人，來中國以效力，稍報萬一為妙。」最後乃說到他們「親聽得大皇帝旨意，云中國供牌一事，並無別意，不過是想念其父母，寫其名字於牌上，以不忘耳，原無寫靈魂在牌上之理。……至于敬天之字，亦不是以天即天主，乃是舉目見天，不能見之天主。天主所造之物甚多，其大而在上者莫如天。是以望天存想，內懷其敬耳。艾若瑟所奏之旨意，乃是朕的真旨意。」㈥

次年，一七一五年三月十九日，教宗格肋孟第十一世公佈（Ex illa die）詔諭，重申敬孔敬祖的禁令。詔諭於第二年八月送到廣州，轉送到京。康熙得訊大怒，於十月卅一日命以硃筆寫一紅票，票以拉丁文，中文，滿洲文寫成，印刻後送往歐洲。票文說：「於康熙四十五年，已曾差西洋人龍安國，薄賢士；四十七年，又差艾若瑟，陸若瑟奉旨往西洋去了，至今數年，不但沒有信來，所以難辨真假，又有亂來之信。因此與鄂我斯的人又帶信去，想是去到了。畢竟我等差去人回時，事情明白之後，方可信得。若是我等差去之人不回，無真憑據，雖有什麼書信，總信不得。唯恐書信不通，寫此字兼上西洋字刊刻，用廣東巡撫印，

書不封緘，凡來的眾西洋人，多發與帶去。」(十七)

十一月十一日，康熙從關外回鑾。十二月十三日，召集在京傳教士，痛責德理格，責他向教化王報告不實：「上召德理格同在京西洋人等面諭德里格云，先艾若瑟帶去論天主之上諭，即是真的。你寫去的書信與旨不同，柔草參差，斷然使不得。朕的旨意從沒有改。又說論中國的規矩，若不隨利瑪竇規矩，並利瑪竇以後二百年來的人，你們的教傳不得。中國連西洋人也留不得，朕數次與你說多羅顏璫的壞處，爾爲何不將朕的旨意帶信與教化王去？倒將相反的信寫與教化王。爾這等寫就是你的大罪。若朕依中國的律例其可輕饒？爾害你教，害了眾西洋人，不但現在，並從前的西洋人都被爾所害。這就不是天主的意思。天主常引人行好，朕嘗聞西洋人說魔鬼引人行不善，由不得他矣。今覽教化王處來告示，必定是假的。朕差往羅馬府去的艾若瑟回時，朕方信而後定奪。」(十八)

一七一七年正月，浙江巡撫陳昂(昂)，因聞皇上驅逐西洋人，遂上奏，請禁止傳教，杜絕西洋人的侵略。康熙以奏本下到軍機處。軍機處三次修擬奏議，康熙於五月二十一日至二十三日間批准奏本。在京西士蘇霖(Jose Suarez)，巴多明(Dominique Parrenin)，穆敬遠(Joao Mourao)，等在暢春園覲見：「啓奏九卿議禁天主教一事，臣等聞禁止天主教，議得很嚴。皇上面諭云，並不曾禁止天主教，本內禁的是不曾給票的洋人，其給票過的，並不曾禁。巴回奏本內引有康熙八年的旨意。皇上云，是那沒有得票的人，應該照康熙八年例禁止，與有票的人無干。……穆奏，若地方官要囉唆有票的西洋人，臣等還要求萬歲作主。皇上云是果有此事，再來啓奏。蘇奏謀反的題目，臣等很當不得，皇上很知道臣等根由。皇上帶笑云，這是衙門內一句套話，不相干，你們放心去。隨即叩頭謝恩而出。」㈨

2. 傳教士請求再議

多羅特使在南京發佈公函，聲明聖座於一七〇四年已有議決案時，聖座的議案決尚沒有正式公佈，議決案的上諭，也沒有送到中國。傳教士都不知道議決案的詳細內容。一方面康熙皇帝又逼著領票，否則驅逐，傳教士徬徨無主，各照各自的實地情形，在良心上加以斟酌，各行其是。

耶穌會士二十四人，於一七〇七年五月二十八日由南京代牧林安言（Antonio de Silva）領銜，上書教宗，攻擊多羅特使的南京公函。耶穌會士的控訴書，首先述說康熙南巡時放逐不領票的傳教士，後又說明教友因著南京公函紛起背教，然而多羅特使始終不願以聖座的上諭出示。因此耶穌會士舉出控訴的三項理由：第一，教宗亞立山第七世准許敬孔敬祖的上諭，世所共知。教宗格肋孟第十一世禁止敬孔敬祖的上諭，則沒有收到，不知真僞。第二，南京公函，爲多羅特使所發，特使在發佈公函以前，對禮儀問題，並沒有按照法律，正式審查。第三，禁止敬孔敬祖，中國的教會，必定內外受攻擊，危險很大。㈩

江西代牧白萬樂主教率領本教區神父，也上訴教宗，反對多羅宗主教的南京公函，在沒有奉到教宗的明令以前，他們相信沒有遵守南京公函的義務。

北京主教伊大仁於一七〇七年十一月十二日上書傳信部樞機，報告多羅宗主教出使的經過，書上開端便說：「我認爲從此中國的傳教事業都已喪亡了，沒有敢上書呈報傳教區的現狀，同時，也因爲情形很混亂。我不知道從什麼地方開始寫，也不知道到什麼地方結尾；而且也不願對於旁人有損於愛德，更不願對於宗主教，教宗的特使，有失尊敬。因爲呈報傳教區的紛擾，不能不提到他。但是我們聽到聖座的諭令，並沒有公佈，於今還在審查研究，我們還可以希望這邊的傳教事業不會盡亡。我因此自信有責任挽救傳教事業，向尊座報告傳教區所遭的禍患，報告禍害的緣因。可是這邊的傳教區在兩年前，因著皇上的恩典，很安享太平！」伊主教在信的結尾說：「這裏我結束了，因爲我缺少時間，並不是缺少痛苦事情來述說，我寫這封信，是因我相信我有責任將這邊傳教區的困難和全面消滅的危險呈報於尊座，使尊座慎重考慮。這邊傳教區的繼續存在與否，都繫在教宗答覆中國皇帝和教宗頒給傳教士的上諭，是不是禁止全部的中國禮儀。我謹懇求尊座，目前只要考慮傳教區的存亡和許多靈魂的喪失，不要考慮是不在會的傳教士呢，是耶穌會士呢，或是其他修會的會士呢？現在所要考慮的是救靈魂。將來有時間再審查到底是誰錯了，誰錯了誰遭罰，不要連累無罪的人遭殃。」㈢

一七〇四年的教宗上諭到了中國，那時在中國的主教和傳教士已經多數被逐。伊大仁主教領了票，留住臨清，派康和之（Carlo Horatij）於一七一五年正月九日往北京公佈這封上諭，在京的耶穌會士勸阻，伊主教乃命神父趕緊回臨清。伊主教於一七一六年七月二十五日上書傳信部樞機，感謝聖部訓令，報告命康和之往北京公佈教宗上諭。㈢

中國傳教區的情形，那時混亂至極。

3. 聖座的反響

中國傳教區，由於多羅宗主教南京公函所引起的紛亂，漸漸傳到了羅馬；中國傳教士因著禮儀問題被驅逐的消息，也同時傳到。顏璫主教於一七〇八年七月三十日回到巴黎。一七〇九年二月康熙所遣艾若瑟（Provana）抵羅馬。攜來中國耶穌會士請求恢復教宗亞立山第七世訓令的呈文。同時多羅特使被逐出中國，幽禁於澳門的壞消息，接二連三地送到羅馬。一七〇九年多羅特使上書教宗，謝受封為樞機的大恩，報告幽禁的苦境。教宗格肋孟第十一世先後向葡萄牙王若望第五世嚴詞抗議，又懇切勸告，葡王始終不允恢復特使的自由。這時澳門的耶穌會士和道明會士因不服從多羅樞機，受多羅樞機「棄絕」並禁止他們會院聖堂舉行聖事重罰，也上書到聖座控訴。教宗格肋孟第十一世乃不能不重新考慮中國禮儀問題。一七〇九年，二月二十三日和二十五日，教宗親自主席聖職部全體樞機會議，艾若瑟被召到會中發表意見，但最後決議，則為正式公佈一七〇四年的議決案。三月二日，教宗致書康熙皇帝，婉詞勸康熙息怒，讓天主教教友遵守教會的規律。同年，教宗正式公佈一七〇四年的上諭，表示對於中國禮儀問題，聖座不改變態度。同年八月八日，又決定不接受澳門耶穌會士和道明會士的控訴。一七一〇年九月二十五日，聖職部又頒佈部令，批准多羅特使在南京所發表的公函，以該公函的內容只在解釋聖座的議決案。聖職部部令又聲明教宗將給多羅樞機頒發新的訓令，指示解決一切問題的方案。同時嚴下禁令，禁止對於中國禮儀問題，再印行任何書籍或小冊。㊂十月十一日，聖職部函耶穌會總長Michelangelo Tamburini命訓令耶穌會士絕對服從聖座的決議。十月十七日，聖職部又函道明會和奧斯定會總長，及方濟會的署理總長命各會會士，切實遵行；各會總長都表示絕對服從。當年十一月，耶穌會舉行全會代表大會；廿日，耶穌會總長以大會名義上書教宗，聲明耶穌會士誠心服從聖座關於中國禮儀問題的議決案。耶穌會的各國代表也在上教宗的信上簽名副署；中國耶穌會士的代表為艾若瑟。

德理格和馬國賢既入宮聽差，他們都是義大利人，又都不是耶穌會士，而且又是傳教部直接派的傳教士，便常向傳信部寫報告。德理格更自信深得皇上的寵遇，且深明康熙的心理。他們報告聖座，康熙反對改變利瑪竇的成規，完全因耶穌會士們的唆使，康熙本人並沒有成見。只要能減少耶穌會士在皇宮的勢力，聖座的禁令在中國就可通行無阻。他們又報告自己在宮中怎樣受優待，儼若皇上的親信人。他們的報告，在羅馬很發生影響。同時他又想乘機把聖座的禁令全盤奏明康熙皇帝。伊大仁主教為方濟會士，但素以謹慎著名，曾命德里格宣誓對聖座禁令，在皇帝前嚴守秘密。不料於一七一四年，十一月，德理格上奏，言明教宗對中國禮儀問題，已有禁令，禁令送到中國。又在康熙前，毀謗耶穌會士，結果，康熙印發紅票派艾若瑟赴羅馬。

一七一五年三月，羅馬不知道德理格在北京的遭遇，以他和馬國賢的報告屬實。教宗於三月十五日，頒佈一道很隆重的詔諭。詔諭名：Ex Illa die（從登極之日）。重申一七〇四年的禁令。又嚴詞責斥傳教士十年來假借理由，不遵聖座的訓示。他們或說聖座的禁令沒有正式公佈；或說禁令所說的事情，不合中國實情，禁令便已失盡效力；或說禁令的效果，有出乎聖座的意料以外的壞，可以使全中國的教會被消滅，因此可以不守禁令。教宗的詔諭聲明這一切理由，都是藉詞塞責，不合實情。今後傳教士應宣誓無條件地絕對服從。否則自遭「棄絕」的重罰。㊷

教宗下詔的用意，爲杜絕中國教會的兩種危險，第一，在教禮內攙雜其他宗教的儀禮，第二，中國傳教士繼續爭執。詔諭的措詞既很嚴厲，傳教士便不敢不服從。

「從登極之日」詔書，於一七一六年八月送到廣州，由駐廣州的傳信部辦事處主任龐克修（Joseph Ceru）暗地分發各省教士。伊大仁主教遣康和之於十月二十九日赴北京，向在京教士公佈詔書。康和之於十一月五日抵京，次日公佈了詔書。七日被下獄。十二月十三日，康熙召在京西士入宮，嚴責德里格。

「從登極之日」詔書公佈後，中國的傳教士都宣誓服從。但是教友們並不願一體遵行。趕考和做官的人，不能進孔廟，不能陪皇帝祭祖，他們大都脫離聖教。另有許多教友，戀於敬祖，也承願再不進聖堂。又有一些教友，許下不敬祖而又敬祖，傳教士乃不給他們行聖事。一七一七年，康熙又批准浙江巡撫陳昴的奏章和九卿的奏議，禁止傳教。於是康熙朝代生氣很旺的傳教事業，一蹶不振，日趨衰頹，幾至消滅。

註：

㈠ Memorie storiche dell'Em. Card. di Tournon esposte con monumenti rari ed autentici, Venezia, 1761-1762 vol. I, P. 207.
Antonio Rosso, Apostolic Legations to China, 1948, p.156.

㈡ Stumpf Killianus, Compendium actorum pekinensium, 1705-1706, APF. SR. Cong. 9. pp.488-508.

㈢ Maigrot, Copie d'un rapport, p.149.

㈣ Memorie storiche...... vol. VIII, pp.18-19, Lettera di Fr. Pacheco.

㈤ Stumpf, Compendium actorum pekinensium, paragr. 2.

㈥ Candela, Diario della Legazione di Tournon, SR. Cong. 9. f. 267.

㈦ 康熙與羅馬使節關係文書影印本　陳垣　民二十一年版。（一）

㈧ Pastor, Storia dei Papi, vol. XV, P. 334; Maigrot, Copie d'un rapport, pp.263-265.

㈨ 康熙與羅馬使節關係文書影印本。（二）

㈩ MEM. CMI. IV. pp.277-280.

⑪ Maigrot, Copie d'un rapport, pp.587-590.

(十二) 正教奉褒 黃斐默 光緒二十九年版 頁一二五。

(十三) Maigrot, Copie d'un rapport, pp.787-789.

(十四) Rosso, Apostolic Legations to China, p.246.

(十五) Pastor, Storia dei Papi, vol. XV.342.

(十六) Rosso, Apostolic Legations to China, p.248.

(十七) 康熙……影印本（四）。

(十八) Rosso, Apostolic Legations to China, p.246-248.

(十九) Marcellus Angelita, Relazione sul viaggio di Tournon da Manlia a China…… fino a sua morte, SR. Congr. 9. Brano diario di un prete compagno di Tournon, dal 1-1-1708 fino marzo 1710, SR. Cong. 9.

(二十) APF. SO. CP. 1710-11.

(二一) Diario. SR. Cong. 9. pp.351-364.

(二二) Memorie storiche, t. VI, p.80.

(二三) 康熙……影印本（五）。

(二四) MEM. CMI: IV, p.642-644.

十一傳教士：PP. Josephus Ceru, Sabinus Mariani, Januarius Amodei, Josephus

Maria Langasco, Joannes Martin de la Balvere, Theodoricus Pedrini, Franciscus Joannes Baptista d'Illicetos, Marcellus, Angelita, Ignatius Cordero, Dominicus Marchini, Andrea Candela.

(二五) Pastor, Storia dei Papi, vol. XV. pp. 345-346; J. Brucker. Dictionaire theologique. Rites Chinois.

(二六) 康熙……影印本（六）。

(二七) Rosso, Apostolic Legations to China, pp. 308.
康熙……影印本（九）。

(二八) 康熙……影印本（七）。

(二九) Rosso, Apostolic Legations to China, pp. 321-322.

(三十) Maigrot, Copie d'un rapport, pp. 872-877.

(三一) Sinica Franciscana. vol. 5, pp. 520-534.

(三二) Sinica Franciscana. vol. 5, pp. 650.

(三三) Jus pontif. II. 280.

(三四) Jus Pontif. II. 306.

嘉樂宗主教出使中國

一、籌備出使

1. 中國禮儀問題

一七一五年三月十五日，教宗格肋孟第十一世公佈「自登極之日」（Ex illa die）詔諭，嚴禁敬孔敬祖和天與上帝的稱呼。聖座方面因著德理格和馬國賢的報告，相信康熙皇帝改變了態度，不堅持反對教宗的禁令；同時葡萄牙方面，也不阻止在中國公佈教宗的詔書，而且同意聖座再派使來中國，解決傳教事業在各方面所有的紛爭。當時中國傳教士向羅馬聖座所寫的報告，一連串地都是壞消息：傳教士被逐；教友們不願服從禁令，繼續敬孔敬祖；耶穌會會士停止爲教友們行聖事。㈠

北京主教伊大仁於一七一九年十月七日上書傳信部樞機，信上說：「這邊傳教區的情形很衰敗，不僅如上面所說，一切的事，都懸於一絲線上（看將來的教廷特使是否可准敬孔敬祖），同時又常受各方面的打擊，也因爲許多人使自己的教友，希望聖座允許中國禮節。將來真真告訴他們一切都禁止了，他們必定不願放棄這禮節，因此，在許多地方教友已像裂教人了。本教區的耶穌會士至今仍舊不執行聖事。去年，一七一八年，我因他們的視察員紀理安不斷的要求，已經給他們寫出實際的辦法，他們仍舊不行聖事，只有幾個在教友臨終時，纔給臨終教友行聖事，行聖事前又不問教友違背了禁令與否，而且根本不提教宗的禁令。」

㈡　伊主教又在一七一九年八月十七日致書嘉樂宗主教恭賀他升任特使，但是信上說：「我不知道該向宗主教說什麼，因爲宗主教既在羅馬，必定知道中國皇帝的決心和這邊傳教區的危險，因此最要緊而且不可避免的，是預先通知皇帝：宗主教出使中國，一切的事，或禍或福，都繫於這項通知上。若是宗主教領有聖座的全權，可以准許中國禮節，一切的事，都將順利。若是不能行，從人事方面說，我們不能希望有好的事，因爲除非像這方面有些人所希望的，聖座重新准許以前所禁止的禮節，沒有人可以在皇帝前挽救傳教士的危難。假使宗主教帶來可以在宮廷聽差的傳教士和一些好的禮物，中國皇帝或者看著教宗的好意，他暫時掩藏他的怒氣。我們虔求天主，以其全能，使宗主教來中國，是爲中國傳教事業之生，不爲傳

教事業之死。因此，我們又懇求中國主保聖若瑟，特行九日敬禮。」㈢

從這兩封信裡，可以知道當時中國傳教事業，因著「自登極之日」詔書的禁令，所遭到的危險，聖座乃想一挽救的方法，於是決定再派使來華。

伊大仁主教以及中國各方的傳教士，在接到「自登極之日」詔書後，屢次上書傳信部，詢問在敬祖方面一些實際的問題，傳信部將這些問題交予那時寓居羅馬的兩個中國老傳教士：顏璫主教和Gianfrancesco de Nicolais da Leonessa 研究。這兩個人都是反對敬孔敬祖的，但是也是親身見到這項禁令在中國傳教區所引起的大禍，便答覆傳信部所交下的問題，建議在實施教宗的詔諭時，可以准許幾項無關重要的敬祖禮節。當教廷新任特使動身往中國以前，教廷國務卿即予以指令，可以通融運用顏璫等的答覆。特使嘉樂宗主教後來到了中國，按照上項答覆的意見，遂公佈了有名的八項特許事件。

2. 派遣嘉樂宗主教爲使華特使

傳信部爲處理中國禮儀問題的善後事宜，於一七一九年向教宗建議遣派新使往中國。教宗格肋孟第十一世在一七一九年九月十八日秘密御前會議發表任命嘉樂（Carlo

Mezzabarba）爲出使中國及附近國家的特使，加亞立山城宗主教銜。特使的權力和多羅樞機的權力相同。

嘉樂特使爲義大利北方巴委亞（Pavia）人，生於一六八二年。少年晉升司鐸，攻讀法律。考取民律、教律兩科博士。任聖座最高法院和高等法院法官，後陞教皇國內多提（Todi）和撒皮納（Sabina）兩省省長。被任爲出使中華的特使時，年方三十七歲。

那時往中國的旅途，爲時兩年，若不是年輕力壯的人，不容易承擔海浪的磨折。因此兩次出使中國的特使，都是三十餘歲的壯年。

教宗格肋孟第十一世數次函葡萄牙王，通知遣派嘉樂特使事，又拜託葡王，諸事予以方便，並允許特使由里斯本動身，搭乘葡萄牙船赴澳門。葡王乃告覆以上賓禮款待特使，由歐赴中國的旅費，由葡萄牙政府供給。

3. 特使團

特使團的團員陣容頗大，但是團員中的大部份人，都是有一藝之長，被選到中國皇帝宮中去聽差，獻身於中國的傳教事業。按照嘉樂宗主教於一七一九年十月四日致伊大仁主教的信中，特使團的名單如下㈣：

（1）特使

Carolus Mezzabarba

（2）不入修會的神父

1. Rutilius,
2. Domenicus Sgroi,
3. Bernardinus Campi,
4. Ferd. Floravantes,
5. Joseph M. Vittomus,
6. Casim. Bentivolus,
7. Benedictus Roveda.

（3）修會會士

1. Archangelus Miralta,
2. Simeon Soffietti,
3. Nicolaus Tomacelli,
4. Sigismundus Calchi,

5. Salvator Rasinus,
6. Alexander Alexandri,
7. Cassius a S. Aloisio,
8. Rainaldus M. a S. Joseph,
9. Wolfangus a Nativitate B. M. V,
10. Sosteneus Viani,
11. Dominicus Fabri,
12. Angelus M. de, Burgo Sisiri,
13. Teobaldus Bohemus.

（4）教友

1. Dionisius Gallardi,
2. Antonius Maldura,
3. Antonius Phil. Telli,
4. Franciscus Rasati,
5. Joseph Vicedomini,

6. Nuntius Aurelli,

7. Georgius Scipel.

廚師。

聽差。

團員的人數雖多，但事實上並沒有都動身來到中國，動身的人也不是都和嘉樂特使同船航行。

在特使團動身以前，教宗先遣兩個「巴爾納彼德會士」(Barnabites)奉送教宗致康熙的手書來中國，兩人一名費理薄(Filippo Maria Cesati)，一名何濟格(Onorato Maria Ferrari)。兩人抵廣州，即赴北京。十月十七日，兩人在熱河受質問。康熙下御批說：「養心殿、武英殿等處管製造帶西洋人事，伊都立，張常住，王道化，趙昌，欽奉上諭，傳與兩廣總督廣東巡撫。九月十六日（十月十七日）到來西洋人費理薄、何濟格二人，稱係教化王所差，帶來教化王奏帖一件，詢其來由，並無回奏。當年所差艾若瑟傳云之事，但云教化王隨即差人復命。因無真實憑據，其奏帖皇上亦未開看。費理薄、何濟格二人亦不曾著與在京西洋人見面，此二人現留在北京等候。此字到日，爾等即速將此二人來歷詢問明白回奏。又先年自西洋來山遙瞻、德里格、馬國賢三人，自稱係教化王差來之人，皇上待之甚厚。前年山遙瞻病故。德里格、馬國賢二人，看其行止，亦不似教化王差來之人。此二人果係教化王所差否？查明回話。再五十五年（康熙），曾有教化王帶來禁約告示一件到山東省，因此告示可疑。皇上故發紅票去。此告示果係教化王帶來或真或假，一併查明回奏。」(五)

4. 起程來中國

嘉樂宗主教遵照葡萄牙王的要求，由里斯本起程。抵里斯本時，葡王命以教宗的任命狀呈閱。嘉樂宗主教勉強從命，但是後來聽說葡王左右將教宗任命狀上所給的特權，大加減削，以保持葡國的保教權，嘉樂宗主教決意返回羅馬；葡王乃命以原任命狀送還，在另一附加的片上聲明希望特使不使用自己的特權，以損害葡王的保教權利。

一七二〇年三月二十五日，嘉樂宗主教由里斯本動身，四月四日過加納里亞（Canarias）群島；八月六日抵爪哇；八月十六日，過松達（Sunda）海峽。九月二十二日，遙見中國大陸。九月二十三日，抵澳門港外，距岸約三里許，等候順風。船長乘小艇進澳門。二十五日，船長由澳門歸。廿六日，澳門當局派代表來迎，遂進城，澳門葡國總督和主教盛禮接待。次日，耶穌會會長穆德我（Monteiro）和其他曾受多羅樞機「棄絕」重罰的傳教士，先後來見，請求赦免；嘉樂宗主教一概予以赦免。九月二十九日，爲教宗頒佈任命狀的週年，嘉樂宗主教在澳門舉行慶祝，大家群集聖堂，唱謝主聖詠。十月二日，中國官員五人，奉廣東巡撫命來訪，龐克修充翻譯。

十月七日由水路往廣州，十二日入廣州城。耶穌會在中國的視察員（會長）利國安（Giovanni Laureati）通知廣東巡撫和兩廣總督，告以教化皇的欽使已到城內。十月十四日，龐克修被總督召入衙門。當時他任傳信部駐廣州辦事處主任。進了總督署，總督不見，差人責以沒有先期報告欽使來廣州事，命他往見廣州知縣，知縣便把他押住。利國安走報嘉樂特使，嘉樂特使差他往見總督，總督許以釋放，然而知縣卻要公審。嘉樂宗主教頗疑利國安從中作弊，命他召李若瑟（Jose Pereira）來作轉圜。李若瑟和兩廣總督素相熟識。次日晨，李若瑟來見嘉樂宗主教，得了訓示，往見總督，龐克修即被釋回。十月十六日，嘉樂特使拜會兩廣總督和巡撫，巡撫以朝廷命，盤問嘉樂數事，嘉樂宗主教請把詢問各點以書面寫出，以便書面作答。特使拜會後回寓，衙門遣人送來問題，所問的事有五點：特使來華的使命；教化王有沒有新的奏帖？多羅在華處置各事，是不是受教化王的命？康熙所遣往羅馬的四個西洋人爲什麼不見回來？嘉樂特使不是另有要事上奏朝廷？嘉樂宗主教把自己的答詞，由傳教士譯成中文。答詞謂特使來華，爲向皇上問安，致謝保護教士的恩惠。特使攜有教化皇的信一封，將面呈皇上。多羅乃教化皇特使，凡事都奉有教化皇的命。皇上所遣的四個西洋人，三個已去世；艾若瑟本預備動身回來，然因病不能行。特使有所願奏聞者，爲有教化皇的禮物進獻皇上，也求皇上開恩，保護天主教。十月十九日廣州官員，來看特使進貢的禮物。

動身北上的日期，定於十月二十八日。到期，因行李包裹沒有趕完，乃改於二十九日動身。㈥

二、嘉樂和康熙的交涉

1. 覲見康熙以前的交涉

甲、抵北京

嘉樂宗主教率隨員由廣州動身，乘船北上。十一月八日抵南雄。十三日抵贛州。廿日抵南昌。廿五日，船過江西省界，有兩官員奉朝廷命來見，以四事相詢。第一，皇上所遣的艾若瑟何在？第二，費理薄和何濟格是否教化王所派？第三，山遙瞻、德理格、馬國賢是否教化王所遣的傳教士？第四，「自登極之日」禁約是否教化王的諭令？嘉樂宗主教，很謹慎予以答覆，說艾若瑟身體多病。費、何兩人以及馬、德兩人都爲教化皇所派；禁約確係教化皇的詔諭，但是譯文與原文相合否，因沒有看見譯文，不敢定奪。

十二月二十五日，抵北京城外竇店。員外郎李秉忠於前一日奏明皇上。皇上差伊都立、趙昌、李國屏、李秉忠四人，往竇店問嘉樂宗主教來華的目的。四人傳旨云：「爾九萬里遠來，稱係教王使臣，真假莫辨。因問在京眾西洋人，俱云真是教王所使。朕軫念遠來，且係外國使臣，朕必曲賜優容，以示柔遠至意。爾在廣東並在途中，但云教王差臣嘉樂，請皇上安，謝皇上愛養西人重恩，並無別事。語言關係體面，前後不可增減。」嘉樂宗主教答覆說：「遠臣嘉樂，實是教王所使。教王使臣請皇上安，求皇上隆恩有兩件事：一件求中國大皇帝俯賜允准，著臣管在中國傳教之眾西洋人。一件求中國大皇帝俯賜允准，中國入教之人，俱依前歲教王發來條約內禁止之事。」

伊都立等四員命廣東護送特使來京之官吏，護送嘉樂到另一較大的寓所。十二月廿六日，伊都立等四員，到琉璃河，傳康熙的旨意：「爾教王所求二事，朕俱俯賜允准。但爾教王條約與中國道理，大相悖戾。爾天主教在中國行不得，務必禁止。教既不行，在中國傳教之西洋人，亦屬無用。除會技藝之人留用，再年老有病不能回去之人，仍准存留；其餘在中國傳教之人，爾俱帶回西洋去。且爾教王條約，只可禁止爾西洋人，中國人非爾教王所可禁止。其准留之西洋人，著依爾教王條約，自行修道，不許傳教。此即准爾教王所求之二事。此旨既傳，爾亦不可再行乞恩瀆奏。爾若無此事，明日即著爾陛見。因有此更端，故著爾在拱極城且住。再嚴璫原係起事端之人，爾怎不帶他同來？欽此。」

康熙的御旨很是嚴厲，他怒嘉樂特使前後言詞不符。在廣州，在江西，都說來向皇上請安，於今卻要求行教化皇的禁約，康熙拒不接見，恐嚇驅逐在中國的傳教士。嘉樂宗主教收到康熙的諭旨，請伊都立等轉奏：嚴璫和教化皇的禁約沒有關係。

十二月二十七日，康熙著伊都立等：「仍去傳旨與嘉樂，朕之旨意，前後無二。爾教王條約與中國道理大相悖謬。教王表章，朕亦不覽。西洋人在中國行不得教，朕必嚴行禁止。本應命爾入京陛見。因道理不合，又生爭端，爾於此即回去。明日著在京眾西洋人於拱極城送爾。」嘉樂宗主教見事情過於急迫，想拖延時日，以尋轉機。便請來官代奏：因旅途遙遠，來時身體已很疲乏，請皇上准於明春河水凍解後，再由水路回廣東。

二十八日，伊都立等傳旨，稍爲和緩，把罪加在嚴璫和德理格身上：「朕以國法從事，務必敕爾教王，將嚴璫送來中國正法，以正妄言之罪。德里格之罪，朕亦必聲明，以彰國典。」嘉樂宗主教於是請來官代奏：「只求皇上隆恩，將教王表章並發來禁約賜覽。其中有合中國道理者，求皇上准令入教之人依行。有不合中國道理者，亦求皇上明示。臣嘉樂係使來之人，不能違教王命，能遵旨改正者，臣即遵旨奉行。臣不能自己改正者，即寄字與教王，明白傳皇上旨意。」

康熙當天著李秉忠向嘉樂特使索取教宗的禁約底稿。又命太監陳福傳旨，遷嘉樂特使等到五哥房暫住。

十二月廿九日，在京傳教士，共同譯出教宗的禁約，和嘉樂宗主教的八件准許事項。

(1)准許教友家中供奉祖宗牌位。牌位上只許寫先考先妣姓名，兩旁加註天主教孝敬父母的道理。

(2)准許中國對於亡人的禮節；但是這些禮節應是非宗教性質的社會禮節。

(3)准許非宗教性質的敬孔典禮。孔子牌位若不書靈位等字，也可供奉，且准上香致敬。

(4)准許在改正的牌位前或亡人棺材前叩頭。

(5)准許在喪禮中焚香點燭，但應聲明不從流俗迷信。

(6)准許在改正的牌位前或亡人棺材前供陳果蔬。但應聲明只行社會禮節，不從流俗迷信。

(7)准許新年和其他節日，在改正的牌位前叩頭。

（8）准許在改正的牌位前，焚香點燭，在墓前供陳果蔬。但俱應聲明不從流俗迷信。(七)

康熙略爲寬了心，著李秉忠等傳旨：「但中國道理無窮，文義深奧，非爾西洋人所可妄論。朕念教王使臣，於後日令爾陛見。明日著御前侍衛存問，並在京西洋人俱去看爾。欽此。」

十二月三十日，康熙遣御前侍衛佛倫栞保存問嘉樂特使，又遣伊都立、趙昌、李國屏、李秉忠率領在京的傳教士來見。一位教宗遣來中國的特使，爲接見在京的傳教士，也須皇上的准許，對於敬孔敬祖的問題，更不能想康熙皇上不加干涉。嘉樂特使的處境，較比多羅特使的境遇更形困難。德里格和馬國賢則把罪都加在耶穌會士的頭上，說是他們愚弄皇上。當耶穌會士來見時，嘉樂宗主教央請他們在皇上前說情。耶穌會士答說很難有轉機。(八)

2. 覲見康熙

康熙接見嘉樂宗主教前後共十三次，禮遇很隆，對於敬孔敬祖的問題，當面不願多言，也不許嘉樂奏請遵行禁約。嘉樂宗主教因有了多羅樞機的經歷，遇事謹慎。看到事情不能轉圜時，乃奏請回羅馬。

甲、前三次覲見

康熙五十九年十二月初二日，西曆一七二〇年十二月三十一日，康熙皇帝第一次接見嘉樂特使，賜宴。

「上御九經三事殿，筵宴嘉樂。嘉樂著本國服色，於丹陛下進教王表章；上特命引至御前，親接其表。嘉樂行三跪九叩禮畢，坐於西班，頭等大人之次。上賜用克食，上親賜酒一爵，問嘉樂云，朕覽爾西洋圖畫內有生羽翼之人，是何道理？嘉樂奏云，此係寓意天神靈迅，如有羽翼，非眞有羽翼之人。上隨諭中國人不解西洋字義，故不便辨爾西洋事理。爾西洋人不解字義，如何妄論中國道理之是非？朕此問即此意也。於殿廡下著伊都立等賜隨來西洋人酒各一爵。上念天寒，外國衣服甚薄，賜嘉樂親御貂褂一件。宴畢，嘉樂謝恩而退。」(九)

第一次接見，康熙優遇嘉樂特使，只輕輕提到敬孔敬祖的爭執，嘉樂也不敢多說，兩方可以說是歡然而散。

後兩日，一七二一年正月三號（十二月初五）嘉樂特使進宮進獻教宗贈送康熙的禮物。康熙遣官賜贈嘉樂宗主教鼻煙壺一個，火鐮包一個，荷包四個，法瑯碗兩口，葫蘆瓶一只。又遣官傳旨，著嘉樂遣人回羅馬，以皇上優禮接待情形，報告教宗。正月三日，康熙又賜嘉樂貂冠一頂，青袍一件，裏衣二件，靴襪全分。是日嘉樂宗主教偕李若瑟（Jose Pereira）、羅本多（Benedetto Roveda）入宮覲見，康熙以教化王禁約爲顏璫的報復，乃罵顏璫爲小人。又令嘉樂勿聽信馬國賢和德理格。在中國的西洋人彼此不和，嘉樂應勸告大家和睦。

第一次接見時，嘉樂宗主教用馬國賢和德理格充譯員，因爲他們是義大利人，嘉樂也是義大利人。在京的耶穌會士或是葡萄牙或是法國人，或是德國、奧國人。他們不甚懂義大利文，大家便懷疑馬、德兩人的翻譯不太忠實。

正月四日（十二月初七日）嘉樂宗主教「進獻方物，上賜克食。」

正月九日，康熙遣伊都立、趙昌：「爾等傳旨與嘉樂，伊欲先差人回西洋去，當即料理，遣人馳驛往廣東，趕明歲二月回小西洋船起程之便回去，遲則不及矣。」嘉樂託來官回奏，請於明日覲見，聽明皇上旨意。

正月十日（十二月十三日）第三次觀見。「上召西洋使臣嘉樂同眾西洋人至清溪書屋。上面諭嘉樂：爾當於隨爾來人中，出二人回西洋去，傳諭朕恩。朕旨意無多語：（一），教王遣爾來謝恩，朕深嘉念。（二）教王遣爾來請安，朕躬康健，爾等所目睹。（三），教王所貢方物，朕念遠人胥服之情，俯賜存留。只此三事當寫出。與爾以便，爾譯西洋字寄去，欽此。」在這次覲見時，只有康熙說話，嘉樂特使沒有能夠開口。

康熙命按照他的諭旨寫出一上諭，上諭的措詞，當然和中國皇帝宣慰蠻方的君主一般：「皇帝上諭，意達里亞國教王，所差使臣嘉樂，於十二月初三日到來請朕躬安，兼謝朕歷年愛養西洋人重恩。朕軫念西洋距中國九萬里，自古及今，從無通貢，茲爾教王，竭誠遣使遠來，殊屬可嘉。爾使臣嘉樂，朕念係教王所差，特賜殊恩，備加榮寵。茲因使臣嘉樂遣人回西洋，特寄賜教王玩物數種，以示懷柔至意。特諭。」

這封上諭的口氣，決定不能直譯。嘉樂宗主教豈能以中國皇帝「以示懷柔至意」的諭文呈上教宗？教宗遣使的宗旨，在執行敬孔敬祖的禁約。中國皇帝的覆書，竟一字不題，嘉樂宗主教無法交差。因此對於遣人回報教宗一事，特使團和耶穌會士意見不合。耶穌會士主張翻譯康熙上諭，遣人回奏教宗。特使團以及馬國賢、德理格等主張不遣。康熙知道了西洋人意見不合，乃於正月十四日，召見嘉樂特使，大發議論，表示決裂。

乙、第四次覲見

正月十四日（十二月十七日），「上又召西洋使臣嘉樂，同帶來衆西洋人，並在京衆西洋人至淵鑑齋。當日充翻譯的是德理格和馬國賢；但有耶穌會士四人作助譯員，四人爲李若瑟（Pereira）、白晉（Bouvet）、穆敬遠（Mourao）、馮秉正（de Mailla）。」

「上面問嘉樂：爾係教王所使大臣，有何辯論道理之處，爾當面奏。中國人說話，直言無隱，不似爾西洋人，曲折隱藏。朕今日旨意，語言必重。」

嘉樂特使奏云：「臣不敢在皇上前辯論，臣來是爲傳教化王的旨意。教化王經過長久的研究，決定了中國信教人該守的各款，教化王所定，不能改變。」康熙說：「中國遵行孔子之道已兩千多年，中國人無有不敬孔子的。」嘉樂特使奏對說：「中國孔子之道甚善。可惜其中有幾點和教會的道理不大相合。」康熙問有甚麼不合之點。嘉樂奏對如敬牌位。「上諭嘉樂，供牌位原不起自孔子，此皆後人尊敬之意，並無異端之說。」

嘉樂奏請准中國的信教人，遵守教化王的禁約。康熙諭答：「此等事甚小，只合向該管衙門地方官員處議論，不合在朕前瀆奏。如有他事，即可奏明。」

嘉樂隨奏：「這事在皇上看來甚小，在教會裏則很重要。天主教人稱造物真主，也不應用天，用上帝的稱呼。」康熙答說：「乎天爲上帝，即如稱朕爲萬歲，稱朕爲皇上。稱呼雖異，敬君之心則一。朕必以爲自開闢以至如今止七千六百餘年，尚未至萬歲，不呼朕爲萬歲可乎？」爲這等的小事，在中國的西洋人，鬥了好幾十年的口角。康熙又問：「即如利瑪竇以來，在中國傳教有何不合爾教之處？在中國傳教之衆西洋人，如有悖爾教之處，爾當帶回西洋，照爾教例處分。」嘉樂奏答利瑪竇供牌位和稱天爲上帝的錯處，乃是無心之錯，那時教皇並沒有禁止；於今禁止了，信教的人便應遵守，大家和睦相親，不再辯論。「臣惟有囑咐衆西洋人同心和睦，竭力報效，仰答皇上隆恩，於天主前保佑皇上萬壽無疆。」康熙諭說：「此奏甚是，爾如再辯，朕必與爾辯論至極，據爾所奏之言，事體可以明白。再嚴璫等不通小人，妄帶書信，顚倒是非，委屈當日利瑪竇、湯若望、南懷仁、利類思（Luigi Buglio）、安文思（Gabriel de Magalhaens）、羅麗山（Alessandro Ciceri）、徐日昇等舊西洋人行悖教之事。如此妄書妄信，亦當不必再存，伊等負屈，朕深憐憫。」嘉樂乃奏請皇上寬恕以往的事，今後西洋人大家和睦。康熙諭說：「好，這事就完了，以後不許再提了。」

覲見完畢，嘉樂特使領衆傳教士謝恩退出。馬國賢、德理格等向嘉樂宗主教賀嘉，因一切問題都完結了，皇帝已允特使所請。耶穌會士則說事情已壞了。皇上的言詞，今天很有譏諷的口氣。他說「完了」，乃是不許再提禁約一事，皇上以爲自己把意思說明了，嘉樂應按他的意思做去。於是在京的傳教士便起爭執。嘉樂特使相信德里格等的話，怨耶穌會士從中挑撥離間。耶穌會士忽德馬兩人，翻譯不忠實。

康熙知道了這事，在正月十七日（十二月二十日），遣伊都立、趙昌傳旨與嘉樂：「爾前日在朕前，覲見眾西洋人，言語參差，不成規矩。朕之旨意，通事之人，不能盡傳與爾，爾回奏之言，又加私意上奏，言語不同，事體不能明白，作何處置，方可明白？爾當回奏。欽此。」

丙、翻譯禁約

正月十四日覲見畢，退出，嘉樂得康熙旨，早派兩人赴羅馬。趙昌主派利若瑟（Rinaldi）、羅本多（Roveda）攜奉皇上諭書往西洋。嘉樂宗主教不同意羅本多赴歐，但不願意得罪康熙，便答應派遣趙昌所定的兩人。然他自己也決定派Raimondo Ruenda往羅馬報捷。

正月十七日，趙昌奉康熙命索取教宗「自登極之日」詔諭。嘉樂先不願交出，後因趙昌謂係皇上諭旨，纔把詔諭以裀包裹，交於利若瑟和羅本多，捧呈入宮。一小時後，趙昌、伊都立奉旨「爾等可將眾西洋人俱帶往嘉樂處，將教王條約譯出呈奏。欽此。」於次日將眾西洋人俱帶至嘉樂處，將教王條約譯出漢字摺一件。十二月二十一日（陰曆）呈覽。

為翻譯教宗的詔書，嘉樂宗主教命馬國賢、馮秉正、雷孝思（J. B. Regis）、嘉大教

（尼克）（Nicolas Giampriamo）合譯，譯者都是外國人，又不能用中國人士幫忙，譯文便不文不白，但勉強可以達意。當時稱教宗的詔諭爲禁約，禁約中所禁各款，即是一七〇四年十一月二十日所定，以上已經引過。

康熙看了禁約心中很氣，又很沉痛，用硃筆在禁約後批說：「覽此告示，只可說得西洋人等小人，如何言得中國之大理？況西洋人等，無一人通漢書者，說言議論、令人可笑者多。今見來臣告示，竟是和尚道士，異端小教相同，彼此亂言者莫可如何。以後不必西洋人在中國行教，禁止可也，免得多事。」康熙原先很看重西洋教士，也尊重天主教，於今因著傳教士彼此爭執，又見教宗禁止中國人敬孔敬祖，後悔自己禮遇了西洋人。但是康熙從不直接罵教宗，只罵西洋人傳錯了話，使教宗出了這等禁約。

正月十八日，趙昌等奉旨，捧康熙的硃筆批示給嘉樂特使看。御前太監陳福又傳旨：「朕前日已有旨意辯論道理，語言必重，以後亦不令爾陛見。爾有回奏，可寫字奏。朕先前亦曾面諭，爾當執定主見，不可搖動。爾今如此偏信壞事小人之言，欲傳此悖理之條約，中國斷使不得。」(十)

嘉樂宗主教，接了康熙的硃批和旨意，知道事情已決裂了，唯一的辦法，就在將上次所奏的八項許可，再奏明皇上，或可挽回殘局。嘉樂因此和在京西士商議，寫一奏本，奏明此事。耶穌會士卻不願意在奏本上簽名，他們主張收回教皇的禁約。嘉樂自知沒有收回教皇禁約之權，於是便以自己的名義，回奏皇帝。奏本說：「臣謹以至敬之心，捧讀御示。皇上之慈惠，世所共知，臣因此來此陛見，以求開恩教會。臣竊恩所攜之准許，或可了結此事，息此爭端。臣既奏明所攜之准許，臣目前所能行者，唯有懇求皇上開恩。臣誠惶憂懼，深惜再無良途，以表臣報效之心。處此束手無策之際，臣之上策，乃希望普世最仁之君，開恩施惠。署名遠臣嘉樂宗主教，教化王遣使謹奏。」簽名後，嘉樂又加一句：「如皇上令臣回西洋，臣即願步行赴教化王前，陳明皇上之旨意。」(+)

在京的西洋傳教士，多勸嘉樂宗主教，早期脫身出京，起程回歐。事情既到了那樣地步，康熙必定不准執行禁約。

同日，德理格和馬國賢兩人被捕。

正月十九日，伊都立、趙昌等押德理格和馬國賢，手帶鎖鏈，合同耶穌會士，同到嘉樂特使處，傳示康熙看了嘉樂奏本和禁約及八項許可後硃批：

「朕理事最久，事之是非真假，可以明白。此數條都是嚴璫當日在御前，數次講過使不得的話。他本人不識中國五十字，輕重不曉，辭窮理屈，敢怒而不敢言，恐在中國致於死罪，不別而逃回西洋，搬弄是非，惑亂眾心，乃天主教之大罪，中國之反叛。覽此幾句，全是嚴璫當日奏的事，並無一字有差。嚴璫若是正人，何苦不來辨別？況中國所使之人，一字不回，都暗害殺死。而且嚴瑺之不通，訛字錯寫，被逼中國大小寒心，方知佛道各種之異端相同乎？欽此。」

同時，又命伊都立、趙昌口傳旨意與嘉樂：「爾教王條約內，指中國敬天拜孔子諸事有異端之意，爾不通中國文理，不知佛經道藏之言。即如爾名嘉樂，乃阿旋里，喇嘛之言。先來之多羅，係佛經多羅摩訶薩內之言。稱天主爲造物之主，乃道藏內諸真誥之語。朕無書不覽，所以能辨別。爾等西洋人一字不識，一句不通，開口非佛經即道藏小教之言，如何倒指孔子道理爲異端？殊屬悖理。且中國稱天爲上帝，大小之人，皆一樣稱呼，並無別說。爾西洋呼天主爲陡斯，乃意達理亞國之言，別國稱呼又異。況陡斯亦如蒙古語相同。即此一端，敬天之事，孰重孰輕，在中國之眾西洋人，並無一人通中國文理者，惟白晉一人稍知中國書義，亦尚未通。既是天主教不許流入異端，白晉談中國書，即是異端，即爲反教。爾係教王使臣著爾來中國辦事，爾即當將白晉拿到天主堂，聚齊鄂羅斯國之人並京中大小人等，同看著令偏信之德里格和馬國賢動手，將白晉燒死，正其反教之罪。將天主堂拆毀。再天主堂內，因當日舊西洋人湯若望曾在先帝時效力，因曾賜匾額，朕亦賜有匾額。既是與爾教不合，爾亦當將額毀壞，方爲辦事。且爾偏信德里格和馬國賢一偏之言，德里格曾在中國行不合教之事，於四十五年內，曾告趙昌、王道化，其告人之言現在，爾等可帶去，同眾西洋人著德里格翻與嘉樂看。朕必將前後事體明白寫出，出刷印紅票，付鄂羅斯帶去，傳與西洋各

國。欽此。」㈩

嘉樂奉到這種諭詔，又不能辯，又不能接受，康熙的話既多譏諷，對於名字，殊多牽強，自視如神明，干涉一切。況且德、馬兩人已被拘禁，嘉樂乃書一奏本。奏本說：「臣嘉樂宗主教跪求皇上寬赦西洋人之錯，保全臣等之教，並懇求暫勿刷印紅票，亦與鄂羅斯人傳到歐洲。臣自願親身赴羅馬，向教王傳達皇上旨意。在等候教王命時，臣不加處置，諸事保全昔日情狀。臣將向教王轉達皇上所願差臣說明之事。臣亦求皇上差派親信之人，與臣同往，庶能作證臣辦事之忠勤。臣有此求，實爲求皇上之光榮，以快皇上之心。臣望在回中國時，能安然再面天顏。署名臣嘉樂宗主教謹奏。又署名蘇霖（Jose Suarez）、白晉、麥大成（Francesco Cardoso）、穆敬遠（Mourao）、李若瑟、何濟格（Ferrari）、羅本多、利若瑟、馬國賢，Filippo Gazelli, Giovanni Battista Fabri, Franc Volbang等含淚稽首叩地求開恩。」㈩

奏本譯成了漢文，由傳諭官員送呈皇上。趙昌再來傳旨，命德理格當嘉樂宗主教面，念他在一七一五年十一月十三日所上的奏書告趙昌、王道化等人，又命他翻譯。然後趙昌要求嘉樂定斷。嘉樂答不是來判斷以往的事，他是爲處置將來的事而來。趙昌堅持要求定斷。嘉樂乃說：德理格不免有傷仁愛。

耶穌會中國視察員（會長）利國安（Laureati）在上一年被任爲視察員後，曾到京師，覲見康熙，嘉樂宗主教抵廣州時，利國安往迎，後又隨到北京。康熙以他「聞西洋使臣來，即往廣東煽惑使臣，今潛至京師，藏於西洋人墳所。廉知其實，於本月二十一日傳旨與提督隆科多，著將利國安拿到奏聞。伊都立等奉旨，爾等將利國安帶往嘉樂處，訊其藏匿之由。」

丁、最後八次覲見

康熙接到教宗禁約譯文後，傳諭以後不許嘉樂覲見。但接到嘉樂和十二傳教士一同簽署的奏本後，心又轉好。乃於正月廿日（十二月二十三日）召嘉樂並眾西洋人等至清溪書屋，面傳諭旨。「朕先已有旨辯論道理，語言必重，爾西洋人自己流入異端之處，自己不知，反指中國道理爲異端。及至辯論之際，一字又不能答。且中國稱上帝，人人皆知，無不敬畏，即朕躬膺大寶，凡事法天，罔敢或斁；六十年來，朝乾夕惕，祗承帝命。中國敬天之道如此。豈爾西洋人只知爲造物主區區祈福求安者，所可比擬哉？況祈福求安，與佛道之理何異？爾既再四哀懇，准爾少息二三日，再寫明回奏。欽此。」同時康熙又罵德理格和顏璫。教宗使臣當面無話可對。

次日，正月二十一日，康熙又召「嘉樂並眾西洋人等至清溪書屋，面傳諭旨。嚴璫、德理格等俱係不通小人。朕先已有旨，將嚴璫、德理格之罪，俱從寬不究。爾嘉樂偏信伊等之言，欲傳教王條約。其條約之詞，俱係嚴璫當日在朕前講過的話。明係嚴璫在西洋搬弄是非，以致教王心疑，將當年所差艾若瑟之事，一字不回，今欲傳此條約。朕此番故將嚴璫之罪聲明，將德理格告人之字翻與爾看。此條約內之言，與中國道理大相悖謬，斷使不得。爾既如此再三哀懇。朕將嚴璫、德理格等之事，仍從寬不究。」嘉樂在覲見時，懇求皇上恩釋德理格、馬國賢、利國安，康熙都准予釋放。康熙又問：「爾欲傳朕旨與教王，爾欲遣人回去，或爾自欲回去。」嘉樂復叩首奏云：「臣自己回去傳皇上旨意，方能明白，求皇上隆恩，命臣自己回去。」奉旨：「目今節近，爾於明歲再定回去日期。今事體俱已明白，朕之旨意爾亦全曉。爾係使臣，辯論道理之時，朕必直言無隱，爾既不復爭辯，朕仍前優待。朕原視中外為一家，不分彼此。爾可少息一二日。京城內天主堂隨爾便居住，以副朕懷柔至意。欽此。」(四)

康熙自信交涉已完了，事情都明白了，嘉樂和西洋人接受他的旨意；實際卻完全相反。嘉樂對於教王的禁約，一字不能改，西洋教士和中國天主教人都該遵守，只是在康熙前他們都不敢說。

嘉樂宗主教既得康熙准許，可以進京師，便順從葡萄牙耶穌會士的邀請，搬入他們的會院內居住。

年節已到，康熙也回宮，十二月二十九日，即西曆正月二十六日，康熙在宮內接見嘉樂特使，作辭歲覲見。次日，康熙在宮中設宴，款待俄國使臣和教王使臣。嘉樂宗主教入宮赴宴。康熙召見嘉樂，詢問聖多默宗徒是否到了中國?對於禮儀問題，一字不提。

在京的耶穌會士，已經多年不給教友們行聖事，怕他們不守教宗的禁約。正月三十日，嘉樂宗主教質問利國安耶穌會士究竟有什麼重大緣由，不行聖事，又問有什麼善後的辦法？命他把一切都用書面答覆。利國安於二月二日交上書面答覆，想不出良好的善後辦法。

二月十日，嘉樂特使參加暢春園新年燈節，看放煙火。二月十四日，覲見康熙，求准在京購地建堂。康熙面諭使臣事已完結了，於今可以動身回西洋，傳達皇上的旨意，皇上不寫信與教王，一切都由嘉樂使臣傳達。二月十七日，康熙命將送教宗和葡萄牙王的禮物，亦與嘉樂特使。又命耶穌會士張安多（Antonio de Magalhaens）陪嘉樂赴里斯本，李秉忠護送嘉樂到澳門。

二月十八日，康熙召宴嘉樂。二月二十日，康熙再召嘉樂，以「嘉樂來朝日記」出示，命他轉送教王。嘉樂奏明攜團員Fabri與Viani和羅本多回西洋，康熙乃命利若瑟留住北京。其餘嘉樂留在廣州的團員，不許進入他省，等嘉樂回來時再定。

戊、嘉樂來朝日記

「嘉樂來朝日記」於今有陳垣的影印本。來朝日記所記，是自嘉樂抵竇店，到正月二十一日的覲見，中間所有的經過。這些經過的記錄多是康熙的諭旨。

二月二十日覲見後，康熙命趙昌招集在京西洋教士，以「嘉樂來朝日記」出示彼等，命彼等在日記上簽名，簽名的教士共十八人：蘇霖（Jose Suarez），穆敬遠（Juan Mourao），林紀格（Franziskus Ludwig Stadtlin），郎士寧（Giuseppe Castiglione），倪天爵（J.B. Gravereau），嚴嘉樂（Carl Slaviczek），戴進賢（Ignatius Kogler），巴多明（Dominique Parrenin），白晉（Joachim Bouvet），雷孝思（J.B.Regis），馮秉正（Joseph de Moyriac de Mailla），馬國賢（Matteo Ripa），莫大成（J.F. Cardoso），費隱（Ehrenbert Xavier Fridelli），羅懷忠（Giuseppe da Costa），張安多（Antonio de Magalhaens），李若瑟（J. Pereira），徐茂盛（Giacomo Filippo Simonelli）。

德理格（Pedrini）被招，但他拒絕簽名，因日記中指責他的話很多。康熙得奏，硃批大罵：「德理格乃無知光棍類之小人。昨日不寫名字，甚屬犯中國之罪人，即爾在御前面諭之際，每每關係自己之事，即推開叫人傳說。此等姦人，中國少見。看此光景，恐有帶信去，又是一件，今教王疑惑難辨。嚴璫之事，朕已保全，令爾體面。今只得要嚴璫，定此犯中國之罪。大約西洋之叫（教），不可行於中國，不如不行，諸事平穩，亦無爭競，良法莫過於此。」㈤康熙下令德理格把御批譯拉丁文，又將他拘禁下獄。

爲預防德理格亂寄信往羅馬，也爲預防嘉樂偏信一方之言，不把皇上的話傳與教宗，康熙乃派Giampriamo攜帶「嘉樂來朝日記」由莫斯哥一路赴羅馬。Giampriamo係耶穌會士，於當年三月十三日離開北京，首途赴歐。在他動身以前，嘉樂宗主教因蘇霖神父之請，給他一封介紹信。

嘉樂宗主教於正月二十一日和三月一日，向皇上請求釋放德理格，怕因德理格的事，連累別的傳教士。御批上曾說：「大約西洋之叫，不可行於中國，不如不行。……良法莫過於此。」康熙令人傳諭。德理格應受罰；但這是他自己的事，不會連累他們。嘉樂宗主教於一七三三年正月抵里斯本時，葡萄牙王以一份「嘉樂來朝日記」出示。嘉樂聲明日記有許多缺漏之處㈥。

己、覲見辭行離中國

A、覲見辭行

二月二十六日，嘉樂特使進宮至太和殿，觀看皇上賜給特使和特使團員的禮物。二十七日，再進宮接收新的賜品。但是兩次康熙都未出見。三月一日，康熙纔盛儀接見特使，准他動身往羅馬。在他沒有回中國以前，對於中國禮儀問題，一切照舊，不強迫執行教宗禁約。

B、出京南下

三月三日（一七二一年），嘉樂宗主教由北京動身南下。四月七日抵南昌。五月九日抵廣州，五月二十三日離廣州往澳門。五月二十七日入城，葡萄牙總督和澳門教會人士盛禮相迎，葡萄牙政府且擔任一切費用。十二月九日由澳門動身回歐，起運多羅樞機的棺材往羅馬。

C、澳門通函

當嘉樂宗主教在澳門時，於十一月四日發表公函，分致中國的主教神父。

公函的首段爲緒論，頗長，懇切勸告傳教士捐除成見，力求和睦：和睦的道途，在於誠心服從教宗的諭令。公函的第二段乃說到禮儀問題。嘉樂宗主教聲明，教宗格肋孟第十一世禁止中國禮儀的諭令，本已公佈，不必要他在中國重新正式公佈，以生效力。他本人不能更動教宗禁約上的一字一文。也不能暫時停止禁約在中國的效力；僅僅在一些實際的問題上，他可以予以解釋。他所予的解釋有八項。公函的第三段遂說他的八項准許。這八項准許，就是嘉樂奏明康熙的八件准許事項。在公函尾語中，嘉樂宗主教禁止將公函譯成中文或蒙古

文，違者受「棄絕」重罰。㈦

三、出使的餘波

1. 教宗問候雍正

嘉樂宗主教回羅馬後，一七二五年調任洛提教區主教，後陞樞機，於一七四一年去世。

當嘉樂宗主教離開北京南下赴廣州時，教宗格肋孟第十一世駕崩。繼任教宗依諾增爵第十三世，在位三年駕崩。本篤第十三世繼登教宗位。

德理格被康熙拘禁後，開始下在囚犯獄中。當嘉樂辭行時請康熙開釋，皇上不允；然而將他從獄中提出，拘禁在北京法國耶穌會士會院中，形同軟禁。康熙於一七二三年駕崩，雍正胤禎繼位。初年因北京地震，釋放德理格，准建西堂。德理格寫信報告羅馬說雍正對於教會懷有善心，沒有成見。實則，雍正厭惡天主教，又厭惡西士，尤其是恨耶穌會士穆敬遠。因為在繼承皇位的爭奪中，蘇霖和耶穌會士幫助胤禩和胤禟。後四年雍正便把穆敬遠充到甘肅，置於死地。德理格看見他厭惡在朝的耶穌會士，報告教廷，以雍正對於教會懷好意。自信敬孔敬祖的問題，不再引起皇上的干涉了。

教宗本篤第十三世乃於一七二四年派兩聖衣會士來華，向雍正請安。兩聖衣會士，一名鄧達爾（Gottard Plaskowitz），一名伊爾方（Ildefonso de Nativitate）。兩聖衣會士又帶方濟會士三人，一行共五人。

五人於一七二四年十月間，從比國Oostende海口上船。次年（一七二五年）七月二十四日抵廣州。傳信部駐廣州辦事處主任Perroni，向廣東巡撫交涉，請送兩聖衣會士晉京，代表教化王向皇上請安。十月二十二日，兩人抵京師，雍正於十一月七日接見。見後，雖知五人俱爲來華傳教之人，仍命即日返回西洋。十一月十八日，下諭接受教化王的請求，釋放德理格、畢天祥、許有綱（Antoine Guignes）三人出獄。次年正月，兩聖衣會士乘船赴印度(六)。

2. 雍正禁教

雍正爲人性好疑忌，不喜西士，因皇位繼承問題而殺穆敬遠神父。又藉故下趙昌於獄。

趙昌爲前朝大臣，和西士往來很多，頗敬西士。被雍正下獄後，想見西士而不可得，乃由守監武員徐某受洗，聖名若瑟。後竟瘐斃獄中。

福建福安知縣於雍正元年上書閩浙總督滿寶，告發教士在縣內建造堂宇。滿寶下令禁止。又於同年十一月二十一日，飛章上奏，建議除在京供職的西洋人外，其餘俱驅往澳門，各省併禁止傳教。雍正把滿寶奏章下禮部議奏，禮部議宜如所請。在京耶穌會士巴多明等百方運動，雍正仍舊在次年正月十二日批准禮部奏議，僅准傳教士不驅往澳門，在廣州集中。又准不立時驅逐西士，展期在六個月內，各省督撫送護西士到廣州。於是五十多名西士，由各省被驅往廣東。主教五位，也被驅出省區。從此一百多年內，傳教西士再不能自由進內地傳教：有的暗地偷進各省，一被拿獲，輕則禁錮，重則殺戮。馬國賢神父目睹中國教難，深信唯有培植多數中國神父，纔能夠使中國公教繼續存在。乃於一七二三年十一月十五日離開北京，攜帶五個中國青年回義大利。次年十一月十一日在義大利的拿玻里城登陸，在城內創立了培植中國修生的聖家書院。㈨

3. 禮儀問題的結束

自嘉樂宗主教從澳門發出公函後，中國各省傳教士的態度仍不能一致。反對敬孔敬祖的西士，也反對嘉樂的八項准許，耶穌會士則不但接受八項准許，且予以廣義的解釋。羅馬聖座的態度也不常是前後一貫。一七三〇年八月六日，山西陝西代牧Francesco Saraceni da Conca主教向本區教友發出告示，一概禁止供奉祖宗牌位，傳信部接到報告下令指責，著他收回成命。一七三三年，北京Francisco da Pruificacao主教，爲統一本區的禮制，兩次發出告示，命本區教友一律遵守嘉樂宗主教的八項准許；教宗格肋孟第十二世於一七三五年九月二十六日下諭，聲明北京主教的告示無效。且令羅馬聖部調查嘉樂宗主教八項准許的來由和性質。調查的結果，在一七四二年七月五日，由教宗本篤第十四世頒佈詔諭，聲明八項准許，一律作廢。(廿)

教宗本篤第十四世的詔諭，名「自從上主聖意（Ex quo）」重新准定格肋孟第十一世，「自登極之日」詔書的一切禁令，廢除嘉樂特使的八項准許；嚴詞訓令一切傳教士遵守無違，且令當時以及後來的中國傳教士，不分中外，一律在傳教以前，宣誓遵守教宗的禁令；又嚴格禁止教內人士，討論中國禮儀問題。中國那時的傳教士已經很少，又在山林野村藏避之時，那還有時間討論禮儀問題？因此這種痛心而又可惡的爭執，纔能結束。一直到三百年後，教宗庇護第十二世因中國敬孔敬祖禮儀完全爲社會禮儀，乃於一九三九年十二月八日，由傳信部頒佈部令，收回以往敬孔敬祖的禁令。㈡

傳信部部令有云：

「（一）中國政府屢次公開聲明人民信仰自由，政府不願對宗教事件頒佈法律。因此，政府機關所舉行或下令舉行的敬孔典禮，不是向孔子予以宗教敬禮，乃是向這位偉人予以相稱的尊榮，兼以尊重本國文化的傳統。因此公教人可以參加在孔廟或學校內在孔子像前或牌位前所舉行的敬禮。

（二）同樣也不禁止在公教學校內懸掛孔子像或設孔子牌位。另外是政府機關要求懸掛時，並可遵行。也許可在孔子像前或牌位前行鞠躬禮。假如怕人誤會，則可以聲明公教人敬孔的意義。

（三）公教官員和學生，如因上命應參加公開儀禮，儀禮頗有宗教迷信之嫌，公教人則只可按照教律第一二五八條條文，以被動方式參加隨眾行禮。如有誤會的危險，則宜聲明自己執行儀禮的意義。

（四）在亡人前，或在亡人像前，或只寫姓名的牌位前，鞠躬或行及其他社會敬禮，乃屬善舉，理應准行。」

註：

(一) Sinica Franciscana, vol. 5, p.714-716, pp.723.

(二) 同上，pp.741-742.

(三) 同上，p.737.

(四) De Vicentiis.

(五) 引文見「嘉樂來朝日記」，康熙與羅馬使節關係文書影印本。（八）。

(六) Mgr. Mezzabarba致Sacripanti函，十一月十二日，一七二〇年Kanchow, Roma, Archivio di Stato, paesi stranieri: Cina.

(七) Viani, Historia delle cose operate nella China da Mons. Mezzabarba, Colonia, 1739, vol. VI, p.71.

(八) 引文「見嘉樂來朝日記」，康熙與羅馬使節關係文書影印本。（八）。

(九) 同上。

(十) 同上。

(十一) Viani, vol. VI, pp.117-137.

(十二) 「嘉樂來朝日記」。

(十三) Viani, vol. VI, pp. 142-3.

(十四)「嘉樂來朝日記」。

(十五) 康熙與羅馬使節關係文書影印本。（十二）。

(十六) Platel, Memoires historiques sur les affaires des Jesuites avec le Saint-Siege, Lisbonne, 1766, vol. 7, p. 277.

(十七) Ius Pontif. vol. III, p. 77.

(十八) Rosso, Apostolic Legations to China, South Pasadena, 1948, pp. 216-219.

(十九) 蕭若瑟　天主教傳入中國考　卷下　頁七六—八九。

(二十) Iu sPontif. vol. III, p. 79.
Collectanea S. C. de Propaganda Fide, vol. I, p. 339.

(二一) A. A. S., ian. 1940 vol. XXXII, pp. 24-26.

清光緒帝擬與教廷通使

（此文多用衛景斐先生所收集之史料，特此鳴謝）

一、法國在華的保教權

當明萬曆十一年（一五八三年）九月十日，羅明堅偕利瑪竇抵肇慶，重新開創元末已經中斷的傳教事業時，遠東的傳教事務係由葡萄牙王任保護者。澳門教區已經在前八年（一五七五年）正式成立。澳門教區的轄區包括中國和日本；澳門教區自身則附屬於印度臥亞宗主教。

葡萄牙王的保教權（Patronatus Missionum）來源已久。在第十五世紀時西班牙和葡萄牙的航海探險家，分途向美洲、非洲和亞洲發現新大陸和新航線。他們所到之處，樹立本國的國旗，把自己所發現的陸地島嶼，作為本國的領土，他們所發現的航線，也受本國戰艘的統制。從里斯本繞非洲好望角到印度的航線是葡國人所發現的。葡萄牙王乃向羅馬教宗要求東亞的保教權。教宗亞立山第六世（一四九三年），儒略第二世和良第十世（一五一四年）乃以東亞保教權，讓予葡萄牙王。

葡萄牙王的保教權，權力很廣，凡是往東亞的傳教士，都應有葡王的許可。東亞的主教，都由葡王保薦，東亞爲傳教事務向各國政府的交涉，都由葡王派使接洽。在東亞地區舉行宗教儀典時，葡國官員位在其他政府或教會人士以上。但同時葡王也負有津貼傳教經費，和遣送傳教士之責。

過了一個世紀，羅馬教廷察覺葡王的保教權，弊端百出，流弊所及，使東亞的傳教事業陷於停滯狀態中。教廷乃於一六二二年，設立傳信部主管全球傳教事務。傳信部於一六五八年在中國建立南京代牧區，由部方指派代牧主教，不屬葡國保教管理。葡王向教廷抗議，一六九〇年教宗亞立山第八世，乃取消南京代牧區，建立南京北京兩教區，仍歸屬葡王保護。然在不屬南京北京兩教區的中國其他各省，傳信部則逐漸設立不受葡王保護的宗座代牧區。一八五七年，教廷與葡國訂約，廢除在華的保教權，僅因澳門既屬葡萄牙屬地，故仍歸葡國保管。㈠

後一年，中法天津條約成立。天津條約第十三款云：「天主教原以勸人行善爲本，凡奉教之人，皆全獲保佑身家。其會同禮拜誦經等事，概聽其便。凡按第八款備有蓋印執照，安然入內地傳教之人，地方官務必厚待保護。凡中國人願信崇天主教，而循規蹈矩者，毫無查禁，皆免懲治。向來所有或寫或刻奉禁天主教各明文，無論何處，概行寬免。」㈡

天津條約訂於咸豐八年，咸豐十年又訂中法天津續增條約。約內第六款說：「應如道光二十六年正月二十五日上諭，既頒示天下黎民，任各處軍民人等，傳習天主教，會合講道建堂禮拜。且將濫行查拿者，予應得處分。又將前謀害奉天主教者之時所充公之天主堂、學堂、坟塋、田土、房廊等件，應予賠還，交法國駐劄京師之欽差大臣，轉交該處奉教之人。並任法國傳教士在各省租買田地建造自便。」㈢

法國政府根據天津條約第十三條，聲明在華有保教權。理由是中國政府在約上允許中國人民信奉天主教。這種信仰自由，不單是有中國國法的保障，如續增條約第六款所云，清朝皇帝應頒佈允許人民信教的上諭，而且又有國際條約的保障。假如中國皇帝或地方官禁止信教時，法國政府便可根據條約向中國政府交涉，提出抗議。天津續增條約第六款，即是運用天津條約第十三款的保教權，因爲第六款所定的是三項具體的事項：第一，清朝皇帝出諭允許信教。第二，處治迫害奉教者之官吏。第三，償還充公的教會產業。至於最末一項，允許法國教士租買田地，在各省建造堂宇。在續增條約的法文本上付闕如；中文本所有的，是當時充翻譯的法國傳教士Delamarre所添。㈣

清廷當時沒有懂得這種保教權的意義，也不知道法國保教權的歷史背景。

法國的保教權起自法國與土耳其所訂的條約。土耳其素爲信奉回教的國家，且爲巴肋斯坦聖地問題，和西方十字軍戰鬥數百年。但從第十六世紀後，土耳其的國勢漸形衰弱，法國在歐洲的勢力逐漸強大。西曆一五三五年，土法兩國訂約，允許通商等事。其後一五六九年，一五九七年，一六〇四年，逐次修改條約。一七四〇年增訂法土條約，成立法土有名的條約。法土的條約，法文稱爲Capitulation（分章條約），因約款分章分款。在法土條約內，土耳其允許在境內的法國人民以及信奉天主教之人民，俱受款約之保護。法國因此自視爲近東天主教的保護者，要求教廷予以承認。教廷允許近東等地教會和土耳其政府如發生問題，由法國政府代表教會向土耳其政府交涉。但對於教會內部問題，教廷則派宗座代表駐君士坦丁堡，直接代表教宗，予以處理。因此法國在華的保教權，乃是仿效法國在土耳其的保教權而設的。(五)

法國的保教權和葡萄牙的保教權不同。葡萄牙的保教權係教宗所授；法國的保教權來自中法的條約，加以教廷的認可；葡萄牙保教權的範圍大於法國保教權的範圍，法國的保教權，僅限於向中國政府交涉傳教自由和信教自由等項事務。

二、李鴻章與教廷接洽通使

1. 通使的動機

李鴻章和清朝的教案發生接觸，是天津教案一事。清同治九年（一八七〇年）六月二十一日，因謠言傳說：教士用藥迷拐幼童，挖眼剖心製造藥劑；天津人民乃殺死法領事、隨員、譯官夫婦，又殺死中國神父和法國神父各一人，修女十人，法國商人和俄商人各一名。直隸總督曾國藩奉諭辦理交涉。曾國藩奉諭後，忽患目疾，遲至七月八日纔由保定到天津。在津時右目失明，又患暈眩症，故雖查辦了罪魁，將知府張光藻和知縣劉傑充發黑龍江，但是和法國交涉一事，則由清廷派李鴻章接辦。李鴻章也就繼曾國藩任直隸總督，兼北洋大臣㈥。曾國藩於同治十一年去世。

同治十三年（一八七四年）法國和安南在西貢簽訂安南和平新約，法國以安南為保護國。光緒六年（一八八〇年），安南王欲再赴中國進貢，法國政府加以阻止。中國欽使曾紀澤於次年秋，由俄京聖彼得堡往巴黎，照會法國政府，不承認西貢的法國安南條約，聲明安南素為中國的藩屬。時法國駐安南南圻總督，進兵河內，中國駐北圻劉永福率兵攻打法兵，時在光緒九年。

光緒十年，李鴻章和法國特派欽差福祿諾（Commandant E. Fournier）訂立中法會議簡明條約，約中第二款云：「中國約明將所駐北圻各防營，即行調回北界。」㈦法軍出發接收北圻之諒山，中國駐軍沒有奉到撤退命令，乃發生戰事。法國海軍忽侵臺灣，攻基隆、淡水，一方面又入閩江，毀馬尾船政局，總稅務司德璀琳派駐倫敦代表英國人金登幹（J. Duncan Campbell）和法國政府談判，代表中國簽訂停戰協定。光緒十一年六月九日（一八八五年）李鴻章和法使巴特納（Jules Patenotre）簽訂中法越南條約十款。㈧

李鴻章對法國的交涉，多由中國稅務司的洋員居中調停。中法越南條約既成立，稅務司便向李鴻章建議，清廷宜和羅馬教廷直接通使，避免以後再發生教案，尤其是避免法國藉著保教權從中挾持。

當教宗良第十三致書清德宗時，李鴻章已聞知其事。教宗在書中說明在中國的傳教士，都係教宗所派，傳教士應屬教宗的管轄。李鴻章因此接受稅務司的建議，擬與教廷互派使節。他明瞭法國不贊成他的計劃，乃請英國人代為轉達教廷，然而因不知道保守秘密，以致事敗垂成。

李鴻章為預備和教廷通使，派天津稅局的洋員敦約翰（John George Dunn）為交涉員。敦氏為愛爾蘭人士，信天主教，光緒十一年六月七日，敦氏受李鴻章之命，調查天主教在中國傳教的情況。敦氏受命後，即往見遣使會駐華辦事處主任文和溫神父（Francois Wynhoven譯音），請他幫助。文神父為法國人，他於同月二十七日，乃向法國駐華大使巴特納寫報告，說中國擬和教廷通使。這事的發起人係英國和德國的公使，義大利和西班牙的使節也從旁附合㈨。這樣，通使事一開始，就被法國政府知道了，而且招惹了法國的許多疑忌。

2. 教會方面的傾向

保教權雖係教廷所授。教廷從來沒有承認這種制度是長久性的。當時過境遷，這種制度變成教會傳教事業的障礙時，教會就可以撤消。一八五九年，教宗庇護第九世，曾訓令湖北代牧Luigi Celestino Spelta主教，晉京和清廷接洽，擬與清廷通使。不幸湖北代牧在動身往北京以前就去世了。

中法因安南問題，重開戰釁，教宗良第十三世，恐怕在中國的傳教士遭受連累，乃於一八八五年（光緒十一年）二月一日，致函光緒皇帝，感謝清帝保護教士，聲明在華的各國傳教士們，無論原籍屬於那一國國籍，俱係羅馬教宗所遣派；他們的傳教任務，也是受羅馬教宗的委任(十)。

教宗致光緒的信，雖沒有明明否認法國的保教權；但是對於傳教士和傳教事業的從屬問題，說得很清楚；傳教士和傳教事業是隸屬羅馬教宗。

良第十三世致清帝函，由義大利傳教士（於今的米蘭外方傳教會）久里亞耐里（Francesco Giulianelli）帶來我國。久里亞耐里既抵北京，往謁北京主教Tagliabue，請薦於總理衙門，北京主教拒不受理，久鐸乃因英國駐華使節，往總理衙門呈送教宗致清帝函。總理衙門於收到教宗函後的第三日，函覆久鐸。

那時在中國的義大利傳教主教，多有上書教廷，建議遣使駐北京，總理中國教務。如河南主教Simeone Volonteri於一八八一年上書傳信部長，建議和清廷通使(十一)。香港主教Giovanni Timoleone Raimondi於一八八五年五月十二日，向教廷送一詳細情報，說明為保護中華傳教事業，良法莫過於和中國直接通使。(十二)

在教廷和中國通使，未有實現以前，尤其是這種通使事常遭法國政府的阻礙時，在中國的其他國籍傳教士，都不甘心接受法國的保護，而願接受他們本國政府的保護。一八八六年八月三十一日，遣使會的「辦理對外事務專員」（Procureur general）白登布

(Bettembourg)神父，曾向法國外交部政務司長報告，說德國、西班牙、比國和義大利，四國駐中國公使已向李鴻章表示，如法國阻止教廷派使駐中國，在半年以後，四國在中國的傳教士，由四國駐華領事予以保護(十三)。

那時在中國的代牧主教共三十一位，其中十六位爲法國人。法國駐華使館向法政府寫情報，內稱在中國的法國傳教士都極力反對教廷遣派使節(十四)。

3. 敦約翰奉命赴羅馬

敦氏受李鴻章之命，調查中國天主教情況，同時也向北京傳教士詢問教廷的外交關係。李鴻章當時願意知道，有多少國家和教廷互派使節，又願意知道教廷駐華使節和中國駐教廷使節的身份。

一八八五年六月二十七日，遣使會駐華辦事處主任文和溫向法國公使的報告書附有一密件。這項密件是敦約翰和李鴻章秘書談話的紀錄。在這項紀錄裏，敦氏說中國政府有誠意保護中國的傳教士，也想研究一種最適當的保護方法。李鴻章的秘書則說最適當的方法，是教廷和中國互派駐使，以後遇有教案，他國的外交官和政府，不能加以干涉，也不能從中取利。法國公使巴特納得了這種報告，立刻呈報法國外交部，並加批語，說這種消息確係事實，北京主教Tagliabue也有同樣的訊息。實際上乃是敦氏自己把這次談話經過告訴了北京主教。

李鴻章由敦約翰所收集的資料，頗爲明瞭了和教廷通使的步驟。步驟的第一步，是請英國代達教廷。第二步是派敦氏赴羅馬，和教廷直接商洽通使事。

由英國代達教廷這必定是稅務司的主張，但也是當時實際情形所迫，法國既然反對通使，德國又和教廷因俾斯麥的鐵血主義而起衝突，義大利則和教廷尚是交戰國。稅務司總管德璀琳本人是英國人，於是便請英國代達教廷了。在一八八一年時，前香港總督赫耐斯（John Pope Hennessey）曾函教廷國務卿，轉達清廷李鴻章欲和教廷通使訂約的意思。但是事後清廷並沒有動靜。

這次，清廷由李鴻章作主，決定和教廷通使，稅務司又介紹天主教信友敦氏爲交涉員。由倫敦方面介紹他往羅馬。

李鴻章致譯署遣英士敦約翰赴羅馬

光緒十一年十月初一日

「京城南海天主教堂遷移一事，前蒙醇邸曁貴署諄託，九月十二日陛辭時，欽奉懿旨，面諭回津後，設法妥辦等因。鴻章旋津後，詢知前遞條陳之英士敦約翰已回上海，即令洋務委員伍道廷芳電屬回津。二十七日，敦約翰來見，面商一切，並譯呈在京所上條陳原稿，核與尊處發閱節略之義，微有不同，自係原譯之誤。所擬辦法，自願親赴巴黎教會羅馬教王處商議，洵爲釜底抽薪之計。其請由敝處繕給照會信函爲憑。鴻章與之再四斟酌，詞意必須渾涵，又須稍假以權，乃可見信於遠人。謹將原呈節略，二十七日問答摘要，並照會巴黎教會，及羅馬教王外部文函各稿照抄，恭呈鑒閱。敦約翰十年前由英使妥瑪保薦來謁，人頗能幹謹愼，毫不荒唐。素與津關稅司德璀琳相契，德願代作保，並允從中出力。其來給川費五千元，尙無浮冒，鴻章當即照發，允俟事成，另給賞賚。敦約翰即於十月初一日自津起程，約五六個月，必有回報。俟得回報，再隨時奉聞。至擇地遷移一節，（北堂事件見後）允在後門外十剎海邊購定地基，與此堂基廣大相稱，改造經費，屆時擬派德璀琳會同華員，秉公酌估，似可不致多費。目前未便令駐京法使及該堂主教與聞。若教王會長（遣使會）等既經允辦，再與設法理論，當可有成。至敦約翰所請將來議允後，明降諭旨，保護在中國安分守法教士教民人等，本係照約應行之事。如其不守法律，仍當懲逐，至與亞馬教王商辦教案，彼此派使互駐一節，亦係歐洲通行之例。藉可潛移奉教各國包攬夾制之權。聞各國皆有專使駐羅馬，但近來羅馬勢衰，與義大利不洽，未可令義使兼駐。他日定議，似宜請旨，派駐英俄公使兼管爲便。教王兵餉兩缺，斷不能因教案興戎。近日明白洋務時局者，多持此論。曾侯（紀澤）前亦函商及之。本日業經電陳大略，可否代奏，稍慰聖廑。」

中國駐英公使館洋員馬加尼（George, Earl of Macartney）遂往見英倫總主教馬寧樞機（Card. Manning），表示清廷願與教廷通使，請代爲轉達教廷。馬寧樞機於同年八月十四年函教廷國務卿雅各彼尼樞機（Card. Jacobini），陳述馬加尼來訪的談話，也提到一八八一年赫耐斯上國務卿的信，請國務卿奏明教宗，對中國政府的提議，予以善意的考慮。

敦約翰於光緒十一年冬（一八八五年）十一月由上海動身赴歐，次年正月末梢抵羅馬。首先拜謁教廷國務卿雅各彼尼樞機，呈上李鴻章的文書。敦約翰帶有李鴻章的兩封信，一封致教廷國務卿，一封上教宗。在兩封信裏，李鴻章都聲明中國天主教教民人數已多，中國和教廷便應該建立長久的友誼關係，他因此以朝廷的名義，遣派敦約翰來梵蒂岡，接洽通使事件。請求教宗和國務卿予以接見。(六)

4. 教廷答應通使

教宗良第十三世於二月四日接見敦約翰，垂詢清廷對於和教廷通使，理由和目的究竟何在。敦氏乃答以清廷願意和教廷直接商談傳教問題，不願再有第三國予以干涉，教宗欣然允以最同情的考慮。敦約翰立即電告李鴻章，說教宗接見時，對中國政府的提議，很表同情，很希望能使中國政府滿意。然以事情重大，應加考慮，將由國務卿樞機予以答覆。

二月八日，敦約翰上書教廷國務卿，正式聲明中國政府提議與教廷通使的意義。敦氏說中國的提議，是中國政府自動的提議，不受任何外來政治勢力的影響，中國願與教廷通使，目的在求中國國內的和平。中國政府的建議，雖爲取消法國在華的保教權，然不能因此視爲對法國有何敵意和仇視。中國政府明知法國政府有保護傳教事業的好心，但中國的傳教士卻因爲法國的保教權，常被誤視爲法國政府的爪牙，反而受中國人的忌視。中國和教廷通使後，這種忌視的心理便可以冰消。法國政府也應當視爲好事。(七)

教廷國務院樞機委員會於二月中舉行會議，討論和中國通使問題。第一、討論教廷是否可以接受中國政府的提議？第二、討論和中國通使的方式。方式可以有四種：第一種，派宗座代表駐中國，宗座代表不加外交使節的身份。第二、派宗座大使駐中國，在必要時，請法國政府執行保教權。第三、由中國政府先與法國政府談判，修改保教條約。條約修改後，教廷纔決定和中國通使。第四、教廷派大使駐華，同時向法國政府聲明不廢棄其保教權。中國政府如不願接受時，教廷決不放棄本身固有的權利。委員會會議結果，決定請教宗採用第四種通使方式。

敦氏再電李鴻章，告以教宗，國務卿和多數樞機，都贊成中國政府的提議。可是在原則上說，教廷的決議和李鴻章的建議彼此互相衝突。李鴻章建議通使，爲取消法國的保教權；教廷決議和中國通使，同時保留法國在華的保教權。然而在實際上，兩方面都知道，教廷大使到中國以後，傳教的問題，自然而然由教廷大使和中國政府商談，法國保教權將名存而實亡。因此中國對於教廷接受通使的方式不加反對；起而反對的乃是法國政府。

德璀琳譯羅馬往來電報：

「正月初三日（陰曆）敦約翰由羅馬來電，所攜中堂致教王及大員之信，已經交收，約不日當有回信。已在羅馬探詢將來法京巴黎經理北京教務之總教會（遣使會總部）諸人，能否允從。據熟悉情形大員，答以約可照辦。又羅馬教王以下，各大員等乘此機會，倍願與中國格外輯睦。

正月初四日，敦約翰由羅馬來電。教王接見，待敦甚爲優渥，面諭敦云，深願與中國邦交永固。中堂信內所擬各件皆係重大要務，已飭軍機妥議，俟由該大臣付敦回信。

正月初六日，敦約翰由羅馬來電，教王傳諭，令敦俟軍機定議後，前往巴黎，晤商總教會諸人（遣使會總部，為北堂遷移事），再由巴黎回羅，商訂一切。現探知教王暨外務軍機大臣，皆願乘機與中國格外親密。

正月十三日，敦約翰由羅馬來電。法駐羅馬之全權大臣，聞信出阻，而教王等主見甚堅，不致爲所搖惑。禮拜六軍機會議。（按所云禮拜六未知係初十抑十七日）」㈧

譯敦約翰致羅馬外部總辦加爾貝林氏函：

「今早貴總辦面告約翰，羅馬派使駐華一事，法廷現擬照准，須按駐土耳其小公使之式，專理教門內事。如與中國有交涉要務，由該小公使，稟候法公使與中國辦理等因。據此竊念中國斷不答應。中國之意，係請教皇派一公使，爵位權柄須同各國所派使節一律，以便遇事可即商辦，大約中國亦擬按羅馬派使之例來羅駐紮。法國所擬辦法，假如中國允准，則派來之人，無辦事權，有何用處？況法人保護中國天主教不過徒託空言，並無實在條約。按萬國公法係在不能作准之列。且從前中國並未予認法人以保護之權，此後更永遠不認其保護。法人所論，毫無根據。法人宜早與之決絕，勿爲所愚。前者，法人思掌保護權，彼此均不相宜。望貴總辦將約翰所言，轉致雅大臣查照爲要。」㈨

教廷採取第四種通使方式，因爲預先知道法國必極力爭持已有的保教權，而通使事情又不能秘密進行。教廷國務卿和教宗良第十三世本人，便分別正式接見法國駐教廷大使。國務卿以李鴻章致教廷的文書出示法國大使；教宗則於二月二十六日面告法國大使，謂教廷沒有廢除法國在遠東保教權之心。㈩

教廷希望法國反對通使的態度，因著教宗聲明保留法國保教權逐漸緩和。然法國政府並不改善態度，教廷認爲這是法國的一種面子問題，口頭上不能不說反對，實際上不會採取報復的手段。因此教宗正式決定和清廷交換使節，且派大使駐北京。並於八月十四日接見法國大使，面告教廷駐華大使已曾正式任命，大使動身日期則還沒有定。㈡

清廷駐教廷的使節，在敦氏二月八日上教廷國務卿的書裏，已經說明爲一全權公使，由中國駐倫敦公使兼任。當時中國駐倫敦公使爲曾紀澤。敦氏也同時聲明，中國政府將不以駐法駐德駐義的使節，兼任駐教廷使節，以避免各方的誤會。後來總理衙門爲減少法國的阻礙，不以曾紀澤兼任駐教廷公使，另派劉姓大員駐教廷。

教廷當時所任命駐華的大使，名阿里雅底（Antonio Agliardi）。阿里雅底爲領銜總主教，當時任教廷國務院非常教務副國務卿兩年，前曾任教宗駐印度宗座代表。敦約翰在光緒十二年五月初九日羅馬來函云：「約翰稔知派往中國之公使係總主教，名愛格利阿爾提。其人有恙，現在醫療，乃第一等有名望，辦事謹慎之員。到華辦完諸事，聞須仍返歐洲，可升紅衣主教，其職比全權大臣。並聞來華時，尚帶一參贊，名安篤尼犁，事畢，可升主教，且於愛公使公竣旋羅後，留安君充駐華公使之任。」㈢

5. 法國的反對

當敦約翰初次受命，向北京傳教士採訪消息時，他就將中國擬和教廷通使事，告訴北京代牧主教和傳教士。那時北京代牧和傳教士，都是法國遣使會士，他們立即把消息報告法國駐中國公使巴特約。巴氏當時即電告法國外交部。

法國政府在開始時，採取不表示意見的態度，等到時機成熟後，纔決然聲明反對。敦約翰既抵羅馬，已經向教廷呈遞李鴻章的文書，已經覲見教宗。法國駐教廷大使肋弗爾伯爵（Count Lefebvre de B'ehaine）明明知道這些事件，而且屢次電告本國政府，卻故意不向教廷國務院發表一言半語，他在等著教廷國務院正式把這項消息通知他。果然，不久，國務卿和教宗都先後把教廷接受中國政府提議的事件告訴了他，請他轉達法國政府；於是開始了教廷和法國的交涉。

二月十七日（一八八六年）教廷駐法大使拜謁法國總理，就教廷和中國通使事，彼此交換意見，法總理聲明法國決不放棄遠東保教權。二月二十六日，教宗良第十三世，再接見法國大使，囑告法國政府，教廷沒有意思改變法國在遠東的保教權，將來如有教廷使節駐中國駐日本，教廷的使節，尚需法國的幫助。㊂

四月十五日，教廷國務卿樞機，正式行文法國外交部，這件文書包括四點：（一）教廷根據本身所有自主獨立的政權，凡一國向教廷建議通使時，教廷有權接受，而且在中國傳教事業應有教廷使節以助發展，教廷不應拒絕中國政府的建議。（二）教廷對於法國所予在中國傳教士的一切幫助，常感激不忘。（三）教廷將訓令駐華大使在到任時，正式聲明，彼對其他國家因著和中國所訂的條約而取的權利，決不侵犯。（四）教廷在沒接到法國政府對於這封公文的覆文時，不正式答覆中國政府。㊃

法國外交部於四月二十七日，答覆教廷國務院。建議教廷按遣宗座代表駐土耳其的成例，派一沒有外交身份的宗座代表駐北京，不派駐華大使；假使教宗決定減輕法國已往固有權利，將來因這種變動所生的後果，應完全由教廷負責。㊄

「變動的後果」按照法國政府覆文的字面所說，指中國傳教事業因缺少法國保護，將受迫害。但是法國政府的用意，則指法國政府對於國內天主教會，將採取的報復手段。

五月二日教廷答覆李鴻章，同意互派外交使節；五月三日教廷國務院又函法國外交部，說明遣派沒有外交身份的「宗座代表」駐北京和中國政府的要求不相合，又不能使教廷駐中國的使節享有適當的權利，將來便不能圓滿達成任務。(二六)

五月二十三日，良第十三世召見法國大使，教宗重新聲明願意保留法國的保教權，教廷駐華的使節，將和法國駐華的使節取得聯絡，法國的輿論反對教廷派使駐華，教宗認爲不合情理。法國大使則向教宗建議，以教宗這次所派駐華的使節，爲一非常的宗教代表，既沒有外交身份，也不是常川駐華，只是暫時往中國視察，預備日後設立使館；或是常川駐華，但仍是一非常的宗座代表，他的任務爲和法國駐華公使，共商保教問題。法國大使當面請求教宗應許，以便立時電告法國政府。教宗良第十三世，不願當面答覆，只僅答應特別考慮法使的建議。(二七)

七月十日，法國總理訓令法國駐教廷大使，向教廷說明法國政府的態度。法國政府的態度注重以下兩點：第一，法國在華的保教權係由中法條約而得，不容第三國家予以改變。第二，教宗有權派使駐中國，但所派使節不能是外交使節，否則將與法國保教權起衝突。(二八)

八月初，教宗任命阿里雅底總主教爲駐華大使。八月十四日，教宗召見法國大使，告以任命駐華大使事，至於大使動身上任的日期尙未決定。八月十七日，法政府又照會教廷國務院，堅持教廷駐華使節，應爲沒有外交身份的非常宗座代表。(二九)同時法國已決定，如教宗不接受法國的建議，竟派大使駐華，法國即撤回駐教廷大使。

教宗良第十三世，不接受法政府的恐嚇，仍舊保持駐華使節的大使身份，又命阿里雅底總主教於九月二十五日，由馬賽乘法國郵船Saghalien號起程往中國。

法國政府乃於九月十二日，向教廷致最後通牒，言明如教廷派使赴華，法國政府撤回駐教廷大使，聲明法國與教廷所訂的條約作廢，停止法國政府給與法國教會每年的津貼費。

教廷接到法國的最後通牒，乃決定駐華大使阿里雅底總主教改期赴任。

李鴻章所派的交涉員敦約翰，當教廷和法國辦交涉時，聽取教廷國務院的示意，暫時離開羅馬。九月十四日，敦氏奉召回羅馬。教廷國務卿把法國最後通牒，和教廷大使改期赴任的事，原原本本都告訴他。敦氏乃把種種經過電告李鴻章(三十)。

九月二十日，教廷國務卿雅各彼尼樞機正式致函敦約翰，重新肯定十四日口頭所告的消息，是聲明教廷於五月二日致李鴻章信中所定通使之事，繼續有效，僅教廷大使緩期赴華上任。教廷國務卿請敦氏就交涉的情形，以及教廷處境的困難，向北京政府詳加解釋。

敦約翰來電，光緒十二年八月十九日（陰曆）：

「西曆八月間，法廷致羅馬哀的美敦書，迫令答覆，辭意嚴厲。教皇心志未為搖惑。法見不受恫喝，即彎轉說項，以為教皇暫且可派欽差。教皇仍依舊未應。然已派定使臣，擬於九月二十六日上船動身矣。別國暗中幫助教皇。法廷另有傳言云：教皇若果派使，則法與教皇所守條約全行撤毀，國中教士每年俸銀五十萬兆佛郎概停不發。各教士恐絕生路，因而環求教皇，切勿遣使赴華。教皇聞之，心甚躊躇，擬設法能免此難，雖未改初心，暫且不派公使。北堂一事，教皇云中國儘可自己作主，飭令遷出。與中國有約各大國，均言按地主之例，可令將北堂移讓。教皇甚望中國善撫教民，加意保護，毋爲法國有所藉口，是爲至要。」

光緒十二年八月二十一日（陰曆）：

「畢士馬極頌教皇有定見。意大利、日斯巴尼亞朝廷，均笑法國挾制教皇，爲無理取鬧。」

光緒十二年八月二十三日（陰曆）：

「欽差暫不動身。如法國不答應北堂遷讓事，西國各朝廷之意，應按地主例辦理。請轉稟中堂，准我應允意大利日斯巴尼亞兩國各保護其在華教士。」(三)

已經成功的事，忽又被破壞了。教廷所謂駐華大使改期上任，實際即是「無期」。

三、北堂事件

1. 北 堂

北平舊有東西南北四堂，北堂原在皇城內。法王路易十四世曾遣張誠、白晉等五位法國耶穌會士來我國，由南懷仁介紹於康熙皇帝。康熙二十六年間晉京。康熙命張誠和白晉留在京師效用，其他三人，聽便往他省傳教。「康熙三十二年（一六九三年），皇上偶患瘧疾，委頓不堪，太醫束手無策，張誠等進西藥，一服而癒。皇上大悅，將皇城西安門內廣廈一所，賜給張誠等居住。」㈢

康熙於是年七月四日召張誠、白晉等入宮，遣太監宣旨，告以賜贈皇城西安門內住宅事，張誠等三跪九叩謝恩。七月十二日張誠、白晉、劉應、洪若（Gerbillon, Bouvet, de Visdelou, de Fontaney）等四人接收賜屋。康熙又命工部把所賜的房屋加以修理，於十二月十九日竣工。次日，張誠等舉行祝聖聖堂典禮，命名爲耶穌受難堂。當時堂外有空地一方，太監中有人建議在空地建屋，供太監宦官們的住所。張誠等聞知，上奏，請皇上賜贈空地，以便起造教堂。康熙允奏，以空地之一半，賜贈耶穌會士，耶穌會士乃動工造堂，康熙賜銀一萬兩，派大臣監工。康熙四十二年（一七〇三年）十二月九日，舉行祝聖新堂大典，皇上親題「萬有真原」匾額[33]。這座教堂稱爲北堂。

乾隆四十八年（一七八三年），耶穌會已被教廷解散，教廷傳信部於十二月三日頒發部令，以法國耶穌會在北京的北堂，轉由法國遣使會管理。法國遣使會士於乾隆五十年晉京，接管北堂。傳信部的部令說明教宗因法王路易十六的請求，乃決定以法國遣使會士接替北京的法國耶穌會士。[34]

嘉慶道光兩朝，教難迭起，傳教士多被逐出我國。皇城內的北堂，法國傳教士不敢居住。堂上的十字架和鐘樓也被拆毀。咸豐十年，天津條約成立，清廷按照條約，把此堂交還法國公使，法國公使再交還遣使會士。法國政府以中國政府的賠款，助修此堂房屋；十字架和鐘樓，重復修建。慈禧太后既當國，很不喜歡這座北堂。「瞻禮日，琴聲歌聲，頌禱聲，喧聒於宮人耳鼓，殊討人厭。」[35]乃願另賜一地，命教堂遷出。光緒元年（一八七五年），慈禧命左宗棠辦理北堂遷移問題，未得要領。光緒十一年，李鴻章向朝廷建議和教廷通使，慈禧遂命鴻章向教廷商議遷移北堂。鴻章派敦約翰赴羅馬接洽通使，同時也命他接洽北堂問題。理由爲太后將歸政皇上，擬在三海建養頤的宮殿。

北京遣使會士事前不大明瞭敦氏赴羅馬接洽北堂事的真相，所以不很注意。等到他們從天津稅務司德璀琳（Detring）得知了消息，他們便急欲派人往羅馬。光緒十二年（一八八六年）五月十三日，教廷國務卿電北京代權主教，著急派樊國樑（Alphonse-Marie Favier）來羅馬，商討要事。

樊國樑神父時任北京副主教，已爲這事在總理衙門和法國公使館之間奔走交涉。五月二十九日，他和李鴻章商定五點：（一）北堂，在教士們遷出時，應保持原狀，一塊磚石都不能動。遷出日期由光緒十三年正月初一日，至十五年二月初完畢。（二）在三個月內，朝廷以西什庫房屋賜贈教士。（三）皇上頒發上諭說明北堂和西什庫對換事。（四）教士在西什庫屋外立碑，碑上彫刻皇帝上諭。（五）朝廷賜銀修理西什庫房屋，建造聖堂。㈡

六月中，樊國樑自天津動身，七月十五日抵羅馬。那時教廷正和法國政府因著中國通使問題相持不下；因此對此北堂問題不甚注意。而且李鴻章和樊國樑所擬的五款，在教廷看來，很可以接受。但是這個問題的核心，不是條款問題，而是一法理問題，北堂由清康熙皇帝賜給耶穌會士，耶穌會解散後，由傳信部轉給遣使會，北堂明明是教會的產業。教會產業的轉移或變賣，需要教廷的批准。法國政府卻以爲天津條約成立後，北堂由清廷交還法國公使，由法國公使再交還遣使會，北堂便是法國政府的所有物。爲遷移北堂，清廷只能夠和法國政府交涉，不能和教廷交涉。樊國樑抵法國巴黎時，法國政府認他是出賣北堂的奸賊，多加責難。樊國樑在骨子裏是爲法國爭權，他往羅馬，就是爲向教廷爭持這案應由法政府參加交涉，然而同時也要有教廷的同意。

八月七日，法國外交部長電訓法國駐天津領事Paul Ristelhuerber，命他向中國政府說明，北堂因天津條約爲法國產業，轉移問題，不能向教宗交涉。

教廷不承認法國政府的這種妄自尊大，天津條約明明規定中國以教會被侵奪的財產，交給法國公使，由法國公使交還教會。所交的財產乃教會財產；法國公使僅爲居間人，因著保教權的名義，從中監察而已。

通使問題既因法國的反對而失敗了，教廷爲避免再起衝突，便批准樊國樑的建議，他可以根據所擬定的五項條款，和法國駐華使節商量。樊國樑又得了遣使會總長的同意，能夠談判轉換北堂。於是就在九月二十日，從馬賽乘船回中國，十一月十日抵達天津。法國駐華公使公斯當（Constant），禁止他往見李鴻章。公斯當本爲著名反對教會的人，在法國時，曾主辦驅逐法國的修會人士出境。到了中國做公使，卻極力主張保存法國的保教權。十一月十二日，李鴻章知道了樊司鐸已到津埠，就派人召他入署面見，樊司鐸乃向北洋大臣報告談判的經過，請總理衙門和法國公使，根據已經擬定的五款，直接商議。李鴻章已往不願意承認法國對於北堂有交涉權，這時也只好遷就。

十一月十三日，樊國樑晉京，往見法國公使公斯當，公斯當嚴詞責罵，聲言將遣送他回法國。樊國樑勸公斯當息怒，告以總理衙門將和他交涉，公斯當就轉怒爲喜了。

法國政府所爭的，不在於北堂的遷移，或遷移的條件；法國所爭的，是中國和法國直接交涉，以顯出法國的保教權。李鴻章答應和法國公使交涉了，一切疑難都冰消了。

那時敦約翰也回到了北京，也參加北堂的交涉。十一月二十二日，李鴻章正式照會法國公使，謂教宗已准換移北堂，但爲換移的條件，應和法國政府接洽。因此請法國公使，按照已定的條款，和北京主教議定遷移北堂到西什庫㉗。法國公使當天答覆李鴻章，謂將竭力完成所託的任務。十二月三日，光緒皇帝頒佈上諭，以北堂遷移到西什庫事，曉諭人民。對於這項交涉，辦理有功的外國人，都賞賜各品頂戴。北京主教賞賜二品頂戴，樊國樑賞賜三品頂戴，敦約翰賞賜三等第一寶星，天津稅務司德璀琳賞賜二品頂戴，法國領事賞賜二等第三寶星。㉘

十二月十五日，總理衙門照會法國公使，以西什庫房屋土地交付法國政府，由法國政府轉交北京主教。次日，北京主教簽字接收西什庫房屋土地的所有權文據。次年三月，動工修建西什庫天主堂。所建西什庫天主堂，即是於今的北堂㉙。

註：

(一) Juris Pontificis de Propaganda Fide, Romae, 1894, vol,VII p.317.

(二) L. de Reinach, Recueil des Traites conclus par la France et Extreme-Orient, 1684. 1912, p.54.

(三) L. de Reinaxch, Recueil des Traites conclus……p.89.

(四) Boel Paul, Le Protectorat des Missions catholiques en Chine et la Politique de la France en Extreme-Orient, Paris, 1899, chap. 1.

(五) Un Prelato Romano (P. Gasparri), II protettorato della Fracnia nell' Oriente e nell' Estremo-Oriente, Roma, 1904.

(六) 方豪　中國近代外交史（第一冊）　臺北　民四十四年　頁一一〇—一一二。

(七) 同上，頁一三七。

(八) 同上，頁一四六—一四七。

(九) Rapport de Wynhoven a Patenotre le 27 juin 1885, A.E. Chine（法國外交部檔案）。Correspondance politique (C. P. 68)f.321.

(十) Osservatore Romano, 23 mcrzo 1885.

(十一) P. Antonio Lozza, II pacifico stratega (Mons. S. Volonteri), Milano, 1956, p.13

4, nota 9.

(十二) A. Thomas, Histoire de la Mission, de Pekin, Tirage prive liv. 11. p.595.

(十三) Lettre de Bettembourg, Procureur general des Lazaristes au Directeur de la Direction Politique du Ministre, Paris le 31 aout 1886, A. E. Chine(M. D.) 12 f.257.

(十四) Teleg. de Cogordan au Ministre, Changhai le 14 juin 1886, A.E. (C.P.) 69 f.312.

(十五) 李文忠公全集 吳汝綸編 商務印書館 第七十二冊 第一一二頁。

(十六) Card. Ludovico Jacobini（當時教廷國務卿）Mons. Domenico Jacobini（當時任傳信部次長，因與國務卿同姓，易於混淆。）

(十七) Teleg. de Lefebvre a Freycinet, le 9 fevrier 1886, A.E. Rome, 1083 f.105.

(十八) 李文忠公全集 同上 第十九—第二十頁。

(十九) 同上，第二十六頁。

(二十) Rapport de Lefebvre de Behaine a Freycinet le 27 fevrier 1886, A.E. Rome, 1083, f.16.

(二一) Teleg. de Lefebvre a Freycinet le 14 aout 1886, A. B. Rome, 1085, f.77.

(二二) 李文忠公全集 同上 第三十頁。Mons. Antonio Agliardi，義國Bergamo人，生於一八三二年九月四日。一八八四年任印度宗座代表。一八八六年任教廷國務院非常教務副國務卿。一八八九年任駐慕尼黑大使。一八九三年任駐維也納大使。一八九六年策封為樞機。（見義大利公教大辭典第一冊。）

(23) Rapport de Lefebvre a Freycinet le 27 fevrier 1886, A. E. Rome, 1083, f.16.

(24) A. E. Rome 1084, f.282-289.

(25) Project de note au Saint-Siege, A. E. Rome, 1083, f.302.

(26) Note du Saint-Siege le 3 mai 1886, A. E. Rome, 1084, f.37.

(27) Rapport de Lefebvre a Freycinet le 30 juin 1886, A. E. Rome, 1084, ff.131-135.

(28) Les instructions confidentielles de Freycinet au Comte Lefebvre de Behaine, le 10 juillet 1886, A. E. Rome, 1084, f.252.

(29) Depeche de Freycinet a Lefebvre le 17 aout 1886, A. E. Rome, 1085, ff.86-88.

(30) 中國駐法國大使館檔案—許景澄任內。

(31) 李文忠公全集　第三十六頁。

(32) 蕭若瑟　天主教傳行中國考　下冊（一九二六年）頁五九。

(33) A. Thomas, Histoire de la Mission de Pekin, livre I, pp.114-117.

(34) A. Thomas, Histoire de la Mission de Pekin, livre II, p.12.

(35) 蕭若瑟　天主教傳行中國考　下冊　頁一八三。

(36) A. Thomas, Histoire de la Mission de Pekin, livre II, pp.629-630.

(27) Depeche de Li Houng Tchang à Constant: Tientsin le 22 novembre, 1886, A. E. (C. P.) 70 f. 294.

(28) 李文忠公全集 同上 第四四—第四五頁。

(29) A. Thomas, Histoire de la Mission de Pekin, livre II, pp. 625-641.

民國初年中國擬與教廷通使

（此文多用謝凡神父所集的材料，特此致謝。）

一、引論

教宗良第十三世在一八八六年，決定教廷駐華大使改期赴任後，教廷和中國通使事就擱起不提了。

良第十三世御極二十五年，號稱「天上之光」，於一九〇三年駕崩。羅馬教宗的國際地位，當一八七〇年義大利吞併「教皇國」時，許多人以為從此將一蹶不振，愈轉愈下。然而良第十三世任教宗時，羅馬教宗的國際聲譽，卻步步上升。這種上升的程度，到現在尚未降低，目前國際人士，大家都承認羅馬教宗是國際倫理道德力的中心。

中國的傳教事業，自一八八六年以後，由法國的保教權，演變為德國、義大利、西班牙等各國保護本國教士的現象。光緒二十六年（一九〇〇年）義和拳殘殺教士教民，釀成了八國聯軍。

在義和拳蠢動時，清廷一般無識的王爺官吏，多信拳匪真有扶清滅洋之力。唯一有識的外交官，冒死在西太后前駁詰的是許景澄，因而被西太后所殺㈠。

當李鴻章和教廷談判通使時，許景澄那時兼駐法公使，知道其中的經過。他是贊成中國和教廷通使的人。光緒十八年（一八九二年）許景澄調同文館一個青年學生陸徵祥到駐俄使館任翻譯，一心訓練這個青年成一完備的外交官。陸徵祥自己記述說：「回溯在俄時，勉祥學習外交禮儀，聯絡外交團員，講求公法，研究條約，冀成一正途之外交官。祥雖不才，抱持此志，始終不渝。」㈡陸徵祥後來進了天主教。許景澄乃囑咐他研究羅馬教宗在國際的影響，注意中國和教廷使通事。

辛亥革命，民國成立。陸徵祥出任中華民國的第一任正式外交總長。新外交總長徹底刷新原有外務部章程，培植外交人員㈢。他心目中也沒有忘記先師的遺訓，圖與教廷通使，建立國交。但是他也知道李鴻章的經驗，法國政府在那時雖然是反對教廷的，然而對於自己的保教權，一定不願意放棄。他便耐心等候適宜的時機。

一九〇三年教宗良第十三世駕崩後，聖庇護第十世當選爲教宗，選任一年青的總主教墨里德瓦（Card. Rafael Merry del Val）爲國務卿，又即策封他爲樞機。

一九〇四年四月，法國總統魯白（Loubet）來羅馬訪問義大利王。那時教廷還沒有和義大利簽訂條約，尚以羅馬爲固有領土。因此在法總統決定訪問義王以前，教廷曾向法政府表示，如法總統來羅馬訪問佔據教皇領土的義王，這種行動對於教廷不能視為友誼的行動。法總統如要來義大利回拜義王，則最好在羅馬以外的一座義大利城市拜訪，不必專誠來羅馬。法政府和義大利政府，那時都是趨於反宗教的，便不接受教廷的建議，兩國元首的訪問禮，隆重地在羅馬舉行。教廷遂正式向法國政府抗議。法國政府反以為教廷侮辱法國，竟撤回駐教廷大使，驅逐教廷駐法大使出境，斷絕和教廷的國交。次年十二月，法國國會又通過政治和教會脫離關係，沒收教會財產，停止每年教會津貼費㈣。

當時有人推測，教廷或者將採取報復手段，聲明法國在近東和遠東的保教權作廢。法國在國際的聲望，必受重大的打擊。就是在一九〇四年，教廷國務院非常教務副國務卿嘉斯巴力總主教（Card. Pietro Gasparri）刊行一小冊，專題討論法國的保教權。嘉斯巴力從法理方面解釋法國在遠東和近東的保教權，以兩項法律行為作根據：一項是法國和東方各國所訂的條約，一項是教廷承認條約上對於教務所有的規定。各國的傳教事務，本來完全直接屬教廷管轄，另一國的政府願意保護某地的傳教事務，必要取得教廷同意。假使教廷一旦聲明不再同意法國政府享有保教權，法國在遠東和近東的保教權當即作廢。但是教廷的外交，素不採報復政策，故在當時教廷沒有意思聲明廢止法國的保教權㈤。

二、中華民國擬與教廷通使

聖庇護第十世於一九一四年第一次世界大戰爆發時駕崩。本篇第十五世繼任為教宗。嘉斯巴力樞機任國務卿。

嘉斯巴力樞機，義大利馬柴拉達省人（與利瑪竇同省），生於一八五二年，卒於一九三四年。少年任羅馬傳信大學及拉特朗大學教授，後又任教於巴黎公教學院，以精於法學著名當世。一八九八年晉陞總主教，任務廷駐南美秘魯、波利維亞、厄瓜多爾等國宗座代表。一九〇一年，任教廷國務院副國務卿，後又兼任教會法典編纂委員會秘書長。一九〇七年受策封為樞機。

陸徵祥在民國元年任外交總長，不數月，又任國務總理兼外長。次年辭職，退居總統府顧問。民國四年，復出為外交總長。後兩年黎元洪為總統，時歐洲大戰已起，黎氏不主張參戰；陸徵祥主張加入協約國，對德宣戰。陸氏乃辭不入閣。次年段祺瑞組織政府，贊成參戰，陸氏遂再出為外長㈥。

中國對德宣戰以後，中國政府想發展外交行動，爭取多數國家的同情，預備在和會時，能夠爭回德國在山東所有的權利，防止日本實行二十一條件的要求。在這種發展外交行動的政策中，陸徵祥便有與教廷通使建交的計劃。

民國六年（一九一七年）中國北京外交部訓令中國駐義大利公使館和羅馬教廷接洽兩方互派使節，建立外交關係。

當時中國駐義大利公使爲避免法國政府的嫌疑，中國公使不直接往教廷國務院接洽，而轉由一第三國使館從中作居間人。中國公使每日派使館主事朱英到居間的使館送遞文件和接收消息。主事的地位低微，不致引起法國使館的注意。

教廷國務卿嘉斯巴力樞機，接到中國政府的通知，很表贊成，教宗本篤第十五世也表示同意。中國與教廷兩方遂在羅馬進行談判。那時歐洲大戰還沒有結束，教廷因著戰事所發生的問題很多，故和中國通使一事交涉頗慢，但並沒有半途遇到難題，兩方終於圓滿結束。

民國七年（一九一八年）七月十一日，教廷機關報「羅馬觀察日報」公佈一正式消息云：「中國政府曾經向聖座表示，願意和聖座建立正式外交關係，聖父教宗欣然接受了中國政府的要求，並同意中國政府遣派前駐西班牙及葡萄牙公使戴陳霖先生爲中國駐教廷公使。」(七)

教廷駐中國的使節爲一大使，大使人選，教廷已內定爲白賴理總主教（Abp. Petrelli）。內定的大使當時任教廷駐菲律賓宗座代表。教廷爲預防法國政府可能有的反響，沒有公佈教廷派使駐中國一事，且沒有發表任何人爲駐華大使。按照教廷外交慣例，教廷可以接受一國的使節，而自己不派使節駐在這一個國家裏；又可以教廷派使駐在一國裏，這一國卻不派使駐教廷。

但是法國的報紙立時表示反對，各報都登載攻擊教廷的文字。法國政府也向中國政府抗議。法國報紙攻擊教廷的理由，據稱教廷派使駐北京，侵害法國從天津條約所取得的保教權。法國政府向中國抗議的藉口，說教廷通使問題，乃是德國外交部所發動，教廷內定的大使素來親德。

教廷機關報「羅馬觀察報」在當年七月十四日，於第一頁第一行登載一社論，題爲「教廷與中國」，作者雖未署名，但筆法與內容顯然爲嘉斯巴力國務卿的手筆。這篇社論第一段說明教廷遣使駐中國的理由，第二段說明教廷駐華大使的任務，第三段說明法國政府對於這事既沒有阻止的權力，也沒有阻止的必要(八)。

法國朝野上下，不顧教廷機關報的聲明，繼續反對教廷和中國通使。義大利的L' Italia日報於八月十三日撰文說：

「泰晤士日報公佈，法國駐北京公使向中國政府提出抗議，反對中國接受教廷駐華大使。……法國聲明教廷任命駐華大使，違背一八五八年中國所訂天津條約中，允許法國對中國信奉天主教者的保護權。法國的抗議更又聲明梵蒂岡，看來不是向協約國表示同情，而是向協約國的敵人表示同情。因此在大戰時，中國政府若接受梵蒂岡所任命的使節，則是對於協約國缺少友情。

中國外交部長還沒有答覆，因爲他感覺進退兩難。梵蒂岡任命大使乃是爲配中國已任命駐教廷公使。中國最近已任命駐馬德里公使兼駐梵蒂岡。

但是中國政府已經聲明，不願意接受維也納會議的條文，以教廷大使爲駐華首席大使。梵蒂岡方面則堅持此議。

大家都知道教廷駐華大使爲Abp. Petrelli，目前教廷駐菲律賓宗座代表。按照路透社的消息，據消息靈通方面的人士所有的觀察，教廷派使駐華，乃是德國外交部長Admiral Hintze的政治手腕所發動，彼曾任德國駐北京公使，又是一個天主教信徒。……」(九)

法國那時和教廷已經絕交，沒有辦法可以向教廷直接交涉。於是在當年七月中旬，派法國國家學會會員高山（Denys Cochin）來教廷訪問，覲見教宗，又拜訪國務卿樞機。高山離羅馬後，向法國一報紙（Gaulois）編者發表談話，談話中有云：

「我沒有忘記請嘉斯巴力樞機注意，法國在中國久已取得的權利。這種權利是我們法國傳教士流血換來的。他承認我們這些權利。而且從他向我所說的，我有理由可以相信我們的這些權利會被教廷所承認。」(十)

教廷究竟怎樣承認法國在中國的保教權呢？國務卿嘉斯巴力樞機在當年（一九一八年）

八月二十二日，致函法國巴黎總主教艾麥特樞機（Card. Leon Adolphe Amette）詳細說明法國對中國通使事的態度。

「樞機鈞座：近有人紛紛傳說，法國政府反對教廷新派駐北京大使使節。各方面的形跡，似乎認明這種謠傳屬實，法國政府的反對，既沒有適當理由，而使教宗聖父非常痛心，僕因此願與樞機鈞座一談此事。

大約在一年前，中國政府自動又表示願與梵蒂岡建立外交關係。中國政府的心願，在以往也曾表示過。聖座運用教會本身所有派遣和接受外交使節之權，很樂意地接受了中國通使的要求。……

從這一方面說，在事實上大家早已承認爲中國傳教事務的利益計，應有一位長川駐在中國的教廷使節；這位使節若能具有外交身份，可以取得許多便利。在另一方面說，一位駐北京的教廷大使使節，不但絲毫不會損害法國在遠東的保教所有的特權和特典，而且還可以予以利益。因爲教廷希望法國保教權的特權和特典可以保全。僕在這封信內，願意把這兩方面的理由稍加說明，使一些沒有根據的誤會，可以冰消。……

教廷駐中國使節的任務，應和教廷駐他國的宗座代表一樣。教廷大使的任務：使委託給多數修會的傳教事務能夠統一；使宗座代牧區和宗座監牧區，按照地方情形的需要，呈報傳信部，予以增加數目，或改變各區區域；每逢宗座代牧和宗座監牧在疑難中，能予以指導。鼓勵宗座代牧和監牧發展傳教事業，另外應發展培植本籍聖職員；使傳教事務中能有的錯誤隨時加以匡正……傳達聖座的訓令於受令的人員，並監督實行；以可任教會要職的人士姓名呈報聖座；以中國教務情形，報告聖座，並建議改進教務的方法……總括說來，以一切適當的方法推進教務便是教廷駐華使節的任務……

保教的對象；首屬政治範圍以內。如要中國政府遵守一八五八年天津條約的第十三款（在中國和其他國家所訂的條約裏，也列有同樣的條約）；相幫天主教信友在財產方面，和中國官廳辦交涉；同時給往中國內地的傳教士，不分國籍予以通行執照；最後在宗教禮儀上，法國使領人員享受聖座對於保教者所授與的特典。

從此可以看出，教廷大使和保教者兩方的任務範圍，分別甚為清楚。因此也就沒有理由，可以說教廷大使使節將減低法國在遠東的保教權，更不能說教廷大使使節將取消法國的保教權。據報界所說法國向中國抗議時，謂教廷駐北京大使使節，違背天津條約。然而我們只要研究天津條約的第十三款（僅只這一款和我們的問題有關係），我們就可以知道這種埋怨完全沒有根據。……

僕所說已多，僕的用意，即在將前面所說的兩點，詳細說明，使人不可有疑慮，教廷駐北京大使使節，既大有益於教會，而又不絲毫損害法國在遠東的保教權，且可以予以便利。

法國對此事的反對，便沒有理由，又不合於保教者應有的友情。……

僕希望這封信可以解散各方的疑團。樞機鈞座可以轉送此信與畢雄（Pichon 法國外交部長）一閱，並可留給他一份副本。

僕俯首吻樞機尊座貴手，謹致敬意。僕樞機嘉斯巴力。」⑾

這封信說的各項理由，七月十四日在羅馬觀察報已經說過。然而羅馬觀察報雖是教廷機關報，報上社論不能算是聖座的公文；這封信則是國務院的公函了。嘉斯巴力樞機希藉巴黎樞機之力，勸法國外交部打消反對的態度。

法國人所怕的，仍舊是怕教廷大使在法國公使以上，法國公使無法執行保教權，法國報紙說：

「梵蒂岡根據維也納會議的條文，已經要求教廷大使位在外交團其他使節以上。這樣，最後來到北京的教廷大使，立時成爲使團領袖，別國駐北京的使節都是公使，教廷大使高出他們一頭。我們可以看見中國的這種笑話，在一個不信天主教的國內，教宗的使節，走在其他列強的使節以前。教廷大使既處在這樣的地位，當然要表示在法國公使以上。保教權的事務，在事實上將由教廷大使作主，法國公使將只替他執行任命。這不是反賓爲主，輕重顛倒，受保護人在保護人以上嗎？」⑿

法國既反對教廷駐菲律賓宗座代表出任駐華大使，逼迫中國政府不予以同意，教廷便另派畢散義（Msgr. Pisani）為駐華大使。畢散義蒙席，當時任教廷御前大會部副次長，充戰時教廷特派駐君士坦丁堡救濟難民專員。可是法國政府又向中國政府表示，謂畢散義蒙席有親奧的嫌疑。同時又約英、義大利，一齊勸中國外交部勿接受教廷使節。

耶穌會在羅馬出版負有國際聲譽的雜誌「公教文化」（Civilta Cattolica），乃嚴詞指斥法國的舉動。「公教文化」云：

「中國和聖座互派使節一事，由中國政府發動，既非聖座所主動，更非Hintze上將所策劃，事在該上將任外交部長之先。為接洽此事，德國政府或其他任何政府均未參加。假使法國真已向中國政府抗議，認為通使有違一八五八年的天津條約；這項抗議，在法律上沒有一點根據。因為天津條約的第十三款，既一字沒有提到教廷大使，也沒有提到法國的任何權利，僅允許信仰天主教人，宗教自由。

教廷大使駐北京，既明明不反對天津條約，教廷的敵人乃群起阻止白賴理總主教，可以出任大使，由泰晤士日報領頭，義大利和外國的報紙相附合，言中國政府已向聖座聲明，不能同意白賴理主教出任駐中國大使，因他以往在德國勢力範圍內的一個國家裏任教廷大使，特別表示很同情德國。但是在這段話裏，盡是一堆謊話。大家都知道白賴理主教從來沒有任過教廷大使，他從一九〇三年被派到菲律賓，任宗座代表公署秘書，後升宗座代表，至今常在菲律賓，一共離開菲律賓三次，一次回義大利探望親友，兩次赴日本東京，負有教廷特別任命。那麼在那一個處於德國勢力範圍內的國家?他何以表現親德呢?」

「義大利日報」(Il Giornale d' Italia)(八月十三日)登載一巴黎通訊，報告「新歐洲雜誌」(L' Europe nouvelle)和「辯論報」(Journal des Debats)關於教廷駐北京大使使節的論調。「羅馬觀察報」(八月二十五日)很勝利地予以辯駁:

「幾時才可以使這一堆的謬見、詭辯，和惡意污衊，終歸消散呢?這一堆謬見和污衊只能使輕信謠言和私心強盛的人，迷於真理，疏忽本國的真正利益。」(十二)

中華民國政府那時尚感到日本二十一條件的痛苦，不敢再開罪法國，終於讓步，乃通知教廷，雙方展期通使。

法國報紙說:「教廷駐中國大使使節事，於今完全結束了。中國政府在一公文裏聲明在戰時及戰後，不接受教廷使節。若教廷派一無外交身份的教務代表，中國將予以同意。」

民國七年，中國和教廷通使事，又一度被法國所阻擋，功敗垂成。

註：

(一) 羅光　陸徵祥傳　臺北商務　一九六七年　頁三二。

(二) 同上，頁三三。

(三) 同上，頁七九—八五。

(四) 羅光　聖庇護第十傳　香港　一九五四年　頁一五四—一六二。

(五) Un Prelato Romano (P. Gasparri), II protettorato della Francia nell' Oriente e nell' Estremo Oriente, Roma, 1904.

(六) 羅光　陸徵祥傳　頁八八。

(七) Osservatore Romano, 11 Luglio, 1918.

(八) Osservatore Romano, 14 Luglio, 1918.

(九) L' Italia 13 aout, 1918.

(十) Civilta Cattolica, vol. 3, 1918. p.271.

(十一) 巴黎樞機公署檔案處藏。

(十二) L' Italia 14 aout, 1918.

(十三) Civilta Cattolica, vol. 3, 1918. p.1657.

教廷派使駐中國

一、教廷派宗座代表駐華

1. 第一位宗座代表剛恆毅總主教

一九一八年，中國和教廷通使的談判，因著法國的阻梗，功敗垂成，兩方遂暫時把事情擱起了。

一九一九年，教宗本篤第十五世，委廣東宗座代牧光主教(Bp. J.B. de Guebriant)，任中國教務巡閱使，巡視中國教會實情。當年十一月三十日，教宗頒佈「夫至夫」通諭㈠，討論改革傳教的方法，宜重用本籍聖職員。光主教就通諭上所論各點，和中國各區主教，討論實行步驟。次年春天，光主教結束了巡視事宜，往羅馬報告結果，建議遣派宗座代表駐華㈡。

一九二一年正月二十二日，教宗本篤第十五世駕崩。二月六日，庇護第十一世當選。六月，聖神降臨節，教宗主禮傳信部成立第三百週年大慶。六月十二日，署理斐烏墨教區(Fiume)剛恒毅主教(Bp. Celso Costantini)，忽然接到傳信部長王老松樞機(Card. Willem Van Rossum)的信，告以教宗想派他到中國任宗座代表。

庇護第十一世登極後，繼承了前教宗派使駐華的計劃。採納了光主教的建議，乃與國務卿加斯巴力樞機議定，派宗座代表駐華，但事前絕對守秘密。一月十一日，教宗頒佈設立駐華宗座代表的諭令，諭令說：

「教宗庇護第十一世，爲制定遺典事。按中國公教，傳佈已廣，所立宗座代牧區及宗座監牧區，亦已甚眾。茲欲對於中國人民愈顯余雅愛之誼，及煎迫於余心之傳教熱情，特俯順該處多數主教之請求，欽定一駐華宗座代表使職。以增聖教之保護及聲譽。余之懷此意，實欲使立此宗座代表使職後，中國人民愈知余慈父之心切念中國，而欲以加惠也；使中國之主教，密相聯絡，以盡其所任之職責也；使在此廣袤之中國，亦如其他國中，得宗座代表之率領，而聖教有優新之發展也。爲此余先聽取掌理傳教事務之羅馬聖教樞機等之意見，並將此事各面之關係，慎思熟慮之後，由余自動，按照確定之知識，與慎重之計慮，以余之宗座全權，頒佈此諭，創此駐華宗座代表使職，而建立之。至其權限，著以中國五大教區及其所屬島嶼，悉隸屬之。惟台灣宗座監牧區不在其內。此乃余所欽定；並欽定此項諭文，堅定有效，永久保留，常生應有之效力。現在及將來，凡與此諭令有關之人，悉應充分奉行之。如有反此諭令之人，無論其身有何種權位，知與不知，俱按此諭文以審查判決其行動，悉爲無效。以往宗座法典律令及其他與此諭相反之條例，一並申明作廢。此諭。」㈢這項諭令在頒佈時，外間沒有人知道，等到當年十二月底纔在聖座公報上發表了。

剛恒毅總主教的任命狀，也發於八月十一日，教宗的委任敕令說：

「今欲遴選第一任駐華宗座代表，余與職掌傳信事宜之羅馬聖教樞機商議後，因重視閣下所具之品德才幹，欲委閣下以駐華宗座代表之職。因是頒此諭令，遴選並明令公佈委任閣下爲駐華第一任宗座代表。按此諭敕之命令，以余之權威，授閣下以一切必須與適宜之權力，俾閣下能順利執行宗座代表之職，而能有成。余並訓令各方有關人士，認閣下爲駐華之宗座代表，使閣下能自由執行全部職務，且在凡百事上有以協助。」㈣

剛恒毅總主教在當年八月初四日，已覲見教宗辭行。九月廿二日，由威尼斯港搭乘義大利的威尼斯號商船，動身來華履新。當時外間沒有人知道這事。

剛恒毅總主教在動身以前，由教宗和國務卿及傳信部長領有各項訓示，作爲赴任後執行職權的方針。他自己記錄這種方針有以下五點：

「⑴我的宗座代表職務，只有傳教的宗教性質，因此不得有任何政治的聯繫和色彩。

(2)對於各方我都應該尊重。尊重中國政府，尊重外國的權利。但是我要保全我的自由，絕對不能爲任何外國的政治利益而服務。我不屬於任何人，只屬於教宗。我不代表任何別的政權，我只代表教宗。

(3)聖座不干涉政治，有時政治走進了宗教的範圍，聖座乃偶爾也辦政治。

(4)聖座對於中國，沒有絲毫帝國主義的野心，列強的政治，和聖座不相干。教宗愛中國，誠心謀求中國的福利。中國該是屬於中國人的。

(5)傳教事業是爲聖教會服務。聖教會在主教的人選上，也是公教，主教的人選，通常是選自各地的本國人中。外國傳教士，爲給教外人宣傳福音是不可少的。但是幾時在傳教區內，若有些地方可以選擇本籍神長以建立聖教會，外籍傳教士既能收穫自己工作的美果，便要退到別的地方，再去預備建立本籍教會。」(五)

剛恒毅代表於一九二二年十一月八日抵香港，在香港登岸後纔把傳信部致中國各教區主教的公函分寄各教區，正式宣佈自己來中國的使命。十二月二十日離香港往上海，十二月二十七日，離上海往北京。次年元旦，謁黎元洪總統賀年。正月十二月離京赴漢口，二十三日抵漢口，在漢口成立宗座代表臨時公署。

剛恒毅總主教，爲義大利威尼斯省加斯提翁(Castions)鎮人，生於一八七六年四月三日。家道清寒，父業泥水匠，恒毅聖洗名柴爾索(Celso)，小學畢業後，隨父操泥水工作。十五歲時，進本教區修院。

在教區修院讀了五年書，剛恒毅要求自費往羅馬求學。教區神長不贊成，拒絕寫介紹信。剛恒毅單身往羅馬，幾乎到處受人拒絕，僅能在羅馬求學兩年。

一八九九年十二月二十三日，恒毅晉升司鐸，在本教區服務，曾任公各爾底亞城(Concordia)總本堂十七年。第一次世界大戰時，任義大利前線亞奎來亞(Aquileia)代理本堂。後任第三十軍區戰地醫院隨軍司鐸。

第一次大戰告終，義大利與南斯拉夫接壤的斐烏墨港(Fiume)成爲自立港。義大利的敢死隊衝入港口，欲據爲義大利領域。羅馬聖座爲應付時勢，遂以斐烏墨爲一新教區。一九二〇年四月卅日，剛恒毅神父接到聖座御前會議部秘書長德萊益樞機(Card. de Lai)函，任他爲斐烏墨教區署理主教。次年，陞爲領銜主教，八月二十四日，在本鎮公各爾底亞總堂受祝聖主教禮。一九二二年升爲駐華宗座代表，領總主教銜。

剛恒毅總主教既駐節漢口，隨即著手籌備兩項重要的工作。在羅馬動身時，王老松樞機曾訓示趕緊召開全國主教大會，教宗與傳信部以及國務卿又囑咐預備選任中國主教。這兩種籌備工作，在一九二三年底已告成熟。在這一年底，蒲圻監牧區成立，安國監牧區也預定於次年組織。一九二四年五月十五日，剛總主教以教宗特使身份召開中國全國主教會議。蒲圻的成和德主教和安國的孫德楨主教參加會議。再過兩年，宣化、汾陽、海門、台州，四個國籍代牧教區也先後成立。教宗庇護第十一世於一九二六年十月廿八日親自在羅馬聖伯多祿殿爲第一任中國六位主教舉行祝聖大典。六位中國主教，由剛恒毅代表率領赴羅馬。

中國公教信友，由廖輔仁，英斂之，馬相伯等發起，集資贈獻代表公署。一九二三年，於北京定阜大街三號，購屋爲臨時公署。剛總主教由漢口赴北京，七月十八日，遷入公署。後五年，買定迺茲府甲六號的恭王府成立宗座代表正式公署。

民國十七年，國民革命軍北伐成功，在南京定都，改北京爲北平。教宗庇護第十一世於當年八月一日通電中國全國公教主教，慶祝中國統一，訓令教友從事國家建設，電文云：

「聖父對於中華時局，始終極爲關心，不惟對於中華，爲完全以平等相待者之第一人；且因其真摯與誠懇之同情，首次躬親祝聖華籍主教於羅馬聖伯多祿殿。今聞中華內戰已息，衷心欣悅，不禁感謝天主；並祝望以仁愛公理爲基礎，中國能建立內外之歷久而有效之和平。爲達此目的，聖父切望此民族之正當要求與權利，皆取得圓滿之認可。夫以中華人口之眾，超於世界任何民族之上，文化最古，且曾有偉大光榮之歷史，若循公理及秩序而進，誠不能無一偉大之前途也。聖父欲中華傳教區，對於中國之和平、福利與進步，有所貢獻，並重申一九二六年六月十五日致中國各區首長：『余即位伊始』通諭之言：聖教會素主對於合法政府，宜尊重服從，且宜傳此主張以教人。聖教會爲其教士及教友所要求者，惟國民應有之自由及公民權利之保障。聖父囑咐中國各教區首長，著手組織並發展公教進行會，以加強傳教事業。使男女信友，及尤屬可愛之青年，以其祈禱，善言及善行，於其祖國之和平，社會之福利，及國運之昌盛，有所貢獻，以使聖經內神聖而利人之原則，日益宣揚。並襄助主教神父，廣揚基督思想，推行公教慈善事業，造福私人與社會。聖父重申其對中華和平及繁榮之祝望，切禱天主允其所求，沛賜此恩。茲特頒賜汝等以其慈父之宗座遐福。加斯巴力樞機」㈥

剛總主教接到教宗的通電，立即轉告全國主教，又轉送中國外交部。外交部長王正廷復書作謝。書云：

「目前，中國統一告成，政府及民眾，當本素來和平之精神，躋全世界於幸福之途，以副教宗祝禱之誠也。特此敬復，即懇貴代表轉達教宗爲荷。」㈦

一九二九年正月二十二日，剛總主教在南京拜謁蔣中正主席，隨行者有上海惠主教，海門朱主教，和陸伯鴻先生。謁見主席時，剛總主教致詞云：

「國民政府大主席鈞鑒：恒毅自羅馬來貴國，代表我當今至上聖教宗庇護十一世；凡普世傳揚聖而公之聖教者，莫不隸屬教宗也。恒毅能親見國內諸傳教士諸奉教人等，以恭順之心，表示於鈞座及貴政府之前，自覺甚爲榮幸。教宗之心願，已於一九二八年八月一日所發之通電，剴切言之；今日得再代爲面陳，無任忻慰。今觀太平實現，統一告成，本代表申祝自今以後，政治維新，實行建設，則中華民國萬年有道之基，其在此乎。」㈧

剛恒毅代表乘機拜會外交部長王正廷，商談訂立教約。一時法國在上海的報紙，群起攻擊。訂約的談判遂暫時停止。

同年，六月一日，國民政府在南京舉行總理奉安典禮。教廷派剛恒毅總主教以大使銜爲教廷參禮特使。教廷特使謁陵和拜謁政府主席時，不和別國的使節同時並行，以避免位次先後的問題。

這時，剛總主教忽攖足氣病，時愈時發，一九三二年底，足病劇發，不能起床，乃呈請教宗准予離職養病。一九三三年二月九日，離上海乘船回義大利。休養半年，病雖痊可，醫生勸勿再回中國。十一月三日覲見教宗，請准辭職，教宗照准。後兩年，出任傳信部次長。一九五三年策封爲樞機。一九五八年逝世。

2. 第二任駐華宗座代表蔡寧總主教

一九三三年十一月廿八日，傳信部以部令任命蔡寧蒙席（Msgr. Mario Zanin）爲駐華宗座代表，領總主教銜。次年正月七日，蔡寧總主教受祝聖主教禮。

蔡寧總主教爲義大利威尼斯鄰省白魯諾(Belluno)省費而肋城人(Feltre)，生於一八九〇年四月三日。曾肄業於巴杜哇大學(Padova)，考有哲學博士。一九一三年七月十八日，晉升司鐸，服務於本教區。一九二六年，調任教廷傳信部附設的傳教善會出版處主任。後四年，陞任傳信部附設的協助培植本籍聖職員善會（聖伯鐸善會）秘書長，與當時傳信部次長撒洛提總主教(Abp. Carlo Salotti) 相友善。遂被舉薦出任駐華宗座代表。

蔡寧總主教於一九三四年三月六日由羅馬動身來中國履新。三月三十一日抵香港，五月八日來上海。滬埠教友盛禮相迎。十四日，赴南京。行前，上海申報曾於五月十一日登載一消息云：「我國外交當局，以前任教宗代表剛恒毅主教駐華十一年，極表親睦，扶助文化慈善事業，勞績卓著，而持論公正，有轉移歐美列強對華態度之功。加以我國駐義公使劉文島氏之知照，俟蔡使晉京時，將以公使之禮優待之。國府主席，擇期接見，以申謝羅馬教皇對我之好感云。」

蔡寧總主教於一九三四年三月十四日晨抵南京，外交部派交際科科長林桐實在車站歡迎。上午十時，蔡總主教赴鐵道部官舍拜訪行政院院長兼外交部長汪精衛。十一時，偕上海惠主教、海門朱主教、參贊安童儀蒙席、陸伯鴻先生及張運之神父，乘外交部特備汽車，往國府謁見林森主席。國府派典禮部科長劉迺藩、股長李又樞及外交部林桐實科長接待，蔡代表抵府時，樂隊奏教廷國歌。林主席接見時，一如別國使節呈遞國書禮。外交部次長徐謨、國府文官長魏懷、參軍呂超，分東西侍立。蔡總主教三鞠躬後，致詞，由張運之神父翻譯漢文。詞云：

「大主席閣下：鄙人此次奉羅馬教皇庇護第十一世特派爲駐華宗座代表，前來覲見大中華民國政府主席，不勝榮幸之至。謹代宗座恭祝貴主席政躬康健，國運亨榮。鄙人此次覲見，亦願代表中華全國天主教教會，以及一百二十教區，將一切慈善文化工作，宗教道德，與夫精神上之努力，一併謹呈於貴主席之前。宗座對於貴國之一切國是，極爲繫念。貴國天主教會亦切實爲本國之和平，之榮華，及全國之進步，竭力工作。……」(九)

林主席致答詞，由翻譯員讀法文譯文。詞云：

「代表閣下：貴總主教今日以教廷代表資格，向本主席申達教皇對中華民國，及其人民所懷盛意，聞之無任忻慰。本主席茲代表中國人民請貴總主教轉陳本國人士，希望教皇政躬康泰，及教廷繁盛之誠意。

「中國與公教之關係，具有悠久之歷史。公教教會人士，遠在中國與各國樹立正式關係之前，已航海東渡，爲外人來華之先驅。元代介紹中國文化於泰西者，固係一公教人士。明朝最初予中國人民以西方科學藝術之智識者，亦係一公教教士。公教教會，對於中國和平進步繁榮之貢獻，本主席深表感荷。本國政府，仍將賡續保護公教機關之安寧，以利其有益之事業，固無庸贅述者也。……」㈩

是日午後兩點，蔡總主教由外交部交際科副科長蔡純伯陪赴總理陵，謁陵獻花。午後六時，汪兼外長來天主堂答拜。晚八時，汪兼外長爲蔡總主教設宴，教育部長王世杰、交通部長朱家驊、外次徐謨、鐵道部次長曾仲鳴、行政院秘書長褚民誼等作陪。

蔡總主教於是年六月二日，抵北平，入駐迺茲府宗座代表公署。六月四日，拜會軍分會代委員長何應欽，何委員長於七日晨答拜。

正式拜會的應酬，既告結束，蔡寗總主教遂啓篆視事。

當時，中國正是多事之秋。一九三二年三月九日，溥儀在東北被迫爲攝政王。一九三四年三月一日，溥儀甘爲日本傀儡，沐猴而冠，加冕爲僞滿皇帝。一九三七年七月七日，蘆溝橋事變，日本進兵，佔據華北。

當蘆溝橋事變時，蔡總主教適在西北巡視教務。日本軍隊佔據了北平，蔡總主教轉來漢口。十月卅一日，向中國全國主教發送一封通函，敦囑在戰時，公教人士應加強慈善和救濟工作。次年正月十八日，中國全國公教教堂，因蔡總主教的訓令，舉行追悼陣亡將士彌撒。蔡總主教本人在漢口重行這種大典。軍事委員會蔣委員長派代表到堂參禮。正月二十二日，蔣委員長函蔡總主教致謝。函內有云：

「中華公教人士，得貴代表之指導，早已致力於慈善教育事業。茲當多數將士，保衛祖國，爲國捐軀，而無數無辜民眾，因敵人之侵略，墮於水火之中。貴代表慈善爲懷，舉行祈禱，以隆重典禮，追悼亡者，爲生者求和平，是誠合理之義舉；且以示公教之仁愛，吾人將念之不忘也。本委以軍事倥傯，不獲抽身親與追思大典，深引爲憾，惋惜不置。……」㈩

日本軍隊，節節前進，中國政府乃遷都重慶。當日本軍隊沿平漢路南下時，在正定殺死主教神父，沿路又強佔教會堂宇。日本軍隊指揮部邀請日本司鐸數位，派往中國各地，負責與中國華北教會當局聯絡。北平代表公署參贊高彌肅蒙席，訓示日本司鐸返回日本，免招是非。日本軍隊既佔武漢，蔡甯總主教返回北平公署。一九三九年三月十四日公佈一短公函㈩
囑咐在中國的公教聖職員，保守超然態度，不左不右。中國政府認爲這封公函，對於中國精神總動員國策，有所牴觸。遂由外交部訓令駐法大使顧維鈞，婉向教廷表示不滿。教廷答以未見蔡代表公函原文，將即函詢事情真相。蔡總主教深恐因這封公函，中國政府有所誤會，乃藉巡視教務之名，由海道繞往安南，由安南入雲南，赴四川，抵重慶。時于斌總主教適在戰時首都，乃陪蔡寧總主教往見政府要人。在重慶盤旋數日，蔡總主教轉往西北，由西北回北平。

汪精衛在南京組織了僞政府，屢次托日本和義大利政府，要求教廷訓令蔡寧總主教往南京。蔡總主教決意留居北平，深隱代表公署中，不參加北平任何政界典禮，一心管理「司鐸書院」。

司鐸書院爲蔡總主教所手創，成立於一九三七年，宗旨爲使中國青年司鐸在國學和教育各科，能有大學的學識。書院設有各種學課，邀請輔仁大學的教授，在院內主講。又兼派院內司鐸，往輔大聽課。

一九四五年夏，日本投降，蔡寧總主教馳赴重慶慶祝勝利。政府爲酬勞抗戰時，公教教會人士的勞績，以勛章一座贈送蔡總主教。

一九四五年二月十八日，中國第一任樞機田耕莘主教，在羅馬行受策封典禮。四月十一日，教宗庇護第十二世頒發制諭，建立中國公教正式聖統制，改代牧區爲主教。五月間，田樞機繞道美國回國，蔡寧總主教到上海歡迎，陪同往南京，晉謁蔣主席。七月四日，教宗庇護第十二世頒諭建立駐華教廷大使館。蔡寧總主教因身體疲勞而去職，回義大利休養。休養數月，升任教廷駐智利大使。一九五三年調任駐阿根廷大使，一九五八年八月四日逝於任所。

二、教廷派公使駐華

1. 第一任公使黎培里總主教

一九四五年，乃是中國公教劃時代的一年，四月十一日，中國公教的正式聖統制成立。以前，中國公教會是傳教區的代治制，國內教會的分區，都是宗座代牧區，或是宗座監牧區。代牧和監牧是以宗座的名義代治區內教務。一九四五年，由教宗庇護第十二世頒佈制誥，建立中國公教聖統制，中國公教的分區，正式成爲教省和教區。中國公教的統序由代牧制進於通常的主教制。中國的公教會，在這一年可以視爲正式成立了。

在建立聖統制的前兩月，中國的田耕莘主教被策封爲第一位中國樞機。教宗策封中國樞機，便是看重中國教會，和歐洲公教先進國的教會同一水準。中國的田耕莘樞機在當年也是遠東的第一位樞機。

次年初夏，教廷國務院通知中國駐教廷使館，教廷欲設駐華大使館。駐教廷使館立即電報外交部，外交部回示欣然接受教廷設立駐華使館，教廷派大使事則宜婉辭，只接受公使。七月六日，庇護第十二世下諭，設立教廷駐華公使館，同日任命黎培里總主教(Abp. Antonio Riberi)爲駐華第一任教廷公使。教宗設立駐華公使館的諭文云：

「教宗庇護第十二世，爲制定遺典事，夫羅馬教宗職掌基督信友之福利，職務繁重且艱；然其尤注意者，乃於列國之中，設立教廷使館，以敦睦教廷與國家之關係。今教廷與中華民國之聯繫，已臻設立駐華教廷使館之境，以謀中華公教會之福利。余因思在此距聖座遼遠之中國，設立使館，時已宜矣。故於周詳考慮此事之後，由余自動，按照確定之知識與慎重之計慮，以余之宗座全權，頒佈此諭，創駐華教廷使館而建立之，此創立之使館，余即授以應有之權力，特權，祭典，豁免，特規。余確信余之決定，於聖座與中華民國之國交，雙方共受其益焉。余故欽定此項諭文，堅定有效，永久保留；常生應有之效力。爲教廷駐華使館，現在及將來，永垂爲典；如有反此諭令之舉，無論係任何人或任何權利所行，知與不知，俱按此諭令判爲無效之妄舉。凡有相反之律例，俱無礙於此諭之效力。此諭。」(十三)

黎培里公使爲摩納哥國人，生於一八九七年六月十五日，父母均屬義大利籍。黎培里青年時，入義大利北境古奈阿城(Cuneo)修院，攻讀哲學神學，一九二二年晉升司鐸，轉學羅馬額我略大學，攻取教會法律，考取博士，被選入教廷外交學院(Accademia

Ecclesiastica)。卒業後，於一九二五年，派至教廷駐玻里維亞大使館任隨員，繼升秘書。一九三〇年調任教廷駐愛爾蘭大使館參事。一九三四年，升任教廷駐東非洲英屬殖民地宗座代表，領總主教銜。在任時迭次召集東非主教會議，釐定傳教方針。第二次世界大戰既起，義大利對英宣戰，英殖民地政府要求教廷撤退原屬義大利籍之宗座代表，黎培里總主教乃返羅馬，任教廷救濟外國僑民事務所主任，訪問在義大利被集中之外國僑民。一九四六年調任教廷駐華第一任公使。

黎公使於一九四六年底抵華，十二月二十八日，在南京向蔣主席呈遞國書。

國府既已遷回南京，黎公使乃在南京賃樓，設立使館，不再往駐北平迺茲府路的宗座代表公署。

黎公使到任後的第一任務，爲往各省教區，頒佈正式成立教區的教宗諭文，並監禮各區主教就職大典。當時，大戰方息，中國各教區正在極力復員，外籍傳教士的加多，各教區修院的整頓，以及公教學校的復興，各項事業同時並進，全國的聖職人員都心火勃勃，使中國公教呈現很盛的朝氣。同時中國政府，也正在召開國民大會，實行憲法。黎公使逢著這種時機，目睹中國人民的復興精神，衷心愛慕中國人民。不幸，中日戰爭中所養成的共匪，日益猖狂，竟於一九四九年，急轉直下，由北到南，佔據了中國。大陸朝氣昌盛的中國公教會，立刻遭到了極大的摧殘。

黎公使當共匪渡江入南京時，奉教廷訓令，留京未出。當時我國政府遷都廣州，外交部長吳鐵城氏曾公開表示對教廷公使不隨政府南遷，有所不滿；尤以傳聞黎公使曾勸他國使節不遷動，吳氏更感氣憤。然黎公使留住南京，乃教廷一貫的政策；因教廷公使對於中國政府代表教宗，對於中國公教會，也代表教宗。當共匪正猖狂迫害教會之時，教宗代表宜與全國教會人員同苦共憂。黎公使本人那時相信共匪乃是一陣狂風暴雨，來的快去的也快，多則一年，少則半載，共匪必將敗北，在外交團中，言談間或許曾表示不必遷動。中國政府遷台以後，外交部迭次促我國駐教廷使館向教廷國務院交涉，請移教廷使館來台。教廷國務院常剴切言明，黎公使宜在大陸，以穩定大陸教會的人心。

然共匪卻不容教廷公使常駐南京。一九五二年春，共匪由三自運動的匪幹，發動驅逐黎公使簽名運動，逼教友簽名；黎公使和高理耀秘書被囚於使館內，和外界斷絕往來。五月，共匪僞政權下令驅逐黎公使出境。黎公使和高理耀秘書遂抵香港，在港小住。高秘書被調回國務院，旋又調任教廷駐比國大使館參事。黎公使則於當年十月廿四日赴台灣。廿六日，在台北祝聖台北郭若石總主教。乃留住台北，恢復教廷駐中國使館。那時歐洲各國在台北設立使館者，僅有羅馬教廷的公使館。

一九五九年，黎培里公使調升教廷駐愛爾蘭大使。一九六二年調任駐西班牙大使。一九六七年六月升樞機，同年十二月十六日逝世。

2. 第二任公使第一任大使高理耀蒙席

一九五九年五月廿日，教宗若望第二十三世下敕書，委高理耀蒙席(Msgr. Giuseppe Caprio)任教廷駐華公使，往駐台北。教宗的敕書云：

「教宗若望第二十三世謹向

可愛神子問候，並頒宗座降福。

我們深願善盡我們的職責，使教廷與各國政府間，相互聯繫的外交關係，名符其實的加以保持並日益加強，使教務大爲發展。爲此，教廷經常遴選品學兼優，辦事幹練的聖職人員，派駐與聖伯多祿宗座有聯繫必要的國家。

茲因需要派遣使節，代表本人，駐於中華民國政府。親愛的神子，我們決定將這一職務付託於您；因爲您對於教廷的事物，已有顯著的貢獻。爲此，特本我們的權力，並以本敕書簡派您，宣布您，擔任我們的代表，即駐中華民國的公使。

爲使您能爲天主善盡現職，並爲當地教友圖謀豐富的公教利益，我們將頒賜您職務指導，詳載一切特權。從特權範圍的廣泛，您可以知道我們對於您的才能，倚畀實深。但願您謹慎從事，如有疑問，您當逕向宗座請示。

凡一九五七年四月一日，前任教宗庇護第十二世所頒予無主教品位的教廷使節的一切特典，權利和榮譽，我們也以本敕諭頒賜於您。一切阻撓，概歸無效。

最後，爲表示我們對您的器重，並兆朕上蒼的福佑，我們以主的名義，慨然賜您宗座祝福。

主曆一九五九年，登教宗位第一年五月二十日。」[14]

高理耀蒙席公使，使義大利玻拿里附近拉畢阿城(Lapio)人，生於一九一四年十一月十五日。幼入教區修院（一九二六—一九三四年），年二十赴羅馬，負笈額我略大學神學院。一九三八年晉陞神父。次年考取神學碩士。繼攻教會法律，一九四二年考取法學博士。同時就學教廷外交學院（一九三八年—一九四三年），一九四三年正月一日入教廷國務院爲學習員。一九四七年，派任教廷駐華公使館秘書。同黎培里公使遭共匪拘禁使館中，後被驅逐。一九五二年五月調任教廷駐比利時大使館參事。一九五六年，升任駐越南宗座代表署代辦。由越南升任教廷駐華公使。

高公使於一九五九年十月廿七日抵台北，十月廿九日覲見蔣總統，呈遞國書。中央日報曾記述說：「教廷駐華公使高理耀，在呈遞國書儀式中致頌詞時，曾代表教宗若望二十三世向中國人民祝福，並且保證他將在任職期間盡其所能，協助天主教會致力於增進中國的真正繁榮。他說，天主教會在台灣的教務日見發達，實在是教廷與中華民國友好關係的明確表徵，而中國最近把駐教廷公使館升格爲大使館，已經使雙方的關係更爲密切。總統在致答詞時向高理耀公使說：本人深信教廷與中華民國之密切合作，實有助於世界真實和平之建立。總統並對這位曾在教廷駐華公使館任職的新公使來華，表示歡迎之意。」㈤

高公使駐華的第一年，教廷即接受台北郭若石總主教辭職，任命田耕莘樞機署理台北總主教。同時，傳信部又決定輔仁大學在台灣復校，任合于斌總主教爲輔仁大學校長。一九六一年，教廷又建立台灣公教會的教省，設立正式教區。這一切的設施，足證高公使計劃經營，「協助天主教會致力於增進中國真正繁榮。」

民國五十五年聖誕前夕，教廷宣佈駐華公使館升格爲大使館，委任駐華公使高理耀公使爲第一任駐華大使。然因使團位次問題，教廷大使不稱爲正式大使，而稱爲代理大使，實則與各國大使同等，唯不任外交團當然首席大使。

高大使於民國五十六年二月七日晉謁 蔣中正總統，呈遞國書。高大使致詞說：

「世人皆知，天主教會一向對中國深表同情。教會與中國人民間之悠久歷史，顯示其對中國人民之尊重與熱忱，教廷從未考慮世俗利害，而竭誠協助中國人民發揮其固有道德，盡其所能貢獻於中國教育及資助並協助其國際社會之地位。

「本人在中國已度過十二年外交生活，最初在大陸任黎培里大使之助理，隨後來台擔任駐華公使。本人感覺與貴國及人民接近愈久，對貴國及人民之愛慕亦愈深，是故本人此時得繼續在貴國擔任公職，深感快慰。

閣下及貴國經常所給予天主教會之一切同情，瞭解與友好合作，本人願藉此機會向閣下及中央政府與省政府表示衷心之謝意。由於上述之宗教自由及相互友好氣氛，遂使天主教會在過去十五年中，在台灣獲致驚人之成就與發展。本人願向閣下保證將竭盡所能，鼓勵台灣之天主教友全心全力負起中華民國忠貞國民所應盡之天職，並爲國家繁榮而貢獻一切。」

蔣總統答詞說：

「大使閣下：閣下今以教廷駐華特命全權大使之身份，親遞到任國書，本人接受之餘，無任欣忭。適承閣下轉達教宗保祿六世聖座對中華人民關懷之盛意，至深感荷。尙請閣下轉達吾人誠摯之謝忱。

際此中國大陸人民包括天主教友不堪共黨壓迫，正群起摧毀匪僞暴政，吾人面對此一局勢，拯民有責，義無反顧。閣下所言，中華人民勤懇誠樸，酷愛和平，一向與教會密切合作，同爲維護自由，正義與人類尊嚴而努力。此所以教廷與中華民國友好關係之基礎，固若磐石。

茲蒙教宗宣佈駐華公使館升格為大使館，並擢升閣下為首任駐華特命全權大使，繼續駐節是邦，必能使貴我雙方之傳統友誼益臻密切。本人願藉此機會，向閣下再度保證本國政府將畀予閣下一切必要之協助，俾閣下得以圓滿達成所負之崇高使命。順頌教宗聖躬康泰，貴廷教務昌隆。」

高大使於民國五十六年八月二十二日，調任駐印度大使。十月十九日，教廷發表派艾可儀蒙席(Luigi Accogli)任駐華大使，升領銜總主教。

3. 第二任大使艾可儀總主教

教宗於一九六七年十月十九日，任命艾可儀蒙席為駐華第二任大使，兼領總主教銜。

艾可儀大使，義大利南部萊契省人，生於一九一七年八月十六日。一九四六年晉升神父。在羅馬拉德朗大學考有哲學、神學、教律三科博士。一九四九年，畢業於教廷外交學院，出任教廷駐秘魯大使館隨員，後升秘書。一九五六年調任駐哥倫比亞大使館秘書，隨又調任駐埃及使館代辦。後一年，調回教廷國務院任職。

艾大使於民國五十六年（一九六七年）十二月十八日來台灣履任，於十二月二十二日晉

見　蔣總統，呈遞國書。

註：

㈠ A.A.S., 1919, p. 440-455.

㈡ Celso Costantini, Coi Missionari in Cina, vol. I, pp 2, Roma, 1946.

㈢ A.A.S, 1922. p. 635.

㈣ Celso Costantini, Coi Missionari in Cina, vol. I, p. 6, Roma, 1946（上兩諭令的漢譯，但見徐景賢的「聖教宗與中國」小冊中，作者稍更易數字。）

㈤ Celso Costantini, Coi Missionari in Cina, vol. I, p. 4, Roma, 1946

㈥ A.A.S, 1928. p. 245.

㈦ Celso Costantini, Coi Missionari in Cina, vol. II, p. 33, Roma, 1947

㈧ Celso Costantini, Coi Missionari in Cina, vol.II, p. 81, Roma, 1947（譯文見徐景賢的「聖教宗與中國」）

㈨ 見蔡寧總主教履新紀念冊，第一二六頁。

㈩ 同上。

(十一) 原文爲英文，見The Voice of the Church in China, Longmans, 1938, p.34.

(十二) 見Collectanea Synodalis, Peping, 1939, n. 5.

(十三) A.A.S, 1946. pp. 313-314.

(十四) 譯文爲方豪神父原譯，僅更易數字。原譯見恒毅雜誌民國四十八年十一月號。

(十五) 中央日報，民國四十八年十月三十日。

中國駐教廷使館簡史

一、顧維鈞特使

七七事變發生以後，于斌主教和蔣百里先生來羅馬，曾以通使事，向教廷國務院接洽。教廷國務院表示歡迎中國派使駐教廷，教廷暫時保持宗座駐華代表職。蔣百里和于主教電告兼外交部長汪精衛，汪沒有覆電。通使事乃作罷。

一九三九年二月十日，教宗庇護第十一世駕崩。三月二日，新教宗庇護第十二世當選，十二日舉行加冕禮。各國政府都遣派參與加冕典禮特使。作者急函陸徵祥神父，懇他設法電請我國政府遣派特使，人選以顧維鈞大使或錢泰大使爲宜。陸神父於三月六日覆示云：

「尊函條陳一節，適合時宜。新教宗加冕機會亦不多得，所擬人選，尤屬確當。且顧錢二大使，外交傑出之才，以任使命，壇坫增光，可預卜也。祥處發電中央，偶有出位之舉，懇託少川階平兩老友代發，此電有人選關係，未便發自巴黎或不魯賽，故快函拜託駐波蘭王右孫公使代擬代發。大約該電八日當可發遞。野聲主教關懷教廷遣使，亦有年矣。或亦想到

致電中央，條陳此節，正可與去電互相引證其重要性。」㈠

當時巴黎、不魯賽、華沙和羅馬的中國使館發電中央，建議遣派參與加冕特使。外交部接受建議，擬派駐義代辦徐道鄰先生為特使，後知教廷素不接受駐義使節為特使，乃遣顧維鈞大使為參予加冕禮特使，徐道鄰代辦為副使。三月十一日，顧大使抵羅馬。十二日參加加冕大典，為東亞參禮的唯一特使，次日赴教廷國務院在教宗宮舉行的酒會。然後又正式覲見教宗，代表國民政府主席致賀。顧大使出使教廷，是中國歷史上正式第一次派使赴教廷。

當顧大使完結加冕特使的任務以後，有些人乘機想催我國政府和教廷正式通使。在這年的夏天，作者往比國拜訪陸徵祥神父，陸公在一次談話裏曾說：

「我們中國政府現在常不注意羅馬教廷。李鴻章那時就已提議和教廷通使，到現在已五十餘年了。許文肅公也主張和教廷通使。我在外部也主張通使。當時，都因法國反對未成功。現在法國不反對了，前年于斌主教來歐，言政府有這種意思。可是于主教是第一次同政府人員辦事，不知道中國政府當面常說是，背後實是不贊成。這次我又寫信與錢大使，提議和教廷通使，他們都回信贊成。我就只靜看結果了。」㈡

這種結果，後來因著第二次世界大戰的逼迫纔能實現，陸與老還能親眼見到中國和教廷通使。

二、中國駐教廷第一任公使謝壽康

第二次世界大戰發生後，美國總統羅斯福於一九四〇年聖誕前夕，任命泰婁(Myron Taylor)為他本人駐教廷代表。後兩年，一九四二年三月，日本政府任命一大使銜特使，為日本臨時駐教廷代表，日代表於當年五月九日覲見教宗，呈遞國書。中國政府於是接到駐歐駐美各使館的建議，群以為派使駐教廷事，不宜再緩。外交部乃訓令我國駐瑞士代辦謝壽康先生與教廷駐瑞士大使柏納底尼總主教（Abp. Bernardini）接洽，教廷同意接受我方派使駐教廷，教廷駐華代表，則暫時不換。外交部遂於當年夏天七月，任命謝壽康先生為駐教廷第一任公使。

那時義大利和中國已經是交戰國，中國外交人員已經不能在義大利旅行。凡和義大利為交戰國所有駐教廷的使館都遷入梵蒂岡城內，且不能出城。按照教廷與義大利所簽結的拉德朗條約，凡駐教廷的使節，在義大利境內，和各國駐義大利的使節，享有同等的外交特權。而且在戰爭時，無論義大利為交戰國或非交戰國，所有駐教廷使節，都可以住在義大利境內的羅馬城，都可以自由和本國政府通往來。但是為避免意外的枝節，當義大利聲明參加第二次大戰後，和義大利交戰的國家所有駐教廷使館，都遷入梵蒂岡城裏。梵蒂岡面積很小，房屋不多，平時沒有一個使館設在城內。這時，梵蒂岡市政府，預備樓房兩棟，作為遷入城內各使節的住所。

中國駐教廷公使既任命後，第一個問題為公使住所問題，第二個問題為經過義大利問題。兩個問題解決了。謝公使於一九四三年正月卅日抵羅馬，由羅馬車站直入梵蒂岡，寓於梵蒂岡市政府法院第一層樓內。二月廿五日覲見教宗，呈遞國書。那時因在戰爭時期，謝公使呈遞國書的致詞和教宗的答詞，都沒有在報上公佈，於今我把兩篇演詞節譯於下。謝公使致詞說：

「在這隆重禮儀的一刻裏，應許可鄙人向教宗表示中國政府和人民的喜樂，因為能夠看見久已懷著的希望，終於得以實現，使教廷和中國之間，建立了通常的外交關係。

教宗一定知道我國人民對於教宗，和對於前任的教宗所有的敬仰和尊重。我們新中國絕對不會忘記庇護第十一世教宗。當中國剛從為復興而戰的烽火中出來，還沒打破以往他人所加給我們的鎖鏈時，庇護第十一世便曾向新中國表示了同情。我們新中國也會常記得教宗在各次雄偉的廣播詞裏所宣講的仁義。這些仁義的話，乃是於今在困苦中的人們，所聽到的希望美歌，使他們繼續向前勝過困難……。」

教宗庇護第二世答詞說：

「我們向閣下表示我們的歡迎時，我們的思想回到以往貴國和教廷所有過的關係，使我們想到第十三世紀。那時我們很遠的前任教宗依諾增爵第四世遣派柏郎嘉賓出使蒙古朝廷，繼之又遣道明會士隆如滿，方濟會士羅伯魯。這種初起的使節關係，一直繼續到第十三世紀末。那時另一位方濟會士孟高味諾被派出使蒙古。第十四世紀初，教宗格肋孟第五世任這位方濟會士為漢八里（大都即北平）第一任總主教兼東亞全境宗主教。

經過了一個很長的中斷時期，天主的上智又選擇了幾個為中華民族經營這種偉大計劃的人。第一個經營這種和平的精神事業的，為曠古的精神事業的為曠古的偉人聖方濟沙勿略。聖人在距離貴國南方幾公里的小島上棄世歸天，為熱心愛天主愛人而犧牲。但是就在同一年上，出生了另一個人，他後來也成了耶穌會士，完成了聖沙勿略的理想和計劃（即是利瑪竇）。他因著辦事謹慎，接人和藹，有學有德，生活聖潔，不單能使人接待他，喜與之遊，而且能見重於中國士大夫和皇帝，使貴國人士至今尚憶念他。

貴國人民心中所深有的宗教觀念，貴國先儒所有的高尚倫理思想，尤其是貴國人民對於家族的愛情，使貴國偉大民族已具有特別的傾向，足以認識，足以看重福音的宗教理論和倫理原則。

但是在聖座和貴國之間，和別的許多國家一樣，除了兩者間的精神關係以外，還更好有正式的外交關係。我們很高興一提，以往在我們的前任教宗額我略第十六世，庇護第九世，良第十三世，和本篤第十五世時，兩方爲通使曾多次費了心力，然因外問的阻礙，兩方雖有誠心，也是只好改期，等候更好的機會，終於我們最近的前任教宗庇護第十一世，爲與貴國通使事，能夠向前一步，設立了駐華宗座代表職。於今在血淚的時期，在爭鬥和摧殘的戰火中，我們爲萬民公父的心腸常煎著憂傷；天主的上智，令我們心中今天能有這種安慰，看到貴國和聖座兩方長久的努力已經成功。對於貴國偉大的民族，我們很高興展開我們的心，展開我們的懷抱；我們也很知道貴國元首對於公教信友，常有誠切的同情。

我們因此抱著很堅固的信心，我們相信兩方的國交，今天這樣順利地開幕了，來日必定要順利地繼續發展，將來有一天，使遙遠的中國神子們，可以與享在自己的祖國裏已經照耀著和平的太陽——一種正義和經久的和平，使全國國民互相合作，以建立新的幸福中國。而且中華人民也可以充分體驗到公教的信仰和按著信仰的生活，所能帶給私人和全民族的福利。……」

呈遞國書的當天，謝公使即通知駐教廷的外交團和住在羅馬的樞機，以後又分別去拜訪。那時和我國有國交的國家幾乎都和義大利爲交戰國，他們駐教廷的使節，已都遷在梵蒂岡城內，爲拜訪這些使節，謝公使很感容易；但拜訪住在羅馬的樞機，除了寓居在梵蒂岡城內的幾位樞機以外，其餘都不能拜訪，因爲他不能出梵蒂岡城，只好寫信道歉。有兩位樞機接信後，親自來使館訪謝公使，表示特別的同情。

謝壽康公使，江西贛州人，生於一八九四年。少年留學於法國和比國，考有北京大學經濟學博士。擅長法文，喜好藝術，著有法文中國戲劇本，為比國最高皇家學會會員，曾任中央大學文學院院長三年，駐比使館代辦一年。

謝公使來駐教廷以後，困居梵蒂岡城內。梵城面積既小，店舖和影院劇院，一概沒有，就連咖啡館，也沒有一所。城內可以遊覽的地方，只有教宗的花園和梵城圖書館和博物院。這三處地方便成了謝公使每天必去的勝地。在博物院內，謝公使研究希臘古彫刻；在圖書館翻看所收藏的中國古書帖；在花園則演習打高爾夫球。梵蒂岡市政府那時規定除午後教宗在花園散步時，一切人不許進花園外，其餘時間無論早晚，外交人員都可以在園中遊玩。教宗的花園，因著環境的需要成了外交團的公園。那時外交團中流行三句諴語：謹防英國公使的腳踏車，謹防南斯拉夫代辦的狗，謹防中國公使的球。英國公使以騎腳踏車為運動；轉彎抹角的園道上，一不小心，在轉角的地方，很可以撞著他的車子。南斯拉夫代辦夫婦常牽著一隻狼犬在園裏散步，狼犬雖不咬人，但是吠起來容易使小孩子吃驚。中國謝公使則在十丈長方的草地上演習高爾夫球，球一飛起，誰知落在什麼地方。

一九四四年的春天，羅馬的天氣格外悶熱，下雨很多，德國軍隊霸守城市，大家都人心惶惶，吃也不能吃飽。梵蒂岡城內較為安寧，食品也較充足。但是二月底和三月初，法西斯黨的一架小飛機，在夜裏三次向梵蒂岡投彈，一次投在城外傳信大學校園內，一次則投在梵城火車站傍，和外交團所住大樓的樓下。中國公使館居住第一層，窗戶玻璃都被炸碎，幸好人都沒有受傷，也並沒有大受驚恐。大戰時炸彈和砲聲，大家都聽慣了！

梵蒂岡城那時傳說德國軍隊有計劃將教宗拘禁遷往德國。駐教廷外交團乃向教宗聲明，如希特勒拘禁教宗，遷往他處，外交團全體跟隨教宗同往難所，同分痛苦。教宗對這種表示，很覺動心。

這年夏天六月四日，英美聯軍入羅馬，住在梵蒂岡的外交使節得了解放，可以自由出入羅馬了。但是和聯軍作戰的國家，所有駐教廷的使節，原先在羅馬享受自由，這時便都搬入梵蒂岡城內嘗嘗困居城內的風味。教廷人士笑爲「換防」，原先禁錮他人的，於今自己被人囚禁了。

中國使館隨即遷居羅馬城內，在一座貴族的古樓裏租一層房屋爲辦公室，謝公使本人則住在羅馬大飯店裏。再過一年，第二次大戰結束。八月十號，日本投降的當天，于斌主教適過羅馬，謝公使在大飯店設宴。席間，無線電傳來消息，大家歡天喜地，謝公使往房間裏取出久已藏著的一瓶法國香檳酒，開瓶舉杯，慶祝勝利。

這年秋間，羅馬盛傳教宗將策封新樞機，新樞機的人選，將更國際化。謝公使便在教廷國務院和留居羅馬的樞機間，各方奔走，請向教宗進言：選任一位中國樞機。至於人選，陸徵祥神父的年歲和資望，或可任候選人。國務院特別教務副國務卿達爾底尼蒙席（後任國務卿樞機）笑答謝使說：「向當今教宗可以代傳閣下的話；若是前任教宗庇護第十一世，誰也不能代傳這種話。」選任樞機是教宗獨行獨斷的特權，庇護第十一世不容任何人參加意見。那一年的聖誕前夕，聖座機關報公佈教宗策封三十四位新樞機的消息，內中有中國田耕莘樞機。陸徵祥神父次年則升爲名譽院長。

田樞機受策封後，函傳信部請建中國聖統制。聖統制建立了，謝公使奉政府命向教廷接洽設駐華使館事，教廷遂正式設立駐華公使館，派黎培里總主教爲駐華第一任公使。

這時已經是一九四六年夏天了，和平會議在巴黎開會，外交部長王世杰電召謝公使赴巴黎，代表他赴比國參加陸徵祥神父升名譽院長的典禮。同中國外交部已詢問教廷國務院的同意，委派吳經熊博士爲駐教廷公使。

駐教廷公使館的人員，在一九四三年開館時有汪孝熙先生，張嘉瑩先生，謝光迪先生。在梵蒂岡城開館後，添加朱英先生和羅光教授。使館遷出梵蒂岡時，汪孝熙先生調任駐比國大使館參事，派在倫敦軍事代表處辦公。朱英和張嘉瑩兩先生，在我國駐義大利使館復館後，都調回駐義使館（原係該館舊員）。駐教廷使館則添了桂宗堯先生。

三、吳經熊公使

一九四七年正月二十一日（聖依搦斯節），吳經熊公使率全家抵羅馬。一家共十六人，在旅館內住八個房間。

第一個問題便是使館館址問題，原先的辦公室雖可仍作辦公室，但是吳公使一家人不能住旅館，於是找到一座別墅式的空房子，講定了租金，吳公使全家以及公使館辦公所，都遷入別墅以內。這座別墅在羅馬地圖上都著有名字，爲義大利五十年前一位外交部長所建的住宅。三十年前曾租於中國駐義大利公使，作中國駐義使館。第二次世界大戰前爲美國駐義大利大使的私人寓所。大戰時，空空無人一切都失修，房內連電燈都不存在了。吳公使乃重加修理，加添傢具，別墅立時又有雅緻的氣色，很有一個大國使館的風度。

吳公使於二月十六日覲見教宗，呈遞國書，吳公使向教宗致詞，教宗也有答詞。

吳公使致詞，譯文如下：

「教宗聖上，今日攀登『琥珀之山』『乳香之山』（梵蒂岡），謹向聖上呈遞國書，榮幸不可言宜。鄙人不才，忝奉中華民國主席的任命，爲中國駐教廷公使，碌碌無能，深愧不堪當此重任。教廷乃人類精神力量的極峰，中華爲遠東文明的淵源。中國駐教廷公使的職責，則在使這兩者之間的關係日形密切，日見穩固。這種職責的意義深而且遠。東西文明的配合將爲宇宙間驚天動人的大事。聖經所述說的加納婚宴，在超性的永遠光明內，或可視爲東西文化婚合的象徵。

國際友誼，有如私人友誼，友誼的根基，必須建於互解互愛。在全球各民族中，鄙人可大膽說，沒有一個民族，較比中華民族更欽佩聖上屢次的和平呼籲。聖上以人類的和平，無論是私人內心之寧靜，家庭之和睦，世界之大同，都靠仁愛而後有成。聖上又曾說：『今日機械進步，城市繁華，物質享受日新月異；但是精神生活卻逐日萎靡頹唐，精神貧乏爲曠古所未有(Summi Pontificatus)。』聖上這種痛心的浩嘆，也只有中國人更能明瞭。中華民族所有歷史，已相當久遠；自身的經驗，已足夠使自己懂得精神勝於物質，正義高於強權。這種信念，薰陶了中華民族，使他每當國運危亡之秋，常能上下一心，臥薪嘗膽，養成『周雖舊邦，其命維新』的不老秘訣。最近這次抗戰成功，中華民族也能因這種信念，不驕矜自滿，反因此更加『小心翼翼，服事上帝。』更加認清本身的職務，努力清除戰場瓦礫，重奠仁愛正義之和平。敝國主席篤信基督，酷愛聖經，平生堅苦卓絕，自強不息；而同時又虛懷若谷，一切歸功於天，深信聖經所言：『微主建爾屋，建屋徒自苦；微主守爾城，守城豈能固。』聖上多次申論博愛之道，以『唯有仁愛，方可消弭仇恨，洗滌嫉妒，滅除鬥爭，使人類和平，根深蒂固』(Summi Pontificatus)；而中國傳統道德，亦以『四海之內，皆兄弟也』爲出發點，這兩種思想又如乳水相融，毫無隔閡。

對於公教會貢獻於中華民族的功蹟，鄙人願提幾句，敝國主席在所著中國之命運一書裏，曾提及利瑪竇徐文定公及其他教士教友，對中國科學教育的豐功偉蹟。近一百年裏，傳教士的精神教育，有如春風蕩花香，播揚了耶穌的精神於中國，中華民族對於聖上維護正義和平之勇氣，日加重視。當戰爭方酣時，中國政府與教廷通使締交，足以證明中國敬重教廷之心。由重視之心，近又進於感激之情，感激聖上，策封第一位中國樞機，創立中華教會聖統制，設置駐華使館，欽定中華致命殉道者真福諡號，而戰時中國教士教友，爲國爲民，勤勞服務，尤足令人感念不忘。今後建國時期，這輩教士教友，必仍能不負人民之期望，竭智盡力，再有建樹。聖上曾說過凡爲忠實教友，必爲國家良民，鄙人希望中國不久能發生一種蓬蓬勃勃的精神復興。那時教會在中華，必將成爲富有美果的樂園，『五穀豐登』，多有收穫。

鄙人懷著這種欽佩感激和希望之情，願盡一己的職責，靠著上天的助佑，以圖教廷與中國關係日密，尚望聖上隨時予以匡勵。謹代表中華民國主席，祝聖躬康健，教運昌隆。」

（這篇譯文，當時作者由英文譯出，經吳公使手訂。因英文原稿中有一兩處，引用聖經的話，教外人不易懂，吳公使吩咐刪去，故譯文與原文有一兩處不完全相合。）

教宗庇護第十二世操英文致答，答詞漢譯如下：

「公使閣下：

閣下奉貴國主席的選任，以特命全權公使銜駐節教廷，我們認為這樁事情所具重大意義，盡人皆知，而這件事情的特點，不僅為全球公教人士所重視，更為貴國公教教友所欣悅，所慶幸。閣下為亞洲東方文明中心國家及四萬萬餘人民之代表，我們接待之餘，無任欣慰。回想貴國數千年來，歷經變亂，備嘗憂患，仍能保持固有精神，日新又新，巍然獨存，決非其他國家所能望其項背。貴國能集中精神物質力量，審慎沉著，勇毅邁進，真可算為泱泱大邦，希望無限。

閣下乃聖教碧血丹忱之赤子，在歸依天主的路上，曾依但丁神曲的啓迪，平日的思想行動，都堪稱愛天主，愛國家的表率。我們因此對閣下來駐教廷，實在特別歡迎。

閣下剛纔演辭中宣示宏見，一字一語，充分流露閣下篤信宗教，熱愛祖國，恪守人類天職的各種情緒。這種珍貴的宏見，在天主聖庭以外恐不容易遇到真摯之同情。天主則普愛萬民，祂的愛情超出時間、空間、種族、家系、語言、文化的各種界限以上，對於人類一視同仁。今日世界各國，利益衝突，壁壘森嚴，造成分裂的局勢。這都是連年戰爭遺留的慘局。但是各國宏見卓識之士，從痛苦憂患的經驗中，已能洞悉人類思想及利害關係，雖各有不齊，而歸根則有其重要的共同點，拋棄共同之點而不顧，任何國家也要動搖其國的本，還要損害其國民的福利。

閣下正氣蓬勃，足以反映中華民族的精神。中華民族雖飽經憂患，迭遭艱險，卻尙能推己及人，對於互助的義務，抱著遠大的眼光，具有深切的認識，且願竭誠將本國的思想意志和行動，適應國際環境，本著天下一家的理想，促使天下萬國都能各得其所。閣下爲一著名法學家，曾積極參與立法事業，充任國際會議代表，當然較比他人更能詳斷目前各國當局，對奠定持久的和平所做之事，是令人滿意，抑且令人沮喪？閣下既爲戰後國際問題的權威，復能毅然主張仁愛忍讓爲國際正義和平之本，這一點使我們對於世界眞正和平之希望，加了一層熱烈，使我們能夠確實相信閣下的話必將實現。一切阻擋和平之反動勢力終歸被克服。

教會包羅各種民族，共成一家，爲更能表現這種大同精神，教會去年闢一新紀元，簡選貴國人士一名，封爲樞機，又在貴國建立教會聖統制，將貴國殉道教友進謚『眞福』，遣派公使駐節貴國。今貴國第一次任命一公教人如閣下者爲全權公使，負荷重命，蒞臨教會中心。這一切都證明中國和教廷兩者邦交，親睦密切，日日增深。我們相信貴國人士，不分教內教外，對於這種事件的意義都能明瞭。

中國和教廷的邦交過去的成績已經很好，閣下今日所負使命，在繼續發揚光大之，閣下聲譽久著，事業已多，加以多年孜孜不倦的從政經驗，定能措施裕如。閣下今日履新，高誼可貴，我們非常欣慰；日後閣下凡在職務上應需的便利，我們必盡力協助。現在便以同樣的真摯熱情，謹祝貴國主席政躬康泰。並願以慈父之情，向貴國全體公教子女，特別祝福。聖伯多祿大殿，展開兩廊，伸向東方。我們也伸張兩臂，向東方貴國，祝禱全能天主，保護引導在艱苦奮鬥中的中國人民，由昧爽走向黎明，那麼，一天曙光能夠普照天下，以達世界持久之和平。」

吳經熊公使，號德生，浙江寧波人，生於一八八九年三月廿八日，幼肄業於上海，入基督教。少年赴美留學，在密西根大學考有法學博士，後又赴巴黎柏林深造。回國後，執教於東吳法學院，任院長，兼任上海租界法官。一九三三年，任立法院憲法起草委員會副主席，後又任主席。當中日戰爭爆發後，吳公使攜家避難香港，閱讀但丁《神曲》和《聖女德蘭傳》，很有感於心，一九三七年乃改進公教，信心甚篤。日本軍隊佔據香港後，吳公使幾及於難，幸得逃出香港，赴桂林，繞道往重慶。戰事期中，立法院工作多停頓，吳公使從事翻譯聖經，首出聖詠譯本，傳誦一時。抗戰勝利，國府回南京，憲法草案已完畢，新經譯稿也已經兩次易稿，因此蔣主席遣他駐教廷，使能完成譯經事業。

當年三月十六日，教宗接見吳公使全家，看見大大小小的青年和小孩，教宗非常高興。教宗坐著和他們全家攝一影，當時教宗還沒有開和私人家庭攝影之例。

吳經熊公使駐教廷兩年半，曾往日內瓦代表中國政府，參加人權會議。曾應國際文教處之請，到巴黎演講。羅馬聖額我略大學、聖安瑟爾莫學院、國際私法研究所，以及亞細細全國學者宗教研究週，都邀請他講學。那時法國駐教廷的大使，爲國際著名的哲學家馬里坦(Maritain)，馬氏也係半途奉教的虔誠信友，故和吳公使情誼相對，交情很深。他們兩位作家時爲羅馬城內教會方面所最注意的學者。吳公使抵羅馬後，把新經譯文的校閱工作交給我，同時他又延請羅馬各大學的聖經專家，討論原文中所有的疑難。一九四八年夏作者攜譯文赴比國聖安德隱院，代吳公使請陸徵祥院長審定譯文。同年十月，于斌總主教來羅馬，傳信部委託于主教教簽准出版證，教宗庇護第十二世在十二月廿八日，頒賜一封英文手諭，以代書序。

一九四九年春，國內消息日見緊張，蔣總統暫時引退。孫科出任行政院長。二月十九日，孫院長電召吳公使回國。二月廿一日吳公使乘飛機離羅馬，抵南京後接受孫科之請，出任司法部長，但任命尚未發表以前，孫科辭職，吳公使乃回羅馬任所。時蔣總統在本鄉奉化，吳公使特往拜訪，以新經譯文呈閱，在談話中，吳公使說自己年已五十。五十而知天命，今後將以生命的歲月，從事文化工作，脫開政治的糾纏。蔣總統欣以爲然。

法國大使馬里坦在這年的春天，辭了大使職，往美國任教授。吳公使便也答應檀香山大學的邀請，赴檀香山講學。六月十五日，吳公使率領全家，由義大利赴美，結束了兩年半的外交生涯。教宗特授以袍劍侍御榮銜。

四、朱英代辦

吳公使辭職後，外交部調朱英先生到駐教廷使館以一等秘書銜充代辦。使館的人員，除桂宗堯先生已調回南京外，新加任學勤先生和王尙德神父。羅光蒙席和謝光迪先生仍在館內服務。

國內的情況，越來越壞，政府由南京遷往廣州，由廣州遷來台灣。外交部首則減薪，次則裁員。駐教廷使館任學勤和謝光迪兩先生都被裁退。

一九四九年的下半年，可算是駐教廷使館最艱難的時期，幸而朱英先生持重老成，遇事不亂。後來雖然身體多病，還是力疾到館辦公。館方經費，由王尙德神父經理；與國務院接洽事務，由羅光蒙席代理。吳公使在任時已經多次遣作者往國務院見孟迪尼副國務卿。朱代辦任內，作者又多次往見，每次常見副國務卿文質彬彬，竭誠相待。從來沒有因爲我們國勢衰微，表示輕看的氣色；而且反表示更親熱，更有同情。

中國政府遷台後，立即決定再派謝壽康公使繼任駐教廷公使。然而教宗庇護第十二世，因中國大陸教會已開始受中共的打擊，傳教士都請教廷加以慎重，勿再予中共以報復的口實，乃訓令國務院答覆謂，很喜歡謝公使同任，但因目前環境困難，暫請延期到任。

我國政府又要求教廷國務院訓令黎培里公使離開南京，隨政府遷駐台灣。教廷國務院答以黎公使不僅負有外交使命，他一身也負有指導中國教會之責。當中共迫害教會時，他不能放棄中國教會，應與中國教會人士同甘苦，藉以鼓勵大陸教會人士的精神。後來中共驅逐黎公使出大陸，教廷乃派他來台灣復設使館。

朱英先生晚年患心臟病，久不起，一九五四年夏，于斌總主教過羅馬，看見他的情狀，恐他不能久於人世。因私下對作者說，何不勸他進教？我因此向他說明大家希望他進教之心，朱先生答云：早已有信教的意思。便在當年十月四日領洗入教。十月十一日，謝壽康公使第二度來駐教廷。十二月七日晨，朱先生安逝於主。

我曾為朱先生紀念冊寫一傳略，現在把這篇文章抄錄在下面：

「朱英先生，字爽齋，浙江杭縣人，生於遜清光緒十五年，有兄一姊四，先生行六，年最幼。父少吾公，為清時黃河調查使，因河堤決口，親率民工堵塞，水侵胸部，遂得病，不治而歿。一家生計賴寡母鍾氏獨力維持，時先生尚在孩提中，先生幼而聰敏，讀書尤勤。年十八，即執教於紹興學校，每月所得，悉以奉母甘旨。姊四人先後出閣，群集資，助其出國深造。於是先生乃得達求學之宏願焉。

先生自幼喜新學，常欲從事於國家之建設。放洋至義大利，入拿玻里大學，研讀蠶桑之學，每值假期恆出外參觀義大利農村及蠶場。並認爲中國以農立國，其改革應自農村始。大學畢業，赴北歐，遊德、比、瑞典、挪威諸國，銳意觀摩農業，極有心得。歸國後，乃任北京農業試驗所主任。

北京外交部次長高爾謙，一日忽相召。蓋高曾出使義國，素識先生，晤談時，以一義文照會囑先生譯爲中文，先生旋即譯就，因其時外交部中，無人諳義文也。未幾，延聘先生爲外交部部員，是爲先生從事外交之始，時民國四年，先生僅二十六耳。供職兩年，奉派駐義使館主事，適歐洲大戰方酣，船行地中海，忽被擊沉，先生幾及於難。幸乘小舟脫險，至義拿玻里海港，轉抵羅馬使館。館長王廣圻公使，重其勤謹，每往義外部常攜之爲譯員。嗣康再復繼任公使，尤器重之，命主持延晤外賓，日以所見相告，公使略加指示。先生於外交，因得有素養焉。

民國九年，奉派任駐義北部特里埃斯特領事館副領事，三年擢升領事，旋復奉調駐義使館。

民國十四年，先生奉母命，在羅馬與汪道蘊女士結婚，道蘊女士爲汪大燮先生之姪女，汪詒年先生之女。詒年與兄穰卿，皆我報界之先進。其時萬國農會會場設於羅馬，北京政府特派先生爲萬國農會中國常期代表，其工作直至中國退出該會而止，是蓋由於先生對農業研究有素也。

民國十五年，羅馬開國際瘴氣大會，慕索里尼擬開闢瘴氣區域，改爲農村。先生爲中國代表，以中國亦有瘴氣之區域，故閉會後，即將該會結果寄回中國，期作實用之參考。先生謀國之忠，於此可見。

先生婚後，迭請回國服務，至民國十九年方奉命調部，束裝首途時，忽奉令仍留使館。於是夫人攜子女回或省親。先生遂長駐義邦，嗣後遂未獲他調矣。二次大戰發生，中義絕交，先生去職。民國卅二年，我國駐教廷使館設館，先生以顧問名義襄助館務。民國卅四年，中義恢復邦交，先生又回駐義使館服務。民國卅九年，調駐教廷公使館代辦。四十三年謝壽康公使，第二度出使教廷，先生以參事職留館襄助，不二月，遽病不起。

先生爲人謹慎和藹，忠勤職守。當民國卅二年任教廷使館顧問時，因大戰後，羅馬電力缺乏，電車停駛，先生每日輒步行一小時餘到館辦公，其勤勞如此。前年春，教宗庇護十二世加冕紀念日，先生力疾赴教宗宮廷參加慶典，甫入宮即腦痛暈厥，幸醫治復蘇。先生之重公務，于此益見。

先生服務外交界垂四十年，效忠國家，四十年如一日。當二次大戰時，中義絕交，使館撤退，先生以子女均就讀羅馬學校，一時無法離義，汪逆誘以僞政府駐義公使，先生毅然拒之。時義政府亦爲汪說項，先生迄不爲動，遂赴法暫避。生計日益艱困，賴以平素所集郵票出售度日，其亮節高風有如此者。

先生爲人溫樸有禮。然辦理外交，遇關係國家利益之事，必據理力爭，不稍屈服。當義相慕索里尼擬與我國互升使節爲大使時，欲以解決中義懸案爲要挾條件，先生面折之，謂懸案之解決，當視雙方邦交親睦而定，互升使節，不能與解決懸案並論也，慕相無以難之。二次大戰既終，先生任羅馬聯軍代表團中國代表，力促聯軍代表團與義政府交涉，引渡集中營之華僑，入難民收容所，並籲請改善待遇，及補償損失，恢復華僑之營業許可證等，華僑受惠匪淺。先生平日愛護華僑，一本仁愛之忱，貧者病者，即解囊助之；遇難被囚者，即盡力援救之。其深得留義僑胞之愛戴者，蓋有由矣。

先生既任駐教廷代辦，日與教會人士相接，時與教會典禮，心羨教會儀節之尊嚴，乃進而詢問教義。七百年前，義大利之亞細細城有聖方濟者，棄富就貧，實行福音敬天愛人之訓，先生甚信羨之。三年前，先生偕夫人有亞細細之遊，入聖方濟堂，在聖人墓前，長跪默禱，因有信教之心。今年十月四日，聖方濟節，遂受洗入教，取名方濟。病既篤，十二月五日，領聖體，終傅。七日晨八時，安然辭世。享年六十有五。留義僑胞聞耗，咸遠途來弔，大殮時，有抱遺體痛哭者，並謂先生家屬曰：『爾等喪父，吾輩僑民亦失依矣。』教廷國務院人士，及駐教廷外交團各使節，聞訃無不同深哀悼。十二月九日舉行殯禮彌撒，均派員參加，極一時之哀榮。

先生遺有子一女二。長女梅麗畢業於羅馬美術學院；次女羅蘭畢業於羅馬音樂院；子萬里畢業於羅馬大學電氣工程系，赴美深造，得華盛頓大學工程師學位，先後充任福爾旦大學助教，及哥倫比亞大學研究室助理，現在義京義國電動打字廠任電力部主任。

先生生前嘗語人曰：『一生清寒，無積無蓄以遺子女，然必使子女有獨立謀生之能力，今彼等均能自立，吾無憂矣。』逝世前，遺訓子女八字曰：『誠實、勤儉、慈悲、謙讓。』先生生平為人，蓋常以此八字為規矩焉。」

五、謝壽康公使再度出使教廷

一九五四年春，教廷國務院口頭通知我使館，謂謝壽康公如願來教廷上任，教廷表示歡迎。是年秋，十月十一日，謝公使偕夫人及幼子抵羅馬。我駐教廷使館從此結束了過渡狀態，又進入正常時期了。

當年為聖母聖年，十一月一日，教廷舉行欽定聖母升天為教義信條大典四週年紀念，教宗為羅馬聖母大殿聖母像行加冕禮。十月廿九日，謝公使呈遞國書，教廷以後兩日教宗應行大典，謝使又係再度來駐教廷，於是呈遞國書禮較比簡單，兩方都不致詞，教廷機關報也不詳細記錄，藉以避免中共有迫害大陸教會的口實。

一九五六年三月四日，教宗庇護第十二世大壽八十。教宗不願舉行慶祝。但是各國都紛紛遣派特使賀壽。中國政府也派謝壽康公使為大使銜賀壽特使。教宗乃於三月十二日，加冕週年，舉行典禮，兼以賀壽。典禮後，分別接見各國賀壽使節。

一九五七年，二月一日，外交部長葉公超先生來羅馬，訪問義大利政府和教廷。義政府的神氣很冷淡，教宗庇護第十二世則於二月三日盛禮接見。次日，謝公使在大飯店設宴，教廷樞機院長、教廷國務院特別教務與常務副國務卿、教廷傳信部副部長，都應邀來作陪。謝公使在大飯館舉行歡迎部長的酒會，教廷樞機及中樞要人來參加者百五十餘人，頗極一時之盛。葉部長覲見教宗時，曾面云歡迎田耕莘樞機回台觀光。田公遂在這年的九月間來台灣，週遊全島，備受各界的歡迎。

一九五八年十月九日，教宗庇護第十二世駕崩，蔣總統馳電致弔。九月十九日正式追悼大禮日，五十四國派特使與禮。中國政府派謝壽康公使以大使銜特使代表政府參加喪儀。

十月廿八日，新教宗若望第廿三世當選。十一月四日，行加冕大典。我國政府派黃少谷外交部長為參加教宗加冕禮特使，謝壽康公使為副使。黃部長由台灣乘飛機經過北極趕到羅馬，參與盛典。爲亞洲參禮的唯一部長。

一九六一年二月廿四日，教廷傳信部署理部長雅靜安樞機，來台灣視察教務，政府以國賓禮接待。雅樞機回羅馬後，盛讚台灣方面建設的成績。

新教宗登基後，特別關心中國大陸公教人士所受共黨的迫害，提醒全球公教人士，多爲中國教會祈禱。一九六一年正月廿五日，教宗親往羅馬聖保祿殿，爲遭迫害的教會人士，舉行彌撒大典。於是全球各國主教，先後繼起舉行爲中國祈禱典禮。

因著教廷和中國政府的關係，在這幾年內日見密切，我國政府乃和教廷議定，以中國駐教廷公使館升格爲大使館。六月十二日，兩方正式公佈使館升格的消息。六月十八日， 蔣總統又公佈命令，任命謝壽康先生爲中國駐教廷第一任大使。

一九六五年十二月八日梵諦岡第二屆大公議會閉幕， 蔣總統派張群秘書長爲參加典禮特使。

六、沈昌煥大使、陳之邁大使

一九六七年，謝壽康大使身體多病，中國政府乃調他回部，任命前外交部長沈昌煥博士爲駐教廷大使。沈大使於當年十月十日上午覲見教宗保祿第六世，呈遞國書。沈大使以前外交部長的身份出使教廷，非常受教廷重視，而和他相接近的人士，更佩服他對於國際情形的卓見，和對於中國文化的高論。

沈大使駐教廷不滿兩年，於民國五十八年（一九六九年）春被調駐泰國大使。新任駐教廷大使陳之邁博士於民國五十八年三月廿九日抵羅馬，於四月廿二日覲見教宗保祿第六世，呈遞國書。

註：

㈠ 羅光　陸徵祥傳　台灣商務印書館　一九六七年　第二一八頁。

㈡ 羅光　拜訪陸興老日記—羅馬四記　華明書局　一九六二年　頁二五五。

羅光全書

冊廿七之二

陸徵祥傳

臺灣學生書局印行

陸徵祥傳再版自序

《陸徵祥傳》出版已十九年，當時國內沒有這種體裁的著作，有人評為不合中國文史傳統。近十年來國內既有傳記文學雜誌，又有傳記的專集，於是這種由歐美流進來的體裁，已經成為通行的文體了。

傳記文學的性質，我曾在拙作《利馬竇傳》的自序裡稍加說明，傳記文學不是中國已往的行傳和年譜，也不是歷史傳記或歷史小說，這種文體以傳述書中主人的人格為主，以史事為材料，以文藝為作法。作者要有寫小說者的描寫天才，要有歷史考證者的絲毫不苟；善於選擇史料，長於描寫人格書中所敘的史事要生動，要確實，使讀者看著傳中所寫的人物，很生動地如見其人。

我寫陸傳，擬按著這種標準去寫。前半部以史事為主，包括陸徵祥從青年讀書到辭退公使職的五十年事蹟；後半部是陸徵祥在隱修院的生活，史事簡短，多寫思想。陸氏是以達官而退隱，離紅棄俗而入冷門。為更明顯地表現他隱修生活的困苦，我常提到他往年在官場的尊榮。在塵俗中地位越高，生活越美滿，後來在隱修院的苦修生活則越見艱難，在精神修養方面所下的工夫越見高深這並不是以他的官職來加重他在教會的身份，也不是攀他的官職來為教會爭光。

陸徵祥不是一位雄才大略的政治家，也不是一位富於學術的學者；他乃是一位君子，而且是一位標準的儒家君子，「子謂子產，有君子之道四焉：其行己也恭，其事上也敬，其養民也惠，其使民也義」（論語 公冶長）陸徵祥居官時，謹小慎微，履行職務；愛慕受教，以敬許文肅公；體貼愛護，照顧使館屬員；奉公守法；管理外部僚屬。棄俗修道以後，則更擬效法耶穌基督，以入聖人之域。

暮年隻身隱居比國修院，他不是暮景蕭條，更不是潦倒無意味。在孤獨之中，他常心與天主相接；在隱院之內，他常心懷祖國人民。他的暮年生活，乃是一種完滿的精神生活；在身體的疲憊中，求精神的發揚；在劃地而居的隱院裡，參予天主的無限化育。他在晚年，因此，心常安樂。

商務書局經理徐有守先生，要求重版陸徵祥傳，因為近年索閱這本書的人頗多，而第一版在香港出版，在臺灣不易購得。我樂意接受了徐經理先生的要求，把陸傳略加修改，交與商務付印，在書首作一短序。

民五六年七月十六日羅光序於天母

陸徵祥傳

目　錄

一九四七年吳經熊公使拜訪陸院長合影

南文院長　陸徵祥院長　吳經熊公使

一九四八年著者與陸院長合影

著者羅光蒙席　陸徵祥院長　愛德華司鐸

雲峯先生遺像

陸母吳夫人遺像

先考雲峰公暨先
妣吳太夫人靈櫬曾
於民國九年十二月廿四
日由滬恭移北平新
阡合葬今屆十周謹
製此紀念並伸游子
風木之悲

本篤會修士陸徵祥謹識
民國十九年十一月廿四日製於
比國本篤會安德肋修院

事君以忠能臨大節
與人爲善賴有真傳
Traduction du texte chinois :
" Servir son souverain avec dévouement jusqu'au sacrifice de sa propre vie : "
" En s'inspirant des préceptes de son maître, encourager les autres à faire le bien. "

許 文 肅 公 遺 像

追念許文肅公

嗚呼吾師自庚子七月初四日吾師捐軀就義至今已足三十年矣回溯在俄時勉祥學習外交禮儀聯絡外交團員講求公法研究條約集成一帙遵之外交官箴祥終身不能或忘始終不渝吾師在天之靈鑒之也乙丑春祥與培德締婚吾師笑謂祥曰汝歐化後其要宗基督宗教其來本而與子女盡孝身修院以究成一到家之歐化子弟汝尚年少未有遠識來曾指示丙寅春室人去世祥以孑然一身就上主庇佑居然得入本篤會講學論道以副吾師之期望並感吾師培植之深厚而為祥布置之周且遠也嗚呼生我者父母助我者吾妻教育以我成我者吾師也今先後俱登天國而祥獨存豈不悲哉雖然祥以衰朽多病之體自入院後除朝夕誦經外於拉丁文道德學哲學神學以及新舊聖書等無不竭吾智能以探採其精微歷時非為不多用力非為不勤數年以來不唯無病且日益強健此上主之賜及吾師之[illegible]吾師聞之當亦為之歡快祥雖有永違[illegible]以叙吾年耳

本篤會修士門人陸徵祥謹述 [illegible]月初四日

鵬圖扶上九萬里
鴻桉相莊十五年
† Souvenez-vous dans vos prières
de
MADAME
René LOU TSENG-TSIANG
née Berthe-Françoise-Eugénie BOVY
pieusement décédée à Berne
le 16 Avril 1926.

培德夫人遺像

悼啓

嗚呼培德汝生平事實初思之似無足記述及追索期年始覺無一不可記述蓋汝明道信道體察躬行去外誘之私充本然之善根據教理施諸一切故語言動作合乎天性喜怒哀樂發而中節自主中饋二十七年有如一日予耳濡目染獲益實多且慈祥謙和尤為汝之特性臨終復以喪禮葬儀從簡為囑可見汝之一生純以天主慈愛之道為志願今予捨身專事天主奉行此道則汝之志雖苦汝之願償矣

學習修士夫陸徵祥聖名天士比德拭淚述識

一九〇七年任駐荷欽使之陸徵祥

民元以來任外交總長之陸徵祥

聖安德隱院

陸徵祥晉鐸後與來賓合影

一九三五年六月廿九日陸徵祥氏晉陞司鐸

陸徵祥晉鐸儀禮中剛恒毅總主教主禮致訓詞

陸徵祥氏領受院長祝聖典禮後影

陸徵祥氏祝聖院長典禮後與主禮者錢鐸總主教等合影

陸徵祥院長閱讀吳譯若望福音原稿(一九四八年春)

陸徵祥院長閱讀吳譯瑪竇福音

（逝世前最後之攝影）

Nihil obstat.

† Petrus Caelestinus Lou Tseng Tsiang

Abbas tit. Sancti Petri Gandavi.

Stanislaus Lokuang

Ex Abbatia Sancti Andreae prope Brugas,

in festivitate Sanctae Teresiae a Jesu Infante,

die 3 Octobris 1948.

文簽定審集全經新譯所士博熊經吳

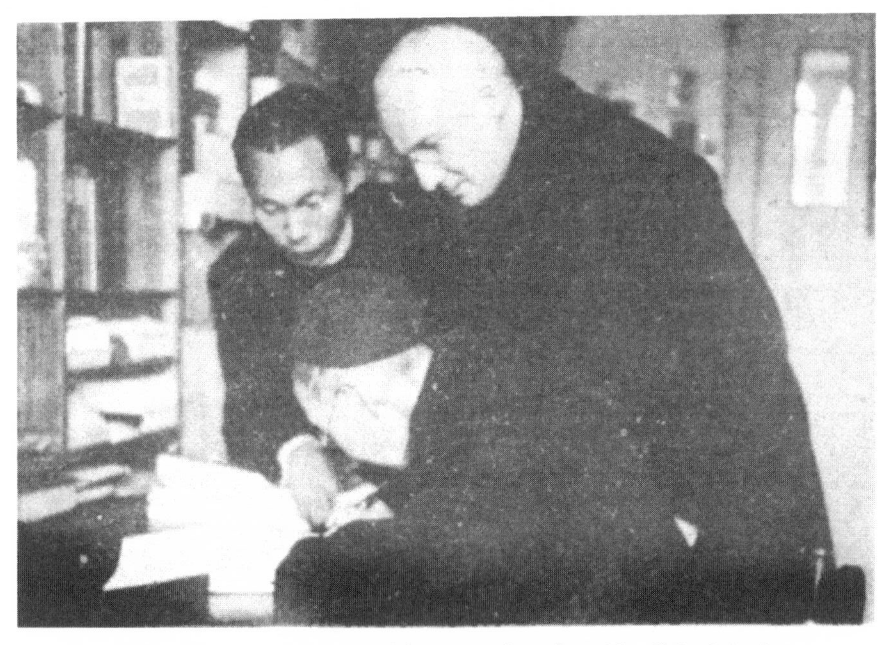

陸徵祥院長簽字審定吳譯新經

羅光蒙席副署審定吳譯新經

聖安德隱院聖堂中之陸氏追思禮

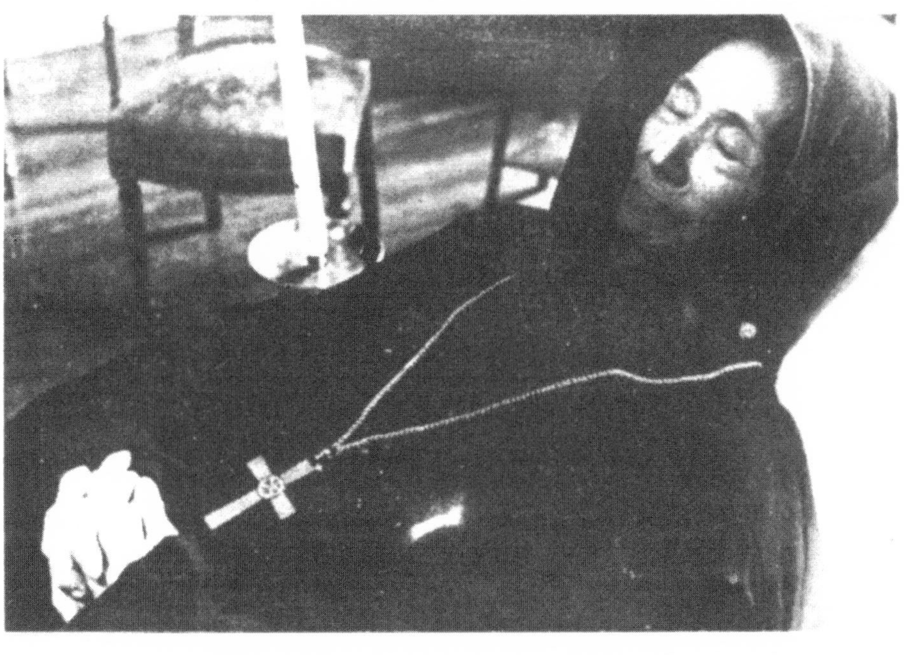

陸徵祥院長遺容

我國金大使及比王代表等參與喪禮

一、相識

一九三九年七月二十六日中午，我立在比國布魯琪（Bruges）城一小咖啡店裏；門外雨點如珠，狂風咆哮，心中一籌莫展：雇不到汽車，更不見馬車，連可以提箱子的小孩也找不著。布魯琪到聖安德隱院，雖只有一小時的步行；然冒雨提箱，風吹單袖，我鼓不起這種勇氣。

幸而咖啡店的老婦，想起了附近人家有一輛出租的汽車，連忙差遣她的幼女去問。終於汽車連汽車夫竟臨門了，我輕步跨進汽車，飛奔聖安德隱院。

進了迎賓館，興老的秘書愛德華神父（Edward Neut）殷勤招待，引我到已準備好了的房間，彼此相議拜見興老的時間，忽然聽見輕輕敲門聲，門開時，興老已立在我面前。我心中既快活又慌張，急忙鞠躬握手。

這是我第一次見興老。他的容貌，和我平日在照片上所見的很相像。橢圓的臉，稍顯貧血的黃色，金絲眼鏡下，露著靈活的黑眼珠，嘴唇薄，顴骨稍高，身著青會衣，身裁不高不低，和藹的微笑，在微黑的嘴唇上，很顯親熱。他舉步進門，連聲說：「久仰！久仰！」一副謙虛之氣，盎於全身。

我這次實在是因久仰他而來的！動身前，我曾寫信告訴他，說我之來訪，意在聽他暢述一生往事，筆錄爲記，替中國近代外交史存一些資料。到院後愛德華神父聽說我的來意，卻道凡報館記者，欲訪問興老生平，興老絕對閉口不言，我不免很失意。但想我並非報館訪員，興老或肯開誠相告。

興老真的不以訪員相待，而待我如家人。我留院一旬，除在外遊覽兩天外，每天午前後，或在書房，或在花園，我倆常聚談二三小時。他暢述一生舊事，娓娓不絕，口齒清晰，音調低微，語意雋永有味。每述完一事，常微笑說：「羅神父，這事很有意思！」

八月五日，我告別時，興老贈送很多紀念品，在《許竹篔先生立身一字訣》小冊上，題字說：

「民國廿八年夏，在比安德肋修院，識荊於海外，蓋主假之緣，三生有幸矣。且一見如故，不禁將胸中茅塞罄心相告，一掃而空。嗣後謹事主、敬主、謝主，希冀多得主恩，至於死辰。計自七月廿六日至八月五日，盤桓旬日，促膝談心，快何如之！此景此情，當作永久紀念。并祝神父鵬程萬里，與比梅西愛總主教媲美，而增祖國光榮焉。陸徵祥識贈」

一別九年。去年，我第二次拜訪興老。九月十三日清晨，由羅馬乘火車赴比，十四日夜間抵聖安德隱院，全院已滅燈就寢。次日正午，往興老臥室請見。他上年冬天，感冒風寒，臥床不起；加以去春多雨，潮溼過重，身體更感不適。入夏以後，天氣和暖，病態始除。然年老力衰，尚不能出門步行。我進門時，他倚臥籐椅，近窗，伸半身，欲舉足下椅，我急請安臥勿動。寒暄畢，與老取示一照片，乃前次來時，我們合攝者。笑謂照片後無年月，已不知那時是何時了。我答以一九三九年八月。他喟然嘆說：「一別又是九年！」他的形色並未多加老態，兩眼仍炯炯有光。只是額上的縐紋增深，兩頰更清癯，語聲更輕微。上次來時，我倆常在叢蔭園道上長談。這次，則依榻而語了，且每天盤桓只有一小時。(一)

第二次與他同居，也是一旬，談話無多；而我卻更能了解他的精神。他暮年，身瘦骨弱，好似一領薄衣，精神更易外揚，我別前贈他一詩：

蕭然一榻伴暮年，
已忘懷，
四十年宦途景，
今日心與天相含。
×　×　×
二十年來學貧賤，
脫寒衣，

有多少不眠夜，
能絕世慮心何怨。
× × ×
昔日使館今隱院。
強半生，
在海外望祖國，
熱血年老更如煎。
× × ×
若說鐘聲淨世緣，
愛國心，
脫俗情變經韻，
日夕悠悠飛上天。

十月六日，拜別興老回羅馬。沒想到三個月後，我又奔往聖安德隱院。這次乘飛機趕去，趕去奔陸興老的喪了！路上只希望在閉棺以前趕到。正月十八日晚，進聖安德隱院，院內寂然如無人，我奔入經堂，見正祭壇前，四燭高照，遺體顯陳。我帶著沈重的心，走向燭前，跪地默禱，起立近燭，注視遺體。興老兩眼深陷，安然長閉，雙唇緊合，仍見到上唇右角的黑痣，兩心拱護胸前，頭戴修士風帽，氣態安祥，如熟睡者然。次日，在墓前入殮閉棺。我脫其項下的十字架，和手上指環時，頸骨與指骨，仍可屈伸。下午，我再入墓地時，墓穴已封閉，從此我再不能睹興老的慈容了。

正月二十二日晚，午夜回羅馬。我即重讀昔年拜訪興老日記，翻閱興老所贈之紀念品，他一生的動作竹與精神晰然懸於我心目中。

註：

㈠　拜訪陸院長記　益世週刊　第三十一卷第十四期。

二、雲　峰

「道貌嚴凝中外咸仰，
家風宣振先後同符。」

這副輓聯，是元和陸潤庠題贈陸雲峰先生遺像的。興老少時，常聽家族人談陸潤庠。潤庠身為清帝師傅，工書，然不輕為人提筆。興老做了外交總長，纔專誠拜請他為太翁與亡師的遺像題字。雲峰先生的遺像乃俄皇御畫師，阿列克桑特羅甫其基所繪。時興老任職駐俄使館，李鴻章使俄，參與俄皇加冕禮，俄皇派御畫師，畫他的像，以存於俄京博物館。李鴻章不通外國語，無法與畫師交談，帶興老做翻譯。像畫完了，畫師感激興老之助，要替他畫一張像。興老笑說：「小小的翻譯員怎當得起御畫師畫像！不過若畫師真有好心，替我畫點東西，我有一種請求：請為我的老父畫一張像。」俄皇畫師很表驚異，立即應許。那時興老的父親已去世，畫師以不見其人，畫像為難，尤其難畫皮膚的顏色，便問興老面色是否與父親面色相同，興老說不同。畫師又問使館同事中，有否與他父親面色相彷彿者，興老答說只有使館的廚子，面色略相似。畫師便叫使館的廚子去坐了半個鐘頭。

雲峰先生，名誠安，上海人。我們看俄畫師所畫遺像，先生高額肥頰，八字小鬚，瓜皮帽，青緞馬褂，似對客而坐，微笑而欲語，態度和祥，坦坦君子，胸中無所滯蒂，把一生的困窮都忘於懷了。所以陸潤庠讚他：「道貌嚴凝，中外咸仰。」

雲峰先生妻吳氏，名金靈，於咸豐四年（一八五四年）歸於陸，生興老於同治十年（一八七一年）六月十二日。雲峰名子爲徵祥，或稱增祥，字之曰子興，或書子欣。時家境清寒雲峰以助基督教牧師傳教爲生。

「生母始生一女，數週而卒。天主且許我先父母多受折磨，困於窮，又缺子女，十六年，不再生育。我生於一八七一年六月十二日，生而弱。先母臨盆日，得水腫，後八年，抱這病而長逝。迄今，我仍以先母的早亡，心痛莫解。我忍負這種心痛，祝天下有母人，能長享母愛，使我與他們同樂，而略解我失母之痛。

「先父為一誓反教傳教員，每晨外出，散發傳單，分送聖經。我稟承了先父的精神，平生常好分贈有益讀物，從不以所費金錢為徒擲。」(一)

雲峰先生家寒，而爲人正直，有古君子風，素信基督教。既生子，子身弱多病，妻子又長臥床褥，家中苦境加重，雲峰先生則常信託天父，薄薪養家，口無怨言。妻子既病逝，小孩已長，雲峰先生送之入私塾。當時清廷已有意廢科舉，興學校。雲峰先生與牧師爲伍，頗聞西洋之學，不欲兒子從事舉業，暗思送子求些實用知識，所以當兒子十三歲時，便送他進上海廣方言館。上海廣方言館繼北京同文館而設，猶中學之於大學。同文館授外國語，兼授科學。廣方言館則注重外國語，兼重國文。清廷遭外人的脅迫，不能不有所改革，辦理交涉，主持郵政，應該有通外國語言稍具西洋學識者，因此便設方言館和同文館，以培植這班人材。然而當時習俗，輕鄙洋人，凡與洋人有關者，如洋文、科學也在輕鄙之列，仕宦子弟或書香之家，俱不願進方言館，恐遭附夷之誚。雲峰先生身爲基督教徒，且自任傳教員，他當然不輕鄙西洋，而且也不怕別人的輕鄙。他已引兒子入基督教，並再進一步送兒子求洋學。雖然家道貧，門祚薄，不敢希望兒子做外交官；但希望兒子做郵政界的辦事員，不能算奢望。所以當兒子在廣方言館讀了八年後，又送他進同文館。然不意兒子竟被調出國，充駐俄使館翻譯官，又以許欽使勸，准兒子棄郵政而學外交。他鼓勵兒子上進，甘願守貧，讓兒子久居俄京，守職不返。自己暮年尚自食其力，不受兒子的奉養，竟於光緒二十七年卒於家，年六十有七。駐比公使王廣圻於民國二年爲雲峰先生作傳云：

「雲峰陸先生諱誠安，江蘇上海人。秉卓特之資，具微遠之識，獨醒於前清末造眾醉之世，顛躓困頓，尤為常人所難堪，先生奮志獨立，不自少挫。自遘吳夫人黃門之戚今子與外相方在襁褓中，先生境益艱窘，而松柏之質，歲寒不凋。……居恆喜談古先哲人嘉言懿行，尤拳拳於陸清獻公隴其，引以為外相勉。性慷慨，遇戚友急，有時至罄囊中饘粥資，以周助之，雖已枵腹，弗計也。及外相以優試升送京師同文館，未幾又為嘉興許文肅公，羅致後車，將賦駪征，以先生春秋漸高，宜就菽水養，勿再自事生計為請，先生怫然曰：『人貴能自立耳！今予精力尚足自養，汝勉旃毋以父為念。』並先外相之行而赴津沽矣。外相自到俄後，……不獲言旋。先生雖思子情殷，然慨念時艱，亦輒馳書以先國家之急為勗。」

敬天愛人，先公後私：可說是雲峰先生一生的精神。興老日後就繼承了這八個字一生常念念不忘，所以陸潤庠說：「家風宣振，先後同符。」(二)

註：

㈠ Souvenirs et Pensees, Desclee, 6a edit. p.20-21

㈡ 按康有爲所作陸府君吳太夫人墓誌銘：雲峰先生於道光十五年十月十一日，歿於光緒二十七年，享年六十有七。吳夫人生於道光二十二年，歿於光緒四年，享年三十七。

三、從學

爲一個小孩子，發蒙讀書的那一天，應該是最可紀念的日子。但是大多數的小孩子，在那一天，都是淚眼婆娑，覺得自己很不幸。爲什麼自己要被關在一個房子裏，咿咿唔唔讀書呢？另外昔日上私塾念書的小孩子，第一天拜見手常摸戒尺的先生，更以爲自己晦氣。

如今中國的小學校遍於鄉村，爲父兄的不假思索，便送已到念書年齡的子弟進學校。在昔日只有私塾的時代，送子弟讀書，確實是父兄頗費心思的一樁事。那時士農工商，職業固定，不像於今這樣可以任意改行，送子弟發蒙讀書，父兄心目中存有將來使子弟爲官的希望。

雲峰先生的頭腦，較常人爲新穎。他替兒子設想的職業，也是一件新職業；可是兒子的身體很孱弱，因爲他一生下來，母親就久病，家裏又沒有錢雇奶媽，每次飲乳不足，但小孩子能長大，已經是一件奇蹟。這個瘦弱的孩子，將來可做甚麼呢？上海人當然不會下鄉去耕田。作工呢？小孩又沒有那股力氣。經商呢？小孩老實得不敢大聲說話，他也不像將來能作商人，那麼只好給他讀書。雲峰先生卻又厭惡科舉，所以一年推一年，一年等一年，後來看到了上海廣方言館，雲峰先生便決意送小孩去入學。然在入方言館以前，小孩應該已經念了些書，所以在興老十一歲時，雲峰先生送他入了私塾，發蒙就師。十一歲發蒙已是過遲了。塾師看著這麼一個骨瘦如柴，膽小羞怯的童子，一面看輕，一面又憐惜。叫他跟六歲的學童們並櫈而坐，翻開書讀「子曰。」第二天試問問這個瘦孩子，是否懂得了甚麼，瘦小孩竟知道背誦昨天的功課，塾師睜眼一看，眼角微笑，認爲孺子可教也。

在私塾坐了二年，興老竟讀熟了全部四書，能夠背，也知道講雲峰先生便想私塾不必去了，可以進廣方言館了。可是廣方言館的先生們，嚴格地要行一種入學考試。正考官聽說陸家的孩子，僅只讀了一部四書，以爲程度不夠，不許應試。副考官見童子身體瘦弱，滿臉憂愧神色，心裏很憐惜他，便對他說：「伸手給我看看。」看了手，又看相貌說：「相貌很聰明，你既念了四書，背一篇論語給我聽。」興老一氣背了一章《論語》。正考官希罕他背的那麼熟，便問他爲何發蒙那麼晚？興老答以母病。正考官說：「發蒙晚，不是你的過錯，准你入館讀書。」那次一同考取的共十六人，興老名列第十六。

「在私塾受了些教育後，當我十三歲時，我進了上海廣方言館。當年的老師，是一位很熱心的玻杜先生（Alphonse Bottu）在十八歲上，我忽患重病，停學一年。我所患的病，同我先母所患因以致死的病症一樣。大家都以為我將不起了；但天主卻救了我的命。病愈後，我乃趕補習病中所缺的功課。二十一歲時，我動身往北京，考入了總理衙門所辦的同文館。

「在北京，我繼續讀法文和法國文學，受教於明師華玻魯先生（Charles Vapereau）。華先生與我日後且為終身之交。我當日無心走外交的途徑；因為做外交官的，於經史子集，都該通達。我所想望的，是能出國久居，日後回國，在郵局裏謀一位置，因此我從未想做外交官。加之先君，深惡清廷官僚惡習，尤不願我踏入宦途。」㈠

興老一生求學的機會，就只在廣方言館和同文館。他自己雖說那時專讀法文，於中文只讀了一部四書和半部《禮記》，實際上，他於中文努力不少。他一生到老，終爲儒者，舉止言行，常循孔、孟之道。暮年著書，以儒學解釋聖經，以聖經補充孔孟之學。若非他少時於中國經書、子書，修養有素，豈能辦？到他後來著作雖常用法文，法文之美，可以廁於法國文學作者之林；然他的中文信札，文筆優美，而且古雅可愛，也可以看出他對於中國古代經籍，含咀很深。

十三歲時，能背誦四書，真是終生都受用。日後他嘗名其居室爲「慎獨齋」。一九一九年他路過拿波里，義大利畫家雅啓何義（A. Arcioni）爲他畫像，像上用「慎獨」一語，作標識。慎獨一語出自《中庸》。

《中庸》說：「道也者，不可須臾離也，可離非道也。是故君子戒慎其所不睹，恐懼其所不聞。莫見乎隱，莫顯乎微，故君子慎其獨也。」（第一章）

經書、子書之外，興老當日窗下，尙博覽群書。去年我拜訪他時，他贈我兩冊小書作紀念。一冊是《袁了凡先生四訓》，一冊是，張文端公的《聰訓齋語》。兩書上都註有「廣方言館窗下讀本。」書冊整潔，紙角無捲破者。書內硃墨圈點，其得意之句，則加圈加點，或於卷端加標記。從這些標點中，我們可略知興老的意趣。

在《袁了凡四訓》上，他圈有：「六祖說：一切福田，不離方寸，從心而覓，感無不通，求其在我，不獨得道德仁義，亦得功名富貴，內外雙得、是有益於得也。若不返躬內省，而徒向外馳求，則求之有道矣，得之有命矣；內外雙失，故無益。」（第三頁）

這一段，很合他的慎獨思想。雖說袁了凡信佛；中國的佛，固多混雜儒家思想。「慎獨」在一舉一動，一思一言，不敢違於道。但慎於外，而不省於心，仍舊不是修德之途。儒家重守禮以慎外，佛教重明心以省內。興老乃採兩家的特長。他在《四訓》書上又加圈：

「如前日好怒，必思曰：『人有不及，情所宜矜，悖理相干，與我何與，本無可怒者。又思天下無自是的豪傑；亦無尤人之學問。行有不得，皆己之德未脩，感未至也。吾悉以自反，則謗毀之來，皆磨鍊玉成之地。我將歡然受賜，何怒之有。』」（第十一頁）

自省自重，重在守自己的心。興老日後，隱居修院二十一年，以公教神修之學，自收其心。然在廣方言館讀書時，已經明於收心之要。他在《聰訓齋語》上圈點著：

「圃翁曰：『聖賢領要之語曰，人心惟危，道心惟微。危者，嗜欲之心，如堤之束水，其潰甚易，一潰則不可復收也。微者，理義之心，如帷之映燈，若隱若現，見之難而晦之易也。人心至靈至動，不可過勞，亦不可過逸，惟讀書可以養之。』」（第一頁）

讀書以養心，興老終生行之。一九三九年，我在比時，見他常手不釋卷。一次見他閱《木蘭辭》，他說自己二十二歲出國，本不知木蘭的名字。中日戰爭時，許景澄欽使，要他研究英法戰史，得知法國女豪傑若翰納。許欽使乃告以中國的女傑木蘭。從此他常讀《木蘭辭》，並注意木蘭考證。

知道讀書養心，但也知道人心不可過勞過逸的古訓。一九三九年，我訪他時，一次，他問我一天讀書寫作，大約多少時候。我答大約每天八小時。他又問我身體重量多少，我答六十餘公斤。他問體重相當體高否，我答稍爲不足，他便說該注意衛生。許欽使也曾教訓他，多講運動，多講衛生。他還買了許多衛生書。

養心之術，與老得於張文端公者尙多。他平生常知足自樂。這種精神，便是他在《聽訓齋語》上，所標識的：

「圃翁曰：『予擬一聯，將來懸草堂中：「富貴貧賤，總難稱意，知足即為稱意。山水花竹，無恆主人，得閒便是主人。」其語雖俚，卻有至理。』」

（第二頁）

「圃翁曰：『聖賢仙佛，皆無不樂之理。彼世之終身憂戚，忽忽不樂者，絕然為無道氣無意趣之人。』」（第二頁）

「圃翁曰：『昔人論致壽之道有四：曰慈、曰儉、曰和、曰靜』」（第七頁）

興老在這四個字上，大加圈識。他的一生，也真是慈、儉、和、靜。他在《聰訓齋語》上曾特別注意兩點：一是「孝」，一是「友」。這兩點乃他終生精神的棟樑。

「思盡人子之責，報父祖之恩，致鄉里之譽，貽後人之澤，唯有四事：一曰立品、二曰讀書、三曰養身、四曰儉用。」（第二十三頁）

這一頁，書捲一角，而全書清潔異常。書角整齊，獨這一頁捲一角，必是興老特別注意這一頁。對於交友，他在第三十三頁書端，特標一「讀」字。全書標「讀」字者，僅這一處。這一處必是他特別用心默讀的一段。

「與人相安，一言一事，皆須有益於人，便是善人。……每謂同一草木，毒草則遠避之，參苓則甚寶之；以毒草能鴆人，而參苓能益人也。人能處心積慮，一言一動，皆思益人，而痛戒損人，則人望之若鸞鳳，寶之如參苓，必為天地之所佑，鬼神之所服，而享有多福矣。此理之最易見者也。」

熟讀了中國聖賢之書，身體力行。無怪乎興老雖長居外國，而他的心理與精神，澈底是中國人，然在中國革新人物中，他又最是同化於歐洲文明的。他自以爲這是因受教於許文肅公，但也因他熟讀了《中庸》上的話：「博學之、審問之、愼思之、明辨之、篤行之。」（第二十章）

然而興老平生屢屢痛惜自己讀書過少。在俄京改習外交時，他要求許欽使允他到巴黎入大學，研究國際公法。許欽使則告以求學不在乎入大學。他日後所購書籍，便以國際公法爲最多。老年寫《回憶錄》時，尙惜少年時，未讀經史子集。但他所贈魯汶大學圖書館「愼獨齋」用書，則極多中國經史子集之書。興老之從學，是在學校裏學了語言工具，在平居自力求了學識，在一生實行了聖賢之道。

註：

(一) Souvenirs et Pensees p. 22-23.

四、從師

在方言館住了八年興老升入北京同文館。

清咸豐十一年設立總理各國事務衙門。衙門內附設一同文館延請西人作教習，教授英法德俄四國文字，兼授英文、算學、格致等科。

興老進了同文館，繼續攻讀法文。讀了一年，駐俄德奧荷四國欽使許景澄，㈠呈請總理衙門，調其任駐俄使館翻譯官。興老乃於光緒十八年搭輪出國，時年二十二歲。

今日中國人出國往歐洲，搭飛機兩天即到。到歐洲，無論求學或旅行，大家都以爲幸事。當興老出國時，情形有些不同。輪船在海上一飄就得幾個月，有時竟致半年。且大家都以爲出了國，身入洋人之境，有似落入虎口，以二十二歲的青年，首途往歐，心中確實要有一番勇氣。他由上海動身搭船到馬賽，由馬賽登陸往巴黎，由巴黎轉柏林，謁見許欽使，然後往聖彼得堡。

「我一生能有今日，都是靠著一位賢良的老師。當我到俄國時，我益無意於外交；因我係獨子，家大人須奉養。那時我的意思，想升一內官回國。一天許文肅問我說：『你願意日後作外交官嗎？』我答說：『不想作外交官。』『不作外交官，你想作什麼？』『我既會法文，那麼回國去，在郵政、鐵路、海關等處，都可以找到工作。我不打算久住外國，因為家大人須我奉養。』文肅公搖頭道：『早知如此，我必不調你出來！』我瞿然問：『那麼，欽使大人願意我作什麼？』『我願意教導你作外交官；但若尊翁不願意，我也無法。』『欽使大人既願教導我，我即寫信請問家大人。』於是我就寫信給家大人稟明一切，家大人來信很表贊成，命我就學於欽使處，不必想家，他自己可以謀生。我便拜文肅公為師。」㈡

從前中國人拜師，乃平常的事情。拜人為師，不過表示一片景仰之心；興老的拜師，則決定了自己一生。

拜欽使為師，很易招館中同人的忌視；而且許文肅公，最不贊成中國拜師結弟兄的習氣，故叫興老莫饒舌，不要叫人知道他們兩人有師生之誼。每天晚飯後，許欽使教他以外交習例，館中同人，若問他，常答自己是學習員，欽使每晚要考問他。

許文肅教興老，先從日常小事著手。普通在鄉不出門的人，覺得日常小事，隨便自己怎樣做，也不致弄出亂子；可是在使館做外交官，若不熟習日常小事的禮貌，立刻要鬧出笑話來的。中國前清外交官的軼事，大都是說他們在小事上失體統。許文肅教自己的門生，第一不要蹈他們的覆轍。

「家大人既答應我從許師受教，許欽使便開始教我。許欽使教學，從四字下：衣、食、住、行。他問我：『會吃飯否？』我說：『一天三頓，沒有一天不吃飯的。』許師說：『人家請你去赴宴，吃外國飯。進門時常該陪一女太太，你會這一套嗎？』我說：『不會。』許師說：『你就不會吃飯。』『你會穿衣嗎？』『我那天不穿？衣似乎穿的還可以。』『你理會外國太太常看男客的衣衫，衣上有油點或污漬者，就生厭嗎？』我說：『並不理會這一點。』『那麼，你就不會穿衣。你知道走路嗎？』『我從小就學會步行。』許師道：『你知道外交官赴宴拜會時，進門出門，都有一定儀節嗎？』我又茫然不知。『所以你又不知道走路。那未你知道住房子嗎？』他說：『中國欽使在巴黎倫敦華盛頓常鬧笑話。巴黎使館租人家的房子，十餘年後，退租時，主人家不要房子，硬要欽使修理；因為地板都被水烟爐頭燒穿了，牆上所掛的像，也被虫蛀了。

所以該知道住人家的房子應該如何。』

「我不教你難作的事，若是教你做首相做外務大臣，你必說作不到，我教你做的，都是平常的事；只是『不作』兩字。『教你不抽鴉片，你會不會？』我說『一定會』『教你不賭，你會不會？』『這一定會，我那有錢去賭。』許師教我到處觀察，另外是觀察人。日後到朝廷外務部做官，該注意培植一輩外交人才。外交人才非立時可成，也不是外行人立時可學。」㈢

講了日常外交禮貌，文肅給門生又講外交工作。興老開始時任四等繙譯官，文肅教他繙譯時，不要膽怯，態度自然。傳譯話語，輕重相當，切不可失了原意。

「許師命我充傳譯官。他說：『你傳譯時，我無法知道你說的話，可是在外交上，說話輕重，很有關係。所以起初，只帶你去拜會女太太，說話稍重，也沒有關係。』過了些時，他說：『今天我去見外務大臣，要帶你去了。你怕不怕？』我說：「欽使大人曾教我，見大人則藐之，我不怕。』許師有耐心，把他要說的話，都先告訴我，叫我到房裡去預備。上馬車到外交部時，通常譯官不能與欽使並坐，常坐在對面。許欽使卻叫我坐在他左邊。見了外務大臣回來，許使說：『你今天態度不錯，只是還有點怯，說話不大自然。多去幾次，就好了！』這是我第一次陪欽使見俄國外相。」㈣

第一次充繙譯的成績既不壞，許文肅又乘機考他的門生，在外交禮貌上究竟成績怎樣。一天，與老第一次被請赴宴，宴畢歸來，文肅便考問他的舉止言談。

「一天，一國公使請客，我被請。回來後，許欽使問我道：『今天去赴宴怎樣？給我講一講。』我說：『每人進廳，陪一位女太太，各按次序。首席客陪女主人，先走；男主人陪首席客的太太走第二。』許師道：『你走在甚麼位次？』我說：『走在最後，因為我是小小的隨員。』許師說：『正對。進飯廳後，怎樣對付陪你的太太？』我說：『剛近桌子，我將她的椅子移開，讓她近桌，我將椅子移近讓她坐下。所有酒菜，都讓她先取。』欽使說：『這不錯，你停止了講話嗎？』我答應說：『終席不曾停止與女太太談話，而且近旁的一位女太太，見我是中國人，也跟我攀談。陪那位女太太的男客，也插進來談話。四個人談笑，比兩個人更熱鬧。』許師讚道。『很好！總不要停止與陪你的女客談話；不然她就疑你冷淡她。』我說：』欽使大人常說，總不可出題目給人做，只該對自己出題目。那兩位太太卻給我出了個難題：她們倆同時問我，愛她們中那一個？我答應兩個都可愛；因為兩朵玫瑰花，常一樣可愛。欽使說：『這正對！』這是我第一次赴宴後許師的批評。」㈤

由外交禮儀再講到國際政治大事。那時清廷出了兩件外交大案：第一是馬關條約，第二是孫文在駐英使館被拘。許文肅囑咐興老細心研究這兩樁事的經過詳情，然後以國際公法評判之。文肅因痛清廷的腐敗，乃教興老歐化，不要怕歐化的程度過深，只該怕抓不住歐洲的精華。

「文肅善用隨時發現的事實，作訓練的資料……引用的證據事實可分為已過、未來和現前三時期。在已過的時期中，引用各事實，莫非教小兄不忘本，保存本來面目，文肅所謂保存國粹。在現前時期中，引用各事實，要教小兄進步，吸收歐化精華，文肅所謂因時制宜。在未來期中，引用已過及現前各事實，莫非教小兄實行。……文肅對於第三時期的可能可有之事實，特說出兩事，告小兄免生疑慮……所逆料說出的兩事：一為洋翰林（法學博士、文學博士。）一為歐洲大戰。在文肅眼光裏看出來，求學的中國留學生年增月盛，學問猛進，必然得到翰林之深造。出售火器鎗炮予世界各國的德國，早晚終要與法人決死戰。文肅說：這兩件事你能目見，我則見不到矣。」㈥

但是最多的話，還是講立身處世。後來興老印有文肅的《吃苦二字訣》和《立身一字訣》，都是許文肅當時的教言。

興老隨侍文肅四年，每晚從他受教。

「當日我們師生兩人，每天談心，諧笑雜作。那種快樂，我想中國四萬萬人中，恐只有我兩人享受著。

「駐俄使館同仁，都稱我『小許。』因為我不知不覺，一切都仿效了許欽使。他是嘉興人，我是上海人，我竟忘記上海話而講嘉興話。我走路的姿態也像他。……所以別人號我『小許。』」(七)

一位欽使肯這樣細心教導自己的屬員，真可稱爲有心人。興老終生，每遇一事，必想許師的遺訓。老師爲有心人，弟子也是有心人。在古代正統的儒家中，不易找得一位像興老那樣的敬愛師長的人，在中國維新的人物中，更難見到這種赤誠。興老又說：陸潤庠題許文肅公的遺像說：「事君以忠，能臨大節；與人爲善，賴有真傳。」把他老師一生做人之道，可謂完全道出。

庚子年，拳匪搆亂，朝廷中沒有一位敢言的大臣，大家都怕西太后和端王載漪的辣手。許文肅公與袁忠節公獨侃侃廷爭，以庇匪爲不可。

「一日，太后引皇上，召集大學士、軍機大臣、外務大臣、六部九卿、大師兄、眾師兄、開御前會議於前殿。或紅頂珠掛、或短衣紅包頭、濟濟盈廷。凡紅包頭者，皆忠義憤發，慷慨陳辭，諸紅頂附和之、禁王諸相不敢一言；惟徐用儀許景澄微有駁詰。許景澄因久駐外洋，故實說各國之實力，大師兄斥為奸臣。皇上離座下，執景澄手哭曰：『不想我朝二百餘年，滅於此輩之手也！』景澄亦哭。剛毅痛聲曰：『許景澄失禮！』皇上驚縮急退。太后命景澄下去。景澄叩頭呼曰：『求皇太后保護我皇上。』遂遵命退去。於是全場無異議者，滅洋之計遂定。」(八)

「七月初三，文肅飯罷，與中表兄弟失文炳閒談，一面令從者備車，將往總署。門房忽報有武弁請見，言係奉奕劻命，請許大臣即往議事。文肅登車，武弁驅車不往總署而往提署，說本日議事不在總署，乃在提署衙門。及門，武弁盡斥退文肅從者，引文肅至一小室，急扃門而去。文肅聞鄰室有叱咤聲，知為袁太常。當夜三鼓後，文肅與袁太常被解刑部，次早未經審訊，即被斬於西市。」(九)時一九〇〇年七月四日。(十)陽曆七月廿九日

民國七月，興老四次入長外交部，得唐蔚芝所刊文肅公奏疏函稿，乃吩咐部僚許同華、孫昌烜、張承棨、方元熙增輯爲遺稿十二卷，重付排印，自己作序。序文曰：

「……余自光緒十七年，隨許文肅公使俄，公於隨時隨事，勗余未逮，示余正軌，而尤以察外情，揚國光，畢生勿懈，殷殷相勉。二十年來，循而行之，獲益匪淺，其文章氣

節，流風餘韻，時往來余心目間，輒不自揣，思有以闡揚之，忽忽迄今，有志未遂，此次四蒞茲部，始爲祠祀四忠之請。既得報可，乃懸公及徐聯袁三公貴像，與部僚以時崇拜焉。……余之印行是書也，豈徒伸一人之私感，亦欲與內外僚友，交相勗勉……」㈩

三十年後，興老分贈友朋一紀念片云：

「嗚呼吾師，自庚子七月四日，吾師捐軀就義，至今已足足三十年矣。回溯在俄時，勉祥學習外交禮儀，聯絡外交團員，講求公法，研究條約，冀成一正途之外交官。祥雖不才，抱持此志，始終不渝，吾師在天之靈，想亦鑒之也。已亥春，祥與培德結婚，吾師笑謂祥曰，『汝醉心歐化，致娶西婦，主中饋，異日不幸而無子女，盍寄身修院，完成一到家之歐化乎！爾時年少，未有遠識，未曾措意。丙寅春，室人去世，祥孑然一身，託上主庇佑，居然得入本篤會，講學論道，以副吾師之期望，益感吾師培植之深，而爲祥佈置之周且遠也。』」

興老居官時，一生不忙導教，最後任瑞士公使時，常告僚屬，學習禮貌衣服整潔，時外交部欠薪甚久，興老以私蓄墊付館員，以維生活。㈩

註：

(一)許景澄字竹篔諡文肅嘉興人，同治七年進士。光緒六年詔使日本遭父憂未行。十年出使法德義荷奧五國大臣兼攝比國使務。十六年，充出使俄德奧荷四國大臣，死義和團之亂。詳見許景澄傳。（許文肅以遺書十、藝文印書館）

(二)錄拜訪興老日記（一九三九年七月廿七日。）見羅光著　羅瑪四記　第二二八頁。

(三)同上，見羅瑪四記　第二三〇頁。

(四)同上，見羅瑪四記　第二三一頁。

(五)同上，見羅瑪四記　第二三一頁。

(六)致劉藎忱書　見陸徵祥言論集　北平傳信書局　一九三六年　第一七四頁。

(七)錄拜訪興老日記　一九三九年七月廿九日　見羅瑪四記　第二四八頁。

(八)葛虛存輯清代名人軼事　見許文肅公年譜　許文肅公遺著十。

(九)葛虛存　清代名人軼事　上海會文堂　民國十七年版　第五四頁。

(十)國史傳稿許景澄傳謂「七月初三日，與袁昶同棄市。」陸徵祥紀念先師之文，則謂七月四日。實則初三日被捕。次日早，即深夜三更後，解赴刑場，已是初四。

(土)周國壎追念陸徵祥公私瑣雜紀略　現代學苑第三卷　第十二期　民五十五年十二月。

五、留俄

興老抵俄京聖彼得堡，初爲學習員。後數月，於光緒十九年（一八九三年）七月二十四日，許使劄命他爲四等繙譯官。光緒二十一年三月初七日，升三等繙譯。同年五月，許使奏加布政司理問銜，即選縣承。越一年，升二等繙譯。許景澄於光緒二十二年冬去俄，楊儒繼任駐俄奧荷欽使。於二十三年正月初一日，奏留興老。次年四月，奏加同知銜，即選知縣。光緒二十七年七月，奏加直隸州知州銜。光緒二十八年胡維德繼任駐俄欽使，奏留興老。次年奏加參贊銜，給假六月。光緒二十九年十二月，奏加三品銜即選知府。光緒三十年，升二等參贊。光緒三十二年（一九〇六年）升任駐荷欽使乃去俄。㈠

興老在俄京聖彼得堡整整住了十四年。當他到俄京時，亞歷山三世御極俄國。俄皇性喜獨斷，御下以嚴。因他的父親亞歷山二世老年被刺，尤使他憤恨。宮廷生活則窮奢極麗，一意倣效巴黎。到俄後的第一年冬天，興老曾參與俄皇一次宴會，賓客三千人。貴族和外賓，衣飾輝煌。許文肅吩咐他觀察宮殿的禮儀，默記於心，以圖日後改革清廷跪拜的古禮。

「我在俄國使館時，常當傳譯官。普通使館參贊隨員等，沒有機會可以認識俄皇。因為只有在接見時，由欽使介紹，上前握手即退；我卻認識了俄皇。俄皇對我也很要好，因我當過四位欽使（許、楊、胡、三位欽使，李鴻章欽差大臣）的傳譯官，因此常見俄皇、俄后；與宮中人也多相識。新年以後，一連兩三個月，俄皇常宴外交官，或赴宴、或看戲、或跳舞。有時請外交團全體，有時僅請欽使；可是每次請中國欽使，都有我的分子，因中國欽使該帶傳譯的人。旁的使館的館員，發生嫉妒，到俄國外部抗議。俄外部答覆：若使貴國欽使不會說法文或英文，外部也將用傳譯官的頭銜，請各位。

當我升位荷蘭公使時，俄國外務大臣對我說，私人方面，很想呈請俄皇接見辭行，並請俄皇授勳；但是按外交慣例，只有欽使離任時，進見俄皇辭行，俄皇贈授勳章。各使館參事升任，則無接見例。假使俄皇願意自己召見，禮官處則無法阻擋。過了幾天，禮官處傳來請帖，俄皇請貴賓陸徵祥先生往見。且派馬車迎送，一如公使禮。

「接見時，俄皇親手贈授勳章，而且俄后也出見，禮遇之隆，出人意料。」

(二)

興老這時所見的俄皇，是尼古拉二世；尼古拉二世乃俄國最後的一位君主。他於一八九四年嗣位，越二年舉行加冕禮於莫斯科，清廷因俄國助爭遼東半島，特派李鴻章爲加冕典禮特使。李以年已七十有四，力辭，不獲允，乃奏請兩子經述、經方隨行，且隨身帶著自己的棺材。俄聞李充特使，派親王烏托木斯基（Prince Ukhtomsk）至蘇彝士河口歡迎，改乘俄輪直駛阿得薩。俄國這時正以財政大臣威特（Witte）之議，要挾中國，允許建造中東鐵路。李鴻章抵俄京，威特奉旨與他商洽建路事。李堅持中國自造。後轉商密約，受俄愚弄，以共同防日爲名，借地建路。兩方於六月三日（陰曆四月二十二日）在莫斯科簽約。

「當李鴻章訪俄京聖彼得堡時，同俄國締結了共同防禦密約，引起了各國政府的注意。密約內容，在我作北京政府的外交總長後，才知道。按照這密約，中國允許俄國借地造路。於八十年內，俄國享有特權。中國所得則一紙空洞的共同防禦文耳。」㈢

中俄的交涉，從此更棘手了。密約簽訂後，許景澄欽使奉旨，與俄外部商訂《中東路條約》於九月八日，簽訂華俄道勝銀行，《中東路合同》十二條。同月十四日又與道勝銀行訂立入股夥開合同五條。

一波未平，一波又起。光緒二十三年（一八九七年）十一月，俄外務大臣模拉維夫（Muraviov）建議，乘德人佔據膠州灣時，俄國強租旅順、大連。十一月二十二日，俄軍在旅順登陸，強暴殺人。次年清廷派駐德欽使許景澄到俄京，與駐俄欽使楊儒會同抗爭；然俄皇志在必得，威脅備至。結果，光緒二十四年三月初六日，李鴻章、張蔭桓與俄國公使巴布羅福在北京簽約，以旅順大連租於俄國。約後租地勘界，屢生波折。次年許景澄已由俄歸國，與王文韶會同俄使格爾斯加簽訂《中俄勘分旅大專條》

旅大租借條約既訂，南滿鐵路問題隨即發生。俄國要求踐約：由哈爾濱築路至旅順大連。光緒二十四年五月十八日（七月六號），許景澄、楊儒又與東省鐵路公司訂立築路合同。

光緒二十六年，拳禍忽起，兩宮蒙塵，俄人強佔遼東半島。清廷於十一月十一日降旨，任命楊儒爲全權大臣，在俄京交涉收回東三省。雖楊使往晤俄財部大臣威特七次，晤外部大臣拉姆斯獨夫（Lamsdovff）十四次，每次由興老陪往繙譯。俄國脅迫楊儒簽訂交收《東三省條約，》允許俄國在東北駐兵。東北官吏，俄國能自由要求中國政府撤換。東北商務與礦務，由俄人獨攬，且要求巨量賠款。幾經交涉，楊儒不爲所脅。最後俄外務大臣於光緒二十七年二月初六日限定翌晨楊使答覆。其時李鴻章主張簽字，張之洞極力反對，英日法德各國共勸中國勿締約。清廷猶豫不決，委楊儒以全權辦理。楊儒則答非奉明諭，決不簽字。二月初三日，楊使由外部回館，跌傷右腿。二月初六日，受俄國外務大臣的威迫，氣憤填胸，回館下車時，又滑跌墮地，不省不事，遂一病不起。於光緒二十八年正月初十日，死於俄京。而李鴻章也因俄人之恫嚇，憂鬱嘔血，於光緒二十七年九月二十七日逝世。俄不能遂其所欲，復以英日同盟成立，俄氣稍挫。乃於光緒二十八年三月初一日，在北京訂交收《東三省條約。》一場交涉，暫告段落。王芸生評楊儒說：

「楊儒受各方煎迫，竟犧牲於此幕交涉中。楊儒是沒有外交特識之人，頗懼與俄決裂，然就此幕交涉之結果論，實有大功於國家。蓋簽約期限已迫，清廷已命其全權定計，朝廷不為遙制；奕劻李鴻章也令其簽字，而彼堅持非奉特旨，不畫押。威特誘使簽字，復色折之，一般俗論，於此幕交涉，對楊儒多致識評，殊失公道。因其固執一念，未由中國自畫賣身契，為東三省留下一條生機，日俄戰後，日本仍不能不將東三省交還中國，實楊儒之功也。」㈣

看興老後來在「二十一條件，」與巴黎和會交涉時的作風，我們可以說與楊儒的拒絕簽字前後相映。興老在俄館，爲唯一的洋文館員，處事謹慎細密，深得欽使器重。楊儒臨難不屈，藉興老之力必多。興老兩番請假，光緒二十七年正月廿六日父親病逝，又呈請銷差回籍守制，俱不獲允。再等了二年，才得休假六月，回國掃墓。不幸，那時日俄戰爭爆發，興老又趕回俄京。

一個生氣蓬勃的青年，出國學習外交，破題兒所見的盡是「弱國無外交」一語。日後一生輾轉於各種交涉中，常如羊與狼爭，蒙垢受辱，且不能得國人的諒解；然而他老年愛國的心情，也就在些垢辱中，鍛鍊而成，生養兒子越苦，母親愛兒之心越深。爲國家多受了犧牲，愛國之心越爲熱烈，駐俄的十四年，爲興老是一外交學校，養成了他忍耐持重的精神。

「我當時可做什麼？只有深自反省，默思中國先賢，給我輩有志實事求事之青年，所留的明訓。我的思索常注於孟子所說：『天將降大任於斯人也，必先苦其心志，勞其筋骨，餓其體膚，昏乏其身，行拂亂其所為，所以動心忍性，增益其所不能。（孟子　告子下）』」(五)

開始外交生涯時，以東北問題，而動心忍性。暮年垂死時，又以東北問題，而呼天號救。昔日虎視東北者是帝俄；今日狼吞東北者，是俄共。然同是一俄國，使興老終生沒有得見祖國復興。臨終前，不願再聽祖國消息，免使憂愁煎；心只說他已把祖國奉託天主，當足使他安心無憂。

註：

㈠興老留俄時，三次充代辦。許欽使任內一次，楊欽使任內一次，時年三十，胡欽使任內一次，時年三十五。卅六歲時陞欽使。

㈡錄拜訪興老日記（一九三九，七月廿七日） 見羅光著 羅瑪四記 第二二七頁。

㈢Souvenirs et Pensees. P. 38

㈣王芸生 六十年來中國與日本 第四卷 第四十九頁。

㈤Souvenirs et Pensees. P42.

六、培德

興老一生，只有一椿事，沒有遵許文肅公的話。當他要娶一個外國女郎爲妻時，許文肅公不贊成；他竟堅持己見，與外國女郎成了婚。許文肅用冷靜的頭腦去看：當日中國風氣未開，連外國東西都看不起，何況見人娶外國女子！義和團標榜扶清滅洋時，遇見戴著眼鏡的，也要用刀砍哩！外國女子到了中國，將感到另入一天地。中國家庭的藩籬，非外國人所易闖入，日後弄得夫婦不睦，不睦，終生無唱隨之樂，倒不如割一時之愛，以絕今生之怨。興老則用愛情去體驗，雙方愛情完滿無瑕，兩心如一，則可以同安樂，也可以共患難。外面環境，不足爲兩心合一的條件，只可做兩心合一的裝飾品。兩顆心之能合一，不在於同種同鄉，而在於互相敬愛，互相了解。興老以自己純潔之心，去體驗相愛的女士純潔之心，覺得他們倆雖不同文同種，必能結合如一，顛撲不破。雖日後國人怎樣歧視，中國環境怎樣不適，他們倆的婚姻生活，也決不致墮入苦海的，所以他毅然不顧許師的隱憂，而與培德女士成夫婦。

興老識培德女士（Berthe Bovy）於俄京。培德女士，比國人，生於一八五五年九月十四日，姓博斐（Bovy）父名博斐費德里（Frederic Bovy）曾任比國肋阿波一世侍從武官。培德女士隋肋核公使居聖彼德堡，充私人教師，教授法文。時年已四十，舉止幽嫻，談吐風雅。就他們結婚時遺像觀之，她雙頰稍長而圓滿，兩眼靈活而帶深思，美髮盛長，束髻於頂。興老則說：

「我愛她思想不群。品德高尚，斷事有則，立身無私，不畏難，不欺人。」㈠

結婚須奉父母之命：陸雲峰先生時在上海，聞兒子之娶西女爲妻，心中必有與許文肅同樣的感觸。他很信任自己的兒子，故不以兒子舉動爲非，只求上天默佑。興老乃與培德女士於一八九九年（光緒二十五年）二月十二日，成婚於俄京。㈡培德女士世信天主，爲公教信徒。婚禮遵行公教儀典，行於聖加大利納堂，多明我會士拉克郎熱（Lagrange）爲之證婚。

「我們倆的精神與心靈，彼此互相了解，夫人之於我，眞如生命之伴侶，情愛實深。她看事，一眼即見其大者，絕不留滯於瑣碎之念。立身行事，克盡己責，悃朴無華。各位知道我當時為誓反教徒，然我許諾若天主賞我子女，我將按公教規則教養他們；然而不知為何，天主卻吝我以子女之福。等到暮年，纔看到因為無子，我得入修會晉司鐸的聖召，天主在那時，卻已冥冥為我佈置一切。

「我的上峰們都不以我娶外國女子為然；我則不顧他們的責難。我的太太也毅然忍受人家的歧視。八年之久，凡有宴會，常居家不出，讓我獨出應酬。及到我升駐海牙公使時，這種畏避的生活，纔得終止。她卻又不假丈夫地位，盛氣凌人，而對於比國人和中國人，更不以自身之尊貴，稍示傲心。……居心正直，良知明澈，時人常說：『入陸夫人之堂，則口不敢言人之過。』這眞是基督的智德。按我中國人的立場說，這也眞是孔子的智德」㈢

中國素來以夫爲婦之天，婦從夫而屬於夫，男子雖呼妻子爲匹配，實際從未視妻子爲平等。娶外國女郎作妻子，以中國的習俗去待她，必至招她反抗，興老便實行革新。他既然沒有遵守舊制，憑「父母之命，媒妁之言，」以成婚，婚後，也就不依照中國社會舊習慣，討姨太太。

他與妻同住二十七年，常以妻爲益友，遇事必同她商量，而且常言聽計從。

「我在海牙時，羅文幹與兩位同學來見，言早聞公使大名，特來拜訪。我說陸徵祥實無大名，我是上海人；若有人問上海人知道陸徵祥否，必沒有人知道。不過三位遠道來訪，實不敢當，請留敝寓便飯。我夫人告我說：『這三位都屬有志青年，日後可有作為，你該結納他們。』」㈣

民國元年，第一次正式內閣成立，任興老爲外交總長。他那時正在俄京，迭電堅辭。後來俄國外相也勸他回國就職，他歸而謀諸妻子。

「（見俄外務大臣）歸來，跟我夫人商量。夫人說：『還是回國就職好。』我說：『擔子都搭在我肩上，我那有力量承當！』夫人說：『暫時去試一試，能擔就擔，不能擔再辭。』於是我決意回國就外長職。」㈤

「夾套最後一頁，貼一馮國璋名片。陸公說：『我所以保存這名片有一段歷史。馮國璋是第三任總統。就職後，報紙紛載內閣名單，以陸徵祥長外交，我卻從未接過頭，並未見一人來訪，心中很疑慮。我與夫人商量，無論馮總統派誰來請，我必堅辭。一天，門房遞進一名片，我一看是馮總統的名片，趕緊與夫人商量，——夫人常是我的參謀。夫人說：總統親自來請，則不能辭，可暫時答應長外交三月。我出見馮總統，時統先稱讚我的住宅雖小，而精緻可觀，布置很整潔，雅緻，必是得力於外國太太。繼乃說明來意，務請我擔任外交。我答我精力不夠，本不願就任，但因總統親自枉駕敦勸，惟有勉強擔任三個月試試。馮總統聞言，高興至極。』」㈥

因爲沒有生兒女，他們夫婦兩口感情更篤，大有相依爲命之勢，當袁世凱促他回國就第一任外交總長職，初次見面時，便問陸太太一同回來了沒有。

「那時一般人都說我沒有太太不能生活，見面常問太太怎樣，這也很有趣味。」㈦

後來袁世凱因歐戰發生促興老回國。興老那時在瑞士休息，見面又問陸太太何在。

「我那時單身回國，太太留歐未歸。項城聞陸太太沒有同來，趕緊對我說，他要打電報促陸太太歸來。我答以已約定歸期，靜看歐戰發展如何。大約四五個月後太太已東歸了。項城說屆時請告知，他好電知沿途中國使館，歡迎招待。」(八)

在第一次任外交總長時，他與夫人同歸；但爲避免社會評論，開首八個月，太太退避家中，不出去與社會酬應，袁世凱注意到了這事。

「我長外交後，首先幾個月，未帶夫人出去拜客。因我結婚時，許多人反對，許、楊兩欽使也不贊成。袁項城一次問我說：『陸夫人為甚麼不出門，連拜總統夫人也沒有來。』我說：『内人現已完全中國化，像中國女子不愛出門。項城笑謂：『這好極了。今晚總統府宴英國公使餞行，便請陸夫人來陪英使夫人。』我說：『内人一定來。』這是我太太第一次在中國赴宴。後來項城任命我夫人做禮官處的女禮官長，各國公使夫人都很滿意。」(九)

因爲他倆相依爲命，形影不離，彼此間的感應力也更大。培德夫人誠心信奉天主，切望丈夫也皈依公教。但她知道丈夫的性格，不敢求急效，遂不與丈夫辯論宗教問題，只求一舉一動，表現自己的信仰。丈夫既日日不離左右，見她信仰之誠，將來也許有潛移默化之一日。興老終於棄誓反教而入公教，夫人表樣好，實爲最大原因。興老感戴夫人感化之德，老而彌篤。於一九二八年正月十四日，作文弔他的妻子說：

「嗚呼培德，汝生平事實，初思之似無足記述，及追索期年，始覺無一不可記述。蓋汝明道信道，體察躬行，去外誘之私，充本然之善，根據教理，施諸一切。故語言動作，合乎天性；喜怒哀樂，發而中節。自主中饋，二十七年有如一日。予耳濡目染，獲益實多。且慈祥謙和尤為汝之特性。臨終復以喪禮葬儀從簡為囑可見汝之一生，純以天主慈愛之道為志願。今予捨身，專事天主，奉行此道。則汝之志雖苦，汝之願償矣。」

耳濡目染而信夫人之所信，興老乃克終身處於樂天的生活中。故他老年常說，沒有父母不能有今日；沒有許師，不能有今日；沒有培德也不能有今日。丈夫之鍾情於妻子，天下沒有能過於他的了。他嘗比培德夫人爲肋賽夫人。(十)

註：

㈠ Souvenirs et Penseés P. 43.

㈡ 興老成婚日按回憶錄所載爲二月二十五日，然據其秘書愛德華補文所云應爲二月十二日

㈢ Souvenirs et Penseés P. 43-45

㈣ 錄拜訪興老日記（一九三九年七月廿七日） 羅光著 羅瑪四記 第二三五頁。

㈤ 同上，見羅瑪四記 第二三二頁。

㈥ 錄拜訪興老日記（一九三九年七月卅一日） 見羅瑪四記 第二五六頁。

㈦ 錄拜訪興老日記（一九三九年七月廿七日） 見羅瑪日記 第二三二頁。

㈧ 同上，見羅瑪四記 第二三四頁。

㈨ 肋賽夫人日記與日思錄 林騶譯 上海印。

㈩ 同上。

附錄：陸徵祥夫人的年歲考

程滄波先生曾爲文，批評《陸徵祥傳》的史事失實，舉出三事爲例，實際上程先生所舉的第一例和第二例，陸傳裡並沒有，乃係程先生一時的誤寫，第三例說：「陸夫人長陸氏十四歲……培德女士嫁陸時，已逾四十歲。傳中說她隨肋核公使居聖彼得堡，宴會中與興老相識，時年近三十都是揣測之處」

陸夫人的年歲，確實是一個困難問題，興老當日絕對不向人說，親友中沒有人知道陸夫人的確實年歲，我在作傳時曾向陸夫人家屬探問，久不得回信，後來託付興老的秘書愛德華神父，搜求檔案。

比京陸夫人的墓碑，上載去世年月，不載出生的年月。這一定是興老當日立碑時，不願注明夫人的生干，普通外國墓碑，都刻生干，比京墓地檔案處則記有陸夫人去世時年五十八。

在比京市政府的檔案處戶口一項下，有興老結婚登記。登記的號碼爲W. 826 1786登記上說培德女士爲比國王宮武官斐得里克的女兒，嫁與中國籍陸徵祥先生，陸先生婚時年三十五。

上面的兩種檔案文件，所記的年歲，都不合事實。興老婚時，年爲廿七歲零八月，陸夫人去世時，也不只五十八歲。愛德華神父說培德女士於一八七二年至一八七六年就學於南姆城（Namur），她去世於一九二六年，四歲就學必屬不可能。

最後，愛德華神父托人從陸夫人本城教堂，查出陸夫人Eugene Berthe Bovy 於一八五五年九月十四日生於比京。興老生於一八七一年六月，夫人較他大十六歲零三個月，程先生所說陸夫人長陸氏十四歲，跟陸夫人的年歲尙差少許。

這個難題，於今總算解決了。我把這些考據寫在這裡，以免後日遺落或忘記。

恒毅月刊第三卷第七期民四十三年二月

七、欽使

光緒二十九年，興老請假六月。到北京時，日俄戰起。興老與駐日俄國使館人員，同船回俄。光緒三十二年（一九〇六年），被任爲駐荷欽使。

駐荷欽使，以往由駐德或駐俄欽使兼任。興老爲特命駐荷第一任全權公使，在海牙首設中國使館。

興老說：「我第一次至海牙做公使時，想到許文肅昔日所囑咐的話。許師曾囑咐我：『若一旦做了欽使，應把前三年的公費薪金，都用在門面的講究上。三年以後，纔想餘錢養老。到了海牙，我事事都求門面大。特別定做兩輛極講究的馬車，因荷蘭的東西太貴。使館的用具，都由我夫人從比國選購，以致使荷蘭人都說，中國公使很有錢。我後來回北京做外交總長，把馬車運回北京，北京城裏那時也沒有一部可以相比的馬車。」㈠

講究排場，不在爲私人爭面子，實想爲國家爭口氣。興老私人生活原甚簡樸，不然何必又往比國購賤價的東西呢？然而他以爲欽使乃代表國家，堂堂中華，清末受盡外人侮辱，欽使到國外，講究點門面，也無非想教外國人看得起。

「許文肅公曾教我一種宣傳法。他說：『中國人的面貌就是一種宣傳工具。外國人一見，就知你是中國人，可是你得做好人。你好，外國人就說中國人好；若你做壞事，外國人就說中國人壞了。不過這種宣傳法尚嫌不足。你身邊常要帶中國郵票，中國風景片，你走路時，小孩一見就向媽媽說：那是中國人麼？我去向他要郵票。小孩要郵票時，你便笑臉給他。你坐火車時，同車箱的人都想找你說話，你便拿出風景片給他講。若你日後做了欽使，使館的陳設，十分之七，應是中國東西。今天你被任為欽使，明天你就打電報去京，定購桌椅，磁器和字畫，不必要古董。古董太貴，又不易買，只要選好的買，便可以了。而且這也是一種經濟辦法。等你調往別處時，你拿這些傢具出賣，定可收回本錢。』所以我到荷蘭開使館，使館傢具，都是中國傢具。後來我退休時，把傢具出賣，完全收回成本。比京我夫人的墳，即是拿這筆錢修的。當報紙登出我拍賣傢具時，許多外交界的人都願買一件做紀念品。賣完後，還有人來信，以未能買到手為深悔呢。」(二)

他沒有一刻忘記了許師。今日因著師訓而得身爲欽使，對於先師的知恩報德之心，油然莫可自遏。

「當我就任主理使館時，追憶先師許公之心，時縈於懷。因我身受許公的培植，而許公又是為國捐軀，因此我常思報一己之恩，盡國民之責。常圖把報恩之心，形於外物，以釋我良心的負擔。故我到荷蘭後，即將第一月的薪金用為鑄文肅的紀念章。鑄銀紀念章多枚，刻文肅像於章上，獻贈荷蘭、奧國、俄國的君主，以及中國的友人。」㈢

許文肅所希望於興老的，乃作一新式外交官。使館陳設，排中國傢具。因中國木器、磁器、和字畫，精緻美妙，代表中國數千年的文化，增光祖國，然而外交官本人，則應維新，革去歷代官僚習氣。興老在俄任參贊時，沒有請命欽使，一天自己剪去了髮辮。到海牙上任時，便成了中國第一位不帶辮子的欽使。恰巧那時清廷所遣出洋攷察憲政專使學部侍郎達壽一班人，要來海牙。他們若見欽使沒有辮子，豈不以他目無朝廷麼？達壽可具奏一本，參劾他。這個條款可是不輕，故使館人員便勸興老帶假辮。興老揣度專員大臣，既是出洋考察維新的大政，正好乘機叫他們看不帶辮子的欽使。剪辮子便是維新之一。專員大臣尚未到海牙時，興老往迎，參與出洋學生歡宴會。達壽一眼看到了他的短髮，眉毛聳了一聳，但也就此了事，大約因爲他看見出洋學生都沒有辦子，也不以欽使無辦子，爲大逆不道了。㈣達壽雖繼載澤等在歐洲考察憲政，而實行憲政的康、梁卻亡命海外。各國的中華使館奉有朝旨，請駐在國政府予以拘捕。康有爲到了海牙，興老卻救了他一命。

「我第一次認識康有為，是在海牙。康有為那時亡命海外，到海牙後，寫一片，言久已聞陸欽使為有道君子，且為維新欽使，敢請來客寓一會。當時欽使見維新黨人，事情很危險，因為一經奏聞朝廷，立即撤職。我卻不怕，因在俄館時，許師已明明告我……我回片說：『今晚來會。』康有為見面後，說自己足跡遍天下，只有俄國未去。在法國時，曾請唐欽使發給遊俄護照，唐使不允，怕人奏聞朝廷，致干未便，是以願請陸欽使須發。我答以本意很想頒發，然康先生去俄，必遭性命的危險，故有所不敢。康有為愕然。我乃告訴他，當我在俄時，西太后下諭駐各國使臣，要求駐在國政府，一見康梁，即擒捉交與中國。各國都以公法不引渡政治犯，拒絕不答。俄國政府則想結好清廷，圖在滿洲佔便宜，所以當我陪楊欽使見俄外務大臣時，外務大臣言俄將破公法之例，如康梁入境，立即拘

擒，交與中國政府。康有為聽了這段話，感激至極，稱謝者再，日後常稱我為救命恩人。」㈤

到荷蘭第二年，海牙舉行第二次和平會議。第一次海牙和平會議時，興老隨楊儒欽使赴會。第二次和平會議，他任中國專使，於一九〇七年締結和解國際紛爭條約。

「當在俄京時，適開國際鐵道公會。本館通知俄政府，特派羅臻祿參贊充當政府代表，陸某充當代表秘書，隨同赴會。文肅一再勉勵囑小兄在此會中，凡開始至終了，會內之大綱細節，一一留心注意，得一國際公會印像在胸臆中。小兄得此機會，認識公會。後來隨同楊子通欽使赴第一次保和會，又本身充專使赴第二次保和會，不致手忙腳亂，措置失當者得文肅公教於鐵道公會結果也。」㈥

他辦外交不但不手忙腳亂，且深通外交手段的微妙。到欽使任時，中國與荷蘭的華僑問題，久懸未決，中國要求於爪哇等處設領事館，荷蘭僑民部堅拒不答。興老到任數月，向荷外部建議，商談設領館事。荷外長王德（Van Tets Van Goudriaan）不願接受建議。第二次海牙和會後，興老往埃及休息數月，假畢歸來，荷蘭外長易人，他在俄京所識舊友王文德泠（Van Swubderen）繼任外長，興老乘機重提前議。新外長很表同情，僑民部部長卻堅持不願開議。興老乃上書清廷請召欽使回國，以表不滿。興老既返北京，荷政府自悟其非，訓令荷蘭駐北京公使貝拉斯（Beelaerts Van Blokland）與中國開談判。興老乃與荷使於宣統三年閏六月初三日（一九一一年五月八日）簽訂《荷領殖民地領事條約》條約序言說：「大清國皇帝特派駐荷使臣陸徵祥為全權大臣」㈦這年的秋天，興老回海牙，交換約據。條約第一條說：「中國總領事、領事副領事，及代理領事，得駐劄於荷蘭國海外殖民地。諸外國同等官吏所現時駐劄與將來駐劄之口岸。」中國領事與他國領事，能有同等待遇。這在前清不平等條約中，算是最難得的平等條約了。

註：

㈠ 錄拜訪興老日記（一九四八年十月三日。）

㈡ 錄拜訪興老日記（一九三九年七月廿八日。） 見羅瑪四記 第二三九頁。

㈢ Souvenirs et Penseés P. 54.

㈣ 「他們兩位隨員，（張靜江、李石曾）常時都拖著髮辮來到法國的，但不久他們便將辮子剪去了。這在當時算是一種非常之舉，那時剪髮，就是革命黨的標識，革命黨乃是罪大惡極的名詞，他們兩公不獨自己剪去髮辮，還要運動他人剪髮，發起組織一個和尚會，（當然不能名爲剪髮會），並推陸徵祥爲和尚會會長，因陸是當時外交人員中第一個剪去辮子的。」（蕭瑜著，張靜江與李石曾、見天風月刊。第九期，一九五二年，十二月號三十三頁。）

㈤ 錄拜訪與老日記（一九三九年七日卅日） 見羅瑪四記 第二五二頁。

㈥ 本篤會修士陸徵祥最近言論集 第一百七十三頁 致劉藎忱書。

㈦ 中外新舊條約彙刊 卷十一 第一頁。

八、別　墅

到歐洲而不到瑞士，誰也要怨自己眼福不足。叢山峻嶺，雪光皚皚，終年照眼；湖光如練，輕帆片片，動人遐思。瑞士乃天下花園，夏季時爲避暑聖土，遊客可攀鳥道，登高峰，尋幽攬勝。春秋佳日，來夢湖岸清風飄衣，丹楓欲醉。冬寒氣冽，少者可馳驅冰谷戲滑雪，老者可居暖谷避寒凍，而在戰火燒紅天下時，瑞士更是一個世外仙源，人間樂土。

當陸興老在荷蘭任公使時，於瑞士馬奇荷湖（Lago Maggiore）畔羅白伽城（Locarno）置一別墅，爲避暑之用，兼爲避冬。

「我生來身體就瘦弱。在俄京時，最初我做傳譯生，後升四等繙譯官，後來升第三等，第二等繙譯官，最後升參贊。駐俄使館除中國公文外，一切事都由我去辦。連裝置電燈，佈置房間，都該我去。又要陪欽使出去拜客，自己還要學俄文英文，工作過度，未免影響健康。到荷蘭作欽使時，身體幾乎不支，每年須去瑞士休息一月，洗澡看醫生。我是一九〇七年到荷蘭，一連三年常去瑞士。可是在瑞士避暑，雖然太太回比國省親，我個人的花費還很大，因為不好住極小的旅館。加之我又到瑞士避冬避冬，則太太須同去；因荷蘭王室常是冬天應酬，太太單身去不方便。帶著太太往瑞士，費錢更多。我便和太太商議，在瑞士羅伽娜買一座小房子，費銀五萬瑞幣，作為我們倆的別墅。」㈠

假使瑞士生活能夠賤一半，瑞士國土裏將遍滿外國人士的足跡了。於今經濟拮据的遊客，只有在火車上眺覽瑞士名山勝景，或者下車於小客棧裏暫住兩宿。慣常往瑞士久居旅館的人，總是衣袋滿了錢鈔的富翁。興老不是富翁，因他在俄京時，每月最高的薪金也不過是一百二十盧布。俄京生活又貴，能節省的錢很少。在荷蘭作欽使，又按許文肅的遺訓，把薪金用爲擴張使館的門面上，沒有餘錢。爲到瑞士休息養病，便由太太作主，自己在羅伽娜買房子。

羅伽娜城位於馬奇荷湖（Lago Maggiore）西北岸，北有馬駝納（Madonna），加大大（Cardada）多羅撒（Torsa）諸峰，羅列聳立，屏障北風。南有克利多能峰（gridone），高約兩千公尺，與城北諸峰相對，東南於湖之對面，有剛巴羅弱山系（Gambarogno），延綿不絕。馬奇雅河（Maggia）流於城南，澗谷深邃，氣候溫和。羅伽娜乃是瑞士避暑避寒的佳境。前臨湖水，高山圍繞，風景奇麗，勝於圖畫。

馬奇荷湖爲義大利之第二大湖，長六十五公里，闊有至四公里半者。湖之北角伸入瑞士，湖畔群山迤邐，地勢隨步變化。湖中部有島，樓宇與湖岸城市相映。春秋佳日，湖水蔚藍，帆船小輪，往來如織；夏冬間有風暴連日，湖樹湖水，共嘯群鳴，有海波洶湧之概。

「我們的別墅，房子很少，室外一小花園。房子買定了以後，我和太太商議別墅的名字。按外國習慣，別墅常用妻子的名字；可是中國習慣，母較妻尊，諸事該讓母親居前，我對太太說：『你既為中國人，便該守中國習俗。但我母親的名字，是中國名字，本地人叫不慣，日後於記賬通訊多不便，我想還是用你母親的名字。日後我們若在中國再有一座別墅，便可用我母親的名字了。』太太很以為然。她母親名叫益達（Ida）我們即呼別墅為『益達別墅』（Villa Ida。）賣房子者是一位青年工程師，初出茅廬，造了兩座房子，一座被我買了。他深以為榮幸，借著中國欽使購房的事，可以廣做宣傳。所以他非常客氣，房價也從賤。簽約後，即送我一銅門牌，上刻『培德別墅』（Villa Berthe）。我笑著向他解釋別墅另有其名。工程師很重視中國風俗，立時換送一門牌，改刻『益達別墅。』」㈡

閒居益達別墅，冬天可避荷蘭潮濕，暫時忘懷海濱灰霧。湖旁高峰，雪光燭天，踏踐落葉而行湖畔，腳下沙沙之聲，與夫婦的細語相和。閒居益達別墅，暑天可開窗以延湖風，眺湖上布帆，聆湖客笑聲。

「在別墅小園裏，我和太太種松樹五株。留作紀念。每株樹上掛一磁牌，標示樹名。我們給每顆松樹都定了一個名字：一顆叫『父母樹，』一顆叫『慕親樹，』一顆叫『許師樹，』一顆叫『中華樹』，一顆叫『培德樹。』當地人很以為奇。每過門，必停步注看。後來每逢外客，當地人便告訴說：『該去看益達別墅，那是中國公使的別墅。』」㈢

「君子無終食之間違仁造次必於是，顚沛必於是。」㈣

在養病休息時，在玩賞山水時，興老也不忘仁義。旁人看來，或許要笑他性情過於古僻；在他則至情流露，出於自然，人誰無父母，作客時，誰不想念親人；只是不能像他這樣仁孝立身，而化之以藝術，倫理行事，而陶冶之以詩情，秋肅春溫，融化無跡，成爲一個藹然可親的君子人。一九三九年夏，我拜訪興老時，他拿出益達別墅銅牌和五塊樹名磁牌給我看。不過，那時這五個名字已經不掛在松樹上，而是掛在他的心裏了。終他一生，口頭心裏常掛著這五個名字：「父母」、「慕親」、「許師」、「培德」、「中華。」

註：

㈠ 錄拜訪興老日記（一九三九年七日廿八日） 見羅瑪四記 第二三七頁。

㈡ 同上，見羅瑪四記 第二三八頁。

㈢ 同上，見羅瑪四記 第二三八頁。

㈣ 論語 里仁。

九、公教

當興老於光緒十八年（一八九二年）將出國往俄京時，雲峰先生親自到北京去看他。臨別，以一個『天』字訓誡他。父子言別，日後再沒有重聚，所以興老日後印刷父親臨別訓詞，稱爲「先考雲峰府君一字遺囑。」遺囑說：

「汝讀三字經：『人遺子，金滿籯，我教子，惟一經』之句，諒必記憶。今日汝將放洋遠遊，途仍回天津，父子作別，無以相贈；故以平生經驗所得之一字訣遺汝，即以教汝。人有一經，余只有一『天』字耳。倘汝以此一天字作一經，作千金看，則途所遺汝教汝者，敢謂不薄，聊足自慰。汝則所得之於此一天字者，亦無窮盡矣。天最可靠，人不可靠……余一生靠天，而覺天之可靠。若汝能靠天，將來必覺天之可靠也無疑。望汝不以一字之輕，不若一經之重，千金之貴，而忽視之也……我一生靠天吃飯，深以爲快。盼汝日後遭遇艱難時，亦發靠天吃飯之思念，萬勿作向人乞食之計劃。切囑。勿忘！」

雲峰先生信誓反教，興老也信誓反教；臨別，父親訓勉他靠天，他深自思維，父親所說靠天，不僅是誓反教的天，也是中國古人的天。他在天字遺囑下加按語說：

「竊念天之爲義誠大矣哉。吾國聖賢，無不以敬天畏天法天立教。而靠天吃飯，尤與孟子天與天受之意相同。孟子嘗云：『舜繼堯，禹繼舜皆天與之也。禹薦益於天，亦天不受，故啓得天下。』換而言之，舜禹益啓，其能否吃天子之飯而爲天子皆靠天也天子如此庶民何獨不然西諺亦云：『凡事人發其端，而上帝主宰之。』亦此意也。按說文天從一大，猶言唯一無二之至大者也。夫唯一無二之至大者，非上主而何？」

到了俄京，許文肅公教他維新，盡量吸收歐洲的文明，從外交講到政治，從政治講到社會，由社會講到宗教。

「許師說：歐洲的力量，並不在於他的槍礮。也不在於他的科學，乃在於他的宗教。你日後當外交官，必有機會就地研究基督的宗教。基督的宗教，分有多數宗派，你選其中最古的一宗，能直接上溯到教會的根源，你便進這宗。研究教義，力行教律，考察教會組織法，觀察教會各種事業。日後你退休時，或許還能進一步，你選擇一個最古的修會，若可能，你就進會，成一會士。研究會士精神生活的秘訣，等你明白了這種精神生活的秘訣，把握了基督宗教的精髓，你便把所心得者，輸進中國，傳之國人。」㈠

政治家所注意者，是社會的成效，許文肅看著羅馬公教，從開始到於今，已經兩千年了，教會的精神力不少衰。歐洲各國的文化，也都浸溶於公教的教義中；而且其教律森嚴，禮儀隆重；教權集中。號令一致。許文肅便想，若使東洋以明治天皇革新佛教而強日本。中國應接受公教教義，以新人心。興老遵從許師的訓言，也從政治方面去研究公教。然而俄國的基督教，是東方裂教，荷蘭的基督教是誓反教，興老並沒有就地研究公教的機會。可是他與培德夫人同居，每天早晚常與公教相接觸。培德夫人居心不跟丈夫談宗教，更不力勸丈夫改信仰，只是一心力行自己所信的教義。她知道丈夫奉有師訓，有意研究公教，便讓丈夫親身體驗信仰公教的成效。興老雖信誓反教，但更信中國孔、孟之道。他觀察妻子的精神生活，不從誓反教的立場，而從儒家的立場。日久月深，他覺到妻子的精神生活，跟他的精神生活，並不是背道而馳；只是妻子的觀點高，他的觀點低。他看妻子，似乎是同路上山時，後面的人仰看前面的人。妻子的愛情，又在無聲地招他往前走，跟她走在並肩。興老便覺悟了由儒家之道，走向公教教義，只不過再往上跑一步，自己又何樂而不爲。

「儒家的精神，預備了我的思想，使我顯然看出基督教義的高尚。基督教義的高尚，和信徒私人的缺點不相連屬；而且就從信徒缺點上，更能看出基督教義的高尚。三百年前，中華一位朝廷大官，徐光啓先生，也由儒家而看到基督教義的優越，儒家精神，更使我看出羅馬公教優越異常；因為羅馬聖教會，握有無窮精神之庫，信徒等能使用庫裏精神的各種效能，舊者新者，取之不竭。且這精神之庫，萬古常新，世世發展，代代結果。」㈡

思想既走到了這一點，他知道實行許文肅遺訓的時機已成熟了，他應該改進基督教會最古的一宗。當他從荷蘭回到北京，他便告訴夫人，說自己決意進她所信的羅馬公教了。

興老於一九一一年，回海牙交換荷領殖民地領事條約。由海牙赴聖彼得堡，爲改訂《陸地通商條約》專使。抵俄京後，駐俄欽使適被調回北京。興老遂被任駐俄公使。在俄京聖加大利納堂，他與培德女士成爲夫婦，應該也在這座教堂內，他倆的精神生活再結合爲一。興老剛到欽使任，即於百忙中，去拜訪拉古郎熱司鐸，說明自己改教之心。拉司鐸深信他的真誠，稍問教義大綱，教以懺悔前非，立即爲他補授洗禮。於是興老正式成爲羅馬公教信友了，那天爲一九一一年十月廿三日。由同一司鐸的手，他的精神被結於他夫人的精神，從此夫婦倆的心，更能互相了解，互相融洽了。

「當我回到使館時，心樂洋洋，抱妻而吻。她並沒想到我不用什麼外面儀式，已經就跟她同在一個教會裏了。我倆之間所能有的最後距離，也從此超過了。稍待些時，我即行初領聖體，次年四月五日，我又在俄京公教總主教手，領受堅振。」㈢

無聲無息的進了公教，外面沒有甚麼鋪張；安然坦然的成了公教信徒，心靈上沒有大變動。他並未覺到自己從前走錯了路。驟然醒悟了，翻然回頭。他覺得自己往前走了一步，由儒家走到公教暫反教不過是一條過道。走到公教裏，自覺走到了目的，心靈有了歸宿。

「在前面我曾說：『我之歸正，并非回頭歸正。』因為我並不是受任何外界的影響，或依照我本人預定計劃，我回頭歸正了。『我之歸正，乃是一種聖召。』天主引導了我，天主召叫了我，我所做的事，簡單極了，只在認清外界的事實和環境，與乎內心天主聖寵所彰明昭示於我的聖召；同時也認清為答應這種久而明的聖召。一種當盡的良心之債，即是聽從天主，順從眞理，滿我職責，我就不能不成一公教信徒。其餘，我甚麼都沒有做，惟願上主永受讚揚！」㈣

走進了公教的門，再繼續往前走。他不性急，天主也不性急。漸漸研究教義，漸漸體驗公教生活的神味，一直等他暮年在隱院中時，纔得心與天主相含，整個的體味到公教生活的精髓，不禁自己讚嘆說：

「我成一基督信徒，且成一公教信徒，因聖教會既預定於人類初造之時，由天主聖子耶穌而創立，能以神光光照人靈。凡人心靈所有高尚的理想，一切的善望、欲願與需要，都能得滿足。

這種眞光，燭照我們人之起源，指示人之終結，明示世上生活之意義，生活之救贖和生活之目的。

羅馬聖而公教會，使我以往所有的生命，克具完滿，神秘而無所缺。凡我昔日所意料、所想望、所追求者、都在公教會得了滿足。而且我中華民族文物制度，也得因公教而躋完成。」(五)

「迨我進了隱院，我纔眞正接近，公教的教義。這種接近第一是在祈禱，另外是在公開的祈禱儀式，和儀式的含意裏。……彌撒的儀典，日課與聖事的儀典，引我認識了耶穌。認識他是常生天主的聖子，他使我們與天主重歸和好，他賜給我們以天主聖神，我們且因他能得不可思議之大恩，而成至尊天主之子。我們因此能呼天主為父。世上的父情，本來都是發自天主。」㈥

從三十五年的宦途裏，由隨員而抵部長總理，人世所可希望者，所得不可謂不厚；然而及到晚年，窮居隱院時，纔知身心滿足，不是因外物更豐富，乃是因捨了外物，一心與天相合，而後心靈知所止，「止於至善」了。

註：

㈠ Souvenirs et Pensees P. 34—35.
㈡ Souvenirs et Pensees P. 97.
㈢ Souvenirs et Pensees P. 60.
㈣ Souvenirs et Pensees P. 103.
㈤ Souvenirs et Pensees P. 115.
㈥ Souvenirs et Pensees P. 105—106.

一〇、總　長

當興老在聖彼得堡受洗入教時，國內適有武漢起義。清廷急於救亡，起用袁世凱，命爲內閣總理大臣，組織內閣，以梁敦彥爲外交部大臣，然各部大臣都不就職，內閣未成。民國元年一月一日，孫中山在南京就臨時總統職，仿美國內閣制，組織臨時政府，以王寵惠長外交。興老時任駐俄欽使，於宣統三年十二月三十一日，通電清廷，建議皇帝遜位，以息內爭。清廷於一九一二年二月十二日，隆裕太后降詔退位，不忍「以一姓之尊榮，拂兆人之好惡。是用外觀大勢，內審輿情，特率皇帝將統治權公諸全國，定爲共和立憲國體，近慰海內厭亂望治之心，遠協古聖天下爲公之義。」次日　孫中山於參議院辭臨時總統職，荐袁世凱以自代。二月十五日，參議院票選袁世凱爲臨時總統。三月十日，袁氏於北京舉行就職禮，誓許「極其能力，發揚共和之精神，滌蕩專制之瑕穢。謹守憲法，依國民之願望，達國家於安全強固之域。」次日，依臨時約法，任唐紹儀爲國務總理。三月二十五日，紹儀至南京組閣，以陸徵祥爲外交總長。二十九日，參議院通過內閣名單。次日，民國第一任內閣遂告成立。

「民國元年，王亮疇先生任臨時外交總長，參議院開會通過正式外長任命時，幾乎全體投我的票，只有兩張反對票。亮疇先生立時來電，催我回國。我回電說因精力才力，不足應付時局，請辭。袁項城總統又來電促歸，我仍回電堅辭。黎元洪副總統再來電，嗤我逍遙國外，應早期歸國任事。唐紹儀總理來電，言我既曾勸清廷退位，則係贊成共和。今民國選為第一任外交總長，乃再三電辭，於理實有不合。俄國外務大臣也特致賀，以駐俄公使被任民國第一任外長，深引為榮，不明為何再三言辭。我告以精力才學都不足用；且回國就職，俄國馬上提出外蒙問題，將進退兩難。俄外務大臣笑道：『倒也不必擔心。我們必有辦法，可以使貴使下得台。』我便乘機抓住俄國，使外蒙問題暫時有一保證。歸來跟我夫人商量，夫人說：『還是回國就職。』我說：『擔子都搭在我肩上，我那有實力承當？』夫人說：『暫回去試一試，能擔就擔。不能擔，再辭。』於是我決意回國就外長職。我知道當日清廷官僚的積弊，在未回國前，向袁總統提出三項要求，作為就職的條件：第一，外交次長，應為一長於英文者。因我所長為法文，我並提出顏惠慶的名字。第二，我不向他部薦人，他部也不向外交

部薦人。第三：外部應歸我指揮，別人不得干涉。項城完全答應我的三種條件。」㈠

臨時參議院，本議定以南京爲民國政府的首都。且派蔡元培、汪兆銘等北上，促袁世凱南下就職。袁氏懼爲調虎離山，藉口坐鎮華北，不便南下。參議院乃於三年四月五日，議決臨時政府，遷往北京。興老回國時，政府已在北京成立了。

中國外交部之設，始於咸豐十一年（一八六一年）初設時號稱總理各國事務衙門。㈡光緒二十七年（一九〇一年）八國聯軍與清廷有《北京條約》第十二款云：「改總理各國事務衙門爲外務部，在六部之首。」民國元年改稱外交部。

「在清廷時，各國公使，都以到外部為憂。當日外部稱總理衙門，沒有一位大臣願擔任總理大臣一職。太后下命，無人肯接受。最後無法，太后命五大臣共同擔任。五大臣以為彼此可以互相推諉，纔肯受命。接見外交官時，五大臣乘著馬轎到總理衙門，馬騾等繫在門前廄裡，馬夫跟班躺在班房裏睡著或笑鬧。衙門前逢雨天，積水沒脛。外交官既入內，第一、是登炕。炕前炕後，立著十數人捧茶，捧水煙袋。二、衙門各大臣見面只說寒暄語，不談政事。第三、捧茶捧煙的人，總不離左右，有機密語，不能講。後來要求改為外務部，設外務大臣。自我任外長後，各國公使才開口吐氣。」㈢

當興老尚未到任時，外交團已向袁世凱表示歡迎新外長。他們推測新外長在國外，做了二十年的外交官，熟識各國外交習慣，這次出任民國第一任外長，必把外部重新組織，一切都可改頭換面。

「我纔到北京，荷蘭公使就向我說：『第一件當改革的事，就是使外交部公署前不要有積水，以至下雨時，外交人員進署拜會，弄的滿腳泥水。我立時叫庶務科長，問他能否把署前溝渠疏通？假使明天下雨，我到署視事，能看見署前沒有積水。科長應聲立刻照辦。各國使節對我說：『於今不怕到外交部了。於今到外交部，也像到巴黎，華盛頓的外交部哩。』」㈣

民國第一任外交總長的工作，即在組織一現代化的外交部，釐定《外部組織章程》，替民國的外交，打一健全的根基。一九三九年八月四日，當我留居聖安德隱院時，午前十一點二十五分，興老來我房間，手夾一皮包，從皮包裏取出線裝書函，又取出一信，他說：

「留美公教青年某君。近日來信，要我介紹他做外交官，這椿事很為難。羅神父，你看這是外交部章程，我自己定的，外交官須經考試，我自己不能反對我自己。」㈤

前清官場習氣，最壞的是任用私人。興老到外交部，首先下令，把外部舊員，一律免職。在舊員中經過一番選擇後，乃下令任命第一批職員；但除重要職務外，次要各職，都不加任命，以免國庫負擔。當時外部空缺約一百五十餘額。後來孫寶琦繼任外長，立即把空缺補滿。當「二十一條件」交涉時，興老回部，立時下命裁員，連新任參事，袁總統的姪兒也一併裁去。

西班牙《瑪德里通訊報》（La correspondencia de Madrid）曾於一九一二年八月十四日，披露一消息，謂中國新任外長陸徵祥氏，在最先的幾項設施中，即是辭退了外務部最有勢力的于廚子。于廚子在外務部已經數十年，很得慈禧太后的寵任。李鴻章在一八八〇年，一次想以西餐宴外賓，于廚子反對，事聞於慈禧，李鴻章也只好讓步。于廚子後來捐錢購置道台銜，又運動外務大臣任用他的兒子作外務部秘書。他在外務部幕後，隱隱操縱中國使節的任命。民國改元，于廚子也覺自己的勢力不可保，等新外長上了任，立刻進送火腿數十條。陸總長見禮盛怒，叫于廚子連人連火腿都滾出外交部大門。

釐定了《組織法》，興老最注意者，在培植一批外交人才。凡遇有志有才的青年，盡力提攜。且制定三項原則：第一、外交人員，均要經過考試。第二、選擇標準，要打破省界。第三、多選通外國語者。㈥

「我記著許師的話，起手收羅有志青年，各國的留學生都有，不分省界，預備培植他們做外交人才。我現在一人在房裏，有時很快樂。別人問我為什麼快樂？我說我看見現在中國外交界的效果，心中很快樂。現在三位大使，十四位公使，都是我當日的青年。凡是辦政治，尤其是辦外交，決不可用外行。武人做外交官，只可認為一時的變態。我那時培植六十餘青年，我決不用私人，只選擇青年培植，希望造成一傳統外交人才。當張作霖入京時，我的外交團體，稍被破毀。南京政府成立時，我很害怕外交界盡用外行人。我常為這事祈禱，結果很好，外交界都係老成練達者。」㈦

培植人才，要緊部內事事有紀綱，興老常爲中國官場習氣而頭痛，故要求外部人員按章辦事。

「中國官員最大習氣，是不按時到署辦公。我在外交部時，常去巡視辦公室，看部員按時到否。結果，多半常是晚到。這種惡習，我繼續好些努力，也不能革盡。他們對我說：『部長要我們十點到部，十二點回家。我們十一點到部，一點回家，不是一樣嗎？』我說這不是一樣。章程定的是十點到部，你們十一點到部；那就隨你們自便了。這種惡習，根底是因家庭關係，早上夫人們不能早起備飯，他們當然不能早到。」(八)

興老自己雖身體羸弱，精神不濟，爲辦公則常按時早到。他第一次見袁世凱，說自己一無所長，不堪擔任外長，所長者只有一點，就是幾時辦公室開了門，他夾著皮包進辦公室。辦公室關門，他夾著皮包回家。袁氏答說，就這一點已經夠了。一次袁總統召他議事，部下人趕緊找車夫，他卻步行往總統府了。車夫駕車趕到總統府前，對看門的說：「我們陸總長真有些希罕！不等車子就步行來了。」車夫不知道興老奉有許文肅的遺訓：「上有召，不俟車駕。」這即是禮云：「父召，無諾；君命召，不俟駕。」(九)

註：

(一) 錄拜訪興老日記（一九三九年七月廿七日） 見羅光著 羅瑪四記 第二三二頁。

(二) 劉達人《外交大辭典云》：「總理各國事務衙門，於咸豐十年十二月，由奕訢，桂良，文祥等奏辦成功。於翌年二月一日正式辦公。總理事務衙門，顧名思義，可知本非專門辦理外交機關，當時舉凡海關、海軍、電信、鐵道、礦產等事，均歸其兼理。內設總理大臣一人，由軍機大臣兼任。大臣上行走，由內閣滿京堂官兼任。軍機大臣下爲王貝勒。行政系統共五股：計（一）英國股、（二）法國股、（三）俄國股、（四）美國股、（五）海防股。除上述分股外，兼設司務清檔房。迨至光緒二十七年六月九日，始改爲外務部。」

(三) 錄拜訪興老日記（一九三九年七月廿七日） 見羅瑪四記 第二三三頁。

(四) 同上，見羅瑪四記 第二三三頁。

(五) 同上，（一九三九年七月廿七日） 羅瑪四記 第二三三頁。

(六) Souvenirs et Perses. P.68·

(七) 同上，見羅瑪四記 第二三五頁。

(八) 同上，見羅瑪四記 第二三四頁。

(九) 孟子 公孫丑下。

一一、從政

這幾天我翻閱四種中華民國歷史，爲認識興老從政時的政治情形。我弄得眼昏頭痛，革命又革命，內閣繼內閣，黨系重疊，變化倏忽。我不禁沉思，若是我們今日讀歷史的局外人，尚覺得民國史如一束亂絲，不易理清頭緒；興老則是當日局內人，他應該感到怎樣的棘手呢？可是我研究興老的從政史，則見興老的政治生活，線索分明，始終一貫。在全國政治舞台天翻地覆的時局中，他卻平靜如昔，謙謙君子。各種民國史，對當日政界要人，沒有不加批評的，對於興老，從未有譴責之詞。他那時雖在政海裏浮沉，卻未曾身染污濁。他素日抱有從政原則，進退有序。第一，他常持超然態度，不加入任何黨系。第二，兢兢的守公從職，不爲一己的私益打算。第三，服從合法政府，輔佐政府元首。

民國第一任內閣，「雖曰政黨內閣，實則因南北合併之勢，結合袁系人物，與同盟會瓜分而成立的。故當時十一國務員中，除施肇基，爲唐紹儀之姻戚，陸徵祥無所屬，熊希齡爲統一黨外，海、陸軍及內部爲袁系劉冠雄段祺瑞趙秉鈞所握有，而教育、司法、農林、工商四部，則同盟會之蔡元培、王寵惠、宋教仁，陳其美領之。唐（紹儀）雖爲袁系人物，然當南北議和之際，與同盟會人物頗洽，及赴南京組閣時，遂加入同盟會。」㈠袁系與同盟會處於角逐天下之勢，互不相容。袁氏又自負其才，把握政權，唐紹儀憤不能實行責任內閣制，於元年六月十五日遂棄職離京。混合內閣既不能行，政黨內閣制又非當時所可能實現，袁世凱乃請興老組織超然內閣。六月廿九日得參議院同意，然因在參議院無黨已者，而同盟會又反袁氏，嫌興老溫順易與，一切政令都稟承袁總統的意旨，於是認他作袁系的人，籍口彈劾，興老遂於九月初，稱病入醫院，再三請假，以趙秉鈞代理國務卿。又以蒙古問題，參議院否決《中俄協約》興老遂辭職。九月廿四日趙秉鈞正式任國務卿，興老則繼爲外長。次年宋教仁被刺，大借款成立，二次革命忽起，趙秉鈞退職。熊希齡繼組內閣，以孫寶琦任外交總長，興老乃退居總統府外交最高顧問。以後內閣數次更迭，興老常居閣外。民國四年正月，日本提出「廿一條件」，袁世凱起用興老代孫寶琦爲外長，與日本開談判袁氏稱帝後，興老被任國務卿，兼外長。袁氏病歿，黎元洪邀興老入閣，以主對德作戰，與黎氏政見不合，堅辭不受命，乃退休。民國六年段祺瑞武力平南計策失敗，辭國務總理，以王士珍繼任總理，以陸徵祥長外交。民國七年三月一日，段復組閣，興老仍任外長。十月十日徐世昌就大總統職，錢能訓受命爲國務總理，興老留任外長。民國八年，興老遂以外長任首席代表出席巴黎和會。和會畢歸國，辭外長職，自是遂不再入政海了。

時升時沉，入閣出閣，然而在北京政府裏，任外長最久的，還要算興老了。他既超然黨外，而當日中國外交又最棘手，大家便讓他肩負這副重擔。興老青年時，已修練了吃苦的精神，從政時謹小慎微，絲毫不苟。

「當時外交部的任務，非常艱苦。國家既處紊亂之中，沒有相當的兵力，又沒有差強人意的內政，足為外交的後盾。而外交部則當保衛這個積弱的國家，設法修改清末累積的不平等條約，或至少阻止外強侵略主義，再行發展。」㈡

為做到這一點，已不是人力所可能。當年我國東方北方兩個強鄰，時刻虎視耽耽，圖謀乘機攫取我們的主權。加之上有袁世凱獨斷獨行，外交方策多出己意；下有民眾的輿論，不明國際情形，一聞外交失利，群起而攻。在這種進退維谷之中，興老埋頭從公，自求無愧於天。民國二年四月廿二日，五國銀行團大借款，財長周學熙奉袁總統命，簽定正式合同。七月四日，眾議院提出五彈劾案，趙秉鈞，周學熙因是免職。民國二年，俄外務大臣撒納諾夫（Sazonov）藉與興老有一面之交，提出蒙古問題。事前俄國與蒙古，已締結《俄蒙協約》，儼然以蒙古為附庸，中國提出抗議，俄國態度強硬。興老乘其提出蒙古問題時，耐心與俄使磋商，二十餘次，乃結《中俄協約》六款。但當條約提到參議院，徵求同意時，參議院與以否決，興老遂辭職。而俄國反變本加厲，更提出條件大綱四項，強迫北京政府，締結《中俄聲明文件》五款，較興老所訂《中俄協約》，喪權尤多，。中國僅爭回對外蒙古宗主權，仍舊承認外蒙獨立。當俄國圖取蒙古時，西藏受英人的嗾動，也要求獨立。民國二年，中英會議於印度的希摩拉（Simla），西藏代表參加。因英，藏野心過強，會議決裂。在這些屈辱喪氣的交涉中，興老常不忘昔日許師的遺訓。許師曾教他不要忘記馬關之恥，知道《馬關條約》是國恥，則自己不敢出賣祖國。

「馬關條約後，許欽使大聲嘆息，謂我說：『你總不可忘記馬關，你日後要收復失地，洗盡國恥。』中國人善忘，馬關一事早被人忘了，我則遵師囑常記著馬關。做外交總長時，請林琴南先生寫「不忘記」三字，下註馬關二字，掛在辦公室裏。林琴南先生和來訪的客人，都以我這個舉動為訝，其實他們怎知這是許師的遺訓。」㈢

民國四年十月廿八日，當帝制運動已昭著時，駐京日本代理公使小幡，英公使朱邇典，俄公使庫朋斯齊，一同到外交部拜訪外長，日使代達來意，說：「恢復帝制一舉，默察中國現狀，恐有危險事件發生。當此歐戰正亟時，關於東亞者，務宜慎重處事，……願袁總統顧念大局，保持現狀，將改變國體計劃，從緩實行。」興老當即簽覆：「彼信政府實力，能控制全局，無庸以禍變為慮。」同年十月十五日，法公使林悌，意公使華蕾，與英日俄等五國公使，又以國體問題訪問外交總長。日使又先發言，說：「中政府曾申明對於恢復帝制，不急遽從事，且允擔保境內治安，以後日本及其他四國，對於中國決取監視態度。」興老以日使出言恫嚇，遂毅然答說：「深望各國尊重中國主權。」㈣

帝制為一問題，中國主權另是一問題。因帝制的內政問題，他國政府而採取監視態度，則明明侵犯中國主權，所以興老曾嘆息說：

「當日駐華外交團，朋比為奸。一旦有事，他們便共同為謀，外交部長被他們包圍，我雖於十四國使節中，有很好的朋友，但我常該以一人與十四人作戰。」㈤

興老始終不贊成袁世凱稱帝，曾向他建議終身總統職，蒙袁氏採納；但袁氏迷信一和尚的話，以為他明年不黃袍加身，度不過明年的死關，所以終於稱帝。興老於一九三六年，贈羅馬傳信大學華文《居仁日覽》三卷，卷中夾一親筆按語云：「居仁日覽三卷，祥得之於項城親手，書簽四字，乃項城自書。卷內每日閱畢，有親筆劃押，國內家有藏本者，諒不能多，近日清理自北平寄來雜誌書籍，忽然發現，此乃洪憲時代物，覩之令人生無限之感慨。世界英雄因一念之差，末路如項城者，不一而足。回想當時籌安會討論國體，紛紛主張君主立憲。嗣經項城面囑，條陳意見，外交部具有說帖（擬此說帖者，乃外交部顧問狄谷君M. de, Codt 比利時籍）主張終身總統，法文President a vie. 當經祥提出國務會議，自項城，及全體十部長，贊同通過，東南各省亦均贊同，後因駐京英使朱邇典（Sir John Jordan）之勸誡，忽然變更前議，卒至事敗垂成，可深浩嘆。惜狄谷法文說帖原稿及漢譯，遍覓不見，未克寄閱，留存紀念，祥擬函詢國內檔案處同仁，諒不至毫無蹤跡。蓋當時油印本，各部及府院傳觀者數十份，又添印以應政界報界之索取者。」

因貪想黃袍，袁世凱遂至身敗名裂；但興老仍以英雄許之。袁氏才識過人，尤富魄力，興老固望他能興中國，故竭力輔助，雖本心不贊成帝制，洪憲改元後，委曲求全，接受袁氏的委任，身兼國務卿與外交總長兩職。然當袁皇帝大封功臣時，興老辭謝封號，因他自認實在不是洪憲帝國的功臣。

「經過多次沉痛的考慮以後，我才決定盡良心之可能，步隨袁總統，我所以於外交總長一職外，也接受新帝制下國務卿一職，我在我心裏已決定我行動的原則：我接受一切與我責任不相衝突的職任，然決拒絕利我私人的一切榮爵。」㈥

因此當袁氏逝世時，興老在山海關，黎總統打電報催他回京，請他繼任外交總長，絕未以帝制罪人看他。他卻回電要求一先決條件，參加協約國，對德宣戰，以挽回廿一條的殘局。因廿一條的簽字，常使他心如鐵烙，黎元洪無心參戰，答以暫難照辦，興老遂堅辭不出。

註：

㈠ 中國最近三十年史　陳功甫編　商務　民廿二年　第一〇一頁。

㈡ Souvenirs et Pensees P．67

㈢ 錄拜訪興老日記（一九三九年七月廿九日）　見羅光著　羅瑪四記　第二四八頁。

(四) 國史讀本　印水心編　中華版　第十二冊　第九十九頁。

(五) Souvenirs et Pensees.

(六) Souvenirs et Pensees.P. 76.

二一、簽　約

民國三年十一月初，日本駐華公使日置益，奉召回國，與日外長加籐高明磋商，向中國提出二十條件。十二月三日，日使奉令回任。十五日，日置益抵北京，次年正月十八日，入見袁總統，面遞二十一條件要求。中國近代外交最大的一幕痛史，就此開始。

日本提出二十一條件要求，是想乘歐戰正酣，在混水中捉魚。民國三年七月二十三日，奧國政府以皇儲被刺，對塞政府發出最後通牒。八月六日，奧俄宣戰。而德國於八月一日，亦向俄宣戰。八月四日德又與法宣戰。次日，英以德侵比中立，對德宣戰，戰火於是燒遍歐洲了。日本政府認為這是天假之緣，英、法、俄、德，既都無暇東顧，日本便可乘機向中國提出條件，脅迫北京政府，許以政治經濟的特權。

日本歷年來所經營的是在攫取東三省與蒙古，然因俄人的嫉妒，未能逞其野心。日俄戰後，日本奪有中東南滿鐵路權，又霸取旅順大連兩港。然鐵路和海港俱屬租借，租期不長，日本意圖長歸己有。山東半島遙對日本三島，德人曾圖山東，日本欲乘德國戰敗之機，承繼彼在山東之權利。福建一省毗連台灣，日本乃謀鞏固台灣，排除他國在福建之勢力。漢冶萍煤鐵公司，居中國中央，爲中國造軍器之唯一良廠。日本原已投資，現又想總握廠權。且中國在歐戰時，可謂已成沒有保姆之嬰兒，昔日自稱保姆的國家，今日都自保不暇。日本便想來單獨作中國的保人，以中國作其保護國。於是便向袁世凱總統提出二十一條的要求。

這種要求提出後，便造成了興老一生的一幕最痛心史。

「日本駐華公使，那時請假一月，回國前，見袁總統辭行，言總統在日本友好甚多，可否代爲問候。總統欣然託他代候友好。一月後，日使歸任。入見總統，照例說些寒暄語，隨即謂奉政府命令，有一文書上呈。項城素長外交，立時說：『文書請送達外部，凡外部事彼不能直接干涉。』日使轉言道：『明日即遞送外部，現在呈上大總統，不過願大總統先翻閱一下。』項城說：『這係外交部事。』文書便放在桌上，項城未接受，但也沒有硬要日使帶回，以免過傷面子。日使走後，項城翻開文書一看，乃是廿一條要求，大驚失色。下午四時，即打電話招我入府，我進總統府時，傳達人說：『請少待，因徐世昌剛進去。』世昌那時本在青島，大約他已風聞日使歸任，帶有文書，便星夜趕回北京，立即入府請見。傳達人剛報我已到府，項城即送世昌出府——他兩人乃同學好友。送了世昌，項城立即請我入內。問我已聞日使所遞二十一條件否，我答應未聞。項城取出文書，讓我讀一遍，請我當晚即召集外部孫（寶琦）總長，曹汝霖次長，交通部梁（士詒）總長會議。我回寓後，打電話請孫曹梁三位晚飯後到迎賓館（與老那時剛從瑞士趕回，寓迎賓館）因總統有命，須討論要事。

孫曹二位是日本派，梁是美國派。日使從總統府退出後，往外部送遞要求書。這都是小國使節的舉動，原想欺騙總統，見不可欺，乃趕往外部。這可稱為小人的奸行，國即小，人亦小，安得不做小事。」

「孫，曹，梁三位到後，我們即開會，由孫總長主席。我說明召集會議的原因，請孫總長說話。孫總長說日使尚未到外部遞書，他已與曹次長討論幾點鐘。他認為日本是找到天造地設的好機會，歐洲戰事正劇，自顧不暇，我們國內黨派正鬧得熱鬧，全國不能擁護中央政府，日本來勢很凶猛，竟敢直接向總統遞要求書，藐視中國到極點，他必是預備用武力來逼我們。孫總長說完，我請各人表示態度，對這問題究竟應怎樣答覆。我們那時只有兩條路可走：或是立刻接受，或是開會談判，不接受那條路走不通，因為只有強國才能走。孫總長說：『按我私人的意見，問題沒有談判的餘地，只有接受。』曹次長當然隨總長的意思，所以也主張接受。梁交長說：『不談判，就接受，在外交上沒有這種成例。我們應與日本開會討論，討論到什麼地步，後來再看。』最後我發言，以梁先生所說極對。所以四個人中兩個主張不討論，兩個主張討論。」

「次日孫外長進府，報告昨日會議結果。項城說：很好。讓他考慮一下，再定。孫外長退出。項城即用電話召我。會面後，項城說，他也主張談判，請我出來主席。我堅辭以事情過難，自己精力不足。項城說：『精力不足，無關重要。你可在會議席上睡覺，我告訴曹次長如遇你睡覺，即告知日使不必見怪；因陸先生精力素弱，其餘我本人幫你的忙。』我乃答應負責主席。孫外長再見總統請示時，項城申明自己主張談判，當夜孫總長即上辭呈。請總統推我出任外長，項城告以已辦妥一切。日使聞孫總長辭職，到總統府抗議，謂日本剛遞要求書，中國即換外長，明表心無誠意，日本政府將不承認此種舉動。總統答以日使看法適得其反，中國換外長正是表示誠心，換陸徵祥任外長，因他作事素日有耐心，能一心與日本談判，如不信，可去問別國公使。日使出府，往詢使團領袖英使，英使答覆適如項城所說，日使乃報告政府，新外長上任，乃中國好意的表示。」

「次日，日使來訪，言久聞總長大名，且總長為著名外交家，能與總長開會討論，自感榮幸。我答以本人無長處，不過政府有命，遵命而已。我乃問日使願意何時開會，請他定日期。日使回言須總長訂日期。我說貴使奉有政府命令，大約以早開談判為好，那麼明天就開會討論。日使問可否容許他提出意見，我答以凡是意見都可提出。日使便說談判會須每天開會，星期日也開。我說每天開會並無異議，星期日開會，外交上無成例，則不必。再者每天開會，我不能打消別國使節的會談。我上午接見外賓，那末會議只能在下午。日使答可以。我說每天下午五點開會，日使以為過晚，主張從下午兩點開始，晚上，也繼續開會。我說兩

點開會，不成難題，晚上開會，我的精力不足，一星期後，我必須辭職。」㈠

二月二日下午三時，在外交部開第一次會議。列席人員，我方爲外交總長陸興老，次長曹汝霖，祕書施履本；日方爲公使日置益，參贊小幡西吉，高尾亨。開會後，日使說：「日本政府提出二十一條，用意爲敦睦中日兩國的親善。」興老答覆說：

「貴公使之言均了解，貴國政府所持親善主義，本總長極表同情。但以個人之意見研究而觀察之，此種條件，無論貴國政府是否因取消戰區或歐戰或總選而提出，在本總長不能無所感觸。親善一語，本總長素所主張，且極希望，在歐洲二十餘年，即以中日兩國為遠東兄弟之邦，一切內政等事，俱思仿效，故親善二字，在本國政府及國民無不贊同，處處可講親善，事事可講親善，不必於此時提出條件，始得謂之親善。且條件之中，有懸案，有新案，如懸而未結之案，我兩國為鄰近之邦，無論何時均可商辦。當伊集公使時代，所有長崎至上海之海底電線問題，及南滿鐵路通過國境三分減一納稅問題，本總長悉本親善之意，與之解決。又本總長在國務總理任內，曾聘請有何博士為顧問，交通部並聘請平井博士為顧問，故細加研究，在貴國政府無不可以達到目的，在中國政府亦未嘗過於拒斷，隨時

均可商辦，初非待提出許多之條件，始得達此親善之目的也。」㈡

日本政府當時給日置益的訓令，在從速討論，每日開會，逐號商議。興老的政策，則在逐條討論，一星期開會兩次。日方意圖速了此事，免生國際枝節。中國意圖遷延時日，在會外求轉機。第一次會議時，兩方爭持不下。興老提出第一號第一條修正案，堅持討論；日使則堅請中國政府對全部要求發表意見。

「總長云：第一條貴公使如果同意，再逐次議及下條，否則，一條未了又提一條；或因次條意見不合，牽及前條，反於進行有礙。」

「日置云：總之，按號按條，欲先詢問貴國之意見，以後再行逐條商議。」

「總長云：此應請貴公使見諒。本總長於二十八日到任，二十九日拜外交團，三十日始行視事，時間甚少，未能詳加研究，如能再緩一星期，可以全部研究，再行奉告，可否緩至下星期二？」

「日置云：此事之內容，貴總長早已研究，奉本國政府訓令每日開會；惟貴總長到任未久，亦係實在情形，仍盼從速研究，急於進行。」……

「日置云：今日自三點起，至六點止，三時間毫未進行，何時了結，殊難懸揣。貴總長如欲詳細研究，可否於研究後每日開議？鐘點由總長自定。」

「總長云：每日開議，并非反對。部中星期三日為接見期，外賓紛雜。每日會議，事實上不能照辦。且精力亦不足，尚請諒之，可速了，否則不能進行。」㈢

第一次會議後，中國政府採用兩種轉圜的手段。第一，派有賀長雄赴日本游說於元老間。第二，透露消息與報界。日本元老素不主張武力侵華，國際輿論也可使日本政府稍存畏忌，同時興老決意同日使咬文嚼字，寸土必爭。

二十一條件共分五號：第一號、要求承認德人在山東之權利由日本繼承。第二號、要求在南滿東蒙享有優越地位。第三號、要求合辦漢冶萍公司。第四號、要求中國沿岸港灣和島嶼不讓與他國。第五號、要求作中國內政與警察軍事之顧問，并要求在福建投資。袁世凱接到日使要求書後，苦心研究，逐條親筆批出討論辦法。二月五日開第二次會議時，興老發表對二十一條全部的意見。以第一二號可以討論，第三四五號無法談判。後因日使催促，於二月九日，中國提出第一、二、三、四號修正案，對於第五號則堅持「礙難商議。」然日本志在必得，三月八日，日置益訪曹汝霖，聲明「會議遷延，日本國軍民，勢難再忍耐，若於數日內對於重要各條無滿意之承認，恐生不測之事。」㈢然有賀長雄奔走於元老派之間，日本內閣凶燄稍殺。四月二十六日，日使提出最後修正案二十四條，務請同意；同時日本於山東奉天增兵，渤海沿岸派軍艦游弋，關東頒布戒嚴，日僑準備回國，空氣緊張，人心惶恐。中國於五月一日，也提出一最後修正案。而五月七日，日置益向外交部，遞送最後通牒，謂：「帝國政府因鑒對中國政府如此之態度，雖深惜幾無繼續協商之餘地；然終眷眷於維持極東平和之局面，務冀圓滿了結此交涉，以避時局之糾紛。於無可忍之中，更酌量鄰邦政府之情意，將帝國政府前次提出之修正案中之第五號各項，除關於福建省互換公文一事，業經兩國政府代表協定外，其他五項可承認與此交涉脫離，日後另行協商。因此中國政府亦應諒帝國政府之誼，將其他各項，即第一號、第二號、第三號第四號之各項，及第五項關於福建省公文互換之件，照四月二十六日提出之修正案，所記載者，不加以任何之更改，速行應諾。帝國政府茲再重行勸告，對此勸告，期望中國政府至五月九日午後六時為止，為滿足之答覆。如到期不受到滿足之答覆，則帝國政府將執行認為必要之手段，合併聲明。」㈣

次日，袁總統召集會議。副總統國務卿、左右丞、參謀總長、各部總長、各院院長、參政院議長、參政、外交次長、府祕書長、院祕書長皆列席。開會前，英使朱邇典訪興老，勸中國最好接受日本之要求，以避危機，日後整軍修政，埋頭十年，可與日本一算舊賬。開會時，興老以朱使言告總統。袁世凱痛言只有忍受奇恥，接受日本要求，暫與國人，群策群力，不做亡國之民。外交部乃連夜準備覆文，然以第五號福建一條。「日後另行協商」一句，與日館參贊小幡電話中爭論良久，直到晚上九點鐘還沒有結果。最後通牒的時間已過，日館一再催送覆文。最後興老發言：「此次交涉全由我負責，事到如今，亦無善法，將來協商與否，全視日後之情形。現姑照原文添入，以免另生枝節。遂入府報告，乃定議。」㈤覆文由外交總長、次長、祕書長送交日使，那時已是五月九日午後十一點了。

五月二十六日，參議院開會，興老出席，報告這次交涉的經過。末謂：「我政府對於此次交涉，歷時三月有餘，正式會議至二十五次，始終尊重鄰邦之意，委曲求全，冀達和平解決之目的，不特我國民所共知，即各友邦亦莫不共諒。惜日本或藉詞要挾，或託故增兵，終爲武裝之談判，致不能達此目的……迨一經決裂，我國必難倖勝。戰後之損失，恐較之現在所要求，重加倍徙，而大局糜亂，生靈塗炭，更有不堪設想者。在京友邦駐使，亦多來部婉勸，即與中國主權內政無損，不可過爲堅執。政府反復討論，不得不內顧國勢，外察輿情，熟審利害，以爲趨避。」㈥

近日我閱讀王芸生《六十年來中國與日本》所載二十一條件交涉史，全卷凡三百二十幾頁，具載每次會議紀錄，很明瞭興老當日所費苦心。辦外交的人最痛苦的事，在明知所談者爲喪權辱國，然而不能不談。於是自己嘔盡心血，和敵人口舌相敵，希望國家少喪一分權，輕受一分辱，但又知道自己這片苦心，不但不能得敵人的同情，還要遭國人的誤會。所以興

老在二十一條簽字後，

「入見項城，項城說：『陸先生累了，可是結果很好。』我說：『精神倒也支持得了，不過我簽字即是簽了我的死案。』項城說：『不會。』我說『三四年後，一輩青年不明如今的苦衷，，只說陸徵祥簽了喪權失地的條約，我們要吃他的肉。』項城問外交上有何補救辦法。我說：『只有參戰，到和會時，再提出，請各國修改，不過日本能否阻擋，現在尚不可知。』項城說：『這句話於今不可。』我去見黎副總統，他說：『陸總長這次辦的很好』我說：『實在不好。』他說：『外交上可否補救？』我說：『只有參戰，』他說：『這個更難』」㈦

二十一條件簽字後，全國人心鼎沸，一輩青年，尤其憤慨，然最稀罕的是大家都攻擊曹汝霖次長和駐日公使陸宗輿與章宗祥，卻沒有人提到主席談判的陸徵祥外長。福建巡按使許世英，長江巡閱使張勳，且電請將曹汝霖正法，以謝國人。後來「五四運動，」學生聯合會呈遞請願書，要求政府將賣國賊曹汝霖、章宗祥、陸宗輿嚴懲，而興老那時已在巴黎，充中國代表團的領袖代表呢！國人有識者大都明白興老不是親日派，他出來任外長，據理談判，實在只是爲國服務。且他用四月的工夫，耐心與日使折衝，竟能把條件減輕，又把第五號取消，已算有功於國；結果雖被迫簽字，那是國勢使然，罪不在他。王芸生曾評論二十一條件交涉說：「綜觀二十一條件交涉始末與經過，今以事後之明論之，中國方面可謂錯誤甚少。若袁世凱之果決，陸徵祥之磋磨，曹汝霖陸宗輿之機變，蔡廷幹、顧維鈞等之活動，皆前此歷次對外交涉所少見者。若云錯誤，不在當時，而在事前之撥弄及事後之忘形。」㈧

註：

㈠　錄拜訪興老日記（一九三九年七月廿八日）　見羅光著　羅瑪四記　第二四〇—二四二頁。

㈡　六十年來中國與日本　王芸生著　第六卷　第一〇七頁。

㈢　同上，第一一四頁，第一一六頁。

㈣　同上，三〇七頁。

㈤　同上，三一三頁。

㈥　同上，三六四頁。

㈦　錄拜訪興老日記（一九三九年七日廿八日）　見羅瑪四記　第二四二頁。

㈧　六十年來之中國與日本　第六卷　三九七頁。

附註：

臺北春秋雜誌第一期曾登載陸徵祥與廿一條件一文署為陸徵祥遺著。實則陸徵老未曾寫此類文字。該文似係取材本書此章之史料而綴成。

一三、和　會

袁世凱既隨帝制失敗而憂殂，中國的政治乃轉入段祺瑞之手。段主對德宣戰，黎元洪主守中立。段乃要脅議會，黎遂免段職。張勳奉召入京調解黎段，不料他竟自謀復辟。段祺瑞復於馬廠誓師，再造共和，回任國務總理，遂於民國六年八月十四日公佈對德奧宣戰。那時興老任外交最高委員會委員，也主參戰。後來王士珍代段為總理，興老出任外長。不久段祺瑞復起，其後錢能訓又代段組閣，興老於三次內閣歷任外長。故歐戰告終時，興老以外長出席軋黎和會，為中國首席代表。

當參戰命令公佈以後，段祺瑞即與日本有西原大借款，又訂軍事同盟，且有山東問題之換文，對於膠濟鐵路之日本提議，中國駐日公使答文有云：「欣然同意。」興老出席巴黎和會，目的首在爭回山東的權利，然後乘機取消二十一條；然加上這一套參戰密約與換文，興老在巴黎，手腳被束。加之事前日本料到中國將走這一步，便先與美國有石井藍辛（Robert lansing）之協定（一九一七年十一月二日），取得美國承認日本於中國有特殊利益。又與英、法、義等國，有五國諒解，保證在和會中，日本可接收德國在山東之權利。

我國出席巴黎和會代表共五人，興老爲首席代表，其他四人，爲王正廷、顧維鈞、施肇基、魏宸組。興老赴巴黎時，取道日本、美國，藉以探視兩國政府的態度。日本政府聽說中國首席代表過境，乃盛情招待，想向興老賣人情。

「當我往巴黎和會時，我由東三省到日本，經過美國往巴黎。魏代表和我同路，帶有祕書三人。日本政府聞我要過日本，乃預備盛大歡迎。日皇將設茶會，親授勳章。外務省特派專車，在南滿鐵路迎接，並命車箱加火；因聞陸使畏寒。登車後，車中熱度甚高，熱到二十餘度。我和太太并魏使等，都因熱不能睡。不料管火的車工，加煤後即熟睡，半夜炭盡火息。黎明，車中溫度降至零下五度。溫度轉變過快，被褥凍得好似鐵片。我醒來時，欲坐不能伸腰，頭痛，腰部有如刀割，乃敲車箱壁，請太太過來。我說傷了風，腰痛不能起身。魏代表與祕書等都到，太太以為病無危險，只是須一些時候。車到瀋陽，即召名醫，英美醫生都不在家，乃召一日醫，用藥水按摸腰部，加棉絮包裹，痛稍止，但不能移步。我在旅館與同人商議，是繼續前去，還是電政府請辭。太太與同人都說病勢並不妨礙旅程，且政府一時也找不到相當替代的人。同時政府又來電慰問勉勵，乃繼續登車。上下車都用轎抬。車到馬關，即電駐東京使館，通知日政府，我照醫囑，決不能赴茶會。茶會乃取消。抵橫濱，日皇派御醫來診視，早夜兩次按摩。日外務省特派專車接我進京。我在東京晤日外相，談話二十分鐘，在中國使館吃過飯，即回橫濱，起椗赴美。在西雅圖登岸時，周圍汽車甚多，我很奇異。後知因前不久，湯化龍在該處被刺。美政府乃派多數密探，沿途保護我們。美國招待也很好，各處都派專車迎送。」㈠

一九一九年正月十八日，巴黎和會正式開幕於凡爾賽宮。會場爲四巨頭所把持：美有威爾遜總統，法有克里孟梭總理，英有喬治首相，義有首相奧龍特。凡爾賽宮建於法王路易十四之時，路易十四騎馬銅像矗峙宮前。宮房作品字形，南北兩翼，拱衛正宮。南翼名「十七世紀殿，北翼名「帝國與共和殿，」正宮名「十八世紀殿。」路易十四居正宮。綢帷繡帳，金碧輝煌，數百年後猶可見當時華麗之氣。宮後園囿數十里，噴泉交射，名花喬木，相映成趣。

「正月二十七日午後三鐘，五國會議。關於青島問題，先由祕書通知，並密告預備，囑祥暫避，先派他員前往，藉留餘地。法總理一時始來，通知祥，並通知顧、王兩使出席。五鐘餘回寓，具悉日本在會竟然要求膠濟鐵路及其他利益，為無條件之讓予。交還中國一層，一字不提。顧使當即聲請會中關於膠州問題，應由中國陳說理由後，再行討論。會長允許。即晚顧使約某國（美國）東方股員晚餐密談，彼等同以為憂，屢詢膠濟路與日本有無成議，祥等不能不以實告。彼稱：我輩即以此為顧慮，今悉果有此事，我輩之幫忙，譬如腳下跳板，已經抽去，何以措辭。二十一條之簽字為強力所迫，世界共知。至膠濟鐵路之成議，出於中國自願，勢難更改等語。」(二)

中國代表團在巴黎和會乃展開外交戰，戰爭的情勢，絕似近年獨裁國家審判反動份子，在未開審時，罪名已定，被告者無論怎樣爭辯，判官們都是充耳不聞。日本堅決地要求引渡山東特權，美、英、法、義在戰時早已應許日本這項要求。和會討論這個問題，不過是一套法律排場；會中巨頭且都以爲中國代表碰壁之後，定必退步。再不然，便由日本政府直接與中國政府交涉，不怕中國代表不屈服。但不料中國代表團竟屹立不搖。興老即沉著應戰，步驟分明；顧維鈞又精通敵情，王正廷也善於運籌畫策。他們採納國內輿情，力爲國家爭一自生之路。

二月十五日，中國代表團預備山東問題說帖，送交大會；要求山東省之德國權利，直接交還中國。二月二十五日顧維鈞謁美總統。四月八日興老訪義首相。五月四日興老又訪比國代表與法國外長，然都以爲局勢已成，無法挽回。中國代表團又於四月間提出聲請廢除二十一條之說帖，同時且附以希望廢除不平等條約之說帖，然皆無成效。五月四日，北京學生三千人，遊行示威，曹汝霖、陸宗輿、章宗祥先後呈請辭職，教部傅增湘部長也引咎請辭。五月十四日，興老電詢徐總統，請示究竟簽字與否。電文云：「祥一九一五年簽字在前，若再甘心簽字，稍有肺腸，當不至此。惟未奉明令免職以前，關於國際大局，當然應有責任。國人之目前清議可畏，將來之公論尤可畏。究竟應否簽字；倘簽約時，保留一層亦難如願，則是否決計不簽。時間日迫，關係至鉅。聞見所及，合再瀝陳。萬祈速即裁定，立速電示。」㈢徐世昌竟於六月十日咨行參、眾兩院，辭總統職。兩院院長李盛鐸，王揖唐賚還咨文，挽請留任。十三日國務總理錢能訓又辭職，照准，由龔心湛代理國務總理。二十三日，訓令巴黎和會代表團簽字。而興老等則已決議不簽約。

一九一九年六月二十八日，凡爾賽和約簽字於宮中明鏡殿。

明鏡殿位於凡爾賽正宮後殿。殿爲莽沙工程師（Mansart）所建，長七十三公尺，闊約十公尺，高可十三公尺。殿壁鑲立十七方大鏡，殿頂飾以肋朋（Le Bun）大畫七幅，小畫二十二幅。遊人入殿，所見惟有光與色。畫色炫耀於上，琉燈輝煌於中，明鏡朗照於下。人在殿內猶置身瓊樓玉宇中，一身幻成數身。

六月二十八日，午後三點，協約國代表，禮服禮帽，齊集明鏡殿。經過半年會議的和約，於今由二十七國代表正式簽字。中國代表卻缺席不到。同日興老與顧、王、魏四人聯名政府，引咎辭職。電文云：「此事我國節節退讓：最初主張註入約內，不允；改附約後，又不允；改在約外，又不允；改為僅用聲明，不用保留字樣，又不允；不得已，改為臨時分函聲明，不能因簽字而有妨將來之提請重議云云。豈知至今午時，完全被拒。此事於我國領土完全，及前途安危，關係至鉅。祥等所以始終未敢放鬆者，因欲使此問題留一生機，亦免使所提他項希望條件，生不祥影響。不料大會專橫至此，竟不稍顧我國家纖微體面，曷勝憤慨。……竊查祥等猥以菲材，謬膺重任，來歐半載，事與願違，內疚神明，外慚清議。由此以往，利害得失，尚難逆睹。要皆由祥等奉職無狀，致貽我政府主座及全國之憂。乞即明令開去祥外交總長委員長，及廷，鈞，組等差缺，一併交付懲戒。」㈣

不但「交付懲戒」談不到，連准予辭職政府也不能辦，而且政府還承認不簽字為對；因全國反日情緒極為激烈，各地民眾示威，焚燬日貨。乃於七月十日，外交部正式發表不簽字命令。《奧國條約》，則於九月十五日，參加簽字。同日，大總統宣言，中華民國與協約國一致對德，奧戰爭終了。興老即由巴黎經義大利回國。

「我從巴黎和會回來，船到吳淞口，岸上立幾千人，打著旗。旗字大書『不簽字，』『歡迎不簽字代表。』船主不知道是怎麼一回事，他不明瞭民眾是反對還是歡迎。那是午後五點，我正在剃鬍子。船主託人告訴我，請加謹慎。我說他們既是歡迎必然無事。趕到吳淞口的人，以為我將在吳淞登岸，我們的船卻直駛上海。吳淞口的人都已趕回上海。上海的幾位朋友走來歡迎，都不能近前，因岸上的人多極了。當晚我就乘車去北京。車站站長請見，言民眾都圍在車站外，可否讓他們進站。我說當然讓他們進來。我往火車站，一路水洩不通。巡警與祕書等，沿途大喊，讓陸專使登車。登車後在車上出見民眾。他們喊說：『歡迎不簽字的代表。』我答說：『不簽字一事，我不知辦的對否；因政府命令我簽字，我沒有簽。你們既然歡迎，我想大約沒有做錯。』民眾喊：『不用跟日本直接談判。』我說：『這一點請各位放心。我既沒有簽字，即是拒絕談判。』民眾乃歡呼。當夜，每一車站都有如山的民眾，願見專使，我因疲乏，已就寢，請魏代表接見民眾，代為致謝。抵北京時，各使館人員來站歡迎，都沒有能夠上前握手，因大眾擁擠異常。第二天，各使館又再來補禮致賀。

但我到北京以後，山東人民代表，每日一隊往見徐總統，言因陸代表不簽字，山東人受盡日本人的報復，苦不可言。代表在總統府前，有號啕痛哭的，總統也無話可說，叫他們來找我。我答覆他們說：『對山東人民所受的苦，我自覺抱歉。自問實在對不起山東人，並且也對不起政府；因為政府命我簽字。不過當我回國時，各地都表示歡迎。我不簽字，得罪了山東人，簽字，全國人受害，請諸位自加計較。諸位回去不必向人詳說這一切，只說陸代表跟山東人一齊受苦。』」(五)

「跟山東人一齊受苦，」興老便辭外交總長職，從此絕跡於仕途。後來雖再出任駐瑞士公使，那已是因在瑞士調養夫人的病，就地兼職而已。巴黎和會的刺激，較比二十一條件的刺激更大。二十一條件談判時，所感觸的是一個霸道國家的強橫。然而究竟是一個強國的霸道，不足動搖老外交家的信心。巴黎和會乃國際主張正義的會議，乃竟欺弱媚強，使我國無伸冤的餘地。興老於是感到世界正義終無伸張之日，而且國內南北之爭持，直皖與直奉之大動干戈，又使他感到國事也沒有可以樂觀的日子。於是便於民國九年十二月辭外長職，放棄政治生涯。

註：

㈠錄拜訪興老日記（一九三九年，七月二十九日）　見羅光著　羅瑪四記　第二四七頁。

㈡六十年來中國與日本　第七卷　二三九頁—二四〇頁。

㈢同上，三四九頁。

㈣同上，三六七頁。

㈤錄拜訪興老日記（一九三九年七月廿八日）　見羅瑪四記　第二四二—二四三頁。

一四、陸墓

倦於政治，並不是倦於人世。由政治的非法非理，更知愛惜人生，更同情受苦遭難的人。中國革命以來，內戰連年，每戰即增加流離失所的難民。又不幸有黃河之水天上來，卻不東流入海不復還，常要放浪中原，貽患人世，人民隨波逐浪而沒者有之，屋淹廬破而失家者更多。興老倦於政治，脫身官場後，懷著一番惻隱之心，接受了賑災督辦之職。然而中國賑災，既有督辦官銜，賑災遂有官廳；有了官廳，慈善事業對又與政治混合而爲一了。興老雖滿腔惻隱之心，又本基督愛人之旨，常想如杜工部所云：「安得廣廈千萬間，盡庇天上寒士俱歡顏。」但既有這種阻礙，也只好嘆有志莫償了。

既想援救別人出苦海，減輕他人的憂傷，自己的憂傷，也必求有所解脫。興老童年喪母，未蒙母教，喪母之痛，鬱積於胸。壯年留俄，慈父見背，未獲面訣，心尤內疚。因此他一生，常懷隱憂，自痛沒有克盡子責，常想稍補自己的過失。父母既死了，怎麼可以盡孝呢？許文肅嘗教他盡孝說：父母死，修墓營葬，春秋掃墓，僅遵父母遺言，勿忘先人。可是他的祖墓位於滬濱，本身居官已京，春秋兩季，不克南旋掃墓。而且自料一生，將難移家回滬；故決遷父母墳墓於北京，以便祭弔。

「我在北京既住了好幾年，乃思遷祖母及父母的墳到北京。可是中國風俗，對於遷墓他鄉，很表反對。我乃說，不是遷墓，實是奉養。我居官京師，父母在，必迎養至京，父母死了，遷柩到京，便於日常掃墓，這也是迎養。我在京不能南歸，以至數年不能掃墓，掃墓尚是小事，我願建一座相稱的祖墳。前日葬親，我是小官；於今既做了國務總理，父母之墳，不能不加飾。同仁中有許多反對的，徐世昌總統則贊成。他說『生於南土，葬於北望，』這在古書上也有成例。我乃在北京找墓地。」(一)

墓地購於北京阜城門外三里許之石門，地廣六畝，位於利瑪竇南懷仁塋園的東南。墓地周圍繞以磚牆，高過人頂。牆有兩門，正門向北，門常鎖，色綠，上一十字，高可四尺。西方有便門，入門草地一方，可三畝，小孩成群，戲草上。再前行，得一院落，屋五六間，修女居之，附設小學。過院落，入塋地，松柏夾道，幽靜清爽。塋地中心，一小堂。小堂下層墓室，墓穴三，葬興老祖母，父母。小堂上層有祭壇，壇側供興老的父母遺像，堂壁滿刻當代名人：袁世凱、徐世昌、段祺瑞、康有爲等廿餘人的題字。祭壇後，一小室，室壁書有興老簡史。室內存有興老眼鏡一付，拉丁文《師主篇》一冊，銅製聖經模型一本。小堂正門外，兩側有石梯，門前屏以石欄欄前一石碑，上刻「陸公墓」。趙爾巽所書「哭親碑，」則立於小堂中。興老自己嘗註釋說：「先師許公竹篔嘗以舜耕歷山，號泣慕親古事，面命耳提。傳而不習，有違遺訓；爰立哭親碑於先墓焉。」㈡

墓前設銅像一尊，作興老哭親形。「我在凡爾賽和會時，寓舍前有兩個法國兵看門。後來我買了兩個銅鑄的法國兵，釘在陸公墓門。法國兵替我的老人家看門，老人家必喜歡。我對夫人說：『我常出門，不能每天到父母墳前拜掃，還是鑄一銅像代替我。』夫人以為很好。銅像鑄完後，鑄匠請我去看。像作跪形，形態很好。我對匠人說：『像上少了一件東西！兩眼下該加些淚粒。』因為陸徵祥哭親，哭必有淚。匠人遂於銅像上加鑄淚痕。」㈢

遷葬的日期，是一九二〇年十一月十四日，期前，興老親自到上海，將亡祖母和父母的遺骸，換裝新棺，由火車運往北京。遷葬日，徐總統與各部總長以及各方的友朋，都親來參禮。憲兵與軍樂隊儀仗奏樂，典禮莊嚴，興老心中記著「大孝尊親，」葬禮的隆重，乃是孝子尊親的表示。

遷葬的第三週年，興老約請義大利雕刻家羅馬弱利（Gensepppe Romagnoh）摹一古孝子救親銅像以為紀念。「嗚呼！祭而豐，不如養之薄！生前未得侍奉，今日追悔何及。顧徵祥所不能已於此者，豈徒為先父母歿後追慕之表示，亦以誌遊子風木之痛，將與銅像而俱永

耳。」(四)

古孝子救親圖，描繪希臘古代傳說中希臘英雄愛能雅（Aenesa）於火燒脫落亞城（Troya）時肩父冒火而出。拉丁大詩人威奇里（Virgilius）歌詠其事云：

「父請與起上兒肩，
兒負父兮敢言疲。
不問福兮不問禍，
禍同罹兮福相隨。
小兒裘樂（Julus）攜余手，
肋撒（Crensa）妻兮步步追，
僮僕謹遵余號令，
步出城兮一山堆。
堆上車肋（Cerer）一古廟，
古廟側兮古柏萃。
百代祖先保此柏，
此柏下兮我輩會。

父請攜帶祭禮器，
懷中抱兮神主牌，
突戰兒手血漬濺，
長河灌兮始敬鬼。
言畢鋪肩柔獅皮，
兩肩闊兮皮接頸，
屈獻余身受余擔，
裘樂兒兮攜手緊。
攜余右手踵武行，
妻隨余兮步相近。」

因自己常供職海外，不能奉養雙親，乃遵其師許文肅公所訓示，採納西方的精華，而獻之祖國。築墓葬親，中國古訓。興老便取西方之藝術，以行中國的孝道亡。父遺像，由俄皇御畫師特羅甫斯基繪畫。墓園建築，由比國工程師伏耳憂特督工，法國藝術家鑄哭親像，意大利雕刻家摹古孝子救親圖，再集中國名士文人的字綴於一堂，興老真可說是聯貫中西的孝道爲一了。故於民國十五年，夏詒霆謁陸公墓，書《哭親感言》道：「頃以公暇，率二女，謁公先墓。竊見其規模之善，締構之精，有不能已於言者。方今世風日下，異說橫行。承學之士，甚或自詡歐化，昌言非孝。然以公躬歷海外，垂數十年，孺摹之忱，乃老而彌篤。即其經營先墓，凡夫一草一木，一椽一舍，亦悉爲至性真誠之流露，所蘊結而成。雖其孝思之純篤，本諸天性，然亦見吾國數千年相傳之孝義，實有足以貫古今，豈中外，而未容或泯者。而近世淺見寡聞者流，乃動輒摭西俗之一端，置吾國之名教綱維於不顧者，其亦可以觀於此，而廢然思返也哉。」

民國十一年，興老在瑞士寫信向康有爲索亡父母墓誌銘，康有爲平生從不替人作墓誌，僅只爲陸公之亡母和自己的髮妻作。墓誌兩篇。興老求文，他念昔日救命的大恩，乃不言辭。墓誌云：「徵祥使荷蘭時，康有爲將游俄，請徵祥爲入境文書，徵祥戒勿遊，曰：『俄許吾約，康有爲游俄，則捕之，執交中國。昔役俄使館時，親見約。若必游，請易姓名，乃止游。徵陸使君乎，誤入俄，身首殊以歸中國矣。吾受大德，不敢以文辭。」銘陸公墓云：『老松輪囷磊砢，屈巖阿也。芝蘭玉樹，生其根而交枝柯也。使相大營萬家塚，報罔極也。孝子孺摹，圖跪墓門，自責失子職也。談歐學而非孝者，視此宜式也。』」

註：

(一) 錄拜訪與老日記（一九三九年七月卅日）見羅光著　羅瑪四記　第二五一頁。

(二) 見哭親紀念明片。

(三) 錄拜訪與老日記（一九三九年八月一日）見羅瑪四記　第二五七頁。

(四) 見孝子救親圖。

一五、喪　妻

興老的身體，從少就很瘦弱，易患感冒，時感疲倦。任外長時，袁、黎、徐、馮四位總統都囑咐各部總長，少麻煩他。興老也少出應酬，他嘗與北京十四個使館約定，每年他公宴使團一次，他到各使館赴宴，每年也只一次。他又好講衛生，歡喜運動，所以他雖羸弱，因時常休息；總還沒有弄出大病。他曾對我述的北京生活說：

「我在北京，常喜歡講運動，時常在街上步行，手持手仗，一個人在街頭巷尾裏走。當時北京步軍統領張朝宗，他常乘車馬出巡，所以常見我在街頭。後來他對我說：『陸總理爲什麼一個人在街上走？街上不乾淨，人聲嘈雜。』我說：『就是去看看街上乾淨否？』他說『陸總理用外交手段對付我了。』

「我常親到郵局寄信，寄信人很多，我無法跟他們擠，讓他們先寄，最後我才近前。郵局收信人說：『你不是陸徵祥嗎？』我說：『就是！』他大起驚慌問：『總理先生，爲何親自送信？』我說：『要親自來拜望你。』他連說：『不敢當。』我去打電報，電報局職員問說：『你不是陸徵祥嗎？』我說：『你怎麼能認得？』他說：『看了報上照像。』我說：

『就是。』他奇怪我不打發手下人來打電報。我說：『手下人不配問候你。』他連忙稱謝。「因而我在北京，留有許多笑話，人家都說：陸總理沒有太太不吃飯，常在街頭走，自己送信打電報。」(一)

他自己身體沒有大病，不料體壯身健的太太，倒在民國十一年，一病不起，醫生都說：「北京的氣候，於她的身體不相宜，應往歐洲養病。」興老便偕太太出國，往瑞士休養。住在羅伽那城的益達別墅裏。他當日沒有料想這次拜別祖國，今生再不重見故國的風光！

益達別墅面湖背山，境幽氣清。夫婦倆經過了十年的北京政治生涯，嘗過了弱國外交的辛酸，於今閒看湖上風光，心頭別有一番清新的滋味。北京政府忽在這時，請他往巴黎，任中國駐法公使。剛嘗了一點世外清福，重又回頭入官場，未免太無意味，興老乃堅辭。可是好人多磨難，他昔日曾買了一些法國政府戰時公債券，這時債券狂跌；夫妻倆忽感到經濟拮据。不得已，只好向政府請爲駐瑞士公使。政府乃調駐瑞士公使汪榮寶爲駐日本公使，以興老繼之。

興老生來多情，心細，極講禮。對於夫人，且敬且愛，既缺子女，夫妻倆更是情鍾於一。培德夫人不顧中國人的疾視，甘作中國人的妻子。中國貧弱，遭人的輕蔑；夫人衷心愛中國，興老無限的感激，且夫人淑操高，品德美，承有家傳軍人剛毅氣概。興老後來稱讚她說：

「博斐培德，承先人遺傳，生性剛直好義，守職不苟，堅毅卓絕。對於人生，眼光高，聲氣平，艱難磨折，從沒有使她膽怯心寒。貧苦不能奪她的氣，富貴不足驕她的心。培德生活簡樸，天真坦率。一心契合基督之道，信教誠摯，上事天主，下愛旁人。」㈡

在瑞士使館，生活安寧；然有一件最痛心的事，興老因沒有親生子女，在北平時曾抱養一小孩，作為養女，取名莉莉，莉莉這時已為一青春小姐，才藝並佳，但性好冶遊，拒不受教，所交男友，多而且雜，一次，被禁一週不出門，竟在深夜，由窗口跳入草地而逃，興老夫婦，終日為之憂戚。㈢

到瑞士後的第二年，夫人病勢加重，血壓高，腦衝血，醫生斷定無可救藥。

「我立時感到天主給我的打擊多麼重！只要一想不久就將訣別，我即腸斷心裂，捐棄了自己一身，以表示我的愛情，去照顧我親愛的病妻。」㈣

一九二五年，公教聖年。興老因著夫人的病，往羅馬朝聖，覲見教宗。教宗庇護第十一世贈聖年紀念章一枚。興老乃說夫人因病不克同來，教宗起身到櫃前，親手另選一紀念章，好好裝在匣內，轉身向他說：「這枚紀念章，是教宗親手贈與陸夫人的。」朝聖歸來，夫人病勢不減；然精神上得了很大的慰藉，心常平靜無慮。

夫婦倆明知不久終要訣別了；但不敢談身後的事。興老尤其覺得心事重重，不知怎樣開口。他這時常常想起師許文肅的話：「若夫人去世了，擇公教的最古修會，進會當修士。」但是怎樣跟重病的夫人談這些事呢？一晚，與老閱《巴黎時報，》得一書評，介紹勒賽夫人（Madame Leseur）的《日記、日思錄》、和《致無信仰者之書信》。(五)

肋賽夫人名依麗撒白，姓雅麗奇（Elisabeth Arrighi，）一八六六年十月六日生於巴黎。性幽嫻，精於文學，德行純粹。二十三歲時，嫁與肋賽斐立克斯為妻（leseur Felix）肋賽斐立克斯習醫，任法國殖民委員會委員，博學而無信仰，然鍾愛妻子甚深，不干涉她的宗教生活。夫婦倆沒有子女，常旅行以自怡。肋賽夫人婚後多病。日常忍苦以娛夫。待人接物，更怡然和稅，口不出怨言。朝夕獻自己的痛苦於天主，求丈夫重獲信仰。但口不與丈夫論宗教，暗思潛移默化之。一九一四年五月三日病逝，年四十有八。卒後，丈夫翻閱她的《日記、日思錄》，遂得天恩，而幡然自悟，重歸公教。且棄俗進多明我修會，晉陞司鐸。肋賽夫婦的情況，不是與老夫婦的先例嗎？與老曾向我述說：

「當我夫人最後一次臥病時，醫生告訴我，病已難治。我便打定主意，實行許先生的遺教，自己將進隱修院。既決定了入院，我想把我的主意告訴夫人，叫她知道她自己死後，丈夫誓志不再娶，隱修終身，心中能有安慰。可是她所患的病是腦衝血，不能稍受刺激，醫生從未告訴她病症如何，所以我也不知道怎樣告訴她，常求天主默照。我素性喜歡買書，夫人病時，買書更多，爲念給她聽。一天，我在報上書欄見到肋賽夫人的書目，介紹者並說明肋賽夫人的丈夫，現入多明我會，已晉陞司鐸。我心裏很驚訝，便問夫人見過她的書否？夫人說沒有。我便購買四種。首先選肋賽夫人的《日記》，每天念些給夫人聽。當念過數天後，我笑謂夫人說：『你看來可成肋賽夫人第二；因你的品性很像她，我自己不知道能成肋賽司鐸第二否？』夫人說：『我趕不上肋賽夫人。我雖信從天主，可是我的品性不如她。』當我出房，內姪女進房時，夫人便告訴她說：『肋能（Rene）（我的名字）在我死後，要進隱修院了。』內姪女說：『肋能的身體素弱，一進院必病，一病就將死去。』我自外面散步回房，纔入門，夫人便說：『問候肋賽司鐸！』我回答說：『問候肋賽夫人。』我見夫人臉上現喜色。第二天，我請親戚四人吃飯。飯後，內姪女叫我到花園，力勸我不進隱修院。自此以後，一年半的工夫，我的夫人再不掛慮自己的病了。先前，每次都問醫生，自己究竟如何。自從聽了我進修院的主意以後，再不問病況了。一天，報上登載肋賽司鐸當晚在瑞京演講。內姪女與夫人閱報後，故意把報斜豎桌上，爲叫我注意。我進房，即見報，得知肋賽來演講，趕緊打電話購票，令售票者在講堂正中，保留兩個坐位。我問夫人，兩位內姪女中，可以帶誰去，夫人說：『帶瑪麗去，因她多明教理，且反對你進會。』演講畢，我趨前與肋賽司鐸握手，他一聽是中國公使，很驚異，後來他到比國聖安德隱院來看我。」㈥

又是一年半，培德夫人病勢垂危了。興老請教廷駐瑞士大使馬里阿能總主教（Mgr.

Luigi Maglione）㈦給她行終傳聖事，頒賜教宗的遐福。夫人乃於一九二六年四月十六日，安然謝世。興老遂辭公使職，於次年五月，伴送夫人靈柩到比京，葬於皇族肋更墳園內（Laeken）。隨著亡妻的靈柩，他也葬了自己的塵世生活。

註：

㈠ 錄拜訪興老日記（一九三九年七月三十日） 見羅光著 羅瑪四記 第二五二頁。

㈡ T.T Lou, Conference sur Madame Elisabeth Leseur. Auver. 1943 P 15.

㈢ 周國壎追念陸徵祥公私瑣雜紀略 現代學苑 第三卷第十三期 民五十五年十二月。

㈣ 同上，P.16.

㈤ 興老後來請林騶譯日記和日思錄爲中文，於上海出版。

㈥ 錄拜訪興老日記（一九三九年八月四日） 見羅馬四記 第二五一頁。

㈦ 後陞樞機，任國務卿，於一九四四年八日二十二日逝世。

一六、進　會

培德夫人去世的當天，興老就去找他夫人的神師孟寧克教授（De Munnynck），告以自己打定主意，棄俗隱修，央請他指導。孟寧克教授爲多明我會修士，肋賽司鐸也是多明我會士，興老似有意穿多明我會的白衣。但是許文肅的遺教，常留在他的心目中。許文肅曾說：「你選擇一個最古的修會，若可能，你就進會。」多明我會並非歐洲最古的修會，而且他天性喜靜，既打定主意絕俗，便要找一與世絕緣的修會；多明我會士入俗工作，與世相接。且許師的遺教尙說：「研究會士生活的秘訣，等你明白了這種精神生活的秘訣，把握了基督宗教的精髓，你便把心所得者輸進中國，傳之國人。」那麼他要找一種修會，其精神生活，接近中國人的天性，易爲中國人所接受。中國遺傳的精神生活，加上這種修會精神，能自然地向上發展。興老在考慮幾個月以後，便決定進本篤會。

本篤會創於紀元後第六世紀。會祖聖本篤，約生於紀元後四八〇年。青年離家，隱入荒，德名漸著，來從教爲徒者日眾。本篤於蘇彼亞角山中（Subiaco），創隱院十二所。後因門徒多不謹守清規，尙有謀酖毒以飲之者，本篤乃捨蘇彼亞角登加細諾山（Monte

Cassino），建立名聞天下的加細諾隱院。當本篤時，歐洲遭北蠻的侵略，希臘羅馬古文明，搖搖欲墜，有殘葉遭西風的慘狀。本篤會創立後，遍傳歐洲，會院林立。會士們奉祈禱與工作爲生活大綱：校抄古籍、開館授徒、墾殖農場，導化蠻族，故歐洲古文化能夠一脈相傳，沒有被蠻族所毀，史家都歸功於本篤會士。㈠

本篤會的組織，每座隱院獨立，自成一家。院長作一家的父親，稱呼叫「亞拔斯」（Abbas）。「亞拔斯」一名，源出新經。聖保祿宗徒訓導信友說：「你們所稟受的乃義子的心腸；因此能向天主呼喊『亞拔』，父親。」㈡隱院的誡條：重謙和、喜恬談、愛誠樸、習以歌詠儀典，讚頌天主。日常生活的規律，很合儒家的道德。

定了進本篤會；但是選那一座本篤會院呢？在歐洲的國家裏，興老最愛比國。比國是他夫人的故鄉，夫人遺體葬於比京。在比國的本篤會院中，選那一座呢？他選了布魯琪的聖安德隱院。一九二六年冬，中國第一任國籍主教來比，安德隱院大行歡迎，且籌備在中國四川西山創立一分院。

聖安德隱院創於一千一百年，那時十字軍東征與回族連戰於小亞細亞。福蘭公爵羅百（Conte de Flandre, Robert de Jerusalem）爲比利時西部諸侯，統軍守安弟阿基城（Antioche），回人困之，圍幾不能解。羅百向天許願，如得解圍，將於故鄉捐資造院；圍解生還，乃踐願建造聖安德隱院。院中經韻，日夕不絕，經六百年。第十八世紀時，法國大革命，焚燒堂宇，沒收修院財產，聖安德隱院於一七九六年，慘遭毀滅。後一百年，加冷院長（Dom Van Caloen）重興舊院。一九〇一年，大興土木，建設院舍。又十年，聖安德隱院已有一分院在非洲比屬剛果了。再過八年，中國西山分院也成立了。隱院南文院長（Don Theodore Neve）有志傳教，欲傳本篤精神於傳教區，故聖安德隱院，朝氣蓬勃，精神生活興盛。

一九二七年五月十日，興老葬夫人於比京。六月七日，在布魯琪聖安德隱院過聖神降臨節。後三日請求入院，蒙允諾。七月五日，正式入院，然仍留居迎賓館三月。三個月內，就地觀察本篤會士的生活體驗院內的習慣。他的神師孟寧克教授曾勸他做本篤會留院居士，南文院長則勸他成正式修士。興老聽從南文院長，於十月四日，行「更衣禮，」入修士試習班。

去年十月四日，我作客聖安德隱院時，曾見一次「更衣禮」。半明半暗的人廳內，周圍立著全院修士，院長坐於正中高座。將更衣的青年，跪在廳中。院中執事，向院長聲請准與更衣，院長邀約眾人一齊祈禱。將更衣的青年俯身伏地，以示自己死於前生。起來時，即脫去俗服從，院長手領著會衣，週行與全院會士行親吻禮，新生於世外的家庭中。回身再恭聽院長的訓詞。

一九二七年十月四日，中國前外交總長陸徵祥，俯身伏在聖安德隱院地上時，他心中想著什麼呢?他想著苦讀的方言館，想著冰天無情的彼得堡，想著古色衰頹的北京，想著湖山明秀的盆達別墅，他尤其憶念慷慨磊落的許文肅，憶念聰慧多情的培德夫人。在幾分鐘內，把五十六歲的生涯，順眼看過，埋之於心。立起身來時，他已換了名，他叫天士比德。身上已穿著由頸及踵的青袍，兩袖寬鬆，胸前直垂。一青布胸帶，頸後掛一風帽。昔日向上翹的菱角鬍，向下飄的詩人鬚，都已連根不見了。南文院長訓話時，尚稱他爲「尊座」（Excellence）然這已是最末一次的尊稱了;以後院長將呼他爲比德兄弟。院長說「尊座放棄了一段長久而顯貴的政治生涯，投身於本篤隱院的幽寂中，竭心追求天主。尊座今日所以加入我們的兄弟團中，目的在於此……尊座入院後，尚不失爲中國的使節;在天主座前，我們中間代表東亞的偉大民族者，當然是尊座。尊座爲中華民族，獻身於天主，以頌揚天生。」

當日來院觀禮的舊同僚：駐比公使王景岐、駐法公使陳籙，駐荷公使王廣圻、駐葡公使王廷璋等，眼見昔日的總長，忽而變了青衣的修士，他們真能看透這犧牲的意義嗎?《本篤會規》第二十二章說：「修士中沒有院長的許可誰也不能授與絲毫也不能以任何物爲自有之物。修士應一無所有，書籍椅桌，筆墨都不能據爲己有，絕對無自有之物。連自己的身體，自己的意志，修士都不能自己作主。一切應需之物，該向院長索求，院長所不許者，誰也不能有。」這就好比投胎再生一次。前生乃一王侯，今生復成乞丐，前生豐衣足食，今生連蔽體充飢的東西，都要向人討求了。爲什麼要這樣作呢？

「為我的同胞們，另外為我的好友們，很難明白是甚麼動機，我決意絕跡於俗世，葬身於歐洲異邦一公教隱修院中。……我自己向前走，自己并不理會。說實話，我并沒有追求甚麼，也沒有求光明，也沒有求幸福，我僅僅勉力盡我之職。當我夫人去世後，我立刻感到孤單，我一生僅在這時，追求了一件東西，我求一退省時機。在退省中，我開始祈禱，我有意尋路走入仁慈天主的宅中。我尋路時，心中緊緊記著許文肅公的遺教：『當靠自己，勿靠旁人』同時也記著先父一生『靠天』的遺訓。我那時既無父、又無師、又無妻。我只有一心靠天主，一心靠自己。仁慈的天主引我前進，我進到了修會的生活中。」㈣

然而他爲甚麼決意做隱修士呢？二十七年之久，他與培德同擔了外交生涯，共負了人世折磨與光榮，共享了夫婦情愛。一旦培德夫人訣別了，魂返天鄉，永遠歌頌天主，永遠生活於愛天主之情中；與老也即死於以往的生活，也從塵世中躍出，鎖身於一隱院中，以後他也將日夜歌頌天主，也將生活於愛天主之情中。他雖然還不能面朝天主，不能面見培德；但他知道又與培德共度一樣的生活，彼此又團圓了。

「死亡把我們倆分離了，修會生活又使我們倆重行團圓，團圓而不可再分。她監臨我，我伴隨她，也替她祈禱。她從上看我，我從下望她。我倆之中，絕無間隔。」㈤

註：

㈠ 參考陸徵祥言論集　本篤會沿革史。

㈡ 本篤會規　第二章。

㈢ Bulletin des Missions, Abbaye St-Andre1927 oct.

㈣ Souvenirs et Pensees P.123, 127.

㈤ Souvenirs et Pensees P.123.

一七、修士

一九二八年正月十四日，試習期滿，興老入初學班。

《本篤會規》第五十八章規定初學班說：「立一年長而能得人心者爲初學導師。導師應細心觀察初學修士，另外看他們是否誠心追求天主，是否喜行神功，喜歡聽命，喜歡忍受羞辱。明明告訴他們，事奉天主之路，難而且艱。若是他們許下堅忍不拔；兩月以後，可以把本會會規講給他們聽，警戒他們說，這就是你們將要守的規條。若能遵守，就進會；否則可以自由退出。若再能堅忍，仍就初學院，用百般折磨去試驗他們。過了六個月，再講會規，使他們明白清楚將來該守的規條。若再守志不退，過了四個月，第三次重講會規，經過了成熟的考慮，初學修士若許下忠心於會規，遵守一切規條，那時便可收他進會。但同時他也該知道按會規所定，以後他再不能自由退出會院，也不能擺脫規律的桎梏了。」

初學的時期，所以共爲十二個月。在這十二個月內，初學修士要像學步的小孩，學習一種新生活。隱院無論大小，自成一天地。在這天地中，一切生活習慣，都與外間的天地不同：行動各別、看法互異、思想分道、好惡相反。初學修士要改變自己的頭腦，要洗腦，要洗刷自己的心緒，要使自己的精神跟隱院的精神相符合。可是要一個人澈底改頭換面，談何容易！而且在內修方面門徑很多，初學導師採取各種辦法，教導門生，漸登精神的堂奧。在這些辦法中，也有所謂「用百般折磨去試驗他們。」

興老年已五十六，忽列初學修士之班，一班共十人。凡一個青年失學，老年插班求學的人，每次上課，每次是一樁痛苦。銀髮雜在紅顏少年中，并不受尊敬，且受輕視。一個年過半百，身歷三十年宦途，官至國務總理的人，今日跟九個二十歲上下的青年同班受訓。九個青年很知道尊重他，但他要緊每時每刻，勉強自己，忘記以往，自認做無知的少年。

初學所學的，爲精神生活的理論，與每天修會生活的習慣。同班初學的青年，都生於信教的家庭，幼受庭訓，長入教會學校，故都深明教義，於精神生活的理論容易領悟。青年性柔，生活尚無成習，對修會規則，易於承受。興老受洗雖已十六年，雖常實踐教會倫理。然固未曾深究教理。今日初學自覺落於人後，自慚而不好向人說。半生經歷仕途，生活習慣已成，驟想改弦易轍，自覺格格莫入。興老在這一點上，所感覺的精神痛苦，若沒有非常的毅力，決不能心中坦然。

按照會規，修士不得執一物爲己有。住室由院長指定，用具由執事分發。紙筆自經理者領取，衣服每週換洗，飮食大眾同堂。興老昔日雖非富豪，然一生任外交官；陋室，小旅館，還不肯住。休養時有湖濱益達別墅。今日，手無分文，身無長物。古語說：「由儉入奢易，由奢入儉難。」現在豈但是由奢入儉，而是由富入赤貧了。若不是舉眼長看耶穌神貧的精神，單靠人力，必定心懷懊喪。

按《本篤會規》第三章：「修士放棄自己一切的東西，犧牲自己的意志。幾時一聽院長的呼喚，立即放下手中尚未做完的事，捷足奔赴，行事惟長命是遵。要使長上發命，屬下人順命，因敬重耶穌之情，桴鼓相應，絕無參差。」無長命不能授受禮物，無長命不能信札往來。入經堂後到者，須向院長稟明理由。進飯廳晚來者，須跪告院長為何晚到。一言一動，不敢違背長上。興老少年留俄，日聽許文肅之訓令；居北京常遵袁世凱之指揮。但他也曾身為人上。職任總長，發號施令，役使屬員。今日乃居同院之下，為一初學者，人人皆得而使之。拋棄私物易，拋棄自己的自己最難，作了人上再作人下更難。興老卻安然處之，常稱院長為父親，言聽計從。耶穌嘗說自由來世非為役人，乃為役於人。興老從今以後，常記著這句訓詞。他完全忘記自己是總長或公使，只知道自己是天士比德修士，而且還是一初學之士。《本篤會規》第二章，嚴禁院長接待修士，擅分高下。為奴者入院和為主者人院，地位相等。《會規》第三十四章又規定：「修士的用物，一律相等，惟因病另有需要者，可按所需，另請長上分給。」中國前國務總理成了本篤會修士，居心想作一完全修士，他決不求破格的待遇，院長為玉成他的聖德，也並不另眼相待。

當修士們列隊入經堂時，大家青袍闊袖，袖手徐行。你見一斑白的中國修士隨眾而行，你決不想他有什麼奇異之處，也決不想他就是半生高官的陸徵祥氏。在飯廳裏，兩行長方的木棹，沒有桌布，沒有酒杯，桌上只有盛水的瓦甕。你見坐在後排的長桌上，一位戴著眼鏡的中國修士，那就是前外交總長陸徵祥氏。他同旁人一齊喝清水，一齊啃麵包！

《本篤會規》第七章訓誡修士，勤修謙德，篇章最長。從慎獨以敬天主，一直到虛懷若谷，盎於面貌，條分謙德為十二級，修士應該拾級而登。興老嘗名住室為「慎獨齋」，孤居獨處對越天主。言常輕聲，接人必笑迎，謙謙君子之風，使人心折。昔日他曾受四十餘勳章，今日都已獻之教宗和院長。新聞記者來院相訪，追問往事。他只談先師許文肅公軼事，語不及私。

不僅不談往事，平素開口說話也很少。在一百餘人同居的聖安德隱院中，白天黑夜可以聽到風摩樹葉聲。修士交談，低聲相接。一九三九年冬，我第一次在院作客九日，覺到院中清涼澈骨，並非中夏的涼風，乃是院中的清寂。興老半生常週旋於宴會之中，於今日四週綠樹青蔬，長日靜默，在默思靜坐中，塵思俗慮，自然一天天消除盡了。

消除了世慮，心可常對天主。本篤會的特色即在歌唱聖詠，勤行禮儀。每晨四點入堂歌唱早課經和讚美文。八點再入堂唱晨經、巳經。十點又唱午經、未經，然後行大禮彌撒。午後五點唱晚課經，八點半唱夜經。我在聖安德隱院作客時，最樂意者，是在經堂靜聽修士們唱聖詠。「額韻」譜調，悠揚極似中國古歌。百餘修士歌聲起落，疾徐若一，聲幽而氣清，人心煩慮，逐漸掃除。聚神思維聖詠詩意，神隨歌調，飛近上主。在晨光未出，堂週尚暗之時，修士們唱聖詠說：

「寤寐思服，主恩罔極；雖在重圍，何所用懾。」（第三首）

「嗟我良朋，盍興乎來，向主獻歌，歌聲和諧。」（第九十五首）

「心魂困欲絕，徒此長呻吟，夜夜暗流淚，床褥浥秋霖……我泣主已聞，有禱必見納，有感豈無應。。」（第六首）

「賜光明於吾目兮，庶免昏睡而長休。豈可使彼敵人兮，幸吾災而樂吾憂。」（第十三首）天快亮了，晨光熹微。修士們唱聖詠說：

「神樂蘊心，頌聲發脣，昧爽鼓瑟，喚醒清晨，謝主之德，詠主之恩，以傳

萬國，以造生靈。」（第一百零八首）

午正了，天地顯於人目，浩大莫測。修士們則唱聖詠說：

「浩浩其天，淵淵其淵，心感我主，仁澤緜緜，誰宜詠此，普天群賢。」（第一百零七首）

「一心崇吾主，爾乃天地王……浩浩且淵淵，玄德不可方……信手行布施，群生慶豐穰」（第一百十五首）

日將西沉了，人覺生命何其迅速。感愧無所建樹，尤懼作有罪孽。修士們唱說：

「予心之戀主兮，如麋鹿之戀清泉；渴望永生之源兮，何日重覩天顏。人問爾主安在兮，朝暮涕淚漣漣。以涕淚為飲食兮，吾主盍亦垂憐！……予嗟予心胡為乎鬱悒以悲苦兮，何不委身於天帝。望天帝之莞爾兮，若久雨之新霽。」（第四十二首）

夜晚了，將閉目就寢，在入房以前，修士們向天主說：

「舉目向青山，悠悠望天顏。偉哉造物主，吾心所仰攀。有主作金湯，小子復何患！爾立主扶持，足跟誰能移？爾眠主守護，眷爾如嬌兒，佑爾無朝暮，更比慈母慈。慈母有時倦，爾主永不睡。」（第一百二十一首）

伴著天主入房上床，明晨再醒來歌頌天主。興老最喜愛《聖詠》儀節。老年因病不能入堂，在房中裝置無線電收音機，聽修士們的歌詠，隨著修士們唱經，以陶情適志。《聖詠》乃他一天的思路。在思路中，他踏過修士生活的層層困難。

「我進到了修會的生活中，在每一樁事開始時，常遇有困難。天主常向我說：『你眞能夠柔和順命，做我所要求的一切事嗎？……』我有什麼可以回答？『我勉力效法聖若瑟的柔和順命。』」(一)

他雖年過半百，能柔和順命似青年。在初學裏澈底把一個外交官改成了一個修士。一九二九年一月十五日初學期滿，他行立誓發三願禮。發願絕財、絕色、絕意。又誓許不更移院舍。再三年，一九三二年一月十五日，又立誓發終身三願，終身永留本篤會院中。

註：

(一) Souvenirs et Pensees P. 127.

一八、生活

「祈禱作工」(Ora et labora)，聖本篤以這句話作會士的標語。本篤會修士不祈禱便作工，或更好說：祈禱又作工，作工兼祈禱。興老出身寒門，從少習於勤苦。在俄京使館時，一人兼做做幾個人的事。任外交總長時，每天先部屬到部。後來陪夫人在瑞士休養，又是手不釋卷。今日成了本篤會的修士，勤奮的精神，老而益堅。清晨四點隨班入堂。歌頌聖詠默思主道。日間攻讀拉丁，研究神學。老年治學，很有缺乏記憶力的苦惱；但是他能遇事不急燥，把往年談判二十一條件時的磋磨精神，用之於晚年求學，雖不見如何進步，還是埋頭苦幹下去。

他平日一舉一動，都表示心中沉靜，遇事有耐心，有秩序。昔日在北京時，親自到郵局送信；於今自己收拾房間一書一紙，秩序井然。各方友朋的來信，片紙不棄，分夾於紙套內。一九三九年夏，他曾示我四夾套：第一套內有國府要人與駐外使節的信件。第二夾內有許文肅公的墨蹟，當年許師寫給他的片紙隻字，他盡數謹慎保留。第三夾內有馬相老百歲壽慶的文件，還保有孫總理的紀念物。第四夾內貼有他從第四等翻譯官升到欽差的各種任命狀。今年他安葬那天午後，我到他書房，檢看遺物，見所有友朋來函，可數十夾套。當年他晉司鐸時，各方贈送屏聯極多，興老件件保存於適當之地，選擇贈品中最親者懸之室內。

他願避世，世不願避他。四十年從政的生涯，所交朋友，廣遍天下。進院後，各方又多慕道的後進，傾心求教。故他的日記冊上，盡記著每天收發的信件，來信必答，中西文常是親筆。我從一九三六年，開始與他通信，那時我還是初出學校的一個小小學生，口角尚帶孩子氣；但每發一函，必得他的回信，有時我們每月要通信一回。在他的日記冊上，保存著這記錄。他虛心待人，彬彬有禮，雖在極輕微的事上，也想到周到，絕不肯輕忽。

跟他信札往返最多的，還要算他昔日的一個老僕劉長清。長清侍興老多年，興老待他情似父子，信中常暢說心中所欲言。一次寫信說：

「我在院中，天天爲當局祈禱，冀其得有能力，根本覺悟；抑制意氣，愛眾親仁；信任老成，注重教育，以培國家立命之源。天天爲國民祈禱，冀其能有能力，深明利害，仁愛和平，安於義命，萬勿附亂，以維持世道人心於不敝，而固國家生命之本。天天爲我親友祈禱，冀其得有能力，以維持世道人心爲己任，闡發道德之精義，正己化人，由近及遠，漸推漸廣，而爲國家養命之助。天天爲汝及汝家祈禱，冀汝及汝家得有能力，敦睦和愛，同心同德，勤做事，少說話。本孔子入則孝，出則弟，汎愛眾而親仁，敏於事而慎於言之訓，以興

家業，而爲親友鄰里之模範，共成爲好國民。」㈠

在外國而談中國修身治國之道，研究神學講孔子的倫常，可見興老又重溫了青年時所熟讀的四書，又再翻了方言館所讀的《聽訓齋語》和《了凡四訓》。然而他在神學上的成就，已很可觀，極於神修之道尤能窺其堂奧。知道以自己的苦行，補他人之不足。

「今晨四時進堂念早經時，忽有感觸，殆我主有所默啓耶？祥初入聖堂，鐘鳴四下，適在念『苦路經』時，身心悚然，神往祖國。想到南京、北平、廣州、福州等各城，上海、漢口、香港各埠，熱鬧世界，花天酒地，以夜作晝，煙酒賭博，樂而忌返。祥在院中念『苦路經，』爲彼等祈禱，求天主默啓彼等，加以自愛。祥遵守院規，終日默靜，不發一言；除午飯、晚飯後，散步片時，間得與同院修士談話。想到祖國出言不遜者或忤逆父母，或冒犯長上，或反抗政府，或藉通電以十罪相加，或在行頭以尊長相侮辱，祥在院中念『聖母經』爲彼等祈禱天主，默啓彼等，加以自重。祥已發願，恪守神貧，所衣者黑色友服，所食者足充饑止渴耳。室內一桌、一椅、一榻，除經典書籍外，一無所有。出外旅行（此次赴魯文傳教會早期會演講）搭三等車，與工人同坐。想到祖國擁資百萬或數千萬，揮金如士者，衣錦食珍者，祥在院中念『天主經』爲彼等祈禱，尤天主默啓彼等，加以節制。祥已發願，惟神長之命是聽。非一出一入，一言一動，發一函，見一客，均須得神長之許可。兩餐之外，不得進食。日間不得隨意入室休息。想到中國軍閥跋扈行動，學生罷課運動，工人罷工運動，何等隨意自由，擾亂社會秩序，妨礙公共安寧而不顧。祥在院中念『天主十誡』爲彼等祈禱，求天主默啓彼等，予以人格。以上四端，爲今晨念早經時感想所及者，爲先生（劉濬卿）述之。」(二)

更衣禮時，南文院長曾謂興老入院後，尙不失爲中國的使節，在天主台前代表中華民族。他便把自己一天的修士生活，用之爲祖國，每一行動代表一派中國人。自己所行，雖卑微不足道，但願以耶穌之心爲心，求天主默啓國人，能夠自重自愛。

《本篤會規》第七十二章，論修士的熱誠說：「世上有一種傾向作惡的熱誠，使人背離天主，淪墜地獄。世上也有一種爲善的熱誠，使人脫離惡習，歸向天主，誕登天國。修士應以極誠懇的摯情追求這種爲善的熱情。故修士中該彼此禮貌相讓，身有疾病，精神困乏，則甘心忍受；彼此競作下人，互相聽從，有益於己者不取，而讓於人，泛愛親仁，敬主慕主，親近院長而自謙自卑，於基督之上，絕不愛他物。」

每晨夢中驚醒，鐘聲繞星月，涼水濯面，興老並不須思索當日的事務。許文肅曾教他，前晚把次日該做的事，分條寫出。晨起再看前晚所寫的條目。於今每早他看《會規》的第七十二章。章文即是他每天生活的大綱。

睡眠不足，仍勉強而起，這不是追求爲善的熱誠嗎？比國天氣長年多霧，潮濕侵人。興老素日瘦弱之軀，乃時攖疾病，他便實行甘心忍苦了，習於外交禮儀，舉止文雅，於今接待本院會友，也多禮讓了，拋卻高官厚祿，豈爲爭修院的一桌一椅？日常用物都讓人家先取，不與人爭了。自視於神學、於內修、爲一後進之士，便尊敬同院會士，自居人下了。尚可享世福而不享，投身隱院，所求者惟天主耶穌，他心中所念者，沒有一物在耶穌之上了。

晚晌，他動手要寫明天該做的事時，他手上又拿著《本篤會規》，重念會規的七十二章。

肋賽夫人的《日思錄》中有一條說：「余決使每日行事，成爲全部生活之縮影。始以祈禱，即深切之心禱，其次則爲補贖，忍受日常之苦難，另做苦工。關於此點，每日飲食上之克苦，亦不可忽略。最後，則行謙遜，而恆久之仁愛工夫，即待人當良善而溫和，與人談話，宜作一適合於各人靈魂上光景之言語是也。」(三)

這一條也就是興老的日思錄，他嘗作一七律云：

「每日清晨領聖糧，　謝父謝子謝神光。
但求處處田禾熟，　惟禱人人壽命長，
國有賢良安社會，　家無忤逆慢爹娘，
四方平定干戈息；　我雖苦修願亦償。」

註：

(一) 陸徵祥最近言論集　第二〇九頁。

(一) 致天津益世報總經理劉濬卿書　同上　第一九七頁至一九八頁。

(一) 林騶譯　第一七七頁。

一九、慕　廬

第一次我去拜訪興老時，見面後第二天他說。

「久候駕臨，很想見一面。歐洲交通便利，只是我自己不能出門，我不曾在外旅行一天，有時僅只到比京找醫生。隱院這邊很清靜，我喜歡聽鐘聲，喜歡入堂隨班唱經。出外半天就想隱院我的『留院』（Stabilite）真不只是一生，也不只是一年，或一月、乃是一時一刻。」我笑答說：「神父實行本篤會的精神，可說是到了極處。」㈠

二十一年的工夫，興老只有兩次離開隱院。第二次世界大戰時，德軍強佔了隱院屋宇，修士被迫他遷，興老無法留居院內。去世前一月，臥病醫院，他竟死於院外。

聖安德隱院處比國西部布魯琪城之近郊，距城約十里。布魯琪城之藝術，著名於中古。畫家魯班史（Pierre-Paul Rubens）名聞全歐，造成一風格。遊者今日過布城，尚可欣賞歌特式建築的精巧。出城向東北落歡鎮沿汽車道行，道傍田疇相接，間以森林，秋時田中多植菜蔬。林中別墅精舍，紅牆黑瓦，出沒樹際。步行一小時許，靠右得一小路，路傍樹上釘一木牌，牌上書聖安德隱院。捨汽車道轉入小路，前行數百步，可抵院門。隱院無門牆，無山門，週圍平曠，森林圍繞。入院，迎面有迎賓館。出迎賓館門，得一院落，庭中雜植花木，庭週繞以走廊。前廊側有隱院集會大廳，後廊側有飯廳，左廊側有經堂，右廊側有圖書館，圖書館兩側有門通入後進院舍，院舍爲修士住室。興老住室兩間，一書房，一臥室。大戰以前，書房位樓下，臥室位樓上。大戰後書房臥室，並在樓下。房間長可一丈，闊可八尺。興老廿一年的光陰，就消磨在這兩間房子裏。

在北京陸公墓側，興老建有樓房數椽，作暮年養老之計。欲偕培德夫人居之以終天年。塋園中且造有墓穴二，一爲培德，一爲己身，然而天主之計劃，常反人之所計。

「中華民國二十年八月十五日，聖母升天節，晨七時，祥進堂跪領聖體畢，神往祖國，追念先父母暨先師許文肅公，而復追念先室培德。竊維生平素願，本期攜眷回國，築廬於先墓之旁，慕親事親，以卒餘年；詎料上主不我許，命我入院苦修，昭示我主原意，俾我以衰老餘生作祭品，供獻於我在天大父之前，故謝上主賜我一生之特寵。今日既蒙默啓，祥敬謹承旨，遵命而行。即以慕先人者慕主，事先人者事主。故先墓旁之『墓廬』，一變而為修院中之『慕廬』也。述其緣起，以告來茲。」(二)

二十一年寂居的小室，取名曰慕廬。昔日休養時的別墅，取名益達，以敬培德夫人的母親。老年退休，本想得一墓廬，廬於先墓之側，以懷先父母。於今既終老隱院，乃以「慕廬」名住室。日居室中，以慕先人之心敬慕天主。「益達」「墓廬」「慕廬」同歸一個孝字。

在考方言館時，考官常奇他熟讀了四書，竟以熟讀四書而入學。這一冊熟讀了的四書，日後也使成人，最後還使他進德。孔門之孝，爲興老一生精神之所繫，老年加以耶穌之孝，他卒能超凡入聖。

儒家的倫理，以法天爲基礎，因天爲人之所自出，沒有天即沒有人。然天之生人，孕於父母；沒有父母，也不能有人。故人之出生，根於天而源於父母；人之報本，報於父母，而歸於天。認父母爲天主代表，敬父母以孝；故孝道如《孝經》所說：「德之本，教之所由生也。」

法天雖爲倫理的至高原則，然高高在上，一般人不懂。一個孝字，平易近人，匹夫愚婦也可入門。孝字便成了倫理的標準。凡是一切善事，都稱爲孝；一切惡事，都爲不孝。興老最看重這個孝字，會印有「嘉興許子蕢先生立身一字訣遺訓。」所謂一字，就是孝字。

「文肅辦事提綱挈領，所謂擒賊先擒王，不取枝枝節節的辦法。保存國粹，獨取一孝字。緣此一字，包括禮義廉恥……文肅訓練中常引舜，故以舜代堯，教小兄行舜之行，言舜之言，服舜之服。其意欲養成一孝字。小兄以遠在俄京，未克躬親奉事父親，何以盡孝道。文肅說，盡孝之道多矣，繁矣。對長官服從，對朋友和睦，對下人友愛，就是孝。作事誠實，言語謹愼，行為端正，就是孝。你父親在天津，多寫家信，有朋友回國，託帶紀念品，就是孝。不獨對生你的父母，處處事事上可盡孝道，對已故的先父先母，亦是一樣。你的母親，現已故世，將來回國，擇地安葬，建立祠堂，按時掃墓，就是孝……孔子稱贊舜說、大孝必得其位，必得其祿，必得其壽。我想來想去，最合算是做孝子。我們兩人不必多說，只要多做。今早說，今早就做。你從今日起，就做孝子，以孝子居心，我從今日起，即以孝子看待你。上海城内，出過孝子否，你可託上海同學，在縣志上查查可知。我想你做一個『陸孝子』，是我心裏所期望。且可一舉三得：能得高位、厚祿、長壽，豈不甚妙？你就去做吧。文肅說畢，鼓掌不置。此一番話，常在小兄耳鼓中，由耳鼓中發現出來做成了陸公墓。文肅以位、祿、壽誘小兄，小兄竟竊得之，自愧自笑。年逾六旬，亦可謂壽，至位、祿，自不庸說了。小兄今日追述這番話，心裏盼國人都做孝子。在戰場必忠勇，在政府必盡職，在社會必正派，在家中必盡本分。雖有強鄰，我亦何懼哉！……文肅本有吃苦二字訣，此乃孝字一字訣，為我弟述之，可告後輩，試一試，亦無甚喪失，且可大得世福。」（致劉藎忱書）

遵行許文肅的孝字遺訓，與老孝出真誠。住房裏，常掛著「哭親碑。」翻印亡父母的遺照，分贈友人。隱院住室名曰「慕廬，」每天思慕天主，兼以思慕先人，然而他在「慕廬」中所思慕的，是「以慕先人者慕主，以事先人者事主。」慕主高於慕親，事主高於事親。孝父母之孝，一變而爲孝天主之孝。許文肅的儒家之本性孝道，一變而爲耶穌的超性孝道了。

公教教義的真髓，貫注於一愛字。全心、全靈、全意、全力以愛天主，爲著愛天主而旁愛眾人。天主乃我們的大父，我們人都是天主的義子。我們每天唸耶穌親口教授的「天主經」云：「在天我等父者，我等願爾名見聖，爾國臨格，爾旨承行於地，如於天焉。」

耶穌豈但教我們唸「天主經，」他實行引導我們愛天父。耶穌一生的言行，其動機，常在孝愛天父。與老去世前的絕筆小回文，「孝字章註解」說：「夫孝爲百行之先，孔門之明訓。耶穌降生，遵聖父之旨，成大孝之典型。」即是發揮此意。

民國三十六年冬，與老讀吳德生公使所譯《若望福音》，自覺有不能已於言者，乃著《人文攜手》（Ways of Confucious and of Christ）一書，書中第四章，暢論這種超性的孝道。他說：「要緊於今就說明，基本原則在一點嗎？這種基本本則只有一條，而且包括一切。所謂基本原則，就是耶穌孝敬天主聖父之孝道。他把這種孝愛之情，傳於自己的門徒，門徒賴著他而成聖父的義子。」在章尾結論裏，他又說：「我絮絮不已，關於耶穌授給我們的一種大默示，說了許多話。這默示即是天主聖父，天主聖子兩者關係的奧妙並我們蒙召為天主義子的恩寵。……我們既懷了義子的心情，既竭盡己力以效法耶穌的孝道，我們就可以虛心登耶穌的堂奧，藉以明瞭耶穌的言行。耶穌所言所表，每件都深刻地附有他的精神。」

耶穌孝愛聖父，我們也該孝愛聖父。耶穌乃聖教會妙身的頭腦，我們乃妙身的肢體。耶穌為天主聖父的永生聖子，我們因聖子的救贖，而成天主聖父的義子。

「單單為愛自己的聖父，單單為聽自己聖父的命，耶穌才愛我們，才自己降世成人，然後授給我們以聖神，使我們得有生命之源。因此我們眞眞成了天主的兒女。

耶穌的孝道，乃我們救贖的根源，乃我們神恩的起點，乃我們常生的根

基。」㈢

興老在「慕廬」裏，每天沉思這種超性的孝道。孔門的孝道好似長江的洪流；耶穌的孝道，乃孝道的海洋。長江東流入大海，孔門之孝，匯於耶穌之孝，浩浩淼淼，莫測涯岸。興老自覺身處這種天澤汪洋之中，每一毛孔，都被超性孝道所浸入。他在老年發覺了自己赤子之心，在天父眼前，轉成一個溫柔的小孩。

「到了我今日的年齡，經歷了天主所安排的一切路徑，人性倫理最高的孝道，從沒有離開我的思索，離開我的心靈。我因孝道，乃能常轉少年，乃得稍懂耶穌所云：『爾輩若不轉心如小孩，爾輩未可入天國。』但為澈底明瞭聖經這句話，要緊有天主聖寵光照；然後才可使本性律所教者，得以完備。天主既以慈心而救世，乃以這種最高的默示，賜與一切善心人。……

……

若使天主上智充許的話，希望有一天，我可以從孝道方面，兢兢地以進於人類歷史偉業（救贖大業）的奧義。再將我這種研究耶穌基督之默示與救贖的方法，我設法告訴我的同胞，告訴我的朋友。

救贖大業乃諸路之交點。僅有在這一點上，人類兒子的孝道，與耶穌的孝

道相接。耶穌引我們從人的孝道而入於他的孝道，使我們以他的孝道作我們的孝道，因而把我們受造之人與在天大父相連。」㈣

註：

㈠ 錄拜訪與老日記（一九三九年七月廿七日） 見羅光著 羅瑪四記 第二三六頁。

㈡ 陸徵祥言行錄 第二二四頁。

㈢ La rencontre des humanites. chap. IV.

㈣ Letter to my friends.（Ways of Confucius and of Christ）London 1948. P. 112-114.

二〇、孝子

當興老七十大壽時，他寄贈我一張照片。在照片後面親筆題寫贈詞，又加按語。按語說：

「時年七十，以七句作一歲，求聖母提抱領導，俾得善頌主名，至死不渝耳。」

七句老人而變爲一歲嬰孩，赤子之心，可以說澈底了。他想慣了天主創造天地的全能，熟思了天主掌管宇宙的智慧，他體驗了天主養育萬物的神愛，便自然覺得自己的渺小。雖是年已七十；比較天主的永生，算不得一秒鐘！雖是官到國務總理；比較天主的權位，趕不上一個小卒！雖曾掌握國家大事；較比天主的上智，還不及無知之童。那麼在天主前，年歲，官爵，學識，都不足以自大。七十歲的老翁，忘記自己一生所得，僅記著自己是天父的兒子，自認爲一歲的嬰孩。

在本性界，人越不懂事，越像小孩。小孩漸漸懂事，便漸長大，漸漸脫離父母。在超性界，人越有天光智慧，越認自己的渺小，自成小孩，要求天父的扶助。近世在內修學上，倡神嬰之道者，爲聖女嬰仿德蘭。神嬰之道以孝愛天主之情爲基礎，發而爲全心信賴天主。

《靈心小史》(嬰仿德蘭著)第十一章上說:「耶穌惠示我以神愛火窰,惟一必由之路;是路也,即是小兒信賴之心,安臥於乃父懷中,泰然無懼。」聖神嘗藉撒落滿之口而發言曰:『伊雖最小,來至我前。』又言曰:『慈蔭允施於幼小。』依撒亞先知亦奉天主名,昭示吾儕,謂於叔世,主將率其羊群,置諸草地,群聚小羊而緊貼於懷云。復慮所言未足,而目光已透過悠久無疆之深處,不禁奉天主名而大呼曰:『如母之撫摩其孩提,我亦如斯撫慰爾曹,而抱置於懷,加諸膝上,以搖蕩之。』」(一)

小孩不明世故,不知料理自己的事;而小孩的福氣,也就在不明世故,所以能無憂無懼,無所牽掛,一心信賴父母。在內修上,大人變成赤子,凡關於自己的事故,完全信賴天父。明日若何不得而知以往和現在,不得而明,但自己則坦然無憂。凡百事故,故豈能沒有天主的定奪呢?天主乃我父,愛我勝我母,世上小孩既一心信賴爹娘,我怎不會信賴天主呢!普通小孩,越大越自己靠自己;我在超性生命上越長進越看透自己柔弱,越加誠心靠天父。興老暮年自視爲天主的小孩,信賴天父之心彌篤。乃有以七句作一歲的妙句。

身在隱院,日長思多,常常回顧自己的以往,越回顧,越不能參透自己一生的途徑。只能說:

「總括一句說:我一生凡百言行,與乎宦途的階梯,及我眼前精神生活的變化,都是託著天主的扶助而行。我常體驗著天主的神佑。我從沒有事前看到天主爲我所有的處置。……『天主，你的計劃究竟如何呢？只要你指示我，我就順從』」

「我是一個剛會走路的小孩，膽量頗大，週圍的人都鼓勵我。我乃不顧環境怎樣，我步步向前走，向前走，而自己卻不理會。我本不敢向前走，但我一生又常是向前走。曾見一幅畫，畫著聖嬰耶穌招呼嬰仿德蘭，德蘭往耶穌那裏跑。這幅畫就代表我的一生。我乃是一個學步的小孩不敢往前走；可是母親在招呼，小孩望著母親，向著母親走。天主就常在招呼我，我向前走去。小孩走近母親時，顛巍巍地，一到母親懷中，他便跳躍了。又憨笑，又抱母親。這樣，當我走到天主懷中時，那便是我死的時候了。」㈡

這位四十年宦途的老人，於成不但是看清了塵世官爵和功名的虛幻，且參透了世上的學識和經驗的短少。他棄人爵以登天爵，屏俗識以求神識。他並不是一位悲觀者，也不是一位逃遁現實者，他是用天主的眼睛去看世物。小孩子怎樣能定斷事物呢？全看父母的定斷。興老便以天主的定斷爲定斷，以天主的思想爲思想，以天主的愛情爲愛情，以天主的意志爲意志。以往許文肅教他以本性之道去評判事物，今日他以天主之道去評判事物了。

《孔子家語》上說：「是故仁人之事親如事天，事天如事親，此爲孝子成身。」㈢興老以耶穌的孝道去注釋這三句話，由儒學而達耶穌孝道，效法耶穌而愛天父。他進了隱院，日後有晉司鐸，有國難，有大戰，有陞院長，有死於異鄉的種種個人遇合，種種世事波瀾，這都是天父所處置，他無不欣然順從。他是一個小孩，任憑天父牽引著走。

到了天父要召他歸天時，他就像小孩走近母親時，急著叫媽。去世前六天（正月九日），午後兩點半時，他同侍候者愛德華神父誦「天主經。」誦到第三句「爾國臨格」，他改誦「願我父臨格。」愛鐸以爲他因病失口，回誦「爾國臨格。」興老卻又誦「願我父臨格，」一連誦了三次。性命危急，一息尚存，他求天父早臨，早引他歸天父懷中。去世前兩日午前十點半，他微聲說：「願好天主抱我去！」「願好天主抱我去！」重覆四次。然說說：「單只同他在一起！單單！單單！」

然而並不是單只同天主，興老還有一位天母。他既以耶穌之心爲心，效法耶穌的孝道，難道能夠不孝愛耶穌的母親童貞聖母瑪利亞嗎？

> 「當苦刑達到極點時，當心身痛楚已至臨危的一刻，耶穌卻暫時忘懷一身慘苦。他心靈的偉大，彰明於孝愛天父的孝道中，而又表之於敬母之孝。他母親曾懷他於胎中，他常是母親的孩兒。他遺囑以自己的母親，託於自己親信的門徒。這種遺囑乃孝道的遺囑。在精神上，這種遺囑的範圍，遠大無限。遺囑所及的，不僅是受託的門徒，不僅在這門徒從此視師主之母為己母，也不僅限於聖母在世的日子，從神學上「諸聖相通功」的立場來看

，這種遺囑的範圍，乃包括天地，貫澈古今。」

「凡是一個人，同天主聖父，同聖子耶穌互相關連，他豈能不希望取天主聖子耶穌之母，作自己精神上的母親？童貞瑪利亞又豈能不把自己聖子流血所救贖的人，看作自己的義子嗎？」㈢

興老以慕亡母者慕聖母，以事亡母者事聖母。他幼年失母，一生常追求母愛；到了暮年，他孝愛聖母之情，隨著年歲而俱增。晉陞司鐸後，他每天所行的彌撒，常是敬禮聖母的彌撒。他生前末次行祭，是在去年的聖母升天節，那時他已四個月抱病未起了。聖母升天節前他寫信與吳德生公使說，很希望在八月十五日升天節能行彌撒。吳公使乃率全家行九日敬禮替他祈求這件大恩。八月十五日，他果然能登祭壇舉行彌撒。當天即函謝吳使。次日，他又病弱不振，從此不再上祭壇了。在祭壇上所懸者，爲剛恆毅總主教所贈的中國聖母像。十餘年來晨起收斂心神，清明在躬，所覩者，都是聖母慈顏。所誦者，都是讚揚聖母。民國廿年，他定住室名爲「慕廬」時，不是八月十五日聖母升天節嗎？七十壽辰時，贈給我的照片，按語也說「求聖母提抱領導，俾得善頌主名，至死不渝！」他曾印刷《陸氏博斐氏紀念冊》分贈故友。在送與羅馬傳信大學華生的紀念冊上，他親筆提字「陸氏博斐氏的子姪，姪孫等敬贈。彼等尙在此涕泣之谷，伏望仁慈、恩愛、溫柔之聖母，爲彼等代禱。」平素小孩敬父過於敬母，愛母過於愛父。興老不敢愛聖母過於愛天父，但為求天父開恩，則常賴聖母轉求。

前年秋，興老嬰病不起。十二月十一日，巡遊世界之法蒂瑪（Fatima）聖母像，蒞聖安德隱院，全體修士出院恭迎，接入聖堂，停駐一小時。興老於聖誕節時給我一信說：「祥幸得此良機，加誠為世界安全，祖國實行民治，人類文化保存祈求至再。」既見像，不忍捨，乃許願傳揚法蒂瑪聖母敬禮，即求院長覓一藝術家，仿塑法蒂瑪聖母，供諸「慕廬」中。又分寄聖母小像於知己。去年（民卅七年）四月九日，他寄贈我一張照片，片後親筆題字，並加按語云：「此像攝於躺椅上，坐於法帝瑪聖母慈照之下。」像上，興老依椅而坐，兩手執《若望福音，》手憑活動書檯，檯右側立法蒂瑪聖母像。精神疲弱，然滿面笑容，似忘了老，忘了病；因他坐在聖母慈照之下。

同年七月卅一日，他以一同樣照片，寄贈吳德生公使，題字云：「德生公使惠存，病中攝影，現在調養。重要時間，代禱尤感。許願宣揚法蒂瑪聖母佑庇之功，年內還願謝恩。」他致吳公使的信則說：「自三月十九日迄今四月零十日，停止聖祭；腿力目力不足之故。近三日，勉強進小經堂，恭領聖體。叨在至好，用敢直告。所幸心無裂痕，法蒂瑪聖母佑庇之功。附上養病中臥室攝影一紙，哂存作念。……並懇代禱，早日復原，登台獻祭，以謝主寵，幸甚幸甚！」

法蒂瑪聖母允許他的祈求，賜他於八月十五日，登台獻祭，然沒有使他早日復原；因天父的意旨，已經定下他歸天期近了。

註：

(一) 馬相伯譯本　上海土山灣出版。

(二) Souvenirs et Pensees. P.128-129.

(三) La rencontre des humanites chap. IV.

二一、吃苦

第一次敲聖安德隱院的門時，興老遵孟寧克神師的指導：「祗求入院充任一寄身修院之本篤會員，洋名Oblatreguliér, Benedictus（中文可稱為在院居士）既可免補讀拉丁文，神、哲各學之困難，復可免守嚴格會規之拘束。嗣後變更原議，自請願班（試習班三月），學習班（三年），三年願班（三年），終身願班，經此四級而作正式修士。」㈠

作正式修士，便是說預備晉司鐸。晉司鐸，便該補讀拉丁和神學、哲學。「祥現年五十有八，加七年之期學習，陞授神父，當在六十五歲矣。為時既長，倘天不假年，則此志終成虛願。故院長現擬照前比王內廷大臣格林伯爵之先例，擬請教宗特別加恩，將六年哲理教理之研究期改為四年。」㈡

然而四年的補讀，為一個五十八歲的斑白老者，仍舊是困難重重！怎樣能使從沒有經過哲學訓練的頭腦，終日沉默於湛深的神學裏？又怎樣可以把神學的定義和理論，印刻在已經遲鈍的記憶上去？而且攻讀神學要用拉丁文呢！六十而學語言，等在海灘上寫字，纔寫了，海潮又浸沒了！一千九百二十九年，初學期滿，南文院長派人教授興老拉丁文，剛過了幾個星期，教授往告院長，言教拉丁文非其所長，請另派別人。院長即另派一人，過了幾月，教授又往告院長，言陸修士於拉丁文，成績很少，請另找專長教法的人。院長乃選派第三人。第三人過了幾週，復向院長請辭。三年之中，換了十一位拉丁文教授，而神學尚未開始！

不但拉丁文的難關，硬著頭皮衝不破，精神上的難關，又層層疊疊。「為我這是一幕悲劇，我尚不說讀書的困難，以五十六至六十四的暮年去讀拉丁，去讀神學！我那時一句拉丁也不懂呢！為求這些學識，要緊特別用功。在我那般年歲上，人只要想到這種求學之苦，就可頹然而廢；但我那時真正的困難，還是另外一個，是精神方面的困難。我屢次問我自己：我怎樣可以成司鐸呢？我怎樣可以登祭壇，到天主前，充當人類之代表呢？我千次問我自己，千次我不能答覆。我想到了我的年紀，做了我所做過的官，老了人還要我做司鐸，這未免有些太過。然而我聽從了上命。為聽命，每時每刻我不知多少次鞭策我自己。」㈢

因著精神肉體內外夾攻，身體不能支持，於一九三一年忽發便血病。「竊維祥於三十年前，本有便血之症，不意本年三月十八日晨起，舊患復萌，便中流血。本院醫士覩狀作色曰：『勢迫矣，宜於二十四小時內抑止之。』嗣是臥床四十日，便血忽流忽止。最後忽見紫色大塊瘀血，排尿管而直下，當其梗塞之際，疑為尿閉，異常驚恐。幸經世界知名專科醫博士善勃赫（Prof. Sebrechr. de Brages）診治，而血方止。屈指診治之期，不滿四月，便

已轉清。其時精力雖未復元，而中外友人之蒞院存問者再，咸謂面無病色，而病體復元又若是其神速，相與稱異不置。」㈣

病症因天恩而好了，然而這病豈非天主意思不要他陞司鐸嗎？求學而病，學已中輟；再復求學，病可再發；是終無學成之日了。那又何必再試呢？比國當時有魯汶大學一著名教學教授格特瑟爾博士（Prof. Goedseels）老年棄俗，奮志攻讀拉丁，然終以不勝其勞，安心作一便衣修士，不想晉司鐸了。一九三二年春，興老乃請求南文院長停止拉丁文課，南文院長喜獎他兩年來的苦心，雖決定把拉丁課停止，然正式派人教他一次神學課，於一九三二年正月十日爲他行「剪髮禮，」使他成爲一神職修士。日後若願重續司鐸舊夢，即可拾級而登。

安於「剪髮品」之神職修士，已一年，自以爲將如是而終老了。豈知天主的旨意，並不要讓他安閒。一九三三年五月七日，劉符誠來比拜訪興老，攜贈北平故友曹汝霖、唐在復、夏貽霆、王廣圻等二十人，合贈之聖爵一尊。興老見了禮物，愧感交集。原來友人還不知道他已輟學，他乃向來客表示非常抱歉，說明本人已不想晉司鐸，不能使用友人所贈聖爵以獻祭。符誠聞言，心懷憤怨。非怨興老，乃怨教會過於嚴刻無情。他便向隱院迎賓館主任愛德華司鐸表示「若是陸修士不能成司鐸，我們這班人怎可成公教信徒？」那時他正預備入教哩！

自己不成司鐸，尚可忍受；自己不成司鐸，累別人不成教友，這就該重加考慮了。拉丁文課雖停，神學則已授了一課。剪髮品既領，其餘的品，可拾級而升。興老乃就商於善勃赫醫生，自己的健康，可否許他讀書？醫生於當年五月答應，無妨再讀。院長遂派愛德華司鐸，作他的神學教師，於五月十二日，開始教授神學。

愛德華司鐸每天預備神學法文講義一頁，每天照這頁講義同興老坐談。等興老明瞭了講義的義理，就算完了一課。這樣一課一課講下去。等到講完了一章，愛德華司鐸再寫摘要兩三頁，興老拿著這幾頁摘要，去見隱院的神學教授，向他詳細論說本章神學的意義，這便算是一次考試。一次一次的考試，繼續不斷，終至把全部神學考完。

「爲我這真是一幕悲劇！」老年力學，又加身體羸弱，苦況實多！興老竟能抱定決心，勉強做常人所不能做的事，他吃苦的精神，真是高出人一頭地。

他曾印刷許文肅吃苦二字訣云：「先師許文肅公一日告祥曰：我輩寒士出身，吃苦二字，係我輩本來面目。……我鄉俗語有云：『吃得苦中苦，方爲人上人。』我以吃苦二字訣遺汝，望汝終身守之，須臾不離，倘能爲人上人，我更喜出望外矣。」

許文肅必定喜出望外了。門生能吃苦，由使館職員做到公使，做到外交總長，和國務總理，已爲「人上人」了。進了隱院，又決意吃盡暮年力學之苦以成司鐸。可說無愧於他的吃苦二字遺教了。

然而在吃苦二字遺訣上，興老已另外學了一種吃苦哲學。「迨我進了隱院，我纔真真接近了公教的教義。這種接近，第一步是在祈禱裏，另外是在公開的祈禱儀式，和儀式的含義裏。……如是我接近了耶穌的苦難……日思耶穌一生的言行，日思耶穌精神與肉體所受的痛苦，我纔得振作精力，纔能繼續不懈。以六十歲的高年，開始一種澈底的新生活，我才能退隱做修士。」(五)

耶穌降世，以受苦而救贖人類。公教信友與耶穌合成一妙體；耶穌既受苦，信友一定該受苦。耶穌爲救人而遭難，人爲自救，應與耶穌一齊遭難。興老因此找到了吃苦的超性哲理。

「我們一切的痛苦，在耶穌的救世大業中，可以因而減輕，可以有其意義，可以得其結論。因為我們也該竭己所能，参與救世大業。如是我們的痛苦，將我其痛苦，我們的天父自作保證人，保證一切甘取為善的峻坂之人，必得報酬。而且這些痛苦也將變為我們及我們所親愛的人，一種新生，和幸福的源泉。」(六)

不僅自救，應與耶穌一齊受難，爲顯孝愛天主父之心，更該吃苦。天父知道苦痛足以鍛鍊人的志氣，可以提高人的精神，能助人建立常生的功業，便讓他所愛的兒女，在苦中輾轉呻吟。孝愛天父的，領悟了苦痛的意義，將以吃苦爲樂。興老說：

「苦痛並非他物，只是我們本性的嗜欲，和天主的觀點不相同。天主讓我們吃苦，是叫我們把自己的視線，擴充到天主無限的遠見裏。叫我們從自己卑鄙的狹心，渡入天主汪汪洋的聖心裏。那時將如肋賽夫人所云我們覺得我們的生命，萌發新機。我們的心將出於意想以外，日加擴大。我們既無所失，而所得者，則爲一新的大世界。」(七)

在吃苦的新世界裏，隨著天主聖神的引導，興老如同一個小孩步步向前走，不退縮，不逃避。在一九三五年，神學讀畢時 他毅然預備領受鐸品，學習舉行彌撒。

「每晨練習彌撒三小時，曾於四月三十日開始練習工作。每晨於此三小時間，目注大字經本。口誦拉丁經文，心神專靜純一，兩手以拇指食指，恭執聖餅，右手須夾聖盤於食拇指之間。口誦祝聖經文，手畫十字聖號，雙手高舉祭餅祭爵，腿須屈膝致敬，口須接吻祭台，最後恭食餅（成爲聖體）飲酒水（成爲聖血）全體整齊嚴肅，五官齊到，並用在此事主饗主尊嚴之練習工作中。祥以衰年弱體之允膺肌骸，勇赴於此，三小時間，全身不覺

為之震悚。然退堂後，因憊已極。非熟睡三小時，不克復其常態。現已練習多日。」㈧

興老的折磨，多半來自病苦。他嘗說自己一生，沒有兩年不害病一次的，老年病苦加甚，他喫苦的精神也加高。七十壽時，我曾向他函賀，他後來答我一法文信（因那時德國人檢查信件）說：

「唉呀！年歲老了，不能無病。爲我則看病痛爲老年的特恩。人須到老年，纔能享受這種特恩。中國人常說『送老，』我以爲更好說：『迎老。』老年是一學校，人須學習怎樣成老人，怎樣成賢智，如中國古人之賢智。怎樣成聖人，如聖本篤的至聖。老年的學校，比青年的學校更難。青年學校，學生有教師，老年學校，自己當自己的教師。……

「敢祈神兄時爲代禱，並祈轉告青年同胞司鐸輩代禱。賜我能好好度過老年學校的考試，而取得一優等分數，或至少一種可嘉的分數！」

註：

㈠ 陸徵祥言論集　第二三九頁。

(二) 同上，第一百四十四頁。

(三) Souvenirs et Pensees. P109.

(四) 陸徵祥言論集　第二二三頁。

(五) Souvenirs et Pensees. P106 .

(六) Souvenirs et Pensees. P109.

(七) Conperence dur Madame Leseur. P.9

(八) 陸徵祥言論集　第二二七頁。

二二、國　難

當興老因病停止了拉丁課時，另一種問題來侵擾他的精神。一九三一年九月十八日，日本在瀋陽進兵，侵略我們的東北四省。於是所謂「滿洲問題」滿國人痛心疾首，舉國鼎沸。遠處異鄉，回首東望，隱院的天色，常陰霾四合，難見天日。興老問自己：「正義的天日，從此再不出現人世嗎？強權的煙霧，難道必要漫蔽整個宇宙？」中國政府控訴日本的暴行於國際聯盟，國聯派遣李頓到東北調查，而日本憤然退出國際聯盟。

一個身經百戰的退俗老軍官，若聽說敵人又來蹂躪國土，他必熱血沸騰，怒眥欲裂，雖不能再赴疆場，與敵人一拼死活，也必另覓方法，爲國盡力。東北一片國土，乃興老三十年來，外交生活中折衝壇坫的目標。剛到俄京使館，許文肅便教他每天注意那時的馬關會議。後來陪同楊儒欽使力爭東北，親見楊使氣憤身死。做了外交總長，便有二十一條件的國恥，繼有巴黎和會的強權，拒絕簽字，「這副國恥重擔，在我退居隱院以後，我仍舊沒有放卸」。中國於今統一告成，國民政府可以開始建設了，日本乃又動兵，佔據東北。他已是身居異鄉的修士，他不能再投身政治舞臺，與國內英賢，共謀挽救，可是愛國之情，以去國愈遠愈濃厚，愈純潔。他能隱忍不言，讓他力爭多年的東北淪亡於倭奴之手嗎？他每早一聞噹噹的鐘聲，即開始每天的救國祈禱。陰沉的聖堂中，修士們悠悠地唱著聖詠與老祈禱的心聲，隨著歌聲上達穹蒼。

祈禱完畢，便是工作，求了天主救援祖國之後，他便再去求人。他執筆為文，寫《滿洲問題評判》的法文小冊，然後又囑人譯成中文。

「今我約略提及種種往事，和中日衝突的主要事實，再把和日本問題有關的，就是比利時梅西愛樞機（Mercier）在他的國家被佔領時期，所發表的言論，摘錄出幾頁來，昭示普世，俾公理得以昭著。我相信這是盡著一種正義的天職。因我相信，如此為國際和平及秩序，為我同志的眾兄弟，為我的祖國，即為追求己利而不幸作我們仇敵的人，我都能略微有所效勞。

「梅西愛樞機所表示的原則，是至理名言，千古不朽。因為這些原則是眞理，凡是背叛眞理的人，屬早要受眞理報復。所以我把關於這回流血的侵略及不道德的佔領滿洲，以公教道理，宣示世界，俾握政權者醒悟佔領人之土地，將來亦必受眞理的責難。」(一)

他便把日本佔領中國領土，在以往，在眼前，所有的事實，都條陳出來，然後按照梅西愛樞機的言論，主張正義，主張愛國。他現在愛國之心，已不在僅遵守儒家忠孝之道，乃是力行公教的教義。因爲「基督的宗教把愛國著爲律令，沒有一個純粹的基督徒不是純粹的愛國志士。」可是侵略者也可以愛國爲藉口，他們難道不是爲本國的利益而戰爭嗎？「天主教的神學家便駁斥這種謬論，他們承認和平才是真理，就是說國家建築在正義之上，國內才能享有秩序。正義是絕對的，僅只有他是人類和大造間，及人和人間的各種關係的表示。」㈡

日本在東北僞造了一個政府，對外號稱「滿洲帝國，」按公教原則來說，這個僞政府乃屬一種強權。「這種強權不是一種合法的權力。自今以後，在你們心目中，無須有重視，依戀或是服從的觀念……佔領國對於被佔領土地的一切行政措施都不生效力，不過合法權力（本國政府）可以默認這些措施中一些對於公眾利益的正當措施，惟有這被默認的措施，才有法律的價值。」㈢

敵人蹂躪我們的領土，殺戮我們的同胞，我們是否可以報復呢？「行動含有懲惡的意志，而又尊重正義的秩序，這是道德舉動。這種舉動的目的，是在公理範圍內，矯正一種倫理上的惡行，這便是嫉惡，便是作著善工，是很正當的。可是存心明亂報復，既軼出公理的範圍，而且報復的計劃，先在殲滅壞人，其次才是抑制壞事，這種行爲就不對。因爲這種情況下，使敵人受苦，已成了報復的目的。」㈣

國家積弱，一時不能維持正義。敵人久佔我們的城市，我們還該一心信賴天主，公理一定有伸張的一日。「此刻你們不懂得天主上智所處置的，也不懂天主所許的一切事情：有何緣由，將怎樣發展。……天主要你們信賴他，好教你們的信德於你們有功，爲天主也更有榮。……天主不像我們不忍耐，他的舉措常是雷厲風行，卻世常是和平緩嘽。……他知道到了所定的時刻，才把善惡分明劃開，按著他毫無缺憾的公義，處置那不義的行爲。」(五)

天主的耐心，遠過吾人耐心的限度。九一八事變，還沒有解決，而竟轉成一九三六年的七七事變。中國大半壁江山，隨著東北而淪陷。是年十二月十七日興老給我一信說：

「連日報傳國內消息，異常緊急，讀之令人心悸。國難重疊而來，當局處境在萬苦千死中，打出生路。回想先總理一八九五年誘禁倫敦使館時，援救乏人，全賴祈禱，始得脫險。故祥自去歲六月二十九日忝晉鐸品以來，每晨六時進堂獻祭，不忘爲國內領袖要人虔誠祈禱於平時，加誠祈禱於危急存亡之際。區區之忱，當蒙上主垂鑒，默許佑庇也。……務望神父暨傳大同胞，同聲祈禱，尤爲至禱……我人同心同德，團結一致，更不可一日鬆暇，彼此努力，死中求生，方濟於事也。」

他這時明瞭了自己陞司鐸的用意，天主召他登鐸品，是在國難加重時。他每晨登壇舉行聖祭，爲祖國祈福。在獻祭祈禱中，他吸飲信仰的靈泉。在人事極無辦法時，他加強信賴天主之心。他對抗戰的勝利，從來沒有疑慮。他信中華民族立在正義上而作戰，決不會不蒙上天垂佑。他又一心信賴國家民族的領袖，於一九三九年二日十五日給我一信說。

「值此世界出軌，人心浮動，非有三代以上之人物，挺身而出，不足與言治國平天下。蔣委員長及野聲主教兩人異其地位職責，而同其懷抱，環顧國內，未見他人，故能同心同德，猶比之亞爾倍前王，與梅西愛樞機，攜手同行，共同維持危局，卒至凱旋舊都，舉行感謝勝利大彌撒，以報命全國士民，不愧爲保國保民保士之領袖。此二人者，殆將復見於東亞五千餘年之古國耶，拭目俟之，敢告知己，不可爲外人道也。」

野聲總主教第二次出國爲抗戰奔走時，過比與興老謀辦《益世報海外通訊法文版》爲在歐洲作呼籲。興老在前函內說：

「今午另寄上益世報海外通訊第一號，野聲主教此次來比，小作勾留，乘機委託愛德華神父分神經理，惟不露面，任其勞耳。茲有懇者，第二號正在趕辦， 蔣委員長紀念週訓話原文，久候始到。祥目力腦力日衰，醫戒用心，故不得不奉懇神兄代譯意文，倘能於月之二十一日寄下一部份，尤爲感禱。」

他雖有醫囑，不可用心，然而《益世報海外通訊》的主編，仍由他負責，且用「木蘭」的筆名，每期寫婦女欄通訊，向歐洲婦女界講中國婦女的戰時感觸，藉作聯絡。

「我們日閱報章，知道人類歷史瀕於危局，惡勢力之澎漲已危害各民族祖先遺傳之文化與文明。」

「我們中國雖為求自己的生存而戰，同時也為保存文化與文明而戰。我們是為人類的公益而戰。」

「我們可以坦白地向姊妹們說：經過一年半的戰爭，我們的心一致與祖國合而為一，因為我們各人都覺到自己的生命，已瀕危機。敵人這次所要者，是略取我們的一切，我們的祖國，我們的家庭，我們的生命。……但戰禍的凶殘，實難陳述，我們只好以你們的美表自勵，而不以訴苦之言累你們傷心。或許就因為我們這些痛苦，另外因為戰時缺乏醫藥，你們的心更接近我們，我們的心則將因你的鼓勵而振作。」(六)

「我們想要求你們的一樁事，即是你們不要間接無意地幫助日本空軍，來毒殺我們。你們購買東洋玩具所給的錢，能夠換成千百的炸彈來炸我們的父母、兄弟、姊妹，另外是炸我們無知無罪的小孩。他們都不知為甚麼要這樣遭惡毒的屠殺。」

「我們向你們開心布誠，希望你們不要見罪。我們想天下婦女們有同一樣的心情，大家都不願忍受這種慘無人道，無理可說的惡毒的屠殺。」(七)

但不久，比國也遭了慘無人道的屠殺了。聖安德隱院被德軍強佔，「益世報海外通訊」

停刊。興老自幸能同祖國同胞，分嘗戰苦，則自己祈禱效力已見，應該再加熱心來從事，自己的信心也因受苦而更加堅固，終於最後勝利到來了。興老回院，祖國復興可期，心騰天際，每天感謝天主。

不幸，剛誦了感謝天主的經文，內戰慘禍又復爆發，他又須開始念經，爲求祖國的和平了。興老於去世前最後給我的一信（去年十一月十六日）說：

「國難重重，不知何日主心厭亂，拯救斯民於水深火熱之中耶？今日郵呈傳信部樞機與剛總主教，又代理國務卿，以相師（馬相伯）小文及庇護十二世覆諭。又相師小張紀念，略備簡單小啓，略說共禍臨頭，并懇代禱。」

抗戰時，興老曾印送相伯老人所書「還我河山」於中外各友，以資鼓勵。這次他又拿出「還我河山」前函內他夾贈相伯紀念品一張，題字說：

「日夜加誠祈禱，　不還我河山不止。
爭取最後勝利，　子子孫孫爭取之。」

去年（即三十七年）十二月，他抱病入醫院，便奉獻自己的生命於天主，爲祈中國的福利。同時囑咐秘書愛德華神父勿再告以中國新聞，他說已把中國託於天主，相信好天主定能護持她，用不著他自己操心了。

今年他出殯日，中國駐比大使金向泗在比京電台弔唁說：「這位善心老人，懂透了人的智力不能救援世人，乃決心日夜祈禱，因祈禱之誠，纔可使人類真正得到幸福。而他則將中國託於天主，自信已把中國託於一雙好的手裏。」

註：

㈠ 陸徵祥言論集　第四頁。

㈡ 同上，第二十二頁第二十三頁。

㈢ 同上，第二十五與第二十六頁。

㈣ 同上，第三十一頁。

㈤ 同上，第四十二頁第四十三頁。

㈥ Le correspondant chinois. avril 1939. P.42.

㈦ 同上，Juillet 1939. P.96.

二三、先 賢

一九三三年，中國舉行徐光啓逝世三百週年，興老在俄京時，嘗聽許文肅談徐上海；後來進了隱院，景仰本鄉先賢之心，日漸加深。他不是生在上海嗎？他不是做到國務總理嗎？他不又是半途入教嗎？徐光啓生於上海，身爲宰相，壯年入教，他兩人的處境，前後同符。於是由景仰先賢之心，進而奉爲模範。文定三百週年時，興老爲文表彰他的言行：

「光啓一生，在國家方面，有忠君愛國，奉公廉潔的美德。在學術思想方面，有首先認讀了西洋科學，努力譯述介紹的功績。在宗教方面，有奉教虔誠，信心深固，傳佈教義，保護西士，不避艱險的精神。這一切都足使我們對於這位政治家，而新奉教的偉人，不能不表示敬意，不能不自反省而求有所仿效。……」

「至於我個人，站在做過中國的內閣總理，同時又是一個新奉教徒的地位上，似乎更有紀念他三百週年的責任，我現在也正想努力追隨他的芳蹤於萬一。」(一)

既身居異國隱院，非若文定公之居朝野，可以日與傳教士共謀教務之發揚；那麼興老想仿效文定公何種品德善行呢？

興老之進教，由政治家的觀點出發，他以爲公教足以強我中國。興老之進院隱修，也是遵從許文肅的遺訓，以公教神修之學陶淑國人。那麼他在文定公的美德中，最羨慕的是文定公佈道不倦的精神，而且尤其崇拜文定以合乎中國人心理的方法去傳道。

「公自領洗後，二十年中與西士孜孜論道，教理愈明，信光愈富；故其勸化國人，每能扼教理之大綱，以合國人需要。……然文定公信德之卓越，尤顯於傳揚聖教，保護眞理之功業。」㈡

從隱院裏向人傳道，不能像文定公朝夕與人談道，勸人信主；只可用筆墨去寫作，刊印，足以啓發人心的刊物。

「筆墨宣傳亦為公所注重。西士有所著述，公每為之潤飾。……我華外來傳教士，與國籍教友著述之盛，今日我人猶享其餘惠者，抑亦文定以提倡鼓勵之功乎！」㈢

文定公所有著述，多哲學科學之作；然文定固籍灌輸科學，以傳聖教。興老著書，寫印紀念品，也不專談宗教，常藉人事有可紀念的機會，從旁面映出公教的精神，使閱讀他的刊物者，感受潛移默化之力。但求能夠潛移默化他人，則自己平日於宗教生活應修養有素。

「文定公傳教護道之事業，誠昭如日月，然共敬主修身之德，曾亦不讓於西方聖賢。《行實》稱公喪父居喪時，專志崇修，兩赴澳門，連旬修省。其後遭沈漼之排擠，解組在野，即乘機著聖道書，敦修省功。……迨公輔相崇禎，年七旬；雖國事鞅掌，精力衰弱，而其最切中懷者，在兢兢業業，對越上主。……公於神修大道，似乎本我民族躬行實踐之旨趣，不尚空言玄論，亦不求異術怪蹟，而專以正心、修身、去過、守誡為訓。」㈣

本乎我民族躬行實踐之道，以求進於公教神修之途，這正是興老精神生活的秘訣。他認爲這種神修途徑，可作爲中國公教神修的圭臬，因此他主張請求教廷，謚封文定公爲聖人，俾全國公教人有所矜式。他上書安國孫主教，敦請發動文定「列品案件」有言云：

「……然則進行文定公列品之請求，似乎不得謂爲妄舉也。……祥觀歐洲各國人民，對於本土本邦之聖賢，每加意崇敬。此無他，本土本邦之聖賢，一則有崇功報德之責；再則其訓囑其表式，又能適合國人之性格、習尚，更便易國人之則效也。文定公愛主愛人之德，傳教保教之功，可以促醒我華教友，勉力前進於靈修之途，並激發其拯救同胞之神火。庶幾人人澈悟，即尋常教友於修己求己之外，更有傳教保教之職；或講勸親鄰，或從事著述，人各用其在社會之地位，同心協力，補神級之不及，謀教會之安全。誠如此，我華教友而人人能法文定公之遺表，則中華全國歸向真主，亦非難矣。」(五)

從這次提倡文定公列品後，興老終生努力進行，不斷的向中外友人，分送文定公傳記，《文定公文集》，文定公小像。雖說沒有見到成功，但許多人因著他而認識徐文定，而景慕徐文定。我於今對徐文定公有十分的敬意，也是受興老的影響。

興老在外國活了強半生，然而他的鄉土觀感似乎尚很深。以上海人，而敬上海得徐文定公；又以江蘇人，而敬江蘇丹徒的馬相伯。他一生受教的老師，只有許文肅公，但是他還有兩位私淑的老師，一位即是徐文定，一位便是馬相老。一九三一年十二月十六日相老給他一信說：

「子欣天士道右：季璋攜四禮及尊函，願奉鶩腳爲師，若無若虛，此美也，鶩腳何憚而不爲君子，以成二公（興老與林騶）之美哉！況受洗聞道，鶩腳皆先於二公，又何患而不爲人師哉！師從此解，定無背於福音之訓。昔總王嘉祿五世傳位於子，而遁深山之修院，服役於飯廳，充洗盞，其子僻龍御往朝，語之曰：『早知洗盞之樂，不待老年而來此矣。』聞天士將發大願，蹩足若不足跛，而年老，定往朝，一聆天士之樂，復叩天樂無疆，藉以代面。若瑟馬良頓首十二月十六日」㈥

興老與相伯相識，應在北京。相伯於民國二年任國立北京大學校長，旋辭去，任總統府高等顧問……居北京凡四年，歷任參議院參議，參政院參政，平政院平政等職。㈦然而兩人並沒有訂交，彼此的志趣尙不相同。相伯從民國六年南下退養於私寓。後六年，於上海徐家滙築綠野堂，隱居足不出戶。「及九月十八日，瀋陽之變起，乃忠義憤發，寢食俱廢。謂國亡無日，非朝野一心，武力抵抗，無以自救。海上各團體有來相謁者，必以此義詔之。著論發言，皆裂髮指，人咸感憤，散見國難言論集及國難芻議等書中……七月七日蘆溝橋變起，老先生大憤逾二日，爲『鋼鐵政策廣播，』以儆國人。」㈧

當相伯步不出綠野堂時，興老也足不踰聖安德隱院門限了。當相伯發表《國難言論集》興老發表《滿洲問題評判》而相伯以九十衰翁，進德修業，赤心愛國，實在配作全國人的模範。興老就代表國人景仰的心理，奉相伯爲師。六十歲的老翁，退居弟子行輩，言語間，信札裏，每提相伯必尊稱夫子。

民國二十八年十一月四日，相伯壽終於諒山，興老於同月十七日給我一封長信，促我向教廷接洽籌備爲相伯列品的步驟：

「竊查祖國政府，社會民眾，重視喪祭，歷歷可考。在官者，朝廷上諭有『茲聞溘逝，震悼良深』等語，有輟朝三日，賜卹、賜祭、予謚、入祀昭忠祠、賢良祠、生平事實政蹟宜付國史館，任。內。一。切。處。分。悉。予。開。復。（此十字祥最重視），賜恩賞給子孫，舉人、員外郎、主事等職銜等等。以上各項恩典，在俗眼觀之，固屬光榮異數；在祥反重視特別圈出十字者，一示朝廷之寬大優容，一示眷念忠良有加無已之仁意，兩者均合公教界我主我天主無限之仁慈，救贖世界罪人之無上寵恩。茲付上致剛主教法文函稿一件，望神兄親舉玉趾，面告以中華歷代政府優待已故官吏之存案。並商請總主教面陳宗座，援引此十字之辦法，發一函，或一電：以免日後萬一遇到列品之舉，可無阻礙。蓋相伯一生事業，如興辦學校、醫院等等不一而足。祥前居北平時，訪問閒談中，叩以豈佈公教，興辦學校之良策。今日想到相老之答詞甚簡而揭要，曰「信主愛主，高山可移，而無不辦之事矣。」……相老答詞中，謙遜態度，已令祥欽拜到地……望我神父善爲措詞，轉達敝見，至事之成否，有無結果，悉聽主命，神兄與祥乃主之器械而已耳。」

我回信答以教廷對相老昔日之處分，早已取消。且剛恆毅總主教素敬相伯，聞他去世，很表惋惜，已令部員於教廷機關報（羅瑪觀察報）爲文頌揚他的功德。興老於十二月十一日回信說：

「昨由愛鐸見示羅瑪觀察報十二月六日，登載一節，與相老預料之未來列品案，大有助力。可否神兄抽暇譯漢，寄回祖國公教益世報，及他雜誌發表，譯稿並請抄示爲感。十二月六日觀察報，求代購六份寄下尤感。」他又印一短篇法文弔唁辭，上呈教宗、稱述相老愛主愛人，教廷國務卿馬里阿能樞機，於一九四〇年五日十四日，代教宗致一回信。信上說：「閣下以感戴之情爲文以弔馬良。此數頁之短篇，勝長篇之鴻文。聖父因而得悉其人之高功，一生長壽於本國，以證基督及其教化之美。」

「此數頁之短篇」，與老於去世前兩月，又呈獻宗座。去年十一月十六日，他函我說，已郵呈傳信部與教廷代理國務卿，相伯紀念品，即是這篇法文唁辭。他景仰先賢心思之熱烈，真可說無以復加了。

註：

㈠　陸徵祥言論集　第一〇九頁—一一〇頁。

㈡　同上，第一四七頁。

㈢　同上，第一四九頁。

(四) 同上，第一五三，一五四，一五五頁。

(五) 同上，第一五七頁一五八頁。

(六) 馬相伯先生文集續編　方豪編　上智編譯館　民國三十七年　第八二頁。

(七) 馬相伯年譜　張若谷著　商務　民國二十八年　第二二一頁二二二頁。

(八) 同上，第二二七頁第二二九頁。

二四、司　鐸

一九三五年六月廿九日，興老晉陞司鐸。

司鐸是天主教的司祭，主行彌撒祭祀。但是司鐸並不像佛教的和尚，專以誦經爲事，天主教司鐸素稱爲教友的神父，乃教友精神上的父親，指導教友的精神生活。因此神父應通哲學和神學，應受上期的訓練，應一級一級的上升。㈠

興老於一九三三年五月，開始讀神學，中間雖因病時輟時讀，但總算讀了兩年，讀完了教義神學大綱，南文院長乃決定准他領司鐸聖品。

興老晉鐸的消息，早已傳到了國內，國府林森主席，軍事委員長現　總統　蔣公，都頒贈匾額，林主席書「樂道愛人」　蔣委員長寫「德卲道粹」政府其他首長，外交界四十位同仁，都贈送屏條以作慶賀，中國天主教教友，也由上海陸伯鴻先生天津劉濬卿先生代送中堂對聯。南文院長命把中國匾額對聯中堂屏條，都懸掛在堂中，爲比國來賓，乃一新奇裝飾，爲社會人士，暗示中國朝野重視興老晉陞司鐸。

其餘賀禮則陳列在客廳裏。

前一日午前，教廷駐華第一任代表，傳信部次長剛恆毅總主教，應邀來聖安德隱院主持祝聖司鐸儀典。興老以剛總主教任駐華宗座代表十二年，開荊闢棘，造成中國教會新基礎，邀來主禮，以表尊敬剛總主教，藉以與敬羅馬教宗。

六月廿九日清晨，布魯琪天色明麗，朝日東升。聖安德隱院外，車流馬駛，政府大員，教會神職，村居農夫，都熙熙攘攘入堂就位。中國政府代表爲駐比李向憲代辦，外交界舊友有駐俄大使顏惠慶，駐荷公使金問泗，駐班公使錢泰，前駐比魏公使，駐法夏代辦，都立於客位。博斐培德夫人的家屬俱來堂與禮。

興老身著長白衣，腰束素帶，左手托白綢祭披，右手持黃燭，長跪祭台前。主禮總主教舉手祈禱云：「伏求吾主，俯聽吾禱，以聖神的寵佑及司鐸品職之恩寵，渥施汝僕，俾吾等謹獻於吾主慈顏而受祝聖神，終生克享您之慈惠。」興老起近祭壇，跪領祭服。主禮者高唱「聖神降臨聖詠。」「伏祈造主聖神兮，降賽而臨信者首。充受造者之胸懷兮，天恩浩浩悠悠。」興老伸雙手，主禮者拇指沾聖油，傅油興老手掌。這雙手曾執國家大柄，於今因聖油而得聖神寵佑，領受舉行聖祭的神權。「主！祈以此聖油，並因吾之祝嘏，爾其聖潔此手，而委以聖事焉。」主禮者又授以聖爵聖餅，囑咐說：「汝其領受祭祀天主之權，俾能爲生者死者舉行彌撒聖祭。」昔日清廷皇帝曾委他做欽使，授以代表政府之權。民國時，袁總統任他爲外交總長，爲國務總理，授以處理國家大政之權。今天興老所受者，乃代表聖教會，作耶穌之替身，祭祀天地大主之權。他已超越人世範圍，置身於人神之間。

主禮總主教續行彌撒聖祭，興老跪在祭台前一跪櫈上，伴同主禮者舉行彌撒。他睜開雙眼，注視彌撒經本，輕聲誦唸經文，同主禮者疾徐相應。彌撒已到中間了，主禮者手持聖餅，俯身壇上，嚴肅遲緩的誦祝聖文式，興老也一字一字隨著唸祝聖文。聲音慄慄，此刻自己成了耶穌的替身；他一生的榮職，今已登峰造極了。

領畢聖體，主禮者淨了手，高聲唱說：「余已不呼汝爲僕，蓋予於爾輩中所行者，汝俱已知之矣。汝其承受聖神於汝心，是乃吾父所遺於汝者，汝其謹守吾誡，俾常作予之友。」這段經文，乃耶穌當日向宗徒們所說訓詞，今日主禮者代表耶穌收留興老入宗徒之班，授他以赦罪之權：「凡汝所赦者，赦之。凡汝所不赦者，不赦。」主禮者遂抱興老而吻面。昔日中國之外長總長，於此已成一公教司鐸了。

主禮者參禮者與來賓，整隊出堂。顏惠慶和錢、金各位外交官，對著這位身著祭服的新司鐸，是祝賀，還是稀罕呢？昔日他們常見他身著金花禮服，頭戴白羽角帽，腰帶劍，出入王宮國府之間，今日他身上所穿者，爲大圓祭披，白綢上綴一十字，十字旁繡綵花鳳鳥，外交故友感到他們與興老之間，中間的距離又多了一層；然而興老的笑容，則較平日更親切，表示自己的心情今後將與他們更相接近。

兩列雁行的修士，迎著新司鐸與來賓入飯廳，飯時則仍如平日，靜無人聲，盤叉相觸，丁丁作響。到收拾了盤叉，南文院長纔立起，以家長資格致謝來賓，剛總主教繼起致賀，李代辦起立誦賀詞，最後興老起立，深謝來賓重誼，感戴南文院長厚愛。

「今天禮儀的隆重，不容我以相當的語言，來表示我的心情。我只俯求天主，福佑今天在座諸君，福佑一班未能到堂參禮，而精神與我相接的諸友。他們想念到我的教會，我的團體，及鄙人一身，為求天主滿足他們的願望，我今晨舉聖爵向天，在這一種神聖舉動中，較之任何別一種行動，你們可以透澈我的心情，我的思想。」(二)

次日清晨七時，他登隱院經堂聖母祭壇，舉行首次彌撒祭禮。剛總主教，南文院長，培德夫人的家屬，隱院全體修士，都跪在壇下與祭。昔日興老進隱院時，欲終生爲祖國祈禱，今日身登祭壇獻彌撒，代祖國四萬萬同胞祭祀天主。中國歷代敬天，乃天子的特權，諸侯王都不容擅行，他今天竟能代民敬天了，而且所獻者，非太牢少牢，乃是耶穌的聖體聖血。興老曾憂慮著：「我怎樣可以每天登祭壇到天主前，充當人類之代表？」但他的神師黎里葉（Etienne Tillieux）神父壯他的膽說：「不必煩憂！你陞了司鐸以後，你自然會改換你的心境」。晉陞司鐸後第五天，他告黎里葉神父說：「我的心境完全換了。」他雖仍認自已不堪爲司鐸，然自己體驗了代人類行祭，自心有無限的快慰，故他印發答謝各友人書云：「茲於六月廿九日，猥以晚歲晉鐸，渥蒙寵賀殷殷，並承遠賜珍貴紀念品，以資策勵，感奮交集，愧無以報；惟於每日聖祭中，虔誠禱主，佑庇祖國，日臻上理，與世界列邦，共存共榮，聊答盛情，籍誌感忱耳。」

但他的鐸職，既完全集中獻祭一點，他以往外交的經驗，便又使他心無寧日了，雖說舉行彌撒，不必像昔日中國皇帝郊祀那般嚴重，可是總算是上朝天主。與老一生朝見清帝的次數雖少，他卻做了清朝的官，他知道上朝禮儀是怎樣的嚴肅。後來他在荷蘭、俄國作過欽使，也知道朝見各國君主時，應該怎樣的專誠致敬。現在每天清晨要上朝天地大主，心中的專誠致敬，當然不可下於朝見列國君主，每天要這樣肅敬己心，於是以往的恐懼心又發作了。早晨一起床，就戰慄恐怖，無意識地希望避免登壇行祭。他剋服恐懼之心，勉強自己上祭壇，這樣每天內心攻戰，精神疲弱。當年十一月間即患肺炎，四十日臥床不起。病中既不能行祭，漸漸心緒安寧，在安寧中纔一眼看透了這些憂慮惶恐，都不是理所當有的。

「四十天內，天主既然光照我心，叫我明瞭，當我憂慮我的職務時，我忘記了他另面的慈心。我敬他為主，我卻沒透識他乃一慈父。從那時以後，我看清了我向天主獻祭，是向父親獻祭，我就再也不以登壇為懼了。於是每天清早，隱院四處寧靜時，舉行彌撒聖祭，已成了我每天最大的事件。這樁事極平庸，但也是唯一的尊嚴，我能面對面的上朝天主，執行「耶穌替身」司鐸的神職。」㈢

晚年他體弱不易出門，南文院長替他在書室側佈置一小堂。堂壁滿懸晉鐸對聯，祭壇中央有中國聖母像。每早晨對聖母像，高捧聖爵向天，他可以捧友人所贈中國「周觚式聖爵，」一懸想五千年前周朝子觚酒所祭的天，就是他今日舉爵所祭的天主。但他更喜捧自己的「夫妻爵」行祭。「夫妻爵」高約六寸，色金黃，爵托與爵杯之間，有一柱形爵身，爵身上頂下根，鑲有與老夫妻的結婚金指環。金指環下，又鑲有他夫妻結婚銀慶的一對銀指環。昔日夫妻之愛結合於今日彌撒的犧牲祭中，而他每早獻祭，足且不出「慕廬，」在「慕廬」裏實現「以慕先人者慕主；以事先人者事主」的志願。

註：

(一) 興老於一九三三年六月廿四日領一、二品。七月十四日領三、四品。八月十三日領五品。一九三四年五月四日領六品。

(二) Les solemnites de l'ordination Sacerdotale du P.Lou. Abbaye St. Andre. P.29.

(三) Sovenirs et Pensees. P.111.

二五、宗　座

「以事先人者事主，」則事天主在世的代權，也如事父母一般。羅馬教宗素稱爲萬民公父，以耶穌之心，愛天下人民如子女。在聖彼得堡使館時，許文肅曾告興老注意羅馬公教的中心組織。

「許師對於這種集中的精神神權，很為注意，尤其重視這種神權溯源於基督宗教的創立者。為能就近觀察，許師於遊歐時，曾留羅馬多日，且在城內度過聖誕節。」(一)

興老最初認識教宗，是以他爲這種集中神權的代表人，那時中國教案迭生，外交多所失敗。他便相信李鴻章與教廷通使的辦法以避免列強再藉教案而生糾紛。民元他任外交總長時，便存心與教廷通使，但當時國內政局不定，未便立即進行。民國七年，歐戰快要結束，中國預備出席和平會議，興老乃與教廷開議彼此互換使節。惜事機不密，爲法國政府所探知；雖雙方已指定使節人選，終以法政府的反對，通使事重又擱起。

培德夫人在瑞士既已重病不起，興老決意忠於愛妻而絕世。一九二五年往羅馬朝聖，覲見教宗庇護（或稱比約）第十一世。他敬愛教宗之情，肫摯如赤子，妻臨危時，他求教宗祝以遐福，又邀教廷駐瑞大使，替她行終傳禮。一九二六年四月十六日，興老以一生所受勳章中最高者三種：中國大綬金穗章，法國榮級章，義大利聖毛利史章，呈獻教宗，以示自己一生所有榮銜，來自天主，今日於棄世修道之前夕，呈還勳章以歸天主在世之代權，聊示感激。教宗令以所獻勳章，懸於國務院一廳中，後來他變賣家產時，又擇兩座純銀燭台，獻之教宗，作爲棄俗之紀念品。教宗陳這燭台於拉特朗博物院，進聖安德隱院時，興老上書教宗具報入會。教宗命國務卿加斯巴利樞機（Card. Gaspari）作答。

既入會，中華拒毒會託他請求教宗，訓令中華公教會各團體，一致加入拒毒運動，國務卿樞機答書云：「教宗爲此事，已特別訓令駐華代表，應將預防鴉片及其複製品毒害之方法，編入教會學校教材之內。……教宗熱切希望中國內戰平定，秩序回復，法律昌明，庶政府禁止種煙之政令得以實行。」㈡

一九二八年，南京政府成立，歐美列強猶豫不定，尚不欲立即承認。教宗庇護第十一世，於八月一日，通電中國教會，承認南京政府，且云：「今聞中國內爭已息，極爲欣稅，並讚謝天主。教宗所切望者，乃中華國民應有之希望及權利，皆得列強之完全認可。」

興老以老外交家的眼光，看清這封通電的重大意義，故於一九三八年八月一日，教宗八一通電十週紀念日，印刷通電全文，曾以法英翻譯，分贈中西相識者。他於是年七月十六日給我一信說：

「希望我這種孝思的小紀念品，於中國國內外同胞，於中國各方的傳教士，都能深入其心，能作他們患難中的安慰，痛苦中的藥膏。」

抗日軍興，中國外交部長王寵惠致函興老，促他上書教廷請求教宗仗義執言。教宗訓令駐比大使現已陞樞機的米加拉總主教（Card. Micara）親赴聖安德隱院面見興老，代達教廷同情於中國正義之戰；然教廷尚有不能公開表白之隱衷。米使臨別時，與興老互相跪求祝福。

一九三九年二月十日，教宗庇護第十一逝世，興老立即印發中文哀啓。三月二日，當今教宗庇護第十二世被選，各國政府立即預備遣派特使，參加三月十二日加冕大典。我急函興老懇他設法電請中國政府，派使參禮。并以顧維鈞大使或錢泰大使派任專使爲宜。興老於三月六日覆示云：

「尊函條陳一節，適合時宜。新宗座加冕機會亦不多得，所擬人選，尤屬確當，且顧，錢二大使，外交傑出之才，以任使命，壇坫增光，可預卜也。祥處發電中央，偶有出位之舉，懇託少川，偕平老友，代擬代發。此電有人選關係，未便發自巴黎或不魯賽，故快函拜託駐波蘭王右孫公使代擬代發，大約該電於八日當可發遞。野聲主教關懷教廷遣使，亦有年矣。或亦想到致電中央，條陳此節，正可與去電互相引證其重要性。」

三月十一日，顧大使抵羅馬，充中國參與加冕典禮專使，興老以這次爲中國正式遣使教廷的第一次，所以非常重視。他把參禮專使團的照片，自行翻印數千張遍贈友好，以表重視這次使團的價值。

同年夏天，我去比拜訪興老，路過法京與比京，顧，錢兩大使於教廷駐華代表，訓令中國各教區，中外教士在戰時，嚴守中立，有所批評。我拜見興老時，他告我中國政府已訓令顧大使爲這事向教廷抗議，顧大使來信請他擬定辦法。他探知訓令不由教廷負責，乃駐華代表自動所爲。這事也并非若中國政府所看的那般嚴重。興老乃請顧大使向教廷駐法大使，說明這事的原委，請他代告教廷，表示中國政府的不滿。興老說抗戰時，同友好的政府辦交涉，要把大事化爲小事，小事化爲無事。於是一場風波，安然平息。

一九四二年五月二十七日，當今教宗舉行晉陞主教廿五週年銀慶。戰火飛騰，全球慘苦。教宗勒令停止一切慶祝儀典。公教信友乃捐資，於羅馬建一聖堂，名以教宗之名，永留紀念。興老遂於自己晉鐸禮物中，選擇林主席及其他要人所贈軟匾，轉獻教宗，作新堂的裝飾品。當時歐洲交通隔絕，無法郵寄。興老遂乘比國王太后遣人送物與她女兒—意國太子妃—之便，將二件禮物，帶來羅馬。一位赤貧的修士，又值戰爭凶殘之年，有甚麼禮物可獻呢？然他所獻者，已可表示他的全副對於聖座的孺慕心情。

次年正月卅日，中國第一任駐教廷公使謝壽康抵華蒂崗。興老於上年已知道通使事，四月十六給我來信說：

「從此五十年來的問題，一旦解決了。我們感謝天主。全球公教友應以能見中國公使抵華蒂崗而喜。中國同胞，又該以此為榮。」

誰能推測得到他於一九四六年，接到榮譽院長的任命時，他是怎樣的感戴教宗？祝聖院長儀典，他請教廷駐比大使主禮。那年秋天，他決定來羅馬，親謁教宗致謝。後因病，把已經購定往羅馬的臥車票退掉，由南文院長代謝教宗。

一九四七年三月間，吳德生公使全家敬謁教宗，教宗破例與吳使全家合攝一影。興老很為心動，感激教宗待遇中國公使之隆恩，遂請充翻印這張照像，作為明片，寄贈各方友朋。同時他參選購教宗重要公函（通牒）與演講的英法文譯本，郵送中國政府與外交界故人。又凡遇教宗的紀念慶期，興老常函告教外舊友，告以紀念之意義。

去年我重去拜訪他時，教宗訓令代理國務卿孟棣義蒙席（Mgr. Montini）致電慰問，祝他早日康健。興老接電，心神喜躍，精力頓復，勝於吃了百付良藥，答書致謝，備述暮年得此洪恩，舊病必痊。十月初旬我回羅馬，與老託我把他新著的《人文攜手》一書的手稿，轉呈代理國務卿，以便呈獻教宗。若教宗嘉賞這書，他便出版。孟代國務卿於十月卅日，代教宗致書與老謂：「聖父欣悉閣下養病數月，並非空閒而無收穫，衷心喜慰。閣下於此數月思維東西文化之相交相通，所思誠關重大。閣下以所思者筆之於書，甚得聖父之嘉賞也。」

在《人文攜手》一書中，他回溯歷年教宗對他的恩遇，感激之情，傾吐行間，孝思誠切：

「當我預備捨棄政治生涯，退隱於本篤會隱修院，於精神上求生命發展之時，我即決定向「萬民之公父」，表示我的孝心（獻勳章與教宗）因爲我精神的新目標愈向前進，我向聖父盡孝道之心愈爲熱切。」

「我曾多次承前教宗庇護第十一表示恩遇，多次蒙他慈懷關注。從一九三〇年到一九三九年，教宗所賜我的函諭，簽名者爲當時國務卿巴柴利樞機（Card. Pacelli）（現任教宗）。其後又蒙庇護第十二世同樣寵遇，同樣的慈心關照。誰能說出孝思之情，可以給我們多少慰藉，多少勇氣，多少生命精力。誰又能說出羅馬教宗於全球人民，怎樣成爲真理的中心，團結與生命的根源。」(三)

註：

㈠ Souvenirs et Pensees. P.34.

㈡ 陸徵祥言論集　第二一四第二一五頁。

㈢ La rencontre des humanites（lettre a mes Compatriotes）

二六、自傳

一九四〇年五月，德軍侵入比國。聖安德隱院傷兵擁擠。多至一千五百人。院中修士年青力強者，已於上年，應徵從軍。留院者，都是老弱幼小的修士，滿室血腥，慘呻之聲瀰漫院內；修士們仍按時入堂，經歌嘹喨，可暫使傷兵心神寧靜。經畢，修士等分散在一行一行的病榻間，給傷兵門帶來一層笑容，一番友情。

興老步入走廊，走入飯廳，看著這千百躺臥的傷兵，輕聲和他們談笑，聽他們述說受傷的情況。德國戰具的兇惡，使這般精力壯健的比國青年，骨肉粉碎。當興老退回「慕廬」時，他想像中卻見中國傷兵。比國軍隊和百姓，用血肉抵抗戰器犀利的德軍。中國軍隊和百姓，不是多年遭日本炮火的殘殺嗎？同樣的殘暴侵略者，橫行東西；同樣的戰時慘苦，瀰漫歐、亞。在同一的戰爭裏，顯出人類原是一個，所遭遇的，所希望的，也都相同。

比國的戰爭火焰極猛極速，瞬刻間，燒遍全國，強敵的鐵蹄，已壓住了一切市鎮。興老於是又嘗著佔領區的生活了。郵件檢查，只許用法文或德文；食粮限制，每天有定量；言動監視，沒人可有自由。這樣在聖安德隱院過日子，不是彷彿在淪陷區的北平或南京嗎？這邊的統治者，名叫德國人；那邊的統治者，名叫日本人，性質是一樣的，只是名字不同罷了。

一九四二年三月廿五日，德國駐軍下令驅逐聖安德隱院修士。興老住院已經十五年了，從沒有在「慕廬」以外過一宿；如今提步出院門，不知何日重歸！昂首望天，心聽主命，被逐的修士們，一部遷居於落歡（Lophem）的伯大尼本篤隱修院，一部份則寓宿於戚友家中。興老由「慕廬」遷入布魯琪城，黎蘭伯爵（Baron Ryelandt）家，寓居四月。迨伯大尼修院整理完竣，散居的修士都會齊在伯大尼，興老隨即入院，伯大尼雖是地異境遷，然同院修士大家又住在一本篤會院裏，於是又把幾個月散居各地的生活，改回修院共同的生活。

戰時流離顛沛，食荒糧缺，冬天沒有煤火，又找不到藥材。朋有們都替興老擔憂。他羸弱的身體，怎麼能勝過這戰時的折磨呢？然而天主上智的處置，常異乎人們的推測。興老因著這百般磨折，反而脫去舊病，體量加重了。在全球鼎沸，戰血橫流的當兒，他的思想深入人生各種問題，他祈禱天主救拔人類，日形懇切。漸漸在腦海裏約略見到的一種新使命。戰時精神反較健旺，這必是天主叫他工作的預示。比國人輾轉於強敵鐵蹄之下，憂愁沉鬱。興老認爲該去振作他們的精神，叫他們暫時把眼前之憂慮放下，一心聽從天主上智的安排。天主乃我們的大父，他照顧我們私人，也照顧我們的國家民族。怎樣可以使比國人一心信托天父呢？興老便決意把自己一生的經歷，給他們講說。以往多少新聞記者，多少同會的修士，曾催促他述說自己的往事；他常閉口不言，以爲往事歸於天主，不容自己任意取授。於今他感到天主命他把往事拿出給人看，不爲炫耀自己的功德，因他自信爲一無知的小孩；但爲給人家證明天主怎樣慈心照顧一個人的一生。如是比國人也可相信自己的國家是在天主的手中，必有重見公義天光的一日，只須靜心等候天父所定的日子便是了。

開始演講時，興老只向少數的朋友們公開談話。德國駐軍的偵探隊，尚乘機干涉。一九四二年七月廿五日，興老在黎蘭伯爵家中大廳內，向朋友們作演講，德國偵探忽地衝入，抓去他的講稿，註寫聽衆的名字，解散演講會。數天後，興老遷入伯大尼修院，於是闔門給本院修士講說往事，發揮一己的感慨。後來馬林（Malin）總修院修士聽說了，邀請興老到院演講。安握爾（Anvers）城的公教女青年會也風聞其說，又請興老給他們講道。興老不禁自己問自己說：

「度了十五年的修院生活，盡了七年的司鐸神職，終日靜默少言；爲甚麼今日天主的上智，似乎逼這這年已七十一的老翁去演講，去工作呢？」㈠

東西歐，亞兩洲，現在都濺滿了血跡，城市毀成了斷牆危壁，人民穴居野處。如今一片殺聲激蕩每個人的仇恨心情。戰爭有時或完，仇恨心情未必隨戰火而熄。恨心不熄，世無寧日！東西兩洲的人民，將終日呻吟於水深火熱之中，不能各歸家庭，享團聚之樂。西方歐洲已忘記了攀出深谷之路，東方亞洲尚沒有找到這條坦途。然而在戰火瀰漫時，人們仍舊可以聽見有人在指路。羅馬華蒂崗的電台，常廣播教宗的演詞。教宗正在大聲疾呼，指給東西各洲人自救自拔之道，這條道路即在誠心信仰公教的基督教義。

「興老何敢自擬教宗，亦不肯自稱學者。他僅僅向一些朋友們講講自己的經驗。可是他一生的經歷，不是有些異乎尋常嗎？小小的翻譯員，級級上升，竟登到了外交絕項，做了外交部長，做了國務總理。一個生於誓反教家庭的小孩，娶了公教女士爲妻，竟改入公教，且棄俗修道，得晉司鐸。在人看來這一生的經歷，豈非曲折離奇之至！興老卻向他們解釋這一切都沒甚麼奇怪：一樁一樁的大事小事，都有天主上智安排，他像一個小孩子一步一步往前走，應著天父的招呼，走向天父那邊去，幾時天父把他抱在懷裏，那就是他棄世升天的日子了。

走向天父那邊去，他經過那條路呢？他經過了中國儒家的倫理。他生於中國，血脈中就承有祖先儒家思想的遺傳。

「我生為儒家。十三歲時，先父送我入上海方言館，因此，沒有多讀中國的經、史、子、集，然這有什麼關係！儒家的學術，儒家的精神遺產，乃我終生的食糧，我願我心常充滿之。從亞伯漢同時的堯舜以及到今日，中國的民族因儒家千百代相傳之道，已造成自己的民族性。中國人以儒道而敬

天，而孝親，而修德，而求認識我們的人性，而求上達人生的智慧。」(二)

在儒道的路途上，他隨著許文肅的教導，一步一步想成個完人。在家庭，他要成一個孝敬父母的兒子，一個親睦於妻的丈夫，一個慈惠於子女的父親。在國家，他要成一個忠於政府，愛護國家的外交官。然而他每天處在培德夫人的傍邊，時刻注視她的言行；忽而發覺自己的儒道，欠深，欠高，欠全。他明知他與愛妻，彼此從沒有因著家庭瑣事，起過衝突；並非背道而馳，但他自認是走在妻子的後面，而且還似乎是望塵莫及呢。他與妻子，有甚麼相異的地方呢？只有信仰不同而已。妻子信公教，他則不信。天父的手便牽引他去研究公教，由儒家的路上去看公教，一眼即看出公教的優點。

「儒家的精神預備了我的思想，使我顯然看出基督教義的高尚。基督教義的高尚，和信徒私人的缺點不相連屬；而且就從信徒缺點上，更能看見基督教義的高尚。……儒家精神更使我看出羅馬公教優越異常。」(三)

不但看出了公教的優點，而且看到儒家倫理與公教教義，是由淺而入深，由下而上達，由缺而得完滿。儒家主張敬天，空洞渺遠，祭天者又限於天子。公教的敬天，由天主聖子默示我們敬主之實，人人得愛天主而敬之，凡是司鐸俱得而祭之。儒家主張孝親；然而儒家孝親之道雖稱完備，而都限於人事一方面。公教孝敬天主，以天父之德性爲法，以天父之愛爲愛，孝敬之道，乃得發展於無限。儒家講人倫，重視人性，公教則以人而神化之，使人之行動完全超性化，而能度聖寵生活。興老乃說：

「羅馬聖而公教會，使我以往所有的生命克臻完備、神秘而無所缺。凡我昔日所意料、所想望、所追求者，都在公教會得了滿足。而且我中華民族文物制度，也將因公教而躋完成。」(四)

他本人的生活，既因公教而收完滿之效；中華民族爲甚麼不可接受公教，而使遺傳的文物制度，躋於完成之域呢？印度佛教，空虛寂滅之道，尙能傳遍中國；爲甚麼適合中華人情的公教，反不見容於國人呢？咎不在中國人，也不在傳教士；咎在傳教環境不良，使宗教混於政治。當利瑪竇、徐光啓開教中國的時候，傳教方策，由儒道而步上公教。後起的傳教士受環境的影響，沒有貫澈這種方策，使公教弄成了洋教，與中國人心格格不入。近世紀列位教宗，自本篤第十五世，庇護第十一世到當今教宗庇護第十二世，力求改良中國傳教環境，明令指導傳教原則。於是剛恆毅總主教與雷鳴遠神父遵旨力行，使中國教會面目一新。興老不但預見中國儒家遺傳，將在公教裏保持自己的地位，且將因公教而興發；即中國語言，也將滲入公教儀典。中國國內教堂內，可用漢譯聖詠，歌頌上主。

那麼，聖本篤的修士即是中國歌唱漢譯聖詠的人！」興老稱述天父妙恩，一手引他進了一種極合中國人情的修會。中國人情所好者爲家庭，數代同居。家事由父兄主持，子弟等通力合作，共錢財，通有無。聖本篤會就彷佛中國的家庭，會士兄弟受會長的指揮，共度精神生活。」興老說：

「我願請我的同胞們到聖安德隱院迎賓館少住數日。我願請他們閱讀聖本篤會規，觀察我們度的家庭生活，研究我們無樣處理一天中的祈禱和工作。然後可以考慮，我們中國人怎樣可以實行這種會規。在這種會規內，我們可得基督教義的結晶。」(五)

在這種公教教義普遍於中華的曙光中，在聖本篤會林立於華夏的希望裏，在中華人民都獲救贖的喜訊中，興老看他自己一生可以結束了，他可以永遠歌頌天父的慈愛了。

「我敢希望，爲我同胞，爲我個人，都有基督教義的光明，基督教義的幸福。

「我若是因天主的聖寵，欣然棄俗修道，而能晉陞司鐸，我相信不是爲求上天賜些無意義的虛福，乃是爲伏侍萬君之君，殉道者之首，我主耶穌的功勳，以求上天賞賜我無數親愛之人，能認識天主，而歸向之；且能不自認爲天主之奴才，而認爲天主之子女。

「親愛的同胞們，我最後的一點思想，不能不獻給你們。你們可以相信我的友情，相信我的經驗。我們如都成了天主子女，我們的家庭將幸福快樂；我們的青年，至少一大半有才識，能充滿毅力，克己修德，安於義命；我們的民族將生活於安寧環境中，享豐年之福；我們的中國，將在國際列強中，顯爲一種溫和而英勇的民族，知道乘機克服好戰的強敵，且能恩遇各邦，懷德知報，爲列國所愛服，爲天主所福佑。」

「願天主於全球萬邦，受讚受榮！」

興老如此結束了他的演講。他述完了自己的一生，說盡了自己的希望。聽講的人在心裏，久久的回味著他的話，大家放下了暫時的憂慮，靜待著勝利的降臨。勝利不久竟來了，興老也於一九四四年九月廿四日，重回聖安德隱院，重進「慕廬」，重入靜默的生活。但是曾聽見他演講的人，以爲他的話爲他們戰後的日子，仍舊有益，便要求他把演講稿付印。興老擇演講稿四篇最重要者，合印成書，名爲《回憶錄》（Souvenirs et Pensees），這便是他的小小自傳。

註：

(一) Souvenirs et Pensees P.19.

(二) Souvenirs et Pensees P.95.

(三) Souvenirs et Pensees P.97.

(四) Souvenirs et Penseès P. 115.

(五) Souvenirs et Penseès P. 154.

二七、院　長

一九四六年五月十八日，興老主保聖天士彼德節前夕，比國本篤會駐羅馬辦事處，電南文院長，告以教宗任命興老爲比國剛城聖伯鐸祿隱院榮譽院長（Abbe titulaire de Saint Pierre, du Mont Blandin, a. Gand.）羅馬教廷選擇這一天，通知興老任命事，作爲慶祝他的主保節：具見教廷對於興老，用意很愼重週到。

聖本篤會的榮譽院長，乃領院長銜而不受任，有似榮譽主教領主教銜，而無治理教區之責。聖本篤會院，各院獨立，各院院長終身任職，權勢有如主教。在中世紀歐洲封建制度盛行時，本篤會院院長，多有爲一方封侯者。院長受選上任，應領受祝聖禮，祝聖儀典也類似主教祝聖儀典。但榮譽院長名銜，創於近世，且獲選者良少；蓋因脩士既棄俗退隱教廷不願加以此種虛榮，僅於少數奇特之士，羅馬教宗顯其重視之心，乃任之爲榮譽院長。

比國剛城聖伯鐸祿隱院，創於紀元後六百三十年。首創人爲聖雅莽（Saint Amand.）。聖雅莽乃剛城第一位開教主教。紀元後九三九年，雅莽隱院改爲聖本篤會脩院，特敬一古聖母像。一五七八年「反聖像敬禮之徒」（Fconolates）圍攻隱院毀之，其後本篤會士重脩院宇，恢復舊觀。一七九六年，法國大革命，沒收教產，聖伯鐸祿隱院慘遭封閉，院中經韻遂絕，院宇改成軍營。院中經堂，則留爲本地教民之本堂。興老得任爲這座隱脩院的榮譽院長，爲中國人第一位任隱脩院長職者。

教宗委任狀，六月二日由國務院頒發，文曰：

「查神子陸徵祥退隱脩院以前，曾任政界要職，功績昭彰，本宗座素有所聞；且其德學出群，效力於教會者亦多本宗座茲特授以院長榮銜。」(一)

八月十一日，興老領受院長祝聖禮，典禮前夕，教廷駐比大使錢鐸總主教（Mgr. Cento）抵聖安德隱院，預備次日主禮祝聖典禮日，來院參禮來賓車水馬龍，絡繹不絕。中國政府代表爲駐比金問泗大使，中國外交部長王世杰之代表爲駐教廷謝次彭公使。北平國立圖書館館長袁同禮氏，亦趕與盛會。比國攝政王派皇呂司鐸耿百耐神父（P. Kempeneers）爲代表。比國王洛益樞機（Card. Van Roy）遣其助理主教孫能（Mgr. Suenens）爲代表。比國西部總督王赫登伯（Van Haestenberghe）與布魯琪城主教，俱親來參禮。

十一日午前九時，錢鐸總主教率儀仗隊入堂，興老隨之；身著白綢彩花大圓衣，頭項三角黑呢帽，抵祭壇前，主禮者登壇就座，興老跪誦誓文。宣誓盡忠教宗，然後對答教義大綱，許以誠信。主禮者歌頌聖詠，俯求天主憐受選者之弱質，而錫以寵佑，俾能立己立人。

「示以正道，俾其知所遵循。授以智德之寶，俾其能取新舊之識。賜其凡百言行，循主德表，克守厥職，為善獲樂。如是棄斯世而面主受判時，能以救授多靈之豐功，領主所許於斯世忠僕之賞，賜彼與其救援之靈，共享主榮於天。」

主禮者招受聖者至祭壇前，授以會規，訓之曰：「謹授歷代聖祖所傳會規，以之而統治翼衛主所託爾之會院。……循天主誡律而行，汝其爲彼等之導師，以吾主耶穌暨聖父聖神之助佑，引彼等而趨上天遺產之樂園。」

主禮者又授以權杖，囑之曰：「謹授神牧之權杖，以之示於託爾之眾徒。汝於懲戒時，其勇毅嚴肅；汝忿怒時，其勿忘謙和慈祥。」

然後主禮者又授以指環，勉之曰：「謹授指環，是乃忠信之證。汝其身被諸德，於天主之淨配聖教會，勿稍有玷污。」

受聖爲榮譽院長，有銜無職，主禮者訓囑，爲他有甚麼意義呢？然而他心中固另有所思，或許有一日他將回中國而創立一隱院，自爲院長。主禮者的話，不是隱含此義嗎？他靜聽主禮者所言，默記於心。領取指環後，主禮者續行彌撒。興老心神對越上主，切求天恩光照，使能實踐典禮中的經意。

彌撒畢，主禮者以素綢高帽加於興老之項，全堂參禮者歌唱：「謝主聖詠。」興老冠高帽，持權杖，戴指環，行於襄禮兩院長之間，徐繞堂中，舉右手祝福來賓。金，謝兩使，默視中國的前任外交總長，今日成一教會神長，施展神權，向人祝福，心中是驚異，或是感服？

八月廿六日，興老由南文院長陪往剛城，到聖伯鐸祿院，行就職儀典。院中已無脩士蹤跡；然而剛城人士從隱院院基鑿取厚石一方，獻之興老，作他日後中國立院之基石，且希望中國所立新院，仍以聖伯鐸祿隱院之名名之。這次興老到剛城，就職乃虛儀，實則爲向剛城人士，許下重復舊院。剛城市長史德格（Van der Stegen）演講詞說：「我們所獻這塊方石，出於閣下隱院，將爲閣下新使命之象徵基石。來日居於遠東時，此石或能使閣下回憶這個蕞爾小邦；也必想起我們的剛城。因閣下已多年愛這小邦如家庭，於今於剛城且有市政權。」㈡

「諸位先生，你們贈我一方石頭，若使天主允許，我想親自把石頭帶回東亞。在這方石頭上，你們刻了兩個年歲六三〇——一九四六。這兩個年歲，多麼發人深省，叫我們怎樣欽佩聖教會的延續不斷。」

「這座比國剛城舊隱院，若使天主贊成，將來要重興於地球的另一端。這座隱院的脩道生活，將復現於我祖國的中華。而且大約要復興於四千年古城的北平。

「那麼我將輸進一外洋宗教入中國嗎？我萬不會有這一舉！普天之下，性律與基督教義，都不算舶來品，基督教義乃性律的完成點。後者依於人性；前者乃人蒙召的高貴幸運。

「今天你們各位：以你們精神制度的遺產，以你們文化的強勁種子，交於一中國修士，這顆種子，原非比國本土之產，而你們今日沒有人說，種子所產的制度，爲舶來品，究其實，這顆種子乃天賜的恩惠。

「我於是就歡迎將來有一天，在那一天於剛城的方石上，建立了一座中國隱院。我們希望這一天並不離的太遠。那時在新建的隱院裏，孔子的子孫和聖雅莽聖本篤的子孫將一齊向天揚其經韻。」㈢

這不是實現了興老的幻夢嗎？十九年前，進隱院時，他心中涵泳著許文肅的遺教「研究會士精神生活的秘訣。……把所心得者輸進中國，傳之國人。」次年十一月四日，南文院長爲四川順慶的西山隱院，行正式立院禮，授與《會規，聖詠集》和立院十字。

「當時祥即有意，寫一篇文字，把本篤會介紹於我親愛的同胞，使他遇到和本篤會接觸的機會時，已有相當的認識。倘能再進一步的研究和瞭解，他們也可認識這修會在我們中國，能有什麼貢獻。」

「本年十月十二日，安德肋本篤會院南大院長，動身前往中國，祥願乘南院長第一次巡視西山分院的機會，把祥在本篤會內經過七年的研究，學習實行和經驗，用極簡短的文字，把本篤會的會規，和他一千四百餘年的活動概況，介紹於我親愛的同胞。」㈣

他寫這篇極簡單的文字，竟寫了四十頁，原原本本地敘述本篤會的歷史，他爲什麼寫這篇長文呢？必不是在賣弄自己的文章，也不是在炫耀他自己修會的光榮，他是希望實現許文肅的遺教，把修會生活的精神秘訣，傳之國人，這篇文章的結論說：

「中華民族沉睡的酣夢，直到經過了革命痛苦的歷程，才驚醒了起來。我們現在迫切需要的，是我們民族革新和復興，我國國家重行建設的工作。

「本篤會為歐洲社會歷代所有的貢獻，是否也可為我們中國社會作一些類似的貢獻？本篤會移植到世界文化最早的中國之後，必將紮起堅實的基礎，因中國的敬天、敬祖觀念，是政治、社會、尤其是家庭的堅實的基礎。所以扶助我們保持這優良的遺產，且使之刷新整飭，正是本篤會的職責。」

(五)

他在自傳裏不也申說了本篤會與中國有天生之緣嗎？末次講演結束時，他引了唐僧玄奘。人家以為他要自比玄奘了，但他卻立時又把詞鋒縮回去。

一九四四年正月十七日他函我云：

「年前愛德華司鐸向比都圖書館處借到玄奘傳，讀之深感，力勸作公教中之玄奘。祥何人斯，豈敢自居。竊思玄奘居印十有七年，祥現居院亦十有七年，以此一端之相同，前後相對，擅敢引以申告於宗座之前，竟忘其老而不自量，函發後而追悔之。嗣思愛鐸之相勸，實出於愛主愛人之真誠，非有意以重擔加我孱肩之上；倘以後悔直告，恐傷其心而冷其一番熱忱，故未之言。臨穎憶及，敢告吾同胞神兄，幸勿笑其老狂而失常度。祥既以身靈獻主，亦不敢有所吝而求自全，後人然我否我，非所計也。」

天主究竟選了他做這項事業嗎？他常常問自己，結論則是他尚沒有到動工的時候，他也從不考慮回國問題。第二次大戰告終，中國人士，都函促興老歸國，田耕莘樞機且親身往聖安德隱院請他回北平，興老因此疑慮了。是否天主真要他回國？若使回去，應該從事那種事業呢？正在這種疑慮中，教宗委任他做榮譽院長。他感激天主待他真太慈祥了，他的感激，不是因為天主給他一種榮銜，乃是給他指示了該走的路。在祝聖院長的那天午宴席上，他的答謝詞中：

「今天在我七十五歲的年齡上，教宗任我爲院長，教廷駐比大使錢鐸總主教親爲我行祝聖禮。今天我身受祖國各總主教各主教的敦促，我謹以院長身份，盡我對於天主對於祖國應盡之職。我所以求我的神長們，重新給我下命。我即將從命，把我退隱的生活，搬到中國去。我雖毫無能力，也望在我的同胞中，作真理、愛德和天主上智的見證。

「從各方面大家都向我說：『你有一種使命。』從羅馬有聖本篤會首席會長，從比京有教廷駐比大使錢鐸總主教，從中國有田樞機和于總主教，他們都寫信向我這樣說。諸位先生，難道我頭童齒豁，不是有目共見嗎？我今天請問大家，我也請問南文院長，我究竟該做甚麼？我究竟可以做甚麼？」㈥

大家都答應他該回國創立一隱院。他自此也有點相信，似乎又想做本篤會的玄奘。然而他心中尚不敢自信，他更相信他的使命的實現是在死後。

「我何敢自擬為中國本篤會之玄奘？但或許在我生前或在我死後，天主將大顯其榮，為傳聖本篤會規於中國，在中華億兆人中，選中一個病弱的老者。」㈦

他等著上峰發命，令他歸國，教廷卻不作聲，而同時他的身體，屢病屢愈，也似乎表示天主並不願他回本土。一九四七年夏，吳德生公使到聖安德隱院拜訪他時，引聖經的話向他說：種子不埋在土中而爛化，終歸一粒，爛化了，才生芽結果。興老點首稱善。他領悟了他的使命，是在死後傳聖本篤會於中國。

註：

㈠ La benediction Abbatiale du Rev. ml P.Lou. Abbaye St. Andre. P.3.

㈡ Benediction Abbatiale du Rev me P. Lou. P.36

㈢ Benediction Abbatiale du Rev. me P.Lou. P.43.

㈣ 本篤會沿革小史　陸徵祥言論集　第六十三頁。

㈤ 同上，第一〇〇頁。

㈥ Benediction Abbatiale du Rev. me P. Lou. P.28.

㈦ Souvenirs et Pensees P.159.

二八、聖經

民國三十五年十月，吳德生公使所譯聖詠出版。他用《詩騷》的風格，翻譯大衛的聖詩，能傳達作者的神韻，又能激發讀者的虔誠國內文人，都以這冊聖詠譯本，爲中國翻譯文學的上乘作品。興老於次年正月十四日來信告我說：

「近接上海友人寄贈公使筆譯聖詠。捧讀之下，手舞足蹈，不知老之將至，以之示本院同仁，驚喜莫名。本會修士修女修生。口誦心維之大日課也，經會祖分排爲七日日課，一百五十端（聖詠），限七日念畢，週而復始。異日進用文言譯本，作中國國內修院每日日課，本會受賜多多矣。此等工作，不獨爲本會之榮，亦公教之光，同胞之幸也。質諸高明以爲如何？先師許文肅公所希望者在此耳。錢大使，金大使來信，均以爲佳譯，足見有目者共賞，名不虛傳。」

每日口誦心維聖詠；聖詠不僅爲口唱以讚頌上主，也爲心維以養育精神。聖詠裡喜怒哀樂之情，超於普通人事以上，專誠對越天主。口誦而心維之則可陶情適性，日與天主相接。興老一旦遇到了這種善譯本，不禁手舞足蹈。且預計本篤會流傳中國時，如能用漢譯本唱頌日課經，則德生公使的聖詠譯本，可作定本了。然而他尙惋惜中國沒有好的聖經譯本。他平日所讀者，爲法文聖經；天天默思耶穌的言行。

「日思耶穌一生的言行，日思耶穌精神與肉體所受的痛苦，我纔得振作精力，才能繼續不懈。以五十六歲的老年，開始一種澈底的新生活，我能退隱作修士。」

「我默想聖經，求我自己的神益，也求我中國的神益。」(一)

但是他感覺聖經譯文，可以影響他的精神生活；譯文不佳，讀誦時心能生煩，自己要勉強自己捨文字而取經義，忘卻譯文而思維救主之言。假使能有一種好的漢文譯本，像吳公使的聖詠，文筆雅麗，讀起來心曠神怡；那時再依文而默思天主之道，不更易爲力了嗎？所以他嘆息說：「新舊聖經譯本不少，所缺者，文言之譯本耳。」然而他沒料到在去世之前，竟能夠讀到他所盼望已久的聖經譯本。

民國三十六年六月吳公使把所譯若望福音改定稿，寄與興老，請他校正。興老於六月二十五日給我一信說：

「二十四日接到福音若望傳譯稿手抄本。展閱抄本，曷勝欽佩抄寫清晰，易讀，不費目力。佩譯文信達且雅，令人深味耐玩。傳計廿一章，昨晚今晨已讀十章，明日當可讀畢。此爲初讀，廿七八兩日作二讀，廿九、卅作三讀。三讀之後，再爲詳加注意。如遇欠明之文句，當遵囑點注，以備德生公使之參考。譯經之舉，重要可知。我們由舊經跨入新經，開一新時代。民國萬年之計，即此奠定，雖曰譯聖經，究乃定國基。」

七月七日他再給我一信，說：

「德生公使新譯若望福音，拜誦三遍，深得我心。極願執筆，隨讀隨記，遇有欠明之文句與名詞，註出以報命。距料於捧讀時，愈讀愈順，口誦心維之下，敢言言之，並未遇有欠明文句。三讀之後，未便久留，當即掛號寄繳德使，以便從速刊布，以快讀者。但於寄出之前，私願竊抄全文，苦無抄手。本院原有以照像翻印之法，試辦之下，異常清晰，已將全文偷抄，事前未得德使同意，唐突之處，深爲歉罪，未知能蒙德使格外原宥否。尙忻代達歉忱，是爲至禱。竊思譯經一事，德生執筆，聖神執手，無思無慮，一筆揮成。德生確有求工之慮，而聖神執手以代工之故，文思之來，如泉源之流，筆到工成且至精至妙。至名詞音義雙收，傾瀉而出，作爲定本，亦無不可。至用我國古文之成語，即溝通中西之樞紐，既能吻合，復治一爐，非聖神默啓，曷克臻此哉。」

與老終於找到了一本理想的聖經譯本；雖明知譯本不久將出版，他卻不願久等，他希望每天捧讀這冊若望福音，便用攝影翻印法，攝出全部譯文，並贈一副本與吳公使。他在副本上題字說：

「前承賜寄尊譯福音若望傳，拜讀再三，深得我心，情不自禁，擅自攝抄。幸獲善本於衰老之年，早夕玩索加以每日默思工作，而於虔誠祈禱之中，善爲準備歸主，則受公之賜，感公之德，歿世難忘矣！」

這一年的冬天比國特別嚴寒，天氣格外潮濕，興老的精神大受打擊。去年初春。他又害感冒而轉成肺炎，因此四個月的工夫，不能步行，每天常躺在靠椅上。椅側置一法蒂瑪聖母塑像，椅前橫一活動書架，早晚捧著造冊若望福音，時念時停，閉目沈思。窗外陰霾多霧的春天，已變爲間有麗日當空的夏天。層積的白雪消溶後，已托出青青的嫩草。呼呼刺面的北風，已讓悠悠的南風，在樹林中遊散。興老早晚，則只伴著聖母像及聖經。看一端經文，望一次聖母，然後想著耶穌的一言一行。一場久病，把世間的念慮都吹散了。回國建立隱院的計劃，也作爲身後的事了。如今他只有「善爲準備歸天」，預備善終。他知道自己將不久於人世，將歸天面主，病中早晚就想念天主，思維天主，研究天主的聖言。若望聖經乃耶穌愛情的遺囑，乃耶穌天主性的回光。法蒂瑪聖母，又是最近三十年相幫人歸向天主的靈梯。興老爲預備歸主，能日讀若望聖經，日求法蒂瑪聖母；他再找不到一條更好的途徑了！

「太初有道，與天主偕。道即天主，自始與偕。」興老澄清世念的思索，飛騰於一片光芒的世界中，無思無慮靜對於天主聖三的妙性。他看不清楚妙性的奧蘊，但他知道讚嘆這種奧蘊的奇妙。

「展開若望福音，一眼即是極高妙的啓示。

「這種啓示，教我面對面地問著，世所未聞而又最眞確的一樁事，即天主的永久譜系（聖子生於聖父，聖神出於聖父聖子）；教我們欣賞天主父慈子孝的奧妙，教我讚詠聖神的上智及愛情。在這愛情裡，聖父聖子同為一性，同為一天主。」㈡

「道成人身，居我儕中。」興老的思索，由一片光芒的世界，降到茫茫的塵世。他看見「與天主偕」之道，降生爲人。他捫心自問，這是爲什麼呢！他開眼望聖母，然後答應自己說：

「單單爲愛自己的聖父，單單爲聽聖父的命，耶穌纔愛我們，纔自己降世成人。然後授給我們以聖神，使我們得有生命之源。因此我們真真成了天主的兒女。」

「耶穌的孝道，乃我們救贖的根源，乃我們神恩的起點，乃我們希望的根基。」㈢

自己是天主的兒子，自己在等候天主父招他歸去，心中便坦然而樂，疾病如失。他又想耶穌在等候歸天時，遵照聖父的旨意，受苦以救世。他的思索也就再回到世界以內，又看到大戰以後的人類，並沒有享受所切待的和平：可愛的祖國更是殺氣騰空，鮮血遍地，他閉目久思，追求世界和平之道。

「我來回地說，世界和平之道，第一在互相了解。互相了解以後纔能互相尊重，互相親愛。」㈣

夏天的炎熱，已成了鬱悶逼人的酷暑。興老有時亦自靠椅起身，拄著手杖在屋中迴旋。八月十五日，聖母升天節，居然能登壇舉行聖祭彌撒。於是把幾個月內腦中所有的思索記於紙上，成爲一法文書，名之曰：「人文攜手」。（La Pencontre des humanties）

去年九月十六日，我和他見面的第二天，他把《人文攜手》的手稿，囑我細心讀一遍。後又托人抄寫數份，乘我回羅馬時，託我呈獻宗座，與傳信部長，他則等教宗與傳信部長的回示，以便把手稿付印。

去年九月我去拜訪他，是代吳德生公使請他校讀全部新經讀文。德生公使到羅馬以後，著手修改新經譯稿。廣搜參考書籍，遍訪聖經專家，又囑我逐字校對，有疑則共同研究字義。三讀三改，再囑甥女婿吳天錫君斟酌辭句，然後會齊闔家大小，重抄譯本。一面請求教廷、傳信部，批准譯文。傳信部著令南京于野聲總主教負責審定。于總主教乃委興老和我，任新經譯文審查員。九月十五日正午，當我捧著十一冊手抄本，交與興老時。他清瘦的面容上，頓現愉快的光輝，雙眼發亮，笑說：「讀經可以療病。」讀經的第三日，他上書總統，賀譯經事業的成功，深慶公教入華七百年後，今日終有一部信達雅俱到的新經全集。他暮年幸得親睹，乃一生之大幸。後七日又上書教宗，致謝來電慰問，特告以吳使新經讀本告成，不禁為中華公教賀。譯文雅而信，將使救主之言，遍行中國。

十月三日聖嬰仿德蘭節，興老擇定這天，簽字審定新經譯文，因吳公使素敬聖女德蘭。「正午十一時，我往陸公房間，彼囑預備照像機，乃坐下，於福音瑪竇傳首頁親筆寫：「無礙付印」（Nihil obstat），隨即簽名。我心喜，陽光滿室，便於攝影，陸公簽字畢，我乃副署。笑謂陸公說：

「這次遊凡爾賽宮時，遊過第一次歐戰和平的簽字廳」。陸公說：「那次我們沒有簽字。可是今天的簽字，勝過凡爾賽宮奧國條約的簽字和日本二十一條的簽字。今天簽字，乃為取得我的永生。」陸公隨說，若使許文肅公今大在這裡，必定鼓掌稱善。(五)

註：

㈠ Souvenis et Penseés Pag. 106.

㈡ La rencontre des humanites Chap. III.

㈢ 同上，Chap. IV.

㈣ 同上，Introdudtion.

㈤ 益世週刊　第三十一卷　第十七期　第二六四頁。

二九、文化

一九四八年，雖不是人類歷史上最痛苦的年頭，然決非提高人類希望的年頭。教宗庇護第十二世在年底聖誕廣播詞裡說：「誰若是眼光高遠，誰若是有精神和魄力，肯認定事實，不管事實如何慘痛，一定可以看到一九四八年在今日年底時，並沒有滿足。在今年新正時，人們所有合理的熱望，反而在稍現曙光的人類征途上，舖上障礙，使人們面臨極險的危壁，憂心忡忡。」

興老默思若望福音，祈禱法蒂瑪聖母，縱觀世界的時局，著成《人文攜手》一書。他知道自己死期已近，他的心漂浮世間形形色色以上，他已習慣在精神界裡週旋。在人世所看到的，也只在精神物件。人世的戰爭，不是鎗礮，炸彈的武器戰爭；武器戰爭，乃是另一種戰爭的成果。他認爲人世的戰爭，是在於精神界。民族的精神，互相衝突，然後纔產生武器的戰爭。所以他推論爲避免人世的武器戰爭，要緊是世界各民族，在精神上互相了解，互相尊重，互相親愛，於是他乃主張世界東西文化的攜手。

人類的文化，以人性爲依歸。人若細心研究自己的本性，可以認識自己，可以認識別人。認識了人，才可認識天主，人的文化乃得有一中心。

「人的心靈，人的文化，都在我們認識清楚人類自己的特性，而漸漸近於天主，漸漸認識天主。」㈠

認識我們自己以認識人，這是我們人生最重要的一樁事。

「認識我們自己──澈底研究造物者所賜與的人性，無涯的才力，探討那些使性力常瀕危機，而失正軌發展的慾火。時常注意觀察人生的活劇，我們便可得到聖保祿所留傳的結論。而中國儒家與教會的舊約也曾或隱或顯的說過這種結論，即『凡愛天主者，事事都助其為善。』愛天主者是指著一切遵守我們本性道德律的人。

「為能發展我所提倡的小小事業，最切實的根基，就在簡明深切地認識我們的人性。」㈡

人類文化由人性出發，隨環境而轉移，在各處所收的效果，各有不同。興老於全球文化中，看到兩大系：東方儒家文化系，西方希臘拉丁受有基督洗禮的文化系。

東方中國「從亞伯漢的同時的堯舜以及到今日，中國的民族因儒家千百代相傳之道，已造成自己的民族性。中國人以儒道而敬天、而孝親、而修德、而求認識我們的人性，而求上達人生的智慧。」㈢

蘊藏這種文化的，是中國的單音形意文字。興老排除外人的成見，稱揚這種文字說：「這種形意文字，爲表達觀念，非常便利。

「形意文字簡而富意義，因而多變化，文人一揮毫即可達人生的奧妙，馳騁於生活汪洋中，用簡潔的詞句，引讀者攀登藝術之峰頂。形意文字於文藝之藝術美外，又加以簡單有力的繪畫美。」㈣

這種形意文字之美，具見於吳公使所譯的聖經。他展開若望福音，即得一「道」字。他深喜「道」字爲傳達原文的意義，較比歐洲近代文字，美而更確。歐洲各國新經譯本，把這字譯爲「言」，「言」字比之於「道」字，俗雅既有別，而在含義上，淺深的程度，相差也很遠。中國「道」字，堪配希臘原文的Logos。

西方希臘文化，由拉丁文化承繼而吸取之。拉丁文化因基督的教義而再造。歐美現代的文物，無論其科學進步怎樣登天入地，無論其哲學怎樣穿天心，涸月脅，骨子裡常由基督教義在支撐著。除非×××的無神主義，完全把歐美人的宗教信仰，連根拔盡了；歐美的文化，換不了公教的骨架。

讀吳譯新經譯本，與老思索東西兩文化系的攜手，譯文文字，信而美，能夠表達西方文化中最高深的觀念。一個「道」字，就可以算爲這種攜手的成績。

老子的不可道、不可名的道，演而爲宋明理學家的無極和太極，於今再進而爲天主聖三的聖子的代辭，這也可見中國文化，可以上進至極高，可以發展至無限。

西方文化的骨髓，既爲基督的教義。基督所留的聖經，其主要的觀念，乃耶穌的孝道。東方儒家文化數千年相傳之倫理，也總括於「孝」字。以儒家之孝，進爲耶穌之孝，由天主聖寵以超性化。這又可見東方的文化，可以接受耶穌的洗禮。

西方希臘拉丁文化，受了耶穌的洗禮，創造了歐洲的文明。然而歐洲今日的文化，已取反基督之道；所以社會上禍亂相尋，戰爭不息。歐美人士已出野蠻而重入野蠻，已信基督而反背基督。欲求歐美的幸福，則該回心再信基督，而實踐公教教義。

西方文化的經歷，可以做東方文化轉變的借鏡。西方文化以信基督而興盛，以背基督而爲害於人類。東方文化欲復興，欲造福民族，則只有受基督洗禮而以公教教義作新基石。

西方從事文化運動者，應重新使西方文化歸於基督。東方從事文化運動者，應開始引東方文化歸於基督。兩者的目的相同，兩者應該合作；由合作而使東西文化攜手，兩系合流於基督之汪洋中。世界人類的幸福，可拭目而待了。」與老在《人文攜手》一書的結論中說：

「集合西方之文人與中國之文人，集合西方的思想家與中國之思想家，彼此如能確實互相了解，則他們相合所發揚之精神與思想，力量之大，造福之廣，誰可觀其涯崖？」

「集合中國基督化儒家之文化，與西方基督化希臘拉丁之文化，兩者匯合而產生的思想、儒理、精神，可成世界的一種新動力，推進世界於和平，沒有不可以勝過的阻礙。」㈤

他十一歲進私塾讀四書，十三歲入方言館學洋文。鄰家都鄙視他棄夏從夷，他卻勤讀中國古人的名言。二十二歲出國，三十歲娶外國太太，他那時已決志歐化，但又遵從中國古訓，尊敬賢師。四十一歲時，改入羅馬公教。然而他孝心愈增，乃成陸公墓。五十七歲退隱於一外國隱院，他又名其室曰「慕廬」。與老一生，即在匯集中西文化於一身，他出於儒家，入於公教。由儒家的本性道德，拔進信徒。他臨死以前，寫《人文攜手》一書，是在拿自己一生的經驗，公諸世人。

然而他尤願把自己的經驗，公諸國人。他自從受教於許文肅以後，志在復興中國。後來信仰公教，入院退隱，他的志向，仍在立己立人。他曾一時切望回國，創立本篤隱院，於今自己年老多病，死在目前；加之祖國大局，去冬劇變。他乃在《人文攜手》稿本之末，加一致本國同胞的法文信。當他這本書之英文譯本Ways of Confucious and of Christ出版時，他曾增加一篇英文寫的《致英美友人書》，闡述中西文化，能彼此互相完成。這封《致中國同胞書》，則爲他的精神遺囑，是在死以前六天，纔脫稿哩！

他迴顧中國近史，一百年來列強侵略中國。東鄰日本，和北鄰俄國尤其想併吞中國，這都因爲不認識中國的文化，蔑視儒家遺傳的精神力。這些野心的侵略，無論若何強，若何久，都不能亡我們的國家；最可怕的，是在我們自己去學侵略者的自私，而忘記了我們的文化。

「親愛的同胞們，在百般憂患痛苦中，只有一個念頭可以愚弄我們；即在效法侵略我們者的自私自利。我們應該常能自作主張，常能以本性性律為標準，去批判人物和思想，不管思想是從那一國傳來的，也不管人物是住在何處。」

這樣去評判，我們可知道西方所有的優點；不在各國的自私自利的富強，而在基督的教義。基督的教義，乃天主的聖寵。

「天主的聖寵，賜自上天，以授於人性，人性造自天主，獻於上天，以承聖寵。再進一步，我們應該爭取基督的教義。因著教義，現世與來世之門，隨之而開。」

他的一生，可以昭示中國同胞，爲爭取基督的教義所有的成績。他進了公教，自己私人沒有所失，只有所得。中國的文化，若受了基督的洗禮，必無所失，而有所得。興老結束他致同胞書云：

「親愛的同胞，這冊《人文攜手》小書，簡明地說出我對東西兩方在文化上合作所有的思想。在這書出版時，我給你們這封信，則表示我的希望和祝禱。」

「伏求天主，我們的大父，福佑完成這種計劃。在這種計劃中，一總的人都與我們以兄弟之誼，互相團聚。」

說出了他一生的思想，表白了他最後的希望；他可以安然謝世了。六天後，天主就召他歸天。

註：

(一) La rencontre des humanites Chap. II.

(二) La rencontre des humanites 致中國同胞書

(三) Souvenirs et Penses P. 95.

(四) La rencontre des humanites Chap. I.

(五) La rencontre des humanites (Conclusion)

三〇、逝世

去年十二月十五日，于野聲總主教，乘赴美之便，偕駐比金問泗大使，赴聖安德隱院，拜訪興老。興老已抱病臥床，熱度高，氣力弱，不能多談，于總主教坐數分鐘即辭出。當天午後愛德華神父護送興老入布魯琪城黑衣修女病院（Ohinique de Soeures Noires）。

當我於去年十月六日辭別興老時，興老身體雖很瘦弱，但精神已漸復原。十一月，比國天氣加寒，潮濕日重，興老久病初愈的身體，又不能支。十一月十七日，身體發熱，但不見有特別病態。十一月三十日，熱度驟增，高過三十九度。遽邀醫診視，醫以為盲腸炎，用藥水按洗，每兩小時一次，夜以繼日。盲腸炎不經手術，卒得痊愈，熱度降低；然精神因醫療過勞，一蹶不振。十二月初旬，熱度又增高，精神愈弱，醫生卻診不出病症。

十二月十五日，送入病院。愛德華司鐸與他同車，車過隱院小路轉入布魯琪城大路時，對面有西沉斜陽，遙掛遠天樹梢。興老微笑說：「斜陽多麼美麗！」同車人則想到他正是一西沉斜陽，回光明麗，將安然落於西天。

既入病院，愛德華司鐸日夕隨侍，夜間同寢一室。興老昔日曾告愛鐸說：培德夫人病時，他日夜侍病，彼此少言，心中卻愈相了解。愛鐸在病院，乃少說話，讓興老靜心默思。興老視病院如家，知道只差一步就要走回天鄉了，心神很安寧。他的神師勸他領「終傅聖事，」愛鐸以為過早，興老則堅從師訓。於十二月二十日，請南文院長來病院，授與「終傅聖事」。這樣他便領了聖教會的全部七件聖事。病態無變化，病人不覺肢體作痛，長日靜默；遇有感觸時，向愛鐸簡語述說，侍病的人，都以為危險已過，病可轉好。

十二月三十日，金問泗大使轉來顧維鈞大使年禮「黼弟筆」（Parker與老自己取的名字）一對，興老次日回電作答。今年正月一日，囑愛鐸代寫一短簡，留給他一生最親近的四友：顏惠慶、曹汝霖、顧維鈞、劉符誠。昔日年節時，他遍寄友人一張「慕廬」賀年片。今年新正，他似乎憶不起一切的朋友，然願意在他所憶起的四友身上，留下他一生交友的遺範。

正月二日，病態較佳，食量卻減。華麥醫士（Dr Warmoes）於正月七日向侍者聲明，病已無救藥。興老自己也知將不復起，言談越少，靜默越長，他忘懷周圍一切。

但沒有忘記中國，沒有忘記中國的教會。正月七日，他對侍者說：「西方東方的傳教事業，總括的說，只做了一件事，就是仿效聖保祿宗徒。我於中國，則想徐保祿光啓。」那天是正月內第一個星期五，敬禮耶穌聖心之日。愛德華司鐸，為病院修女舉行聖體降福儀典。

回房後，興老邀他一齊唱聖體降福歌。次日，他的神師百克司鐸（P. Thomas Beckert）來聽告解，事後告愛鐸說：病人明知生命已垂危，安心等候主命，他獻自己的生命與天主，爲求中國歸化，爲求罪人回頭。

正月九日病人神志清寧。午飯時，進食甚少。侍者要他多吃。興老答說：「人有別的許多養生之物，……人有別的許多可吃的東西。」病人是想著聖經上耶穌的話。當沙殫誘耶穌變石爲餅以充飢時，耶穌叱退他說，人藉天主之聖道以養生。午後兩點半，病人同愛鐸誦「天主經」誦至第三句「爾國臨格」，他忽改唸「願我父臨格」。愛鐸以爲他病中口語有失，復誦云「爾國臨格」，病人仍舊唸「願我父臨格」。愛鐸乃跟他合誦「願我父臨格」。平日我們懇求天父的神國，廣展於全球，但興老臨終歸主之時，所切望的是天父早期降臨，引他歸天。

正月十日清晨六時，小睡醒來，呼侍者說：「今天托庇聖本篤保佑」。這一天裡，眼常望天。侍者問他何故，他說：「這是聖本篤」。侍者不懂語意，追問之。他舉手畫十字聖號，合掌默禱片刻，侍者乃明瞭他的語意了。興老陞院長時，取人家讚頌聖本篤的話「徑直歸天」（Recto tramite coelos ascendit）一語，作爲他的標語。他所以答望天是聖本篤，然後默禱聖本篤，也賜自己徑直歸天，莫走迂路。當天午後，他同愛鐸談吳德生公使和聖本篤能有的關係。

正月十一日午前，修女尙達（Soeur Chantal）給病人整理床鋪。興老同她談論一人，斷續者二十次。修女不知所談者爲何人，走告愛鐸，愛鐸入房問之。興老對以欲談野聲總主教，然已氣力不支，不能繼續說話。午後六點一刻，布魯琪城主教來問病，興老笑謝，謂主教說：「這是好天主把我引到這裡。」然後接著又說：「我也將依恃好天主而得救。」布城主教提起中國，說中國佔病人的半個心。興老伸三指，主教會意說：「中國佔院長之心四份之三。」興老含笑點首。

正月十二日，清晨一點鐘許，呼侍者說：「我願向我先師致一言，先師（許文肅），我願謹遵您昔日的遺訓。」過了一點鐘，又呼侍者說：「人的生命到了所謂高貴的壽數，實在很有價值，你是否贊成？」侍者答說：「當然贊成，你所說的高貴壽數，即是說把自己的生命與天主聖子耶穌的生命，同獻於天主，以作犧牲，這種犧牲，適足以長壽。」病人點頭，揚手稱善，一片刻前，他曾問愛鐸：「請你把好天主給我」，愛鐸答以尙不是領聖體的時候，只好神領聖體，病人應聲說「對」，立即手畫十字聖號。

午後三點鐘，南文院長新自葡萄牙回比國，來院探視，與病人談離世歸天，身後永生，興老歡然款待。五點時，興老對侍者說：「在天主前，一切人都平等。天主來時，一切人都俯首順命。在天主那裡，才有正義與和平。」六點一刻他又說：「全球都談和平，和平，」

侍者答道：「我主耶穌乃和平之王」。病人說：「人們都不要耶穌呢！我則要耶穌，無論若何，最後一句，總歸之於耶穌」。

正月十三日清晨六點三十五分病人說渴。侍者給他一杯熱藥水，病人笑答：「口不渴」。過了一刻，他又喊：「渴」。侍者問他要水否，他搖頭。侍者乃知病人不是說口渴。便對他說：「你是渴望公義，渴望和平，渴望真理！好天主喜愛你這心渴。」病人昂首點頭。

晨六點四十五分，病人請愛鐸給他送聖體。以往每早，病院的值日司鐸給他送聖體。這天早晨，病人知道自己大約是末一次領聖體了，乃請十六年相隨的友人，行這次終前大事。當愛鐸將聖體放在他舌頭時，舌不能收入。愛鐸乃析分一小片聖體，置諸舌上，修女拿清水飲之，病人才收舌入口，敬領聖體。這一天舌頭稍漲，說話不靈活，欲言不得。午前十點半時，病人歎惜說：「願好天主抱我去！」這樣連說三次，後呼水解渴。接著又說：「願好天主抱我去。單單同他在一起。」」連聲重覆好幾遍。過了一刻，他伸臂作十字形，臉色很病楚，侍者附耳說：「我主耶穌懸於十字架。」」病人跟著說：「我主耶穌懸於十字架」。二十天來，病人從沒有抱怨身體病痛，這一天，舌頭既硬，全身作痛，臨終的苦況漸漸開始了。午後五點二十分，他對侍者說：「整個地爲中國！整個地！整個地！」七點時，華麥醫士來看病，以爲病人已不能過次日半夜。愛鐸則對尙達修女說，病人大約要活到後天，因爲後天

（正月十五日）是他進會發誓願的二十週年。

病痛加劇，病人已不能言，但神志尚清。正月十四日晨，愛鐸給他送聖體，雖一小片，也不能入口。午前八點半，愛鐸接到我的信，報告教宗親自致函吳公使，作新經譯本的序文。愛鐸乃立刻將這喜信轉告病人，病人面色遽作微笑。正月十二時半，病人告侍者說：「只有幾小時了……得見我主，幸福何大！得見我主」十二點五十五分，病人示意侍者把枕頭提高，他的頭再放在枕上時，忽劇痛作聲說：「你這一下把我全身都震動了，我全身都劇痛。」劇痛的頭翻在枕上，嘴唇半開。侍者問他：「你痛楚嗎？」他答：「說不出的痛！」「全身都痛？」「全身都痛！這大約是病症。」他怕侍者後悔移枕時過於粗心故說是病症使然。午後一點，醫生趕到，令看護打不帶痲醉性的止痛針，病人形色漸漸安寧，臉上恢復常態，然而再不開眼，再不作聲。

一夜真是無限的長！然又似乎天地失去了時間空間，只有病人息息的呼吸侍者輪流看守。窗外的天色由薄暮變成深晚，變成漆黑的午夜，然後又變成清晨的曙光，變成天亮的白光。病人一息一息的呼吸著，似乎要停止了，卻又繼續著，二十個鐘頭，欲死仍活。

正月十五日，午前十一點零七分，呼吸稀微，忽然停止；復又繼續，十一點五十分，氣斷，頭後仰。床前三修女、三司鐸跪誦著：

「天朝諸聖來助兮，主之天神速迎，迎接其靈兮，獻之主廷。」

二十年前，正月十五日十一點半鐘，與老立誓發本篤會三願。

三一、哀榮

正月十九日，聖安德隱院又是車馬盈門，一番熱鬧。滿天陰雲，北風呼呼，沙土尙濕，馬車過處，灰塵不揚。午前十點半鐘，中國政府參與喪禮代表金問泗大使，偕駐法錢泰大使及駐比使館人員抵聖安德隱院。我於前夕由羅馬乘飛機趕到隱院，代表吳德生公使。午前十一時，中國代表團入經堂，到興老遺體前，恭行三鞠躬，駐足瞻看遺容，然後退步就坐。經堂左邊客座，有比王肋阿波的代表比冷能爵士（Jacques Pirenne），比政府首相的代表德爾活大使（Delveux de Fenfe），西比總督烏里握騎士（Kavallier van Outryve d'ydewall）。一聲鐘鳴，教廷駐比大使錢鐸總主教高帽圓袍，入堂主禮，隨侍者，有剛城主教加肋握（Mgr. Callewaert），布魯琪城主教拉米羅（Mgr. Lamiroy），比國四本篤會院長，中國楊家坪苦修會院長，堂中尙有培德夫人家屬及比國各方參禮代表五百餘人。

堂中沒有輓聯，沒有花圈，本篤會修士，身後也要效窮人。中國外交部長電送輓聯，但無法趕製。各處舊友，都電辦花圈，但院規不容。遺體前只放著一個花圈，圈上書肋阿波。

助阿波乃比王，比王送花，修院破例接受。

興老遺體陳一小棺木中，棺木置祭壇前。棺側列立本院一百五十餘位修士。南文院長舉行追思彌撒。

遺體身著修士青袍，外加大氅，氅角溢出棺外。兩手合置胸前，右手有院長指環。胸前掛金練十字，頭罩修士風帽，雨眼深陷，嘴閉頰瘦，面黃而稍青。形態如安眠然。

正午，追思彌撒畢，南文院長登台致哀詞。南文院長曾接收興老做修士，曾免他晉司鐸，曾賀他陞院長，今日送他入墓。南文院長可以見證興老二十一年的苦修。他稱興老為一完全的本篤會士。

哀詞畢，錢鐸總主教主禮下葬典禮，修士們唱說：

「天神引汝入天廷兮，殉教諸聖下迎汝，迎汝進耶路撒冷聖城兮，天神結隊接收汝。」

來賓出堂，魚貫入隱院墓地，修士六人肩舉遺體。天空微雨點點，修士歌聲纏綿。遺體放置墓地中央，電影機四方攝照，主禮總主教灑聖水，舉手祝福永安。修士六人抬遺體入地下墓室。

地下墓室有墓穴九孔，三三成行。上一孔葬有聖安德隱院的復興院長。第二孔留為南文院長，興老葬於第二行第一孔。

我從遺體右手取出指環，脫下胸前十字，以存隱院作紀念。修士將小木棺置於一梓棺中，置梓棺於木槨。抬木槨入墓穴。

午後四點，我偕愛德華司鐸入墓室，墓穴已閉，我們立誦經文一遍。

次日清晨，我離院回羅馬，偕愛鐸往辭興老，跪於墓地石階上，合誦天主聖三光榮誦三遍。

興老的一生，光榮天主聖三。興老死後，天主聖三將光榮他。

稀雨泣墓憂心煎，
萬里飛來，
送旅屍，
異鄉土中歛。

× × ×

懷著國難你上天，
七十八歲，
何曾見，
中國太平年。

× × ×

赤燄如焚祖國慘，
在世無法，
到天庭，
你把祖國援。

× × ×

松林風嘯雲漫漫，
墓穴新閉，
你曾夢，
北平塋園眠。

× × ×

墳前比王一花圈；
二十一年，
退隱地，
人將從此念。

× × ×

墓園十字中壁懸，
跟耶穌死；
跟耶穌，
復活生命鮮。

一九四九年三月廿一日聖本篤節
脫稿於羅馬方濟寓

附錄一、陸徵祥院長的精神生活

吳經熊講　羅光譯

（一九四九年二月十五日，陸院長逝世週月，羅馬本篤會中心，聖安瑟爾莫隱院邀請駐教廷吳德生公使講陸院長的精神生活。講演法文原稿，由比國一書局刊行問世。茲摘譯講稿的精華，附於興老傳後，俾讀者能一眼明瞭興老的人格。）

肋賽夫人曾有一句名言，說悲哀和安樂，能夠連在一起；因爲悲哀發自人世，安樂來自天主。當我們接到好友陸天士彼德院長逝世的消息時，我們心中也是感到悲哀，感到安樂。我們悲哀，因爲陸院長是我們的好友；我們安樂，因爲陸院長是一位偉人。聖經上說：「信徒之死，在天主眼中，重於泰山。」既然這種死在天主眼中重於泰山，我們的心當然可以安樂了。

鄙人尚記得當一九四七年，去拜訪陸院長時，促膝談心，曾引聖經的一句話說：「若使種子不埋在地裡，不腐化，種子只是一顆種子。若使種子在地裡腐化了，則發芽結果。」陸院長藹然頷首，表示很了解耶穌的聖訓，自己懷著很大的希望。

這種一心遵從天主上智的指示，不怕犧牲的精神，可說是陸院長精神的中心。他一生因著聖神的引導，從來沒有違背天主的旨意，勤快工作，追蹤耶穌的芳表，達到事天如事親的境地。對在天大父，力盡孝道，至死不懈。

去年十一月間，我政府當局曾令鄙人轉致一信給陸院長，那信上大意說，目前中國遇著有史以來最大的難關，要緊靠陸院長的祈禱和令德，使能化險爲夷，民族復興。

但在陸院長和鄙人看來，今日不僅是中國遭難，整個的世界都遭難。東方人痛苦不堪，因爲大半人還不認識人類的救主；西方人痛苦不堪，因爲既認識了人類的救主，許多人卻背棄了救主。既有左傾的唯物論者，又有右傾的唯物論。這一班人背棄了長生的天主，回頭去拜牛首的財神。宗徒之長聖伯鐸祿曾嘆惜說，寧可沒有認識眞理之路！怎可既受了聖道之教，半途而廢！這不是如俗語所云：「狗吃自己嘔出來的東西，豬回糞坑重打滾嗎？」因此陸院長愛主愛人的熱忱，不僅限止於中國；他的熱忱包括全球。

全球人類今日是在一個精神的黑夜中，然而正是在黑夜裡，我們能如嘉禮古教授（Garrigon Lagrange）所云：「在夜間能夠推測天體星辰的高遠；這一點在白晝我們反做不到。」陸院長精神的特色，就在一心信任天主至高的上智，至深的慈惠。他自己一生也曾體驗了天主上智的和柔。一九四三年，陸院長曾作過一篇演講，談肋賽夫人，他說：

「天主常從一些陌生的道路，引我一直走到我今日所到的地方。這些陌生的道路，使我所受的痛苦，有似於肋賽夫人。然而苦痛並非他物，只是我們的嗜欲，和天主的觀點不相同。天主讓我們吃苦，是叫我們把自己的視線擴充到天主無限的遠見裡，叫我們從自己卑鄙的狹心渡入天主汪汪洋洋的聖心裡。那時，將如肋賽夫人所云，我們覺得我們的生命萌發新機，我們的心將出於意想以外，日加擴大。我們既無所失，而所得者，則爲一新的大世界。」

這種吃苦的哲學，透切而又圓滿，乃是他七十餘歲親身經驗的結論。陸院長如同聖本篤，從沒有不行而設教。他每一天的生活，無論是順是逆，都按著聖經和本篤會規而行。他對於聖經和會規，既口誦心維，又意領神會；所以他能成爲一位賢智明達之士。這也可以說是因他多年習於儒學，孔子之道引他接受基督的教義而同化於其中。孔子曾說：「朝聞道，夕死可矣。」〈里仁〉陸院長終生就奉行這兩句話。孟子說：「舜視棄天下，猶棄敝屣也。」〈盡心〉陸院長以這兩句話作他一生的理想，他所以鄙棄人世的功名富貴，而尋得一種精神的新生命。

但是影響陸院長最深者，還是儒家的孝道。孔子曾說：「仁人事親如事天，事天如事親。」《家語》這是孝道的最完全點。不單是說做我們父母的一個好孝子，還要做天主的一個好孝子。在天主的默示以外，再不能有一種孝道超乎這一種了。爲孝敬父母，人該努力行善。儒家以孝道爲「德之本，教之所由生也。」（孝經）

陸院長把這種孝道加以超性化，用之對於我們在天之大父。在他看來，人與天主之間，本性與聖寵之間，務必該有耶穌去結連。在他的著作中，他屢次修鍊了這種思想。他〈致歐美友人書〉曾說：

「若使天主上智允許的話，希望有一天，我可以從孝道方面，兢兢地以進於人類歷史偉業的奧義（救贖大業）。我再將這種研究耶穌基督之默示與救贖的方法，設法告訴我的同胞，告訴我的朋友。

「救贖大業乃諸路之交點。僅有在這一點上，人類兒子的孝道與耶穌的孝道相接。耶穌引我們從人的孝道而入於他的孝道：使我們以他的孝道，作我們的孝道。因此我們受造之人與在天大父相連。」

陸院長在最後的一冊書《人文攜手》中，勸導我們追效耶穌孝愛天父與聖母。我們可引書中最重要的一段：

「當苦刑達到極點之時，當心身痛楚已至臨危的一刻，耶穌卻暫時忘懷一身的慘苦。他心靈的偉大，彰明於孝愛天父的孝道中，而又表之於敬母之孝。他母親曾懷他於胎中，他常是母親的孩兒。他遺囑以自己的母親託於自己親信的門徒。這種遺囑，乃孝道的遺囑。在精神上，這種遺囑的範圍，遠大無限。遺囑所及的，不僅是受託的門徒，不僅在這門徒從此視師主之母爲己母；也不僅限於聖母在世的日子。從神學上「諸聖相通功」的立場上去看，這種遺囑的範圍，乃包括天地，貫徹古今。

「凡是一個人，同天主聖父同天主聖子互相關連，他豈能不希望取天主聖子之母，作自己精神的母親？童貞瑪利亞又豈能不把自己聖子流血所救贖的人，看作自己的義子？」

究其實這種思想就是聖女嬰仿德蘭所提倡的「神嬰論」。在本性界，小孩越長大，知識越增，漸漸離開父母，以至於獨立。在超性界，人越進於明智，越變成小孩，越不依靠自己，終至全心信賴天主。因此，在世人眼中，我們成爲大人；在天父眼中，我們則常爲小孩。聖女德蘭乃一老成的嬰孩，陸院長則爲一赤子的老人。在聖女德蘭身上，由赤子之心而致明達；在陸院長身上，則由明達而回於赤子之心。兩者間的線索，則在順聽天主聖神的指導。

一九三四年陸院長在自己的日記上，寫有下面的幾行話。這幾行話在鄙人看來，可以代表他精神生活最深最富的溝渠。

「我是一個剛會走路的小孩，膽量頗大，週圍的人都鼓勵我。我乃不顧環境怎樣，我步步向前走，向前走而自己卻不理會。我本不敢向前走，但我一生又常是向前走。曾見一幅畫，畫著聖嬰耶穌招呼嬰仿德蘭，德蘭往耶穌那裡跑。這幅畫，就代表我的一生。我乃是一個學步的小孩，不敢往前走，可是母親在招呼，小孩望著母親，向著母親走。天主就常在招呼，我向前走去。小孩走近母親時，顫巍巍地，一到母親懷中，他便跳躍了，又憨笑，又抱母親。這樣當我走到天主懷中時，那便是我死的時候了。」

鄙人使館的教務諮議羅光蒙席告訴鄙人一樁很有趣味的事。當陸院長七十壽辰時，寄贈羅蒙席一張照片，上面題字說：

「時年七十，以七旬作一歲，求聖母提抱領導，俾得善頌主名，至死不渝耳。」赤子之精神！在這一點上，儒家與公教之道，互相攜手。孟子說：「大人者，不失其赤子之心者也。」（離婁）我主耶穌特別發揮這種精神，謂人們若不還淳返樸如小孩，就不能進天國。

愛德華司鐸曾在病院服侍陸院長，記錄了陸院長臨終前幾天的話。他記錄說：「星期日（九號），午後兩點半，我倆一齊唸法文『天主經』。唸到『爾國臨格』，他忽改唸『願我父臨格』。我重唸『爾國臨格』，他又重復唸『願我父臨格』。如是者三次」。

歷史上的一班偉人，每個的人格，都好似一座金字塔。塔頂越高，塔基越寬，塔身越雄厚。陸院長人格的頂巔是孝敬天父的孝道，基礎則是他的周全之仁道。他的仁道包括全球的人類，而預見東西人文主義的攜手。他曾說：

「集合西方之文化與中國之文化，集合西方之思想家與中國之思想家，彼此如能確實互相了解；則他們相合所發揚之精神與思想，力量之大，造福之廣，誰可窺其涯岸？」

據實說，陸院長傳教的方針，在仿效聖保祿。愛德華司鐸記錄他臨死以前，在病榻上曾說：

「西方東方的傳教事業，總括地說，只做了一件事，就是仿效聖保祿宗徒。我於中國，則想徐保祿光啓。」

第十七世紀的第一批耶穌會的高明傳教士，按陸院長的意見，他們都算聖保祿宗徒的徒弟。在聖保祿的門徒中，也可以數上剛恆毅總主教。剛總主教的傳教大計，就是下面兩句極簡單的名言：「保存且深造中國遺傳文化，加以基督教義之新質而使其返老還童。」

對於一個私人，天主的聖寵不是為破壞他的人性，而是為完全他的人性。同樣對於一個民族，基督的教義，不是去抹殺他固有的文化，取而代之，乃是為保全他固有的文化；使這種文化，更可根深蒂固，純淨無瑕，且又能別開生面，充滿新生的精神。每一個傳教士，都該認真研究自己傳教地域的文化，在其中尋找天主聖神所留的蹤跡和天主遺來照世之真光所遺的微芒。聖盎博羅削曾說，凡是一切真理，不論說者是誰，都是來自天主。鄙人閱讀《本篤會規》第四章，論行善之道，就很稀罕《會規》上所寫的，有許多同中國經書上所說的相同。例如：「己所不欲，勿施於人。」這句話也即是孔子的話。因此陸院長說：「儒家之道與基督的教義，應互相攜手。」「應該互相連合，互相合作。」因為：「天主的聖寵，賜自上天，以授於人性；人性造自天主，獻於上天，以承受聖寵。」在陸院長的觀察中，東西兩方的文化，在天主的聖殿內，互結婚姻，耶穌和聖母參與婚禮，清水因是變成了美酒。

東西文化，理應合巹。然而婚禮應在天主教會，當著耶穌與聖母而舉行；不然，他們的結合不能久長，而所生子女，也將為淫亂之果，不得天主的祝福。

我們上面所講的，尚只是陸院長人格的頂點和基礎；至於他人格的內容，即他的私人生活與社會生活，則不是這篇演講所能詳說的。若總括說一句，就說陸院長是一位完全的本篤會修士。在他以往的家庭生活和政治生活，精神上他已經是一位本篤會士；在他的修道生活，他澈底實踐了《本篤會規》。

我們最可敬愛的聖父，庇護第十二世，在《光輝炫耀》通諭（Fulgeus irraoliatul）上說：

「在本篤會會規內，明智與樸素相接。公教謙德與勇毅為伍；柔和以克剛強，自由而貴服從。有過則罰，以期速改；然行罰者，慎重謙和，罰而不侮。戒律森嚴，令在必行。其守規者心悅神怡，無憂無戚。靜默寡言，主敬功也。接談相語，飾友道也。發號施令者，固富德力；而柔弱不振者，亦并不欠助力焉。」

孔子在《論語》上所說的，不是與這種理想相似嗎？《述而篇》說：「子溫而厲，威而不猛，恭而安。」孔子和聖本篤對於成己的妙法都在求自己的人格，勻衡發展而無所偏倚。

我們看陸院長的一生，我們讚嘆天主上智處置的巧妙！陸院長在儒家的真傳中，由人性與文化方面，修鍊自己，預備自己，爲日後在聖寵和精神方面，澈底貫澈本篤會隱修生活。孔子曾言凡人都知道飲，食但少有知其味者。陸院長則從孔子學了知味的妙訣，他知道欣賞神聖精神事件的嘉味。他所習儒家之道，很湊巧做了他入公教的引導人。因爲儒家的倫理，可做《聖本篤會規》的先河。

鄙人回想陸院長的一生，讚賞他高尙齊全的人格，鄙人不禁想起孔子所論玉石的偉論。一次，「子貢問於孔子曰：『敬問君子貴玉而賤珉者，何也？爲玉之寡而珉之多與？』孔子曰：『非爲珉之多，故賤之也；玉之寡，故貴之也。夫昔者君子比德於玉焉。溫潤而澤，仁也；縝密以栗，知也；廉而不劌，義也；垂之如隊，禮也；叩之其聲清越以長，其終詘然，樂也；瑕不揜瑜，瑜不揜瑕，忠也；孚尹旁達，信也；氣如白虹，天也；精神見于山川，地也；圭璋特達，德也；天下莫不貴者，道也。詩云：『言念君子，溫其如玉。』故君子貴之也。」

這塊貴玉，產自中國的山川，於今已歸昇天廷。伏願天主聖名，見榮於普世！

附錄二、陸院長遺著四篇

一、先考雲峰府君一字遺囑

先考雲峰府君，一八九一年赴天津前，面告祥曰：「凡人依靠人，出自天主，幼則依靠父母之撫育，長則依靠社會之互助及國家之保衛。至人之欲脫離此依靠而謀獨立自由者，乃非得已之事，更非出於自然之情境。蓋依靠得人，決無是想。如有是想，是依靠不得其人也。世上有溺愛不明之父母，有欺騙詐僞之社會，有魚肉百姓之國家。凡人在此種依靠之下，何等愁悶！何等灰心！何等痛苦！當此情境臨頭，即思所以脫離此種依靠而謀獨立自由。然不知其流弊，與惡劣之依靠相等。蓋依靠出自天性，人無依靠如草木之無根本，安能久持而不敗。隨風而不倒耶！汝讀《三字經》『人遺子，金滿籯，我教子，惟一經』之句，諒必記憶。今日汝將放洋遠行，余仍回天津。父子作別，無以相贈，故以平生經驗所得之一字訣遺汝，即以教汝。人有一經，余只有一天字耳。倘汝以此一天字作一經看，作千金看，則余所遺汝教汝者，敢謂不薄，聊足自慰。汝則所得之於此一天字者，亦無窮盡矣。天最可靠。靠人有上述之苦楚，靠天無不得其所之失望。余一生靠天而覺天之可靠。若汝能靠天，將來亦必覺天之可靠也無疑。望汝不以一字之輕，不若一經之重，千金之貴，而忽視之也。」又最後面告一語曰：「天下莫如吃飯難。汝今日勸余留上海，每月可寄我二十金贍養費。此汝之孝心，我心領之。然我一日能自食其力，決不受領以自怠自棄也。異日如我殘廢，汝盡此孝思，未爲晚也。我一生靠天吃飯，深以爲快。盼汝日後遭遇艱難時，亦發靠天吃飯之思念，萬勿作向人乞食之計劃，切囑勿忘。」

祥追述畢，不禁淚涔涔下也。竊念天之爲義，誠大矣哉。吾國聖賢，無不以敬天畏天法天立教，而靠天吃飯一語，尤與孟子天與天受之意相同。孟子嘗云：「舜繼堯，禹繼舜，皆天與之也。禹薦益於天，而天不受；故啓得有天下。」換言之，舜、禹、益、啓，其能否吃天子之飯而爲天子，皆靠天也。天子如此，庶民何獨不然。西諺亦云：「凡事人發其端，而上帝主宰之，」亦此意也。按《說文》天從一大，猶言唯一無二之至大者也。夫唯一無二之至大者，非上主而何？

當吾父語畢去津之時，尚未到法郵船放洋之期，其不肯稍待者，蓋愛子以德，不欲作戀戀不捨之態。祥亦以此行雖遠，而受教之日正長，故亦未嘗特別注意。孰知此一別後，竟成永訣，此祥所以每念及此，輒仰天椎心而泣血者也。雖然，皈公教者，靈魂不死，祥唯有朝夕虔禱，俾主垂憐，令早登天國，骨肉重聚，以享上主恩施於無窮焉。

二、嘉興許竹篔先生立身一字訣遺訓

（節錄本篤會修士上海陸司鐸徵祥致天津劉蓋忱先生《論孝道函》。廿四，五，廿五。）

文肅辦事提綱挈領，所謂擒賊先擒王，不取枝枝葉葉的辦法。保存國粹，獨取一孝字。緣此一字，包括禮、義、廉、恥，乃王道之本。自大孝舜帝以來，歷年最久，效果最富。蓋無代無孝子，無城無孝子。且忠臣必自孝子之門。文肅訓練中，常引舜，故以舜代堯，教小兄行舜之行，言舜之言，服舜之服。其意欲養成一孝子。小兄以遠在俄京，未克躬親奉侍父親，何以盡孝道？文肅說：「盡孝之道多矣繁矣。對長官服從，對朋友和睦，對下人友愛，就是孝。作事誠實，言語謹慎，行爲端正，就是孝。你父親在天津，多寫家信，有朋友回國，託帶紀念品，就是孝。不獨對生存的父母，處處事事上可盡孝道，對已故的先父母，亦是一樣。你的母親現已故世，將來回國，擇地安葬，建立祠堂，按時掃墓，就是孝。你常說讀書不多，十三經未能完全讀過。但讀了四書，《禮記》一卷，《左傳》一卷。你不知古人，以半部《論語》能治國。讀了書，不會用，又不照書上所說的道理去辦事，亦是白讀，成了一個書呆子。你不必過慮。故我爲你著想，最好是做孝子。一孝子不必多讀書，鄉下人亦能做孝子。你看看孝子烈女傳，士農工商都有在內。孔子稱讚舜說，大孝必得其位，必得其祿，必得其壽。我想來想去，最合算是做孝子。我們兩人不必多說，只是多做。今早說，今早就做。你從今日起就做孝子，以孝子居心。我從今日起，即以孝子看待你。上海城內出過孝子否，你可託上海同學在縣志上查查可知。我想你做一箇『陸孝子』，是我心裡所期望，且可一舉三得：能得高位、厚祿、長壽，豈不其妙。你就去做罷！」文肅說畢，鼓掌不置。此一番話，常在小兄耳鼓中。由耳鼓中發現出來，做成了「陸公墓」。文肅以位、祿、壽誘小兄，小兄竟竊得之，自愧自笑。年逾六旬，亦可爲壽。至位、祿自不庸說了。小兄今日追述這番話，心裡盼望國人都能做孝子。在戰場必忠勇，在政府必盡職，在社會必正派，在家庭必盡本分。雖有強鄰日本，我亦何懼哉！無論後人之算小兄配做不配做孝子，但我目前所沾之便宜，不算小。此等便宜算盤，確值得試一試也。文肅本有吃苦二字訣，此乃孝字一字訣，爲我弟述之。可告後輩試一試，並無甚喪失，且必可大得世福。以小兄少讀書的淺薄根底，尚能沾得便宜；何況目下有讀書高深根底的青年，其造詣之遠大，更不必說矣。將來爲國家雪恥也可，爲祖宗吐氣也可，爲世界增光也可。有此一套孝子的排場，文肅所說路路通，頭頭是道。在國內也好，在國外也好。真所謂，四面八方，無處不好矣。做老輩也好，做小輩也好。代代出孝子，輩輩是孝子。先總理 中山所謂王道，庶幾近矣。我弟以為何如？

三、許文肅公吃苦二字訣

先師許文肅公一日告祥曰：「我輩寒士出身，吃苦二字，係我輩本來面目。當窮秀才時，提了考籃，無論遠近，步行赴試。當窮翰林時，坐館充西席，月得銀二兩。每月節省一二吊錢，積至數月，始購得一《新疆誌略》一書。充使臣每年報銷銀六萬兩，已覺耗費。他館有報十萬，甚致有二十萬兩者不等。他日汝充使臣時，用人用錢，當守館員不用私人，公費實用實銷十二字。倘能做到此地；雖無交涉事辦了，並不失為稱職之使臣矣。我鄉俗語有云：「吃得苦中苦，方為人上人。」我以吃苦二字訣遺汝。望汝終身守之，須臾不離。倘能為人上人，我更喜出望外矣。

四、明徐文定公靈表

徵祥蒙主恩默牖，獲以殘年入修院修道。經課之餘，拜讀公集辨學一疏，於形上形下之學，辨之綦詳。其於正人心，厚風俗，三致意焉。迺至採用西法，制器利用，一洗二千年來腐儒空疏之誚。假使明廷能採公之議，優納公教，移風易俗，奠邦基於磐石，啓世界之文明，則一千九百十九年，巴黎和會，執亞洲之牛耳，以代表黃色人種者，豈異人任哉！徵祥旰衡國勢，景仰前賢，入公之祠，展公之墓，及公遺留之嘉言懿行，不禁感慨神往，乃申頌曰：

翳維景教，流傳大唐，以教弼政，勵俗型方。越數百載，文明寖盛，利瑪東來，曆數改正。公居海上，開風氣先，從之求學，盡得其傳。不用於朝，而用於野。大道流行，普及天下。公之胤嗣，祖武克繩，學術昌盛，祠宇重新。吳淞灝灝，渤澥悠悠，江河不廢，萬古常流。

五、孝字章註解

茲取羅馬聖門，孔林魯壁，合成孝字章。蓋以寓鎔公教孔道於一爐，作貫通中西文化之象徵耳。夫孝爲百行先，孔門之明訓。耶穌降生，遵聖父之旨，成大孝之典型。孔子之道，合於福音，本無二致焉。

附錄三、與陸徵祥書信錄

子興院長鈞鑒前以見面在即
領教有日故未上函問候乃南文院來羅後謂
尊體違和今春始克
命駕心中不勝悵惘近得
手示知
精神復原欣慰無似吳公使於十二月十七已由上海首途來歐正月底必可抵羅馬光與吳先生素未相識然各方友人來信俱以新使品高學深信教誠切爲中國與教廷之關係必不讓謝公使之前功而蔣主席之宗教信仰或能有更深之影響光舉心向天頌謝天主之安排至一己之進退一憑主意之措置如使館尚有需要則將遵來示所囑留館服務野聲總主教下月或將來歐對光回國事將從長與其計議次彭公使不日或將回館結束其在羅馬之任務其駐教廷雖僅四年其功績已垂簡冊後日讀中華公教史者必知其在羅馬之建樹也聞晉院長典禮專冊將出版望賜贈本一本則雖未獲身逢其盛亦可領略盛況之萬一可云幸矣肅此敬頌

主鐸　羅光謹上

一九四七年　七月六日

子興院長鈞鑒受聖佳期曾上電遙賀想已達左右矣光是日在傳信學校別墅邀請全校學生共同與

祭心神與

公相結庶可謂神與盛典歟次彭公使昨回羅小住面述受聖典禮之隆重光不禁爲公賀并爲吾華教會賀抗戰勝利教廷極力增高中華教會之國際地位而於國籍神職班尤加提攜但素不喜華人地位增高者乃從旁而扞格之傳散流言謂華籍司鐸深受國家主義之毒群起排外企圖獨攬教權羅馬聖部素不輕信謠傳然去夏野聲主教來羅時傳信部曾當面表示其以此事心中不安則其已半信半疑矣于公以此種疑慮將危及國籍神職之前途故急向聖城報界發表宣言歡迎外籍教士來華又特爲文約請歐美有志之信友來華工作然近月由華回歐之傳教士頗有其人且中國教會來聖部之報告書逐漸加多則前項流言或又有重燃之可能吾公中華教會名流言論素爲各界所重視尚望乘機闢謠以安歐洲各傳教會負責者之心其於國籍教士之將裨益必非淺鮮也

敬頌

道安

主鐸羅光謹上

一九四七年 九月

子欣院長道鑒兩得

手諭早欲作答不意雜務冗繁致有遲延尚祈原恕次彭公使於本月十九日回羅馬趕速清理館務預備交待吳公使於本月廿一日抵羅馬一家十六口暫寓旅館次日吳公使偕全家至聖伯祿大殿光爲其全家行彌撒吳公使親自輔祭本月廿九日次彭公使設雞尾酒會與朋告別來賓數百人無不以謝使去職爲可惜者蓋次彭公在此甚得人心也吳公使既來羅住宿問題急待解決而羅馬已患人滿租房甚不易光四方奔走幸賴友朋之助得覓空房一間時加以修理下週即可搬入吳公使在滬時于總主教已告以光思早期東歸吳公使抵羅馬一日即堅留光允以暫時留館服務俟野聲公來時再從長計議因光不明國內究急須人否知承關注特此奉聞

敬祝

道安

後學羅光謹上

一九四七年正月三十一日

子欣院長鈞鑒拜讀致德生公使
手札敬佩

公榮主救人愛教愛國之心老而彌堅實乃後生輩之模範值祖國戰亂之餘民情險薄得長者輩広德行以爲楷式民俗向化其有望矣德生公使出國時嘗以桑梓在望蒿日艱心焉繫之故其翻譯聖經志切救世凡足有助於譯文者無不廣羅搜用且虛懷如谷逢人敢問務求譯文能抵信達雅之絕境使漢譯聖經本可登士大夫之堂而不受文人學者之棄焉公素精於文而尤能辨別文理德生公使乃命光郵呈福音若望傳定稿懇祈斧正光固知公眼力久健不宜久閱然光亦固知公榮主救人之心甚切爲此譯經大舉必敢犧牲且譯經爲中華教會千年重事德生公使懇請勿拘人情凡譯文有不妥者儘量改之光學殖淺薄文筆簡陋然校閱譯文時如能指出一未妥處德生公使滿口嘉許其好學而下問化既如此其於長者之指點將歡心領受而無疑也德生公使翻譯聖經時參校英法各種最新譯文凡考據家之意見詳加採用其意見不同教廷聖經委員會尚未標出定論者則擇用其較和神修生活者註譯中再列陳其餘學者之意見爲翻譯人名地名及神哲術語德生公使稍自別於故例以求名詞音義雙美如翠柏澗免難節柔瑟琳、樹德，真諦，等名，譯文第一章係以韻文意譯神似老子道德經其所用詞如道如六合如乾坤如塵世雖皆古文之成語於原文之文義妙相吻合實爲難得然德生公使以韻文稍離經文故將附白話譯文於章尾以示信譯

公讀此傳凡遇久明瞭之文句與名詞俱請點註以備德生公使之參考光近日身體稍倦擬於下月往

海濱休息一句英法譯聖本篤通牒不久或可購得將郵呈不誤也

敬頌

道安

主鐸羅光謹上

一九四七年六月十九日

子興院長鈞鑒次彭公使去年來此時光未能隨往德生公使今年來此光又未能陪行數年欲瞻儀容之心願迭未得償此亦天主之聖意耳光只獻此小克苦於主以求院座之鴻福焉德生公使回羅馬後極言院座精神之佳有由老回春之態是則天主之特恩而欲留　院座一洪大之功程也拜讀前日手示知院座愛敬會祖聖本篤之情愈學子之思親而此次聖本篤千四百週年紀念羅馬確於舉行隆禮實上主欲　院座於會祖週年宏宣聖本篤之精神於中土手光又馨香以禱之德生公使本篤會之居士也會視之慶典亦願表示微忱故對院座促譯聖座通牒之雅意甚有動於心惟其職務頗忙而然間索文稿者尤多譯通牒一事恐目下有願難信矣尚祈願恕，肅此

敬頌

德安

後學羅光謹上

一九四七年九月廿三日

子欣院長鈞鑒兩接

手示兼蒙贈書感甚今値

公主保慶辰彌撒中特爲求福光近月生活甚爲忙碌使館雜務既忙已難於應付而德生公使又委以

校閱聖經譯文之重責光於聖經原文之希臘文與猶太兩種語言素不通諳故於校閱一點鮮有補益

於譯文者然以德生公使見托祇好盡一己之所能而矣譯經爲中華公教千年大事才短如光者若能

爲此舉有一貢獻則光之一生可稱不虛度矣但以雜務過多心不專於校經爲憾耳因遷居不能得一

安所精神上不舒服亦有影響於日常工作也彌撒間尙望公爲光求主俾不蹶於所有之任務焉所卻

購買英法譯聖視本篤千四百週年紀念通牒光向多方探詢譯本尙無成本俟異日譯本可找到時必

遵命呈奉不誤肅此

敬頌

德安

後學羅光謹上

子興院長道鑒兩接手示

快如親面譯經一事之重要得院座之伸述尤見顯明光將竭盡力以求注疏稍少缺憾若望福音傳

本已拜收德生公使甚感

公之熱情雖老而三讀經文誠老而彌堅矣然德生公使求譯文完好之心猶未已故囑院座日後讀

照片時仍望時加注意遇文句欠妥者逐條寫出供德生公使之參考彼將銘感於心再者德生公使云

已請求書寫書面近又囑代求譯經序文俟光之註疏抄定謹寄批閱既已閱經文與註疏則

公之序文可有下筆之處矣德生公使譯經費盡心血，一字一詞俱加考究有時因一詞數日與光討

論再三然後擇定一較佳者故其譯文通順讀之如行雲流水不覺譯文之苦澀也光已來海濱三日遇

於一修女院中略事休息兩週後回羅馬

言不盡意

敬祝

道安

後學羅光謹上

一九四七年七月十七日

神父尊鑒：

三月廿號，承示，已拜讀復活瞻，並領收感謝！感謝！汪僞政府唯告我主，意國政府刻因北歐問題，外文途徑與一月前有變更，目前或遽而承認僞政府。教廷方之外交主慎，年未雖多穿并未墮其計中；滿洲僞組織之當，謹在不得已之環境，此次僞政府即使冒求和平之美名，暫時難與教廷發生接觸，我中央政府自美國遣特使駐教廷後，對教廷接洽加注意；但教廷爲避免之糾葛，主戰事期內不熱衷與我中央政府作進一步之外交親善；故國人只有耐心等待戰之時機。

第二次贈三包，中堂三幅欵匾一萬賀辭一冊，已從徐代處轉來，拜收之後感激之情充逸於心，無可言宣，寫校當局與業生不頌公之鐘愛敝校，而許以永遠存贈小家三日內必佈置就緒光日後將廳壁照片奉上。

歐洲局勢變化忽忽，光希望歸國計劃又被戰事之耽擱，替手人已爲牛亦未司鐸。生鐸後學均高出光之上，來罷任教授，必能遠繼于公在羅時之事業。唯代表，尚未有回音，不知牛鐸確來否。如牛鐸不克來，則或選方司鐸，然此切剛柔兩公。貴體…………………

敬祝

德安

後學羅光謹上

神父尊鑒：

三月七號來示，日前已奉到，　尊體尚安適，甚慰甚慰，二月間曾兩次會見現居羅馬之貴院「若望」神父，得知貴院上下均頗安好，不禁感謝天主！敝校學生現均照常上課，本年考試大約也不至提前。光之神學博士論文，本月底或可完成；好壞與否，固所不計，且在練習學術研究而已。

此問國內消息，亦甚沈悶。于斌主教已十月餘未有來信，最近國民參政會開會時，于主教大約慶。參政會閉會後，傳聞于主教將往雲南代理昭通務；因為昭通區自陳監牧辭職退休後。尚群羊無牧，聖座派遣于主教前往代理，或亦有意掩飾于主教政治工作，藉以稍息群言—前數日得剛總主教示知，于因事務過忙，不願接受代理昭通。

邵大使夫人要華郵票，光遵命採購少許，惟整套則不易得，而且價昂。如務　要整套，乞來示將如予尋購復活節期承來片賀，謹謝

此間尚安寧。後事如何唯遵　上主定奪

敬祝

德安

後學羅光謹上

神父尊鑒：

拜收第二次書畫後，即開始整飾中國小客廳，現小廳俱已就緒，來賓無不連口稱羡，亦間接宣傳祖國文明之一道也，光志已償，且可於歸國時，永留一紀念品於母校，心中甚暢；爲此感謝　天主又感謝　陸公茲奉上小廳照片三張，惜照相者，手藝不大高，照片很迷糊，又知陸公可以辨別什物否。

近華隸岡電台與光約定，特設一中文定期播音，每月按期向中國報告教廷消息，並定第一次播音在五月七號，播音稿已草就。不意前日電台得北平宗座代表的來電，言中文播音應暫待些時，於是一切成議均告取消。電台用中文播音，用意只在使中國人知道教廷之消息，而宗座代表竟以爲時機尙未到，理由殊不可解或許，有疑光主播音尙間雜政治言語乎？

歸國之期，光已定於六月十五號，歸國後到本區衡陽服務；因北平方面現無事可做，到重慶，則傳信部將加阻撓，故暫回衡陽。

拜讀爲中國英文月報所寫之大著，稱佩稱佩！光之初改稿已寄去該報，但未知能適用否？第二次稿，光想寫去歲至　貴院所得之印象，對陸公之起居當有些述說，設有不妥處預請原恕。

敬祝

福安

後學羅光謹上

一九四〇年五月六日

神父尊鑒：

久欲作書問候，無奈因六月間所上書被郵回後，常恐郵寄不通，未敢再試，近此日比國時局雖不知轉危稍安否，然光已不能再等點，故作書，二月間之前函一並呈上。

歸國計劃，暫時擱置，因無路可走，希望計劃至少在明夏能實行。古人云：「謀事在人，成事在天」信而有徵。

對我公身體健康與起居狀況，光時時揣念，有便，祈賜知，以慰下懷。此間情形尙佳，傳大且享有治外地特權，生活仍自由，飲食並照常。華生現爲三十四、本一是畢業華鐸故未克歸國，現留於傳機會。

教宗不願離羅瑪到行宮避暑，炎熱暑熱，日理萬機，加以憂心惴惴，與多萬方民共痛苦。望　天主特與以庇佑。

中國雖淪陷區域，眼前與意大利之郵寄，幾乎斷絕，由北平、香港，曾一度不通，大約因英日間之爭執，光無法與家人通書，心甚焦急。厄杜亞神父現如何，望代候。

敬祝

德安

後學羅光謹上

八月二十一號　一九四〇

子興院長鈞鑒：

兩次手書，參禮請帖；文定公小傳小像，均已拜收，謹謝！謹謝！光原擬來比，參與盛儀，兼拜望豐彩，領受教言，暢述數年之別情，然次彭公使既將親來比國，駐教廷使館館務，須光暫爲代理，故不能抽身，屆時來比一遊，誠一生憾事，職責所在，尚祈　院長原諒。光於七月十一號往羅馬近郊海演避暑，七月二十一號忽得謝公使電報，告以政府將派吳經熊先生繼任駐教廷公使，光即趕至羅馬，讀外交部來電，始知政府決議調謝使回國，按常情而論，僅用調回國而不明言其任務，則表示政府對謝使有所不滿，此種處置，頗足招此間人士之懷疑，次彭公使在此間身望極佳，教廷極重視其爲人；且虛懷待人，與館員相處如家人，而又廣事交游，與羅馬貴族名人等來往甚密，今年故調回，則不免使外人說我政府辦事不周到，或說我政府之處置無定則，光已急函野聲總主教，請其設法務使調換公使一事，顧全次彭公使之體面，委以美言，人知其爲高遷，光留羅馬今已將十六載，家親雙亡，兩親弟待哺，早有東歸之計，僅以次彭公使情誼甚深，挽留不放，遂未成行。此次乘新使到位之時，決計辭職，回國傳教，　中國聖教會，自第一位樞機，神職正式統序，教廷駐中國第一任公使發表後，已上正式軌道。外交上之大綱目，光已可心滿意足，離開使館傳大中華同學，現俱離羅馬往法國，候船歸國，留校者現僅兩人，八月十日，舉祭遙祝之事，恐無法舉行；且剛主教亦將出外避暑。然光於八月十日擬留傳大別墅，屆時見機而行，如能召集傳大全體學生（現僅三十餘人），共與彌撒，且請傳信部長與禮（彼現住傳大別墅），則事情較圓滿，如不然，則兩中華同學，共與祭，爲　公祈禱，教廷駐華公使黎百里總主教去華之期尚未定，此次　公晉名譽院長職，與田樞機無關，故在報端不必提及，且免減少教宗之恩德實際爲公奔走者，乃次彭公使一人耳，光之得榮銜，並謝公使之好心，田樞機僅爲手援，天山海隔，不勝神馳。敬祝

道安

後學羅光謹上

七月廿三日　一九四六